"十三五"国家重点出版物出版规划项目
面向可持续发展的土建类工程教育丛书

SUSTAINABLE
DEVELOPMENT

工程项目投资与融资

◎ 宋永发 石磊 编

机械工业出版社
CHINA MACHINE PRESS

本书以工程项目投资与融资为两大主线,在介绍工程项目投资与融资的基本概念的基础上,重点论述了当前工程领域最新、最具研究价值的投资机会与融资模式,系统地介绍了现代项目融资的大量最新理论和实践成果及未来发展趋势。本书主要内容包括项目投资概述、项目投资环境、项目投资机会、项目投资风险、项目投资决策、项目投资估算、工程项目融资概述、工程项目融资模式、工程项目融资风险、工程项目融资担保和工程项目融资案例分析。

全书力求系统性、理论性与实践性相结合,使读者能够在了解和掌握项目融资概念、项目融资管理有关理论的同时,也了解国内外的相关实践。书中列举的大量国内外工程项目融资经典案例,增强了本书的实用性、时效性与可读性。

本书主要作为土木工程、工程管理、经济类专业本科教材或教学参考书,也可作为建造师、监理工程师、造价工程师、咨询工程师(投资)执业资格考试的应试参考书,还可供工程项目管理从业人员学习参考。

图书在版编目(CIP)数据

工程项目投资与融资/宋永发,石磊编.—北京:机械工业出版社,2018.12(2020.1 重印)

(面向可持续发展的土建类工程教育丛书)

"十三五"国家重点出版物出版规划项目

ISBN 978-7-111-61525-5

Ⅰ.①工… Ⅱ.①宋… ②石… Ⅲ.①基本建设投资-高等学校-教材 ②基本建设项目-融资-高等学校-教材 Ⅳ.①F283②F830.55

中国版本图书馆 CIP 数据核字(2018)第 277216 号

机械工业出版社(北京市百万庄大街 22 号 邮政编码 100037)
策划编辑:冷 彬 责任编辑:冷 彬 何 洋
责任校对:陈 越 封面设计:张 静
责任印制:张 博
三河市宏达印刷有限公司印刷
2020 年 1 月第 1 版第 2 次印刷
184mm×260mm・18 印张・443 千字
标准书号:ISBN 978-7-111-61525-5
定价:46.00 元

凡购本书,如有缺页、倒页、脱页,由本社发行部调换

电话服务 网络服务
服务咨询热线:010-88379833 机 工 官 网:www.cmpbook.com
读者购书热线:010-88379649 机 工 官 博:weibo.com/cmp1952
教育服务网:www.cmpedu.com
封面无防伪标均为盗版 金 书 网:www.golden-book.com

前　言

　　投资作为国民经济活动的重要组成部分，是促进生产力发展、推动国民经济增长的重要力量，同时也是资源配置的重要手段。项目投资作为投资活动在工程建设领域的具体化措施，对我国经济社会的发展起到重大推动作用，系统地了解建设项目投资方向与投资理论是未来从事工程建设的专业人员的必修课程。

　　在国民经济转型过程中，在国家供给侧改革的方针指引下，未来投资方向将发生显著变化。新投资机会的产生将带来投资环境、投资政策、投资风险、投资决策等一系列新的变化。目前，国内外专门阐释项目投资理论与未来投资机会的书籍较少，而绝大多数国内外投融资相关教材也都是侧重阐释项目融资理论与融资模式，对项目投资部分一笔带过。本书则对项目投资理论与未来投资方向进行了重点分析与论证，特别是对转型时期固定资产投资机会（包括轨道交通项目等）进行了详细分析，力求填补项目投资方面本科专业教材稀缺的空白。

　　近年来，在"政府职能转变"和"投融资体制改革"等时代背景下，项目融资在世界范围内迅速兴起，日益受到各级政府、业界及民众的关注和重视，并被广泛地应用到市政工程、交通运输、能源、城镇发展等领域。项目融资是一种以项目的资产和预期收益为担保的、由项目参与各方分担风险的、具有有限追索权或无追索权特征的特殊融资方式。由于基础设施项目具有建设周期长、风险大、投资需求高等特点，因此为项目资金筹集带来了巨大的挑战。项目融资失败会直接导致项目的失败，而项目融资成功则是项目成功的前提保证。然而，由于项目融资操作程序复杂程度高，实际运作项目的人员往往缺乏项目融资的理论指导。

　　本书的项目融资部分力求系统地介绍现代项目融资的最新理论与实践成果，做到理论与实践相结合，使读者能够在了解掌握项目融资概念、项目融资管理相关理论的同时，也了解国内外的相关实践。

　　此外，本书旨在为高校具有土木工程背景的本科学生提供工程"软技术"理论基础，为具有技术经济背景的本科学生提供工程领域的研究素材，使他们在本科学习期间就能系统掌握当下相关行业领域投融资的发展趋势与最新实践成果，为日后在基础设施建设及房地产行业就业打下良好的基础。同时，本书中有项目投融资方面的大量最新理论、实践成果以及未来发展趋势分析，对实际从事工程项目管理的人员具有较好的指导作用。

本书的主要特点如下：

（1）工程项目投资部分在总结前人理论成果的基础上，结合当前我国经济转型的战略背景以及工程建设领域的发展趋势，系统论述了工程项目投资运作过程中的各个环节及相关要素，如投资环境分析与评价、投资机会研究与选择、投资风险分类与管理、投资估算控制与优化、投资决策程序和方法等，在此基础上，分别从"政策导向"和"市场驱动"两方面对轨道交通（包括城市轨道交通和高铁）项目、特色小镇项目、综合管廊项目、养老地产项目、绿色建筑与装配式建筑项目，以及核电、机场建设项目的投资机会进行了详细阐述，不仅完善了工程项目投资理论的内容体系，而且促进了投资理论与工程实践的相互结合，对当前我国工程建设领域的投资发展具有现实的指导意义。

（2）工程项目融资部分将项目融资与工程项目实践相融合，系统地介绍了工程项目融资的基本理论和基本方法，结合国内外经典案例，对各类工程项目融资模式进行了详细介绍。本书所用资料数据具有较强的时效性，力求将最新工程项目融资理论展现给读者；同时，本书内容全面系统、深入浅出，具有较强的实用性和通用性，方便高校相关专业学生和从事实际工程项目管理的工作人员学习。

本书由大连理工大学宋永发、石磊共同编写，具体编写分工如下：宋永发编写第1~6章，石磊编写第7~11章。

大连理工大学研究生刘少飞、李天惠、陈筱竹、张聪、张禄、何雨佳、苑贺辉等参与了编写资料的收集整理工作。本书参考了许多同行专家出版的专著或教材，大部分已在参考文献中列出，若有遗漏请多包涵。

由于编写时间和水平有限，本书难免存在错误和不妥之处，敬请专家和读者批评指正。

编　者

目　录

前　言

第 1 章　项目投资概述 / 1
1.1　投资概述 / 1
1.2　项目投资 / 8
1.3　项目投资管理 / 12
思考题 / 20

第 2 章　项目投资环境 / 21
2.1　项目投资环境概述 / 21
2.2　项目投资环境因素分析 / 27
2.3　项目投资环境评价 / 30
2.4　项目投资环境的建设和优化 / 36
思考题 / 38

第 3 章　项目投资机会 / 39
3.1　项目投资机会研究 / 39
3.2　轨道交通投资机会 / 46
3.3　特色小镇投资机会 / 52
3.4　综合管廊投资机会 / 57
3.5　养老地产投资机会 / 60

3.6　绿色建筑、装配式建筑项目投资机会 / 66

3.7　核电、机场建设项目投资机会 / 74

思考题 / 77

第4章　项目投资风险 / 78

4.1　项目投资风险识别 / 78

4.2　项目投资风险估计 / 87

4.3　项目投资风险评价 / 90

4.4　项目投资风险应对策略 / 96

4.5　项目投资风险监控 / 100

思考题 / 103

第5章　项目投资决策 / 104

5.1　项目投资决策基础 / 104

5.2　项目投资可行性研究 / 112

5.3　投资决策指标体系与方案比选 / 117

思考题 / 124

第6章　项目投资估算 / 125

6.1　项目投资估算概述 / 125

6.2　项目投资估算阶段 / 127

6.3　项目投资估算准备 / 128

6.4　项目投资估算方法 / 129

6.5　项目投资估算控制与优化 / 139

思考题 / 142

第7章　工程项目融资概述 / 143

7.1　工程项目融资的基本概念 / 143

7.2 工程项目融资的特点 / 145

7.3 工程项目融资的使用范围 / 147

7.4 工程项目融资的产生与发展 / 148

7.5 工程项目融资成功的基本条件 / 150

7.6 工程项目融资组织及投融资结构 / 152

思考题 / 161

第 8 章 | 工程项目融资模式 / 162

8.1 工程项目融资模式的设计原则 / 162

8.2 PPP 模式 / 165

8.3 BOT 模式 / 174

8.4 ABS 模式 / 182

8.5 其他工程项目融资模式 / 195

8.6 工程项目融资模式的共同特点 / 202

思考题 / 203

第 9 章 | 工程项目融资风险 / 204

9.1 工程项目融资风险概述 / 204

9.2 工程项目融资风险识别 / 211

9.3 工程项目融资风险评估 / 223

9.4 工程项目融资风险防范 / 230

9.5 工程项目融资风险分担 / 234

思考题 / 235

第 10 章 | 工程项目融资担保 / 236

10.1 工程项目融资担保概述 / 236

10.2 工程项目融资担保人 / 241

10.3 工程项目融资担保的范围和条件 / 245

10.4 工程项目融资担保的形式 / 247

思考题 / 255

第 11 章 工程项目融资案例分析 / 256

11.1 国外工程项目融资案例 / 256

11.2 国内工程项目融资案例 / 267

11.3 工程项目融资在我国的发展实践 / 275

思考题 / 279

参考文献 / 280

第1章

项目投资概述

作为全书项目投资部分的导论,本章主要界定项目投资涉及的基本概念,勾勒项目投资部分的基本框架。为此,本章首先讨论投资的基本内涵,阐述投资活动的运动过程;然后,分析项目投资的特点及分类,并论述项目投资的运作程序;最后介绍项目投资管理的相关内容。

1.1 投资概述

1.1.1 投资的含义

一般意义上的投资是指投资者将一定的资财(资本资源、资产或财富)投入某项事业,以便未来能获得所期望价值增值的一种经济活动。

投资的概念有金融概念和经济概念之分。所谓投资的金融概念,是从投资者或资本供给者的角度来看,投资是投入现有的资金,以便以利息、股息、租金或退休金等形式取得将来的收入,或者使本金增值。无论投资者是从别处买进证券,还是把资金用于新的资产,都没有关系,即在"公开"市场上买进"二手"证券,如股票、债券、抵押契约,或购买为新增资本而发行的证券,作为投资并没有多大区别。从金融的立场出发,投资是否用于经济意义上的"生产性"用途,也是无关紧要的。投资在经济意义上的概念(投资的经济概念)则明显不同,它是以新的建筑、新的生产者的耐用设备或者追加存货等形式构成新的生产性资本。只有当实物资本的发生通过建造房屋、制造汽车或类似的活动产生时,才是经济学家所说的投资。显然,上述经济学上的投资只包括生产性投资,并不包括非生产性投资;只包括物质资本的投资,并不包括人力资本的投资。

1.1.2 投资的特点

投资主要有八大特点:投资领域的广泛性、投资活动的复杂性、投资资金的垫付性、投资周期的长期性、投资活动的连续性、投资活动的波动性、投资效应的双重性以及投资收益的风险性。

1. 投资领域的广泛性

投资活动是国民经济运行中重要的经济活动之一，是国民经济活动的主要组成部分，投资涉及领域广泛，从宏观到微观、从国内到国外，覆盖了整个社会，包括产业、部门、行业、企业和各种项目的投资等。因此，投资领域涉及工业、农业、商业、交通运输业、金融业、贸易和服务业、房地产业、高新技术业、通信业以及各种有关的配套投资等。

随着生产现代化程度的提高，社会分工更加精细，新的投资领域不断涌现，投资活动也因此在更加广阔的领域中发挥作用。投资以其自身特殊的开拓功能推动着国民经济的发展，同时，国民经济的发展又使投资领域不断地拓宽。

2. 投资活动的复杂性

（1）投资活动受到许多因素的制约和影响。这些因素包括人、财、物、技术、信息、时间和空间等。它们对于投资总体活动来说，都不是各自孤立存在的，而是以一定的结构和方式相互联系、相互制约和相互作用，构成复杂的经济关系。因此，投资活动是一项巨大的系统工程，其筹划和操作过程十分复杂。

（2）涉及范围广泛，投入领域繁多。投资活动是一项社会经济活动，它不能孤立存在。因此，投资经济关系十分复杂，只有协调和处理好各种投资经济关系，才能使整个投资活动在正常轨道上运行，从而取得良好的投资经济效益。

（3）投资活动总是在一定利益的驱动下进行。各投资主体之所以垫付货币或其他资源，都是为了获得一定的经济利益。例如，宏观投资主要追求全局利益的实现，微观投资主要追求局部利益的实现。两种利益关系既相互对立，又相互统一，处在复杂的矛盾运动之中。因此，投资活动体现着多种复杂的经济利益关系。

3. 投资活动的垫付性

与一般的经济活动不同，从表象看，投资活动是一种垫付性的活动，即投资者先将资金和可折合成一定价值的实物资产和无形资产垫付在投资客体（即形成某项资产）上，然后凭借形成的资产取得预期效益。投资活动的垫付性特点意味着原先的资金和资产必须转变为另一种新的资产，或新资产的一个组成部分。换言之，不具备一定的资金和资产是无法成为投资者的。由于投资活动的垫付性特点，在投资过程中，只有投入，没有产出。因此，投资规模必须与投资者的可垫付量相一致，超越可垫付量的投资规模，会使投资者陷入困境。

从宏观层面上看，投资活动的垫付性要求投资规模必须与国力相适应，超越国力（即超越可垫付量）的投资规模不仅会损害社会的供求平衡，而且会损害投资活动本身，使投资活动难以顺利进行。投资活动的垫付性还要求投资结构与可垫付结构相互均衡，否则会引起经济结构的失衡。投资活动的垫付性对微观投资的要求是投资者必须量力而行，在投资中必须筹措到足够的资金；同时，还必须考虑时间上的可承受性，比如投资期持续两年，这两年中将只有垫付，没有产出，投资者需考虑可否承受。

4. 投资周期的长期性

任何一项经济活动都需要花费一定的时间，有的长些，有的短些，有的甚至瞬间就能完成。例如购物活动，一手交钱一手交货，所需时间极短。一般的工业生产所需时间也不太长，往往是这边原材料投入，那边产成品即可出来。但投资活动则不同，由于投资项目造型庞大、地点固定，且具有不可分割性，投资周期一般较长。例如我国大中型项目，仅建设周期就达 3.5 年。投资周期由投资决策期、投资实施期（即建设期）和投资回收期三个阶段构成。一般而言，在投资决策期，应对投资进行充分审慎的研究论证，做好建设的各项准备工作。实践证明，决策工作做得越精细、越认真，投资成功的可能性就越大，因此对投资决策期必须给予时间上的保障，应避免仓促拍板上马；在建设期，则应在保证质量的前提下，力争缩短时间，加快建设进度，使项目早竣工、早投产，缩短投资回收期，早日收回投资。

当然，具体每项投资的周期是不同的，这与项目的大小、复杂程度、技术水平有很大的关系。投资者在进行投资前，一定要对自己所投资项目的投资周期有相当准确的判断，根据自身的情况，对项目进行取舍。在正式开始投资后，应尽可能缩短建设周期，争取早日竣工投产。缩短投资周期，最主要的是缩短投资回收期，而投资回收期与产品价格走向、产品的质量和性能、生产成本、产品营销有直接的关系，这就要求在投资过程中必须兼顾以后的生产经营情况，以服从生产经营为中心，确保顺利实现投资回收。

5. 投资活动的连续性

投资活动是一个不间断的连续运动过程。一方面，投资活动的连续性是由投资目的决定的，投资是为获得收益，而获得收益不能一步到位，需经过投资资金的形成、筹集、分配、使用和回收等全过程才能实现；另一方面，投资活动的连续性是社会化大生产的要求，社会化大生产使投资领域各部门、各单位、各环节之间密切联系，如果某一方面出现问题，就会波及其他方面，形成连锁反应，给整个投资活动带来困难和障碍。因此，投资活动只有连续进行，才能使社会再生产顺利实现。

6. 投资活动的波动性

投资活动具有平缓——高峰——平缓的周期波动性特点。这种波动性由投资的固有性质决定。在投资过程中，存在着投资本身支出多少的问题。一般来说，投资的实施准备阶段支出不大，属于平缓期；进入实施阶段后，投资支出逐渐增大，当投资所需的各种要素全部到齐、到位时，投资支出达到高峰，这时就不需要再支出，于是投资走向平缓。投资活动的波动性要求人们规划和均衡好投资支出，善于错开投资高峰期，这样才能有效配置资源，使投资资金得到合理分配、有效利用，从而使投资活动连续进行，最终取得效益。

7. 投资效应的双重性

投资通过双重效应作用于经济发展。一方面，投资活动产生需求效应，即投资需要消耗一定的资金、劳动和其他各种必要物质。这种消耗形成对投入物的需要，从而扩大社会总需求，推动社会再生产的发展；另一方面，投资活动产生供给效应，即投资的结果形成生产力，增加市场供给并改变供给结构，从而推动国民经济向前发展。投资效应的双重性是有条件的，即只有建立在投资规模适度的基础上，才能促进经济发展。如果投资规模过小，不能满足扩大再生产的需要，就会降低投资效果；如果投资规模过大，超过扩大再生产的正常需要，就会造成投资的浪费，同样也会降低投资效果。因此，只有投资规模适度，即投资规模与财力、物力相适应，才能实现投资的双重效应。

8. 投资收益的风险性

投资收益的风险性是指投资实施结果的风险性，即投入的资金不仅有可能无法取得预期收益，还有发生亏损甚至血本无归的风险。投资可以获利，但是由于投资活动受各种复杂因素影响，并且有的因素难以预料，所以投资获利程度事前难以确定，这就是投资风险所在。投资风险主要表现在三种投资结果上：一是投资获得收益；二是投资出现亏损；三是投资盈亏持平。这三种投资结果，如果是在同种项目和同等条件的前提下，可认为第一种情况投资风险最小，第二种情况投资风险最大，第三种情况投资风险一般。但是，就一般投资而言，由于投资项目、投资环境、投资条件以及投资防范能力等方面的差异，投资风险大小也不同。因此，不同的投资活动存在着不同风险。投资收益的风险性特点决定了投资者在投资前必须进行风险预测，在权衡利弊得失之后，再做出决策进行投资。

投资收益的风险性是由主观和客观两方面引起的。主观原因包括对市场预测错误、投资决策欠妥、投资管理工作不善等；客观原因包括市场突变、政策变化、天灾人祸等。投资收益的风险性，微观上要求投资者在进行投资活动时必须进行科学的预测和论证，慎重决策，强化投资管理，尽可能减少、分散和避免投资风险；宏观上要求进一步健全风险承受机制，完善投资风险的各项保险，建立风险投资基金，改进投资风险预警系统。

1.1.3 投资的分类

随着社会经济生活的日益复杂化，投资活动也呈多样化发展趋势。从不同角度看，投资可以分为不同的类型，如图 1-1 所示。

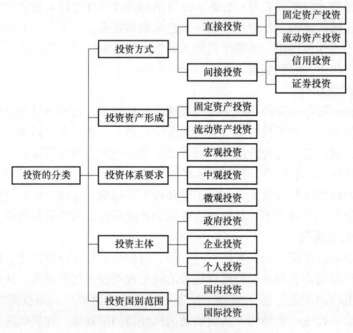

图 1-1 投资的分类

1. 直接投资和间接投资

按照投资方式不同，投资可划分为直接投资和间接投资。

直接投资是指投资主体将资金直接用于建造和购置固定资产和流动资产的行为或过程。因此，直接投资又可分为固定资产投资和流动资产投资。

间接投资是指投资主体为了获得预期的效益，将资金转换为金融资产的行为或过程。它包括信用投资和证券投资两大类。信用投资包括信贷投资和信托投资。将资金贷给直接投资者，并从直接投资者那里以利息形式分享投资效益的，称为信贷投资；将资金委托银行的信托部门或信托投资公司代为投资，并以信托受益形式分享投资效益的称为信托投资。证券投资是指投资者通过购买证券，让渡资金使用权给证券发行者进行直接投资，并以债息、股息、红利的形式与直接投资者分享投资效益。它包括股票投资和债券投资。需要说明的是，通常证券投资是指购买股票、债券、投资基金等行为，它既包括一级市场的购买，也包括二级市场的购买。

2. 固定资产投资和流动资产投资

按照投资资产形成的不同，投资可划分为固定资产投资和流动资产投资。

固定资产是指在社会再生产过程中，可以长期反复使用，且在使用过程中保持其原有实物形态基本不变，但其价值会逐步转移的劳动资料和其他物质资料，如房屋、建筑物、机器设备、运输工具等。固定资产投资是指将资金用于购置、建设固定资产的行为。固定资产投资对国家、社会以及人民生活水平和质量的提高有着重要的意义。

流动资产投资是指投资主体为启动投资项目而购置或垫支流动资产的行为和过程。流动资产按其内容可分为储备资金、生产资金、产成品资金和货币资金。任何一项固定资产投资建成投产后都需要配备一定量的流动资产，否则就无法正常运转。流动资产投资与固定资产投资是构成直接投资的密不可分的两个部分，是直接投资不可或缺的重要组成部分。而且，两者之间应有一个合理的比例，比例多大，在不同类型、不同规模的项目中是不同的。一般而言，资金密集型企业、技术密集型企业流动资产的投资比例小，劳动密集型企业流动资产的投资比例大。此外，这一比例也与经营管理水平有关，管理水平越高，流动资产投资占全部投资的比重就越低，反之则越高。

由于流动资产投资的对象与企业日常生产经营中流动资产的投放对象相一致，所以很容易被混淆，但两者的性质不同，前者属于投资资金，后者属于经营资金，因此两者既有相同又有不同之处。相同的是，两者都是由投资主体投入并在企业内不断循环、周转的一笔资金。不同的是，流动资产投资一旦进入企业，就一直被企业所占用，只有到企业停止生产经营时才能收回，因而循环周期很长；而生产经营中流动资产的循环周期与产品生产周期相同。首先，经营者以货币资金购置原材料、燃料等流动资产，形成生产储备，另一部分货币资金用于预付劳动者的工资；然后，流动资产进入生产过程，在这个过程中，原材料、燃料等劳动对象的物质形态发生变化，价值一次性转移到产品中去，劳动者通过劳动也将新创造的价值追加到产品中去，而劳动资料则只是将其磨损部分的价值转移到产品中去；最后，通过产品销售，价值得以实现，流动资产又恢复到起始形态——货币资金的形态，生产经营性流动资产的一个循环遂告完成，进入下一次循环，如此周而复始直至企业停止生产经营。可见，流动资产投资的一次循环包含了多次生产经营性流动资产的循环。

3. 宏观投资、中观投资和微观投资

按照投资体系要求，投资可划分为宏观投资、中观投资和微观投资。

宏观投资是指国家在一定时期内对整个国民经济的投资。它属于战略性投资，直接关系到整个国民经济能否协调稳定增长和社会再生产活动能否顺利实现。

中观投资是指各地区各部门在一定时期内对本地区本部门的投资。它直接关系到地区、部门内的经济发展水平、发展速度和效益高低。中观投资接受宏观投资的指导，是实现宏观决策的保证，也是连接宏观投资和微观投资的桥梁和纽带。

微观投资是指作为社会基本经济单位的企业和事业单位的投资。它属于战术性投资，不仅关系到微观单位本身的存在和发展，而且是中观投资和宏观投资得以实现的基础。

4. 政府投资、企业投资和个人投资

按照投资主体不同，投资可划分为政府投资、企业投资和个人投资。

政府投资是指中央政府和地方政府为达到一定目的而进行的投资。中央政府投资包括国家经济发展、社会发展和国防建设等方面的投资。地方政府投资主要包括地方经济发展、地方建设和地方社会事业等方面的投资。

企业投资是指工商、贸易、金融、建筑和运输等具有法人地位的各经营单位的投资。企业投资是整个社会投资的基础，它不仅能促进企业自身的发展，而且也能促进国民经济的发展。

个人投资是指城市居民、农民个人和个体企业的投资。个人投资有利于吸收社会闲散资金，补充政府投资和企业投资，有利于国民经济的繁荣。

5. 国内投资和国际投资

按照投资国别分类，投资可划分为国内投资和国际投资。

国内投资是指投资主体在本国范围内的各种投资。这种投资完全是在国内同一环境范围中进行的，投资的目的主要是促进国内经济的发展。

国际投资是指投资主体跨越国界所进行的境外投资。这种投资是在具有差异性和复杂性的投资环境中进行的，投资的目的具有多样性，例如，有的在于使资本保值增值，有的在于改变两国双边经济关系，有的则抱有政治目的。相对国内投资，国际投资具有制约性强、风险性大等特点。

1.1.4 投资运动过程

整个投资运动过程包括投资的产生与筹资、投资的分配与使用、投资的回收与增值三个阶段。投资运动过程依次经历上述三个阶段，分别采取货币资金、实物资产或金融资产、货币资金的表现形式，如图1-2所示。

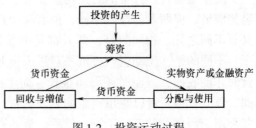

图1-2 投资运动过程

1. 投资的产生与筹资

投资产生于生产，生产是投资的源泉。从生产角度考查，投资资金形成于社会总产品的价值构成。社会总产品的价值构成为 $c+v+m$，其中，作为生产资料价值 c 的部分能够以货币形式收回形成投资资金；作为劳动者必要劳动所创造的产品价值 v 的部分也能够以货币形式收回，除满足个人消费需要外，余额部分也可以转化为投资资金；作为生产中创造的剩余产品价值 m 的部分同样能够以货币形式收回，其中一部分可以积累起来转化为投资资金。可见，投资作为再生产过程中的价值垫付，来自生产，没有生产过程就不能形成价值，从而不能产生投资。生产中创造的价值实现后流向各种资金渠道，投资者要进行投资，首先必须通过这些渠道吸引资金并集中到手，这个过程就是筹资。一般来说，社会上有多少投资供应渠道，就有多少筹资途径。就目前我国的情况看，筹资途径主要有财政拨款、银行贷款、民间集资、投资基金、直接融资、自有资金和外资供应等。筹资途径由一定时期的社会生产力水平决定，它反映了投资领域中的经济关系。

2. 投资的分配与使用

筹集到的资金继续运动，进入分配和试用阶段。分配要根据经济发展的需要，在各产业、各企业、各部门之间进行。通过投资分配，协调各种投资比例关系，达到优化投资结构、提高投资效益的目的。

资金分配是为了使用。投资资金的使用是指从投资立项到投资实施结束的全过程。投资资金使用过程遵循先立项论证，再形成决策，最后具体操作的运行轨道。立项论证是对投资项目的可行性研究，目的是使投资决策目标可靠并能顺利实现。实施投资项目，首先把决策目标分解落实到每一个执行单位，各执行单位在明确自己职责范围的基础上，接受并执行任务。其次是跟踪检查，通过信息反馈，使决策方案在执行中更加完善。在投资资金使用过程中，要坚持高效率、高质量、低成本的原则，以此争取得到最好的投资效果。

3. 投资的回收与增值

这里讲的是生产性投资垫付的资金收回并实现增值的过程。生产性投资是社会投资运动的典型形式，它是投资运动的基础。当投入的资金能够全部收回并取得增值时，投资运动就会继续进行，并且能够扩大投资。当投入的资金不能全部收回时，投资运动就会受阻，甚至中断。因此，在整个投资循环运动中，投资的收回与增值具有决定意义。

投资运动过程依次经历上述三个阶段，分别采取货币资金、实物资产或金融资产、货币资金三种表现形式。这种运动不断循环下去，就形成周期性的投资运动。上述投资运动经历的三个阶段必须紧密衔接、连续进行，形成不断循环的过程。如果运动在第一阶段停留下来，就不能引起投资；如果运动在第二阶段停留下来，就不能创造价值或效益；如果运动在第三阶段停留下来，就不能实现价值或效益，从而不能形成再投资。因此，连续性是投资运动的一个显著特点。

1.1.5 投资的作用

投资的作用表现在投资对经济增长的推动上。投资与经济增长关系非常紧密，在经济理论界，西方和我国有一个类似的观点，即认为经济增长情况主要是由投资决定的，投资是经济增长的基本推动力量，是经济增长的必要前提。投资对经济增长的影响，可以从要素投入和资源配置来分析。

从要素投入角度看，投资对经济增长的影响表现在投资供给对经济增长的推动作用和投资需求对经济增长的拉动作用两个方面。一方面，投资供给对经济增长的推动作用。所谓投资供给，是指交付使用的生产经营资产。这种投资供给，不论数量多少，都是向社会再生产过程注入新的生产要素，增加生产资料供给，为扩大再生产提供物质条件，是促进经济发展的要素，是马克思所说的扩大再生产的源泉。另一方面，投资需求对经济增长具有拉动作用。投资需求是指投资活动所引起的社会需求。凯恩斯在分析投资需求对经济增长的影响时提出了著名的投资乘数理论，其中心思想是增加一笔投资会带来数倍于这笔投资额的国民收入。投资乘数理论表明，投资需求对经济增长的影响非常大，其可控程度也较高。

再从资源配置角度来分析投资对经济增长的影响。资源配置最终影响经济结构，而合理的经济结构是经济发展的条件。经济结构通过生产流通、生产资料和劳动力利用、技术进步和提高经济效果来影响经济发展，而投资是影响经济结构的决定因素。所以，归根结底还是投资促进了经济的增长和平衡发展。具体表现在以下几个方面。

1. 促进国民经济增长

投资能够形成和改变社会再生产的物质技术水平，创造市场的需求和供给；投资能够增加生产要素，提高技术水平，实现扩大再生产，增加国民收入；投资具有乘数效应，即投资的增加会带来数倍于投资增加额的国民收入增加额。因此，投资是经济增长的基本因素，经济增长就是合理进行投资、不断提高投资效率的结果。实践证明，任何一个国家的发展，首先要提高经济增长率，而提高经济增长率就必须进行投资，没有投资，经济就难以启动，无法发展。在改革开放中，我国通过投资体制改革，建立了一整套科学的投资管理体系，拓宽了投资途径，提高了投资经济效益，极大地促进了国民经济增长。可见，投资是经济增长的巨大推动力，对经济增长具有极大的促进作用。

2. 调整社会供需总量平衡

国民经济持续、稳定、协调发展，最重要的是取得社会总供给与总需求平衡。但是，在现实生活中，国民经济总是在平衡与不平衡的矛盾运动中发展，不平衡是绝对的，平衡是相对的。因此，要不断通过投资调整供求关系，实现相对平衡。投资是需求，但又能转化为供给。一方面，在投资的实现过程中，通过投入引起对生产资料和消费资料的大量需求，从而使国民经济需求总量增加，这就是投资的需求效应；另一方面，有需求就有供给，通过直接投资能够生产出各种产品，从而使国民经济供给总量增加，这就是投资的供给效应。这两个效应直接影响国民经济总需求和总供给的平衡。如果人们过于追求增加供给而投资，忽视投资产生的需求效应，就会造成社会总需求和总供给的比例失衡，甚至破坏国民经济正常发展。因此，在市场经济条件下，要善于运用投资调控手段，注意投资两个效应的作用，特别是要调节好投资的流量和流向、规模和结构，只有这样才能保证国民经济持续、稳定、协调地向前发展。

3. 保证社会协调与可持续发展

社会生产的目的是最大限度地满足人民日益增长的物质文化需要。实现这一目的不仅要创造物质财富，还要创造精神财富，两种财富都离不开投资活动。一方面，要进行生产性投资，通过对各种物质部门的投入，促进生产力水平提高，从而不断生产出更多、更好的物质产品，满足人们各种物质需要；另一方面，要进行非生产性投资，通过对非物质生产部门的投入，改善人们的生活环境，提高生活质量，美化人们的生活，满足人们精神生活的需要。可见，投资对保证社会协调与可持续发展的重要性不言而喻。

4. 促进国际经济发展

投资作为一项重要的经济活动，不断开拓自己的领域和市场。在现代经济全球化条件下，投资已冲出狭隘的国内界限，走向国际，在各国之间形成纵横交错的投资经济关系。这种国际化的投资活动，一方面能够填补各国投资的不足，缓解失业压力，推动各国经济发展；另一方面能密切国际协作，促进科学技术的国际交流和推广，使生产力能够在全球范围内合理配置，极大地推动社会生产力向前发展。

1.2 项目投资

1.2.1 项目投资的含义

1. 项目的概念及特征

项目是指那些作为管理对象，在一定约束条件（限定的资源、时间、质量等）下完成的具有特定目的的一次性任务。项目具有任务一次性、目标明确性和管理对象整体性特征。重复、大批量的生产活动及其成果不能称作"项目"。项目按其最终成果可划分为科学研究项目、开发项目、建设项目、航天项目、维修项目、咨询项目、教育项目等。本书研究的对象是建设项目的投资与融资问题。

建设项目是指需要一定量的资金投入，经过决策、实施等一系列程序，在一定约束条件下，以形成固定资产为目标的一次性过程。一个建设项目就是一项固定资产投资项目，它又可分为基本建设项目和技术改造项目。其中，基本建设项目是指新建、扩建等扩大生产能力的项目；技术改造项目是指以节约资金、增加产品品种、提高质量、治理"三废"、劳动安全等为主要目的的项目。建设项目的基本特征有：

1）有明确的项目组成。建设项目在一个总体设计或初步设计范围内，由一个或若干个互相有内在联系的单项工程组成。建设中实行统一核算、统一管理。

2）在一定约束条件下，以形成固定资产为特定目标。在项目建设过程中，约束条件主要有三个：①时间约束，即要求有适宜的建设期限（工期）；②资源约束，即要求有确定的投资限额；③质量约束，即要求有预期的生产能力、技术水平或使用效益目标。

3）要遵循必要的建设程序和经过特定的建设过程。

4）具有投资限额标准。只有达到一定的限额投资才能作为建设项目，低于限额标准的称为零星固定资产购置。

5）按照特定的任务，具有一次性的组织形式。

2. 项目投资的概念及性质

项目投资是一种以特定项目为对象，直接与新建项目或更新改造项目有关的长期投资行为。项目投资按其涉及内容还可进一步细分为单纯固定资产投资和完整工业投资项目。单纯固定资产投资项目的特点在于：在投资中只包括为取得固定资产而发生的垫支资本的投入，而不涉及周转资本的投入；完整工业投资项目则不仅包括固定资产投资，而且涉及流动资金投资，甚至包括其他长期资产项目（如无形资产、长期待摊费用等）的投资。

项目投资的基本性质主要体现在以下三个方面：

（1）项目投资的双重属性

项目投资具有自然属性和社会属性。所谓自然属性，是指项目投资与生产力、社会化大生产、生态环境相联系的属性。因而，自然属性要求投资活动应有助于合理组织生产力、发展生产力、保护生态平衡，同时实现项目投资的效益目标，使投资者得到满意的投资回报。项目投资的社会属性是指投资与生产关系、上层建筑相联系的属性。因而，社会属性要求维护现行社会的生产关系，维护生产资料所有者的权益。项目投资的双重属性是进行项目投资分析的基本依据和出发点。

（2）项目投资的约束、能动、规范性原理

项目投资活动的双重属性，必然导致投资活动要受到各种自然条件和社会条件的约束。而投资活动本身又以人为主体，是由人和社会生存发展的需要而派生出来的一种特殊的经济活动。所以，自然条件和社会条件的约束迫使和激励人们充分发挥主观能动性和创造性，开展一系列旨在创造社会精神财富和物质财富的投资活动。但是，投资活动又必须依据投资效用最大、投资风险适度等准则来进行。这种用来作为人们投资行为的依据或价值准则，就是投资活动的规范性原理。

(3) 项目投资的系统性与科学民主性

项目投资是一项综合性很强的系统工程，它涉及的因素很多，必须遵循客观物质规律和有关准则规范。因此，为提高投资效用和减少投资失误，在具体投资操作和投资决策过程中，应遵循科学化和民主化原则。

1.2.2 项目投资的特点

建设项目投资由于其客观性和独有的技术经济特点，决定了它主要有以下几个特点。

1. 周期长且投资额大

项目投资一般包括项目的前期准备阶段、项目实施阶段和项目终结阶段，也就是项目的起始、实施和终结的过程，这就构成了项目的寿命周期。一般一个建设项目的寿命周期在1年到十几年不等。建设项目的庞大，使得建设项目的投资回收期较长，因而在整个建设项目投资过程中往往需要投入大量的人力、物力、财力。这些建设项目投资的自身属性决定了其周期长且投资额大的特点，因而在投资项目之前，必须进行深入、全面的研究，只有对项目建设进行系统的分析论证，才能最后决定是否对项目进行投资。

2. 不可逆转性

这主要是由建设项目的固定性（不可移动性）决定的。因为一旦确定项目在哪里进行投资建设，就在哪里形成生产能力或提供工程效益。建设项目投资完成后，再想做出改变就非常困难。因此，对拟建的投资项目，必须对候选地进行认真勘察，查明当地的资源储备、工程地质、水文地质、交通运输条件以及产品的消费情况，并在选中建设地点的前提下，注意做好项目的合理布局和有关配套项目的协作、配合。

3. 多样性

建设项目的多样性特点决定了每个建设项目都有其自身的用途和要求，需要进行专门的设计。因此，对拟建项目就有采用何种工艺设计才能使建筑结构最为适用且经济合理的要求。

4. 连续性和不可间断性

建设项目的连续性和不可间断性特点决定了只有将投资建设全过程中的各个阶段、各个环节和各项工作之间协调地组织起来，在时间上连续，在空间上不脱节，并在项目全部完工后积极组织验收交付生产使用，才能真正形成生产能力或工程效益并发挥出投资经济效益。因此，在建设项目投资建设的过程中，必须遵循项目本身客观存在的程序性。

1.2.3 投资项目的分类

1. 按投资项目性质划分

投资项目按其性质可以分为新建项目、扩建项目、改建项目、迁建项目和恢复项目。

新建项目是指从无到有、投资建设的一个新项目。扩建项目则是指在现有的规模基础上为扩大生产能力或工程效益而增建的项目。改建项目是指投资者为了提高产品质量、加速技术进步而采用新技术、新工艺，对现有设施、工艺条件进行设备更新或技术改造的项目。迁建项目是指由于种种原因经有关部门批准迁到其他地点建设的项目。恢复项目是指因自然灾害、战争等原因，原有的固定资产全部或部分报废，然后又投资恢复建设的项目。

2. 按项目的盈利能力、投资主体和投资范围划分

投资建设的建设项目按照项目的盈利能力、投资主体和投资范围划分，可以分为竞争性建设项目、基础性建设项目和公益性建设项目。

（1）竞争性建设项目

竞争性建设项目主要是指投资收益水平较高、市场调节比较灵敏、具有较强市场竞争能力的行业部门的相关项目。这些行业主要包括工业、建筑业、金融保险业、商业、房地产业、公用产业、服务业、咨询业等。竞争性投资项目的投资面向市场，由企业自主决策、自担风险、自享收益，通过市场筹资建设经营。

（2）基础性建设项目

基础性建设项目主要是指具有一定自然垄断、建设周期长、投资量大而收益较低的基础产业和基础设施项目。它主要是指农林水利业、能源业、交通业、邮电业、通信业以及城市公用设施的建设。对这些项目可以进一步细分为两个部分：一部分属于在一定时期具备市场竞争条件的项目，其投资应在政府引导的前提下，逐步面向市场；对那些不具备市场条件的项目，其投资主要应由各级政府负责。

公益性建设项目是指那些非营利性但具有社会效益性的项目。它主要包括教育、文化、卫生、体育等设施，以及公、检、法等政权设施。在这些公益性建设项目中，大多数的投资不形成经济效益。因而公益性项目投资主要由政府来承担，即由政府运用财政性资金，采取无偿和追加拨款的方式进行投资建设。

1.2.4 项目投资的运作程序

建设项目投资的运作程序一般包括以下几方面内容：

1. 建设项目决策阶段

项目发起方根据国民经济和社会发展的长远规划，结合行业和地区发展规划的要求，提出项目建议书。主要是在建设前针对投资项目提出设想，通过对市场和投资机会的研究，衡量投资项目的必要性，初步分析建设的可能性，进而编制可行性研究报告。可行性研究是项目准备阶段的一项重要工作，主要是对拟建项目在工程技术、经济、社会等方面的可行性和合理性进行全面系统的分析论证，从中选择最佳投资实施方案的一种方法。可行性研究能够为项目提供科学和可靠的依据，减少项目决策的盲目性。

2. 建设项目规划设计阶段

这一阶段主要是编制一系列的设计文件，以确保建设项目的如期完成。设计文件是项目在进行投资时的具体实施方案，是组织施工的主要依据，是一项综合性的技术经济工作。它一般包括初步设计、施工图设计和制订年度计划。

（1）初步设计

初步设计是研究拟建项目在技术上的可靠性和经济上的合理性，对设计的项目做出基本技术规定，并通过编制总概算确定项目总的建设费用和主要技术经济指标。

（2）施工图设计

施工图设计是在初步设计的基础上，将设计的工程加以形象化、具体化。施工图设计应包括施工总平面图、房屋建筑总平面图和剖面图、安装施工详图等。同时，根据施工图设计编制施工图预算，将其作为确定项目的建筑安装工程投资、工程招标投标标底的依据，作为施工单位组织施工、控制人工材料消耗、考核工程成本和施工经济效益的依据。

(3) 制订年度计划

建设项目的建设期一般都比较长,这就要求必须制订年度计划。年度计划的作用就在于具体规定每年应该建设的建设项目及其施工进度、应该完成的投资额和投资额的构成、应该交付使用资产的价值和新增的生产能力。所以,制订年度计划的目的就是保证能按期、顺利地完成建设任务,以及保证投资资金的合理使用。

3. 建设项目施工阶段

这一阶段主要包括施工准备、施工组织、生产准备和竣工验收,是建设项目投资的实施阶段。

(1) 施工准备

施工准备主要是进行项目的征地、拆迁及建设用地的平整工作,通常是指"三通一平"(通水、通电、通道路和平整场地)或"七通一平"(通水、通电、通道路、通邮、通热、通气、通排水和平整场地)。

(2) 施工组织

施工组织是一个特殊又复杂的建设过程,是建设项目投资实施阶段的主要内容。在施工过程中,施工单位要严格按照设计图进行施工,既要做到合理、均衡地施工,又要注意各施工工序的顺序问题。

(3) 生产准备

在项目竣工验收前,必须按照设计和计划的要求做好生产准备。这主要是指做好生产、管理人员的定员和培训工作,设备的安装、调试、验收工作,生产所需的资源调配,管理机构和管理制度的建立等。

(4) 竣工验收

竣工验收是建设项目投资建设的最后环节,也是全面考核项目建设的成果,检验设计、施工质量的重要环节,是项目进入生产、经营过程的必经阶段。通过竣工验收可以检验设计和工程质量,保证项目能按设计要求的技术经济指标正常生产和使用,以便及时办理移交手续。

4. 建设项目终结阶段

这一阶段是建设项目的投产使用、进入生产经营的阶段,是投资效益的实现和投资回收阶段。同时,这一阶段还应包括项目后评价。项目后评价一般在项目生产运营一段时间(一般为两年)后进行,主要是指对投资项目建成投产后的经济效益、社会效益、环境效益进行总体综合评价。通过项目后评价,既能考查项目在投产后的生产经营状况是否达到投资决策时确定的目标,又可以对项目投资建设全过程的经济效益、社会效益和环境效益进行总体和综合评价,并反映项目在经营过程中存在的问题。因此,项目后评价是项目建设程序中不可缺少的组成部分和重要环节。

1.3 项目投资管理

1.3.1 项目投资管理概述

众所周知,现代工程建设项目具有建设周期长,大量耗用人力、物力、财力,资金占用期长，项目组织管理涉及部门多，管理复杂等特点。因此，如何在有限的预算资金前提下，保证建设项目的质量和进度，是每一位业主都十分关心的问题。建设项目投资控制作为实现这一目标的保障，在现代项目管理中正显得越来越重要。所谓工程建设项目投资控制，就是在投资决策阶段、设计阶段、建设项目发包阶段和施工阶段，把建设项目投资的发生控制在批准的投资限额以内，随时纠正发生的偏差，以保证项目投资管理目标的实现，以求在建设项目实施中能合理使用人力、物力和财力，从而取得较好的经济效益和社会效益。

从建设项目投资控制与管理的发展历史可以看到，人们对项目投资控制的认识是随着生产力的发展，随着商品经济的发展和现代科学管理而不断深化的。早在16世纪到18世纪，英国工程造价管理就提出了将设计与施工分离，由工料测量师在工程设计和工程完工以后测量工程量和估算项目投资，这是工程造价管理发展的第一阶段。到19世纪以后，资本主义国家在工程建设中开始推行承包制，此时要求工料测量师为招标者制作标底，从此工程造价管理逐渐形成了独立的专业，这个时期被称为工程造价管理的第二个阶段。至此，业主能够在开工前预先了解需要支付的投资额，这便完成了工程造价管理的第一次飞跃。但此时业主还不能对设计阶段进行有效监控。在项目施工阶段进行控制的基本原理是把计划投资额作为投资控制的目标值，在工程施工过程中定期地进行投资实际值与目标值的比较，通过比较发现并找出实际支出额与投资控制目标值之间的偏差，然后分析产生偏差的原因，并采取有效的措施加以控制，以保证投资控制目标的实现。这是一种传统的控制方法。长期以来，人们一直把控制理解为目标值与实际值的比较，当发现实际值偏离目标值时，分析产生的原因，并确定下一步对策。这是一种被动控制，立足于调查——分析——决策基础上的偏离——纠偏——再纠偏的控制方法。这种方法只能发现偏离，而不能使已产生的偏离消失，只能起到预防下一阶段或工序可能发生偏离的作用。

自20世纪70年代以来，科学技术出现了日新月异的发展。人们逐步把系统论、控制论、价值工程、供应链管理、柔性制造、敏捷制造、精益生产等为代表的先进生产方式和管理理论应用于建设项目工程管理，在建设项目工程管理中引入计算机等辅助手段，将投资控制立足于事先分析各种产生偏差的可能性，主动采取积极的预防措施，尽可能避免目标值与实际值的偏离，这种主动、积极的控制方法称为主动控制或动态控制。项目投资控制逐步实现了由被动变为主动、由静态变为动态的转变。建设项目投资控制不仅能反映决策，反映设计、发包和施工，更能主动影响投资决策，影响设计、发包和施工。

目前，国外建设单位在建设项目管理中通常采用专业建设管理模式，即业主将整个工程自始至终交给某一咨询公司来承担建设管理，业主自己一般很少参与建设项目的实际管理，项目成本管理工作实际上是咨询公司提供服务的内容之一。

同时，国外大型承包公司并不只是被动地在工程的招标阶段才参与竞标，而是参与项目建设的全过程，包括投资计划研究、可行性研究、投资决策、咨询设计、招标投标、商签合同、工程实施和验收等。因此，建设项目的投资管理真正做到了业主、咨询公司、承包商三位一体、共同控制。其中，一些发达国家和地区，如美国、英国、德国、中国香港等，从事建设项目成本管理的历史悠久，具有较为完善的投资控制体系。下面对此做简要的介绍。

美国的工程承包公司均对项目投资的管理和控制十分重视，并把这一过程称为成本工程。成本工程就是通过各种有效的方法对项目成本进行估算、计划、控制、分析、预测等最终降低成本或将成本控制在目标计划成本之内的整个过程。它可具体分为成本估算、成本预算、成本控制和预测、数据分析、数据开发、进度计划和外部数据等几个步骤，采用工作分解结构（WBS）和编码系统相配合，并对产生的偏差进行分析，采取纠偏措施。

英国与美国在工程成本控制中，显著不同的一点就是充分发挥工料测量师的作用。英国的皇家特许测量师学会，不同于美国造价工程师协会，是独立于业主和承包商的组织，具有很大的权限。业主在准备投资一项目时，一般要邀请工料测量师进行可行性研究、投资估算、招标文件编制、设计阶段及施工阶段的投资控制等工作。而承包商在进行工程施工时，也要聘请工料测量师，或在工地设立工料测量办事处。英国常用成本控制系统的选择取决于建设项目的规模及复杂程度，但更大程度上取决于上级管理层的态度及经验。无论采取哪种控制系统，首先要设计一套能表示基本成本数据的健全的编码系统，同时要注意将工程成本放在网络计划图中，将工程进度计划与成本控制相结合。

我国香港的工程成本控制主要体现在建设项目的动态估价上。这主要是因为香港地区没有统一的定额，仅有统一的工程量计算规则和建设项目划分，而工料测量师必须根据资料、数据及当时市场价格水平，采取适当方法估算建筑工程分项造价，汇总得出总造价。香港工料测量师之所以能够控制工程投资，主要是由于他们对工程进行全过程的管理。招标工作结束后，确定承包商，工程进入施工阶段后，工料测量工程师主要以承包合同为依据，严格控制工程费用，将其维持在既定的概算之内。其角色与内地监理工程师的工作性质比较类似，只是目前大多数内地建设项目中，业主并没有充分发挥监理工程师的作用，而其主要工作只是对施工质量的审核。

在德国虽然没有设立如英国的工料测量师和北美成本工程师的专业制度，但是，德国在建设工程方面的咨询服务行业非常发达和普遍，不论是政府还是私人的投资项目，当一个部门或监理公司承接项目管理后，在成本控制方面是从投资估算、设计概算、施工预算、竣工结算到财务结算等进行全过程服务的，这样就避免了计划与实际建设的脱节。

我国的工程造价管理体制始于20世纪50年代初期，是为了适应当时大规模基本建设的需要而建立的。经过长期的工程建设实践，其管理体制已日趋完善，对合理和有效控制造价起到了积极作用。进入90年代以后，随着市场经济的不断发展，我国开始逐步引进国外先进的投资管理理论和方法，如项目管理承包商管理模式、建设工程管理模式、改进造价核算的方法，研究推广作业造价管理、造价规划、战略造价管理、全面造价管理等先进的理论和方法，推进限额设计，工程量清单报价和全过程造价管理等。全过程造价管理将前期策划和设计这两个成本控制的重点阶段纳入管理范围，相对于简单的概预算控制更为科学和进步，而这些子过程的造价又都是由许多具体活动的造价构成的。因此，建设项目全过程的造价管理必须是基于活动与过程的，必须按照建设项目过程和活动的组成与分解规律，去实施对项目全过程的造价管理。全过程造价管理理念所涉及的管理思想和范围已经远远超出了原来施工概预算定额的控制管理范畴，是一种基于活动和过程的造价管理方法，而不是传统的基于投标和部门的造价管理方法。目前，我国的工程造价管理正在逐步实现由概预算定额管理向全过程造价管理的转变，具体体现在成本预测、编制成本计划和成本分解和成本控制四个方面。在成本预测中采用了定性和定量相结合的预测方法，其中在定量预测法中常见的有时间序列分析法和量本利分析法等。通过定量分析和比较同类项目计划执行的情况，参照项目设计概算、承包合同、施工组织设计等来编制成本计划。项目成本计划分解能按照经济责任制要求，将成本计划内容在项目组织系统内进行逐层分解，实行建设项目经济承包责任制。建设项目成本控制分为日常控制、质量成本控制、工程变更控制等，采用的方法有价值工程分析法、联系费用的横道图法、成本计划评审法和成本单项费用分析表法等。

1.3.2 项目投资管理的目标与原则

1. 建设项目投资管理的目标

从本质上说，建设项目投资管理的最终目标就是实现项目预期的投资效益。而在项目建设阶段，建设项目投资管理就是要在业主所确定的投资、进度和质量目标指导下，合理使用各种资源完成建设项目建设任务，以期达到最佳投资效益。

投资、进度和质量形成了建设项目投资管理的目标系统，三者互相联系、互相影响，某一方面的变化必然引起另两个方面的变化。例如，过于追求缩短工期，必然会损害项目的功能（质量），引起成本增加。所以，建设项目投资管理应追求三者之间的优化和平衡，强调最短工期、最高质量、最低成本都是片面的。由于项目的复杂性和动态性，以及人们的认识能力和技术水平的限制，在项目前期往往很难对项目做出正确的综合评价和预测。因此，在实际工作中可先适当突出某个主目标，即项目必须予以保证的目标（如质量目标），并以此为依据来编制项目目标计划。然后在执行计划的过程中不断收集数据和信息，对比实际情况和原定计划，调整各目标之间的比重关系，不断修正和完善原目标计划，形成一个持续渐进的目标管理过程，如图1-3所示。

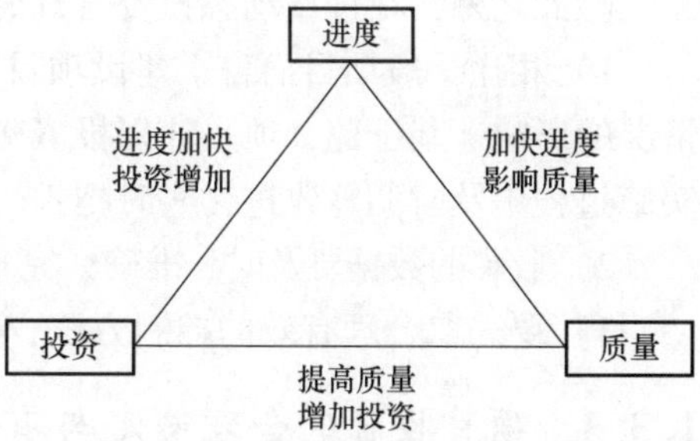

图1-3 投资、进度和质量三者关系

2. 建设项目投资管理的原则

对建设项目进行投资管理时，应遵循以下基本原则：

（1）成本最小化

建设项目投资管理要尽可能地控制工程投资，降低项目成本，以此来节约资金，为社会节约资源。当然，这并非是指要无限度地降低成本，更不是一切以降低成本为目的的，而是在达到业主对项目功能要求的基础上，统筹考虑进度目标、质量目标、安全目标、各方满意目标、可持续发展目标、社会目标等相关目标的实现，尽可能地合理降低项目成本，在理性的基础上避免不必要的浪费。

（2）全过程投资管理

建设项目投资管理是项目的建设及运行的全部过程，不是单一的某一段过程，要从项目前期的决策选址、项目可行性研究、勘察设计、招标、合同签订、施工、竣工验收等全过程入手来共同控制项目的投资。

在整个投资管理过程中，项目建设中的建设单位（业主）、承包单位、设计单位、监理单位、审计单位等参建各方都参与进来，通过各方共同努力，始终带着控制项目投资的意识做好各自工作。例如，承包单位要避免施工中的返工、窝工、浪费及不合理变更等，为建设单位降低工程成本提出建议；设计单位要提出经济合理、技术先进的设计方案；监理单位要为建设单位把好关，控制好工程量变更及设计变更等，为建设单位节约不必要的资金投入，当好建设单位的好帮手。

建设项目投资管理全过程中还要充分考虑到项目实施中涉及的方方面面。例如，材料的价格、工人人工费、机械租赁费、设计的变更、工程量的变更等都是要考虑的范围,要做到事无巨细,从建设项目实施中的每一个细节,全方位考虑投资成本的控制。

(3) 动态投资管理

建设项目具有单件独一性的特点,不同业主对建筑产品的要求不尽相同,建设项目的地质条件不同、设计不同等因素都会导致建筑产品具有单件独一性、不可重复性的特点,因而在建设过程中没有以往工程经验可以直接照搬;同时,在建设的过程中还会受到许多不可预见因素的影响,如天气变化、原材料价格上涨、政府政策变化、地质条件变化、突发事件、人工费上涨等。这些因素共同使得建设项目投资处于一个不断变化的过程中。因此,在对建设项目进行投资管理过程中,不能一成不变、教条僵化,而要采用动态管理的方法实时控制,制订细致缜密的投资管理计划,密切跟踪项目进程,及时掌握建设项目实施成本的实际发生值,并把实际值与制订的计划值进行比较,找出偏差,及时纠正,实行动态的投资管理。

除此之外,在进行动态投资管理时还要注意以下几点:

1) 相比一般项目而言,建设项目的生产周期较长、牵涉范围较广,并受外界环境诸多情况的影响。基于此,项目计划投资额不可能一开始就划分得比较精准,而需要在项目具体实施过程中及时调整改进,实时把控。

2) 收集的数据要及时、准确、完整,以便将计划值与实际数据相比较,合理地控制投资。

3) 要采取合理有效的控制方法,从而更好地对存在的偏差进行调整控制。

1.3.3 项目投资的合理确定与有效控制

1. 建设项目投资的合理确定

建设项目投资的确定是建设项目投资管理的首要内容。它是要在建设程序的各个阶段,采用科学的计算方法和切合实际的计价依据,合理确定投资估算、设计概算、施工图预算、承包合同价、结算价和施工决算。根据建设程序,建设项目投资的合理确定分为如下六个阶段:

(1) 项目建议书阶段与可行性研究阶段

该阶段应按照规定的投资估算指标、类似工程造价资料或其他有关参数,编制投资估算。也就是说,投资估算是在整个投资决策过程中对建设项目投资数额进行的估计,是判断项目可行性和进行项目决策的重要依据之一。同时,投资估算也是编制初步设计和概算的投资控制目标。

(2) 初步设计阶段

在初步设计阶段,应根据有关概算定额或概算指标编制建设项目总概算。经有关部门批准的总概算,即为控制拟建项目投资的最高限额。对在初步设计阶段实行建设项目招标承包制签订承包合同协议的,其合同价也应在总概算相应的范围以内。

(3) 施工图设计阶段

根据施工图确定的工程量,套用有关预算定额单价、取费率和利税率等编制施工图预算。经承发包双方共同确认、有关部门审查通过的预算,可作为结算工程价款的依据。

(4) 工程招标投标阶段

在该阶段,承包合同价是以经济合同形式确定的建筑安装工程投资。

（5）工程实施阶段

要按照承包方实际完成的工程量，以合同价为基础，同时考虑因物价上涨以及其他因素引起的投资变化，合理确定结算价。

（6）竣工验收阶段

对从筹建到竣工投产全过程的全部实际支出费用进行汇总，编制竣工决算。

2. 建设项目投资的有效控制

建设项目投资的有效控制就是在投资决策阶段、设计阶段、建设项目发包阶段和建设实施阶段，把建设项目投资的发生控制在批准的限额以内，随时纠正发生的偏差，以保证项目投资管理目标的实现，以求在各个建设项目中能合理使用人力、物力、财力，取得较好的投资效益和社会效益。

建设项目投资的有效控制应遵循以下原则：

（1）以设计阶段为重点进行建设全过程投资控制

投资控制应贯穿于项目建设全过程，但对造价影响最大的阶段在于施工以前的投资决策和设计阶段；而在项目做出投资决策后，控制项目投资的关键就在于设计阶段。

（2）主动控制

投资控制不仅要反映投资决策，反映设计、发包和施工，被动地控制项目投资，更要能动地影响投资决策，影响设计、发包和施工，主动地控制项目投资。

（3）令人满意原则

建设项目的基本目标是对建设工期、项目投资和工程质量进行有效控制，这三大目标组成的目标系统是一个相互制约、相互影响的统一体，同时使三个目标达到最优几乎是不可能实现的。为此，应根据建设项目的客观条件进行综合研究，实事求是地确定一套切合实际的衡量准则。只要投资控制的方案符合这套衡量准则，取得令人满意的结果，则投资控制即达到了预期目标。

（4）技术与经济相结合

技术与经济相结合是控制投资的有效手段。为此，应通过技术比较、经济分析和效果评价，正确处理技术先进与经济合理之间的对立统一关系，力求达到在技术先进条件下的经济合理、在经济合理基础上的技术先进，把控制投资的观念渗透到各项设计和技术措施中。

1.3.4 项目各阶段投资管理的重点内容

1. 建设项目前期阶段投资管理

建设项目前期阶段，即可研或预可研阶段的投资管理工作主要内容是投资管理人员参与可研估算的编制和审查。重点审查以下内容：编制原则和方法是否符合国家、行业现行的计价依据和标准规定，是否符合企业的有关规定以及编制说明内容是否准确、齐全等；建安工程费的估算指标套用是否正确以及工程量的计算是否准确；各类设备、材料的价格，特别是非标和非定型设备的价格取定是否合理，定型设备和大宗材料价格的计取是否准确、合理、符合要求；建设单位管理费用以及勘察设计、咨询、评估、监督检验以及其他如无形资产、递延资产等直接工程费以外的其他费用的计算是否正确、合理，是否符合有关规定；估算结构体系是否完整、齐全，是否有重复和遗漏，估算编制统一规定是否准确、齐全、合理。

2. 建设项目建议书阶段投资管理

本阶段投资管理工作的内容之一是概算的编制、审查和报批等工作。总的要求是概算编制要严格执行国家、行业和有关部门颁发的设计标准、规范、指标和定额等相关规定；推行限额设计，坚持不提高设计标准，不扩大设计范围和内容，使批复概算控制在投资估算以内。在这样的原则下，概算的审查要注意以下内容：概算编制是否严格执行国家和行业现行的计价依据和标准规定，编制说明内容是否齐全；概算工程量计算以及指标套用是否合理、准确；各项设备、材料价格采用依据是否充分、可靠，价格水平是否真实、准确反映项目建设期的实际情况；有无重项或者漏项；其他费用科目是否真实、无多项和漏项现象，数额计算是否准确、符合相关规定。概算控制的另一重要问题是超概调整程序问题。当项目实施过程中出现超控制概算情况时，执行部门应及时分析超控制概算的原因，并提供相关依据（含专业技术部门意见），提交投资管理部门审核，经主管领导批准，投资管理部门备案后，才能调整控制概算费用。

3. 建设项目实施阶段投资管理

（1）施工图预算管理和控制

施工图设计应坚持如下原则：施工图设计必须按照经批准的初步设计进行。当设计方案有重大变化时，工程技术部门应要求设计院做出变更前后的费用估算及比较，并及时告知投资管理部等有关部门，必要时应召开专门会议对方案变更的必要性做出决定。

施工图预算的控制，特别是 EPC 模式下的详细设计施工图预算的控制，是项目实施阶段投资控制的重要内容。为此，必须严格执行国家、行业和有关部门颁发的设计标准、规范、指标和定额等，在基础设计范围内坚持不提高设计标准，不扩大设计范围和内容，并严格推行限额设计，把详细设计施工图预算严格控制在基础设计概算范围内。项目实施阶段详细设计施工图不仅是施工招标的依据，同样是现场施工和交工验收后竣工结算的依据，施工图设计的深度、准确程度、变更多少都直接影响着项目投资。

（2）合同履约控制

1）项目实施阶段是投资管理中最为重要和复杂的阶段，这其中需要关注的内容非常多。例如，合同进度款的管理和控制，设计变更及现场签证的费用管理和控制，甲方供应设备、材料的投资管理，二类费用投资的管理和控制，各类投资计划和资金计划的编制调整上报工作，各类项目投资管理情况、预算执行情况报告的编制上报工作等。

2）工程进度款的管理。大型复杂项目由于建设周期长、利益有关方多而显得格外重要和难于管理，因此，投资管理过程中进度款的管理和控制就成为一个焦点和重点内容。同时，进度款的管理和控制又是一个系统工程，与项目的各个职能部门都密切相关。本节仅就进度款申请资料编制的依据和资料组成两项基本内容做进一步说明，其他如进度款申请资料签审的责任分工、工程进度款签审工作流程和签审时间规定及资料归档等更为具体的要求，都不在此做进一步论述。这些都要由投资管理工作者在实际的工作中细化和完善，并要经过各级部门和领导的讨论和审核同意后执行。

① 关于进度款审核的前提和依据。只有合同范围内的项目，并按合同约定的内容及标准真实、诚信、保质、保量完成的单位单项以及分部分项工程，才能申请工程进度款。申请进度款的工程中各分部分项工程必须是经业主或其授权委托方以规定的形式或方式确认的工程。

进度款申请确认资料必须真实、准确、齐全，且格式、形式都符合业主相关规定并满足专业工程师审核要求。各签审部门须根据本部门的职责和权限对申请资料的相关内容进行审核和确认，审核和确认的直接依据是已签订合同的通用和/或专用条款、附件，以及国家、行业或地方的各质量和技术标准等。

② 关于进度款申请资料的组成及编制要求。

工程进度款申请资料的组成包括实物工程量检测统计表、月工程量报审表、工程进度款详细计算表、工程进度款报审表、工程进度款审核确认会签表等几个部分。其中，前四个表由承包商准备，第五个由业务主管部门根据要求提供。

工程进度款申请资料的编制要求包括：首先需按基础设计文件划分的装置或主项单元分别编制，在装置或主项单元内，实物工程量检测统计表和工程进度款详细计算表也应按专业不同归类填写计算，以便于投资方进行投资控制和投资分析。

实物工程量检测统计表和工程进度款详细计算表为示意表，施工承包商应根据不同的工程内容、报价模式及行业要求编制不同表格，以满足专业工程师审核的需要；工程进度款审核确认会签表的"其他部门"是指其他会签部门，由相关部门根据申请进度款的不同性质和流程确认。

4. 建设项目完工阶段投资管理

在该阶段，投资管理工作的主要内容是完成工程结算的审核工作，确定建设工程最终造价。重点关注的内容如下：严格工程结算的程序控制；审核竣工结算的编制依据、编制原则和方法是否符合国家、行业以及其他相关管理规定或者合同规定；审核建筑安装工程量是否准确，各个定额指标套用是否合理，是否有高估冒算现象；设计变更及工程修改内容、现场签证是否符合规定；工程预（结）算书的各类技术支持资料是否符合要求、是否齐全；审核设备、材料价格是否准确，采用依据是否充分、可靠，是否真实、准确反映项目建设期的实际情况；费用科目有无重项或者漏项。

（1）工程结算程序

工程结算中的程序控制是保证工程结算准确、合理的重要手段。通过做好以下几个方面的工作即可实现既定的目标：以实现工程结算造价不突破批准的基础设计概算为总目标；建立工程结算实行多级审核把关制度；建立过程控制（包括进度款的控制、变更的控制等）的监督机制；工程结算的编制和计算要求；工程结算提交、修改等的时间要求；工程结算支持资料的要求；工程结算文件及支持文件的会签、审核要求。

（2）工程结算审核

工程结算专业人员对承包商上报的结算文件进行审查，并按以下原则办理：

1）固定总价合同的结算按合同总价加符合合同条件的变更及签证进行计算。变更及签证的定额及取费采用合同规定的结算条款。

2）工程量清单结算按合同清单综合单价及经业主审核确认后的竣工图及工程量进行计算。对没有合同清单综合单价可使用的工作内容，预结算可参考相近清单综合单价，参照招标文件规定次序制定临时清单综合单价作为结算定价的依据。使用临时清单综合单价作为结算定价依据时，要在审查报告中对制定临时清单综合单价的依据、理由加以记录和说明，经审核后作为结算依据。采用工程量清单报价的招标项目，其设计变更和现场签证所引起的费用增减在工程进度款阶段不予支付，待办理结算时按工程合同的相关条款处理。

3）费率部分结算按合同规定采用的定额及取费费率，结合下浮费率进行计算。工程预结算审查中要以合同文本规定的定额文件为定价依据，按招标文件规定的定额文件优先次序来正确选用定额。

4）费率部分工程结算书中的甲方供应材料可按业主出库单价作为定价标准，乙方供应材料价格要首先采用施工期地方造价管理部门公布的材料信息作为定价标准。当所用材料信息价缺项时，缺项部分由乙方采用其他来源（三家以上的供货厂家价格）进行报价申请，并按规定程序批准确认后，作为结算的依据。

5）严格区分设备与材料，设备价值一律不得纳入工程建安费用的（预）结算，设备与材料首先可按国家或行业设备与材料的划分原则来划分，然后参照概算设备与材料的规定划分。

6）相关部门应按单元和工程合同建立工程（预）结算台账，工程（预）结算的编审严格按工程合同、工程造价管理部门颁布的有关文件、项目组有关程序和文件进行办理。

思 考 题

1. 简述一般投资活动的运动过程。
2. 简述项目投资的运作程序。
3. 简述我国项目投资管理的发展历程。
4. 简述建设项目投资管理的基本原则。
5. 分别阐述项目各阶段投资管理的重点内容。

第2章 项目投资环境

任何一项经济活动都不是孤立进行的，都会受到外部条件或因素的影响和制约，项目投资活动也不例外。项目投资总要落实到一定的区域，而一定区域内必然存在着许多影响项目投资收益的外部条件。项目投资环境作为保证实现投资项目目标的外部条件，是针对投资的流动性而提出的。由于同一投资在不同环境中可能取得不同的投资效益，因此，投资者进行投资决策时，必须对面临的投资环境进行分析和评价，以确保投资活动具备良好的外部环境。

2.1 项目投资环境概述

2.1.1 项目投资环境的含义

环境在经济学领域中是指某一经济主体从事某一经济行为时的外部条件。投资环境是指投资的一定区域内对投资所要达到的目标产生有利或不利影响的外部条件的总和。这些外部条件包括政治、经济、社会、文化、法律、自然地理、基础设施、服务等因素。

投资环境作为保证实现投资目标的外部条件是对于投资的流动性而提出的，如果投资不能在区域间相互转移，那么就不存在投资环境的问题。在较低级的生产方式条件下，技术、通信和交通条件都比较落后，影响了投资在区域间的大规模流动。生产方式不断改变，技术、通信和交通条件不断发展，大大便利了投资者寻找最有利的投资场所，导致了资本的大规模、远距离流动。由于同一投资可以在不同地域内取得各不相同的经济效益，因此，投资环境作为影响投资效益的外部因素而变得日益重要，对投资环境的研究也日益受到社会的重视。

投资在不同的区域间流动，既包括在一国范围内不同区域间的流动，也包括在不同国家和地区的区域间流动。即使在封闭型经济中，国家之间的外来投资被隔绝，国内区域经济的存在使国内投资投向不同的区域也会产生不同的经济效益，这也导致国内投资在不同区域间的流动，形成了国内不同区域的投资环境。在开放型经济中，国家之间不同的自然地理、政治、经济和社会条件更是形成了各具特色的投资环境。因此，无论是封闭型经济还是开放型经济，都客观地存在不同的投资环境。

投资环境作为影响投资目标的一项重要内容，最初主要表现为投资区域范围内的自然地理环境和基础设施等基本物质条件。其后，各国为了加速推进经济发展，相继出台了鼓励投资的多种政策，除了提供基本物质条件外，还在经济、立法、制度、服务等方面不断创造各种优惠条件，用以吸引各种投资。如此就为投资者提供了更多的选择机会，也迫使接受投资的国家或地区相互竞争，从而使其在更多方面注意改善投资外部条件，创造最优投资环境。于是，投资环境的外延就从最初的自然地理环境和基础设施等基本物质条件进一步扩展到社会的政治、经济、市场、文化等其他方面，并且后者的重要性正呈不断上升趋势。

由此可知，对于建设项目而言，其投资环境是指影响整个项目投资过程的各种外部条件的总和，是其与投资项目有关的诸如政治、经济、社会、文化、自然等多方面因素相互交织、相互作用、相互制约而形成的有机整体。

作为一个内涵和外延都非常丰富的系统，项目投资环境包含对投资项目有直接或间接影响的区域范围内的地理位置、自然资源、基础设施、市场条件、人力资源、信息渠道、经济政策、法律法规、社会秩序、政治形势等诸多条件和因素，涵盖了与整个项目投资过程有关的方方面面。同时，作为如此复杂系统的组成部分，项目投资环境的构成因素也并非一成不变，它们往往随着经济社会的发展而变动，其间优势和劣势有可能相互转化。

2.1.2 项目投资环境的特征

项目投资环境涉及自然、社会、经济、文化、法律、科技等多方面因素，是一个十分复杂的综合体。其主要表现出如下特征。

1. 综合性

项目投资活动总是在一定的时间和空间进行的，影响项目投资活动的各类因素相互联系、相互制约、相互作用，构成一个多维、多元、多变量、多层次的综合系统。各因素在确定投资规模、方式，提高投资效益等方面发挥的作用不同。投资环境综合系统的各子系统以及每一系统内部的各因素之间，有着复杂多变的各种关系，因此，对投资环境的分析必须从整体出发，依据整个环境状况，寻求最佳组合，进行科学决策，为提项目高投资效益创造良好的外部条件。

2. 区域性

区域经济的存在是产生投资环境区域性特征的基础。由于各地区发展生产的有利条件不同，逐渐形成了具有不同主导产业的区域经济。这里，自然地理条件的差异是产生区域经济的自然基础。原有的经济发展水平、经济管理体制、经济发展政策、劳动力素质等是区域经济发展的社会基础。各地区成本和市场的比较优势是区域经济发展的经济基础。总之，区域经济具体表现为地区经济间的各种差异。在不同的区域内进行投资，其投资环境也必然体现该区域的特点。

3. 差异性

投资环境对投资活动的制约与影响存在差异性。同一投资环境对不同部门、行业和项目的投资有不同的制约与影响，有的投资环境适合工业投资，有的投资环境适合旅游业投资，有的投资环境适合劳动密集型产业，有的投资环境适合技术密集型产业。明确投资环境的差异性，既可使投资者选择在便于发挥其行业、项目优势的地区进行投资，也便于受资地区从其投资环境的实际出发，有针对性地改善投资环境，从而有效地增强对所需行业投资的吸引力。

4. 动态性

这一特征是指投资环境本身及其评价观念都在变化之中。一般来说，在投资环境的构成因素中，除自然条件和地理位置不可变动外，政治、经济、法律、管理、社会文化、物质技术等众多因素都将随着时间推移而发生程度不同的变化。与此同时，评价投资环境的标准和观念也随政治、经济、科技的发展而发生变化和调整。认识投资的动态性特征，可以使我们明确：投资环境的优劣不是绝对的，而是相对的，改善投资环境是无止境的，必须坚持不懈地做出努力。同时，研究目前和预测未来的评价投资环境的标准和观念，对提高改善投资环境的自觉性和预见性是有重要意义的。

5. 可改造性

环境价值的高低并不是完全固定不变的，在相当程度上是可以通过人们有意识的经济活动加以改进和完善的。而且，项目投资环境既然是处于动态变动过程中的，也就说明一些条件是可以改造的。当然，项目投资环境的可改造性是建立在对投资环境有相当了解和比较分析与研究的基础上的。只有这样，才能对项目投资环境的改善有所帮助，并且避免可能由于改造不当而出现意外的负面效果。

6. 主导性

主导性是指在某一项目投资环境的大系统中，总有一个或几个要素在某一阶段的发展中居主导地位，即在整体中规定和支配其他要素。对项目投资环境进行分析和评价时，如果能够抓住这些主导因素进行研究，就能初步判断出项目所处环境的优劣，从而快速、及时地为项目投资机会的选择提供一项基础性参考。

2.1.3 项目投资环境的作用

项目投资环境对项目投资活动有着极其重要的作用，具体表现在以下几方面。

1. 对投资的吸纳作用

通常，投资者都希望把资金投入最有利、收益最大的项目中。在其他条件相同的情况下，投资环境越优越，项目投资效益越高；反之，若投资环境越低劣，则投资产出也会相应较低。所以，一般情况下，投资总是流向投资环境比较优越的项目，而优化项目投资环境也已成为吸纳投资的重要手段。

2. 节省投融资成本的作用

具有较好投资环境的项目具有许多优惠条件，这样不仅实施起来比较便利，而且可以降低投融资成本；投资环境差，不仅会影响建设项目的实施进度和运行效率，同时也会增加不必要的投融资成本。

3. 作为投资决策的参考依据

投资者要做出投资决策，一般会事前广泛收集各种信息，进行实地考察，以掌握具体项目的投资环境。只有在这些环境因素令其满意的条件下，才会进一步开展项目的投资机会研究及可行性分析等工作，进而为项目的投资决策提出科学合理的建议。从这个意义上讲，项目投资环境的分析和评价是投资者进行投资决策的首要环节，是投资决策的重要参考依据。

总之，项目投资环境的作用在于其规定了投资的发生、投向、效益、数量和结构，对项目投资决策的意义是至关重要的。

2.1.4 项目投资环境的分类

项目投资环境作为一个复杂的庞大系统,是由若干个相互联系、相互影响、相互制约的子系统构成的。按照不同的目的和使用标准,项目投资环境的分类也有所不同,如图 2-1 所示。

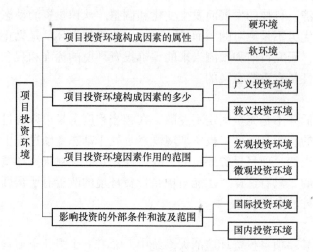

图 2-1 项目投资环境的分类

按照投资环境构成因素的属性,项目投资环境可分为硬环境和软环境两大类。所谓硬环境,是指项目投资的物质环境,它是由多种物质条件构成的环境系统。软环境则是指项目投资的政治、经济、社会、文化等环境,是由多种政策、法规、规章、制度及社会的观念、心理、文化等因素构成的非物质环境系统。项目投资同时面临着不可回避的硬环境与软环境,因此,只有与两者保持协调和适应,才有利于项目投资活动的顺利进行。

1. 硬环境

(1) 基础设施

1) 一般基础设施,包括道路、交通、水电设施等。

2) 外联基础设施,包括机场、港口、通信设施等。

3) 生活服务设施,包括医院、学校、娱乐文化设施、居住设施、住宅等。

4) 生产服务设施,包括基础工业厂房、配件原料生产加工设施、辅助生产设施等。

5) 组织与管理机构设施,包括行政管理机构设施、金融组织设施等。

(2) 自然地理状况

1) 地表、地下环境,包括水文、地质、土地等。

2) 地上环境,包括气候、季节等。

(3) 资源条件

1) 物质资源的适应性与可供性,包括品种、品位、储量等。

2) 人力资源的适应性与可供性,包括人口总数、年龄、结构、文化技术水平等。

2. 软环境

(1) 社会政治环境

1) 国际战争与和平状况。

2）国际信誉。
3）政治体制。
4）政治结构。
5）政局的连续性与稳定性。
6）社会安定与治安状况。
7）社会政治目标与战略。
（2）社会经济环境

1）一般经济环境。一般经济环境主要有以下几方面：
① 国际经济形势与货币制度。
② 国际经济贸易与进出口自由性、稳定性。
③ 社会经济发展战略与规划。
④ 国民经济增长情况。
⑤ 产业结构及水平。
⑥ 对外经济活动规模与结构，包括利用外资与对外投资。
⑦ 就业水平、消费结构与水平。
⑧ 外汇储备、国际收支状况。
⑨ 通货膨胀、币值稳定状况。

2）经济政策。经济政策主要有以下几方面：
① 投资政策，包括投资重点、规模、结构。
② 对外政策，包括外资投向与外资股份的规定、内销比例与出口优惠及国产化率、雇佣比例和培训。
③ 财政政策，包括各税种、税率、税期及国家政预算制度。
④ 金融政策，包括货币政策、利率政策、借贷政策、股票债券发行规定。
⑤ 外汇政策，包括利润、本金、工资汇出及其汇率高低。
⑥ 科技政策，包括技术更新政策、新技术开发利用规定、技术专利转让制度等。
⑦ 土地及固定资产管理政策，包括土地占用时间、费用、固定资产折旧、购置规定等。
⑧ 价格政策，包括定价权、价格调整方式等。
⑨ 工商管理政策，包括手续、层次及规定等。

3）经营环境。经营环境有以下几方面：
① 经营者素质、管理经验、经营能力。
② 组织形式与管理制度。
③ 决策系统，包括资金运用、人事、工资、供销等。
④ 生产系统，包括生产设备技术水平、员工技术水平及文化素质、生产协调性等。
⑤ 经营系统，包括市场开拓能力、产品和原料供销状况、定价形式。
⑥ 经营成本，包括劳动力价格、原材料价格等。

4）市场环境。市场环境主要有以下几方面：
① 金融市场，包括资本市场、货币市场。
② 产品市场，包括品种、规模，资源是否充足，客户是否稳定。
③ 劳动力市场，包括劳动力素质、自由流动程度。

(3) 社会法律环境

1) 法律完备性、仲裁公正性、法制的严肃性。
2) 投资法,包括国际投资法和国内投资法。
3) 涉外经济法规。
4) 企业法。
5) 财政法,包括税收法规、国家预算法规等。
6) 金融法,包括货币、股票、债券发行规定等。

(4) 社会文化心理环境

1) 社会文化传统与价值观念。
2) 社会对风险的态度与承受力。
3) 社会对外开放程度。
4) 社会风气与人际关系。
5) 社会文化水平、科技发展状况。

(5) 社会服务环境

1) 信息服务,要做到及时、完备、准确。
2) 组织与管理服务结构的层次与工作效率。
3) 投资的审批手续与程序。
4) 金融组织管理机构、法律机构的健全、完备程度。
5) 社会人员的服务态度、办事效率等。

按照项目投资环境构成因素的多少划分,项目投资环境可分为狭义投资环境和广义投资环境。狭义投资环境主要是指经济环境,即一国或一个地区的经济发展水平、经济发展战略、经济体制、金融市场的完善程度、产业结构以及货币的稳定状况等。广义投资环境除了经济环境外,还包括自然、政治、社会文化、法律、地理等方面的内容,它们之间互相联系、互相制约,共同构成投资环境大系统,并对投资项目在不同程度上产生各种影响。

按照项目投资环境因素作用的范围划分,项目投资环境可分为宏观投资环境和微观投资环境。宏观投资环境通常表示一国总的投资环境,作为一般条件考察在该国投资的有利程度。它包括一个国家的政治状况、法制健全程度、经济发展总体水平、经济政策及对外资的态度、机构办事效率、居民的风俗习惯以及受教育程度等与投资有关的自然、经济和社会环境。微观投资环境是指影响具体投资项目的环境状况,作为具体条件考察投资项目在该国投资的有利程度。它包括投资地点及周围的经济发展水平、地方性政策的取向、当地交通和通信等基础设施状况、产业技术水平、劳动力素质等自然、经济和社会条件。一国的宏观投资环境良好,不等于微观投资环境都良好,对某些项目的投资可能存在不利条件;反之,宏观投资环境不良,也不等于微观投资环境都不好,对某些项目的投资可能有利可图。对投资环境宏观与微观的划分,有利于解决一般性与特殊性的矛盾。

按照影响投资的外部条件形成和波及范围划分,项目投资环境可分为国际投资环境和国内投资环境。国内投资环境又可分为国家环境、行业环境、地区环境和企业环境;根据环境因素内容的不同划分,项目投资环境可分为社会经济环境、物质技术环境、自然地理环境和资源环境等。

项目投资环境的分类虽然较多,但都是为了准确识别和有效管理而服务的,脱离了目的性的分类是没有实际意义的。

2.2 项目投资环境因素分析

2.2.1 自然环境

项目投资的自然环境是指项目所处位置、地形地貌、资源状况、气候条件等各种自然因素。这些因素对投资效益有很大影响。

1. 地理位置对投资效益的影响

(1) 项目位于沿海或河网地区

如果投资项目位于沿海或河网地区，可以充分利用廉价的水运，大大减少对原料、燃料和成品运输的支出，提高投资效益；反之，如果投资项目位于山区或交通不便地区，则会给运输带来极大的困难，投资者不得不增加运输建设方面的资金支出，从而降低投资效益。

(2) 项目位于生产性和非生产性基础设施比较齐全的地区

如果投资项目位于协作方便、生产性和非生产性基础设施比较齐全的地区，可以节约大量资金，投资者可以获得较好的经济效益。

(3) 各种资源相对投资项目的距离远近

有些地区，原料、燃料和水源相互接近或结合在一起；而另一些地区，情况可能相反。就这一点而言，前一类地区的投资效益要好于后一类地区。

(4) 投资项目所在具体地点

适中的地点有利于缩短产品运往消费地的距离，可以节约运费。

2. 地形地貌对投资项目地点的影响

投资项目的建设地点的选择，即通常所说的项目选址，要充分考虑到地形地貌的影响。

1) 原有企业的结构布局，相互之间有无影响，是否符合环保和城镇建设规划的要求。

2) 投资项目地区条件。项目建设要尽量减少对自然地形的改变，尽量少占或不占农田，以减少投资成本。

3) 要考虑生产、生活用水能否得到保证，工业废水、生活污水、地面雨水能否顺利排放，还要预防山洪灾害、洪涝灾害等。

4) 为便于原材料、燃料的输入和成品的输出，投资项目的地点应尽量靠近运输干线。

3. 资源状况对投资的影响

资源状况对属于不同产业投资项目的影响作用不同。第一产业受资源状况的影响极大；对第二产业而言，资源状况受加工工业原料来源的影响，间接地制约着它的发展，因此，投资指向原料地的倾向非常明显；一般而言，第三产业的投资较少受到资源状况的制约和影响。

4. 气候条件对产业投资布局的影响

气候条件包括光照、气温、水分、土壤等要素。它对工业、建筑业、盐业生产中的露天操作产业，特别是对农、牧、渔业的生产影响最大，从而制约着这些产业的投资布局。

2.2.2 社会环境

投资的社会环境又称投资的人文环境，它主要包括政局状况、法律制度、人口及其素质、风俗习惯等。

1. 政局状况

投资的目的是获得盈利，而要获得盈利，保证投资活动的安全。这就要求有一个稳定的政治局面。稳定的政局是保证投资目标顺利实现的先决条件。

2. 法律制度

投资环境包括政治、经济、文化、人口等多种因素，这些因素最终都要通过法律的形式表现出来，直接或间接地影响投资活动。法律制度不仅体现了当下的投资环境，而且还可以预测和把握投资环境的变化趋势。所以，健全的法制、正确的法制观念、相对稳定的法律制度以及公正的执法机制，都是良好投资环境的重要基础。

3. 人口及其素质

人作为物质产品和精神产品的生产者和消费者，一方面是投资的重要构成因素，另一方面又是各种投资活动的最终追逐目标。一般来说，在劳动者素质较低而劳动力供应充足的地区，适宜发展劳动密集型产业；反之，则适宜发展资金、技术密集型产业。

在人口及其素质因素中，人口的文化教育水平是一个很重要的方面。因为文化教育水平关系到项目实施所必需的劳动、技术先进程度和社会环境的文明程度等。可以想象，在文化教育水平较低的环境里，劳动力素质差是必然的。因此，在进行投资项目建设时，先进的技术工艺及设备不能得到很好的利用，也不能吸收外来的技术与管理等经验，从而必然会直接妨碍投资的继续进入。同时，由于人口的文化教育水平又会影响消费水平和需求程度等要素，也就会对投资环境产生影响。

4. 风俗习惯

不同国家、不同地区、不同民族的不同消费需求和消费方式，是由不同的风俗习惯所决定的，它制约和影响着一个国家、一个地区的投资结构以及服务和经营方式。另外，文化背景、宗教信仰等作为社会环境的重要组成部分，也会对投资活动产生一定的影响。

2.2.3　经济环境

1. 经济发展状况

经济发展状况对投资环境的影响，可以从经济发展水平、经济发展速度和经济安全程度三个方面进行说明。

（1）经济发展水平反映了一个国家的经济实力

一般用 GDP 和人均 GDP 来反映。显然，经济发展水平越高，市场需求就越大，项目投资所依赖的环境条件也相对比较完善，对投资活动有很大的促进作用。

（2）经济发展速度是动态反映一国经济情况的动态指标

同样地，经济发展速度越快，市场及需求的扩大也越快，吸引投资及获得收益的机会也越大。

（3）经济安全程度是指经济发展出现波动的可能性

投资及项目建设都需要有稳定安全的经济大环境作为支撑。一般来讲，经济安全程度越低，投资环境越差，投资风险也就越大。

2. 经济体制

经济体制是指国家组织、管理经济活动的制度、方式和方法的总称。投资活动要顺利地开展，就必须要求投资者对项目所在地的经济体制有清楚的了解，这样才能在一定的体制规范和要求下有效地对投资项目进行管理。经济体制主要包括商品流通体制、金融体制、财税体制、投资体制、工商管理体制、外贸体制、物资管理体制等。其中，对投资环境产生直接影响的是投资体制。

3. 市场状况

市场的性质决定着投资的流向，市场的容量决定了投资的规模，市场的结构决定了投资的结构，市场的发育程度决定了投资的发育程度。而投资要适应市场的原则，正如供给要符合需求的原则一样，只有符合市场需求的投资才有可能获得成功。

4. 基础设施

基础设施的状况直接影响投资者的兴趣，决定着投资规模的大小和效率的高低。基础设施是投资项目的先导工程，是重要的投资"硬环境"。

5. 原材料、燃料、动力供应

总的要求是：原材料、燃料的供应地距离投资项目不能太远；必须到外地采购原材料时，经济距离和价格要合理；原材料、燃料的供应保证程度要与特定产品的市场寿命相一致；要有通畅的运输条件；应充分估计原材料、燃料市场的未来变化趋势。

2.2.4 政策环境

1. 产业政策

对产业政策的了解，有助于投资者了解投资所在地的产业发展重点和目标，从而大大降低投资的风险。产业政策由产业结构政策、产业组织政策、产业技术政策和产业布局政策组成。其中，产业结构政策所影响的该地区的产业结构对投资者的作用尤其大。具体来说，它从以下几个方面影响着投资活动：

（1）产业结构制约投资方向

现有产业结构提供的设备、原材料、技术等，保证了特定投资项目的需要；现有产业提供的市场，影响着投资项目预期效益的发挥。

（2）产业结构影响投资效益

投资项目位于产业部类齐全的地区，项目可以较为方便地获得所需各种设备、原材料和技术，一般也可以较为方便地选择销售市场，经济效益往往较好；反之，则相反。

（3）产业结构制约投资项目的地点选择

现有产业结构的状况，影响和制约着投资项目的厂址选择。

（4）产业结构影响投资方式

当现有产业结构比较完善、合理时，投资项目可以更多地考虑进行现有企业的技术改造；当现有产业结构不够完善、不够合理时，投资项目更多地考虑进行外延式的新建投资项目。

2. 金融、货币、物价政策

从金融、货币政策看，如果银根放松、贷款利率降低、调减外汇储备，会扩大本国投资的来源和规模，有利于加快投资项目建设进度和提高投资盈利，也有利于引进外资、发展涉外投资；反之，则相反。

从物价政策看，由于物价变动对长期投资有重要影响，因此，进行长期投资，要充分考虑货币的时间价值、风险价值以及影响物价变动的诸多要素。

3. 外汇和贸易效策

外汇政策的影响主要是由于投资者的投资收益需要在投资所在地从东道国货币的形式转换为外币，并保证流通渠道的畅通。它对投资收益的影响很大，其主要内容包括货币是否可以自由兑换、外汇汇出有无限制等。

4. 税收制度

国家对项目投资活动进行宏观指导的一个重要方面就是利用税收杠杆来加以调节。国家可以通过开征某些税种，对不同的征税对象设置不同档次的税率，来贯彻产业政策，控制投资规模，引导投资方向，调节投资结构，加强重点建设，促进国民经济的发展。

2.3 项目投资环境评价

投资环境对项目投资决策具有重要意义，实践中，必须对具体项目的投资环境进行评价。具体内容主要包括项目投资环境的评价原则、评价标准、评价指标体系和评价方法等。

2.3.1 项目投资环境的评价原则

为了科学地评价项目投资环境，必须遵循以下基本原则：

1. 客观性原则

客观性原则是指对项目投资环境的评价应该从实际出发，以事实为依据，实事求是地进行评价，而不应该从主观意愿出发，想当然地进行评价。为了真实客观地反映项目投资环境的情况，必须进行实地考察，收集尽可能多的资料和数据，并对这些资料、数据加以整理和归纳，在此基础上进行客观的评价。

2. 系统性原则

项目投资环境是一个多因素、多层次的复杂系统，且系统内的各个要素相互联系、相互制约、相互影响。所以，在评价投资环境时，也必须运用系统的分析方法对其进行评价。只有对投资环境进行系统、全面、综合的评价，才能了解和掌握投资环境所面临的各种可变因素，才能使评价结果真正符合客观实际。

3. 比较性原则

有比较才有鉴别，评价投资环境的优劣没有一个绝对的标准，只有在对不同投资环境的比较中才能得出结论。同一投资环境，采用的比较参照系不同，其评价结果也不相同。因此，在条件允许的情况下，要尽可能多地选择比较对象，以及尽可能地扩大比较范围。

4. 时效性原则

项目投资环境是一个动态的系统，具有很强的时效性。因此，对该系统进行评价时，一定要注意分析和掌握投资环境各因素的变动趋势，注意其时效性，以保证评价的正确性和客观性。

5. 效益性原则

从根本上讲，对项目投资环境进行评价是为了找出能给投资者带来最大效益的项目及其实施方案。因此，对投资环境的评价应该遵循投资者投资效益最大化的原则。

6. 定量性原则

在对项目投资环境进行评价时，仅有定性分析是远远不够的，因为各要素在定性分析的基础上是无法汇总的。为了对投资项目的可行性等问题有充分的认识，并做出准确的投资决策，还必须将定量分析纳入评价工作的范畴。例如，对经济增长的稳定程度进行评价、对产品销售市场进行预测等，都可以结合数量指标，取得较为客观的评价结果。

2.3.2 项目投资环境的评价标准

1. 适应性

适应性是指项目投资环境与项目投资要求相适应的程度。项目投资环境的优劣是相对于一定条件下的项目而言的，评价项目投资环境，首先要看这一环境与项目投资的要求是否一致，适应的程度如何。适应程度越高，投资环境好；否则，即使条件再好，对特定项目而言，也不是好的投资环境。

2. 安全性

安全性是指项目投资环境的评价标准要求投资环境相对稳定，能够保证安全地收回投资的本金。这也是投资活动最基本的要求，是投资者进行投资决策时考虑的首要问题之一。

3. 稳定性

稳定性是指项目投资环境在一定时期内按正常的规律发展变化。也就是说，投资环境作为一个不断发展变化的动态过程，要求其变化具有一定的规律性，是可以预测的，这样才有利于项目投资活动的控制与管理。

4. 引导性

引导性是指环境对项目投资活动所具有的合理引导的能力。这一能力包括对投资总量的调节和对投资方向的调节两个方面。投资总量调节是指项目在各种环境因素的引导下，选择合理的投资总量规模的能力；投资方向调节是指由于不同投资环境因素的差异引导，选择适当的投资方向的能力。项目投资环境是否具有较强的总量调节和方向调节的引导能力，是评价项目投资环境优劣的重要标准之一。

5. 相对优势

相对优势是指针对具体的项目，某一投资环境相对于另一环境而言，具有一定程度的优势。在某些情况下，对不同的投资环境进行优劣评价，往往很难得出绝对的结论，只能结合项目的具体情况，进行相对优势的比较。相对优势的分析一般侧重于以下几个方面：

1）成本降低优势。
2）市场占有率优势。
3）风险分散优势。
4）引进技术与管理优势。

如果某一投资环境在这几个方面都具有优势，则最终会通过效益指标反映出来。

2.3.3 项目投资环境的评价指标体系

为了全面、系统、准确地评价一国或某一地区的项目投资环境，应该建立一个能够综合反映投资环境各个层次状况的指标体系。在投资实践中，结合投资项目的具体情况和实际需要，依据已经掌握的信息资料，可以参考使用的项目投资环境评价指标有如下几个：

1. 投资获利率

投资获利率是指一定时期内投资项目所获得的利润额与投资额之间的比率，以投资额为

T，利润为 P，则投资获利率可表示为 P/T。同样数量的投资额用于不同地区，获利越多的地区，其投资环境就越好。投资获利率是评价项目投资环境优劣程度的主要参数。

2. 投资乘数

投资乘数是指盈利增量与投资增量之间的比率。这一参数能够反映在现有投资数量之外追加一定数量的投资所能带来的经济效益。一般来说，投资乘数越大，表明项目投资环境越好。

3. 边际耗费倾向

边际耗费倾向是指耗费增加额与获益增加额之间的比率。在确定生产性投资的流向时，必须计算一定项目投资环境中边际耗费倾向的高低。

4. 投资饱和度

投资饱和度是指在一定条件下，某一领域已经投入的投资额与该领域资金容量的比值。当该值等于或大于1时，称为投资饱和，应中止投资。这一参数主要从市场容量方面反映项目投资环境状况。

5. 基础设施适应度

基础设施适应度是指某一地区的交通运输、能源、水源、通信等基础设施对投资项目的适应程度。其中，各项基础设施在总体基础设施中所占权数，应根据投资项目的具体需要确定。

6. 投资风险度

投资风险度是指对投资活动可能遇到的风险大小的评估。这一参数由于随机性很强，实际很难获取，计算方法也很多。实践中，应当根据投资的内容与投资环境之间的关系，选用合适的评价方法。

7. 有效需求率

有效需求率是指社会平均利润或利息与产品销售收入减去要素成本及使用者成本的比值。要素成本是投资者支付在土地、劳动力、固定资产等生产要素上的费用；使用者成本是其支付在原材料等流动资金占用上的费用。从产品销售收入中扣除这两种成本后的剩余部分就是利润。

8. 国民消费水平

国民消费水平是指一定地区内居民储蓄总额与当地国民收入总额之间的比值。它反映了该地区居民的生活消费水平。这一指标对于不同类型的投资项目往往具有不同的意义，在应用该指标评价项目投资环境时必须加以注意。

9. 资源增值率

资源增值率是指某种资源经过加工以后，其所形成的产品价值总额与该资源开发时的最初价值总额之间的比率。它反映了开发某种资源所带来的盈利大小。资源增值率高，或者说明生产技术与经营管理水平高，或者说明交通运输等基础设施条件良好，有利于对资源进行深度加工。

10. 优化商品率

优化商品率是指一个地区的名优商品总数与全部商品总数的比率。它既可以概略地反映该地区生产力发展水平的高低、科技力量的强弱和产品竞争能力的大小等状况，也可以间接反映项目投资环境的适应性。

上述10个指标基本上能够反映出某一区域项目投资环境的优劣程度。在实际应用中，应根据具体投资项目的性质和要求,赋予每一参数合理的权重,使其形成不同形式的参数组合,以便使评估结果更具有科学性和实用性。

2.3.4 项目投资环境的评价方法

1. 冷热对比法

冷热对比法是最早的项目投资环境评价方法之一,是美国的伊西阿 A. 利特法克和彼得·班廷于1968年在《国际商业安排的概念构造》一文中提出的。冷热对比法的基本思想是:从投资者的立场出发,选定各个投资环境因素,对投资项目的投资环境因素逐一评价,好的为热,差的为冷,然后根据冷热因素所占比重的大小,决定投资环境的优劣,最后在此基础上对不同的项目投资环境做出比较。其选定的投资环境因素具体包括以下7个:

(1) 政治稳定性

政治稳定性主要是指政权是否稳定且被拥护,以及政府能否为企业的生产经营创造良好的外部环境。肯定为"热",否定则为"冷"。

(2) 市场机会

市场机会主要是指需求程度、消费者人数及购买力强弱等。若都比较大则为"热",否则为"冷"。

(3) 经济发展和成就

经济发展和成就主要是指宏观经济环境的好坏,即经济是否稳定,发展速度是否快,经济效率是否高等。肯定为"热",否定则为"冷"。

(4) 法律阻碍

法律阻碍主要是指法律法规对投资的鼓励及规范程度,以及投资投入后项目实施和经营的困难程度等。阻碍少且难度小为"热",否则为"冷"。

(5) 实质阻碍

实质阻碍是指自然、地理条件的优劣,因为恶劣的自然地理条件往往会影响投资环境的质量,并对投资及项目的实施造成阻碍。阻碍小为"热",否则为"冷"。

(6) 文化一元化

文化一元化是指一个投资体系内各阶层人士的相互关系、风俗习惯、价值观念及宗教信仰等是否存在较大差异。差异小为"热",否则为"冷"。

(7) 地理及文化差距

地理及文化差距主要是指投资环境体系内的空间距离及文化、观念的差异等。距离近且差异小为"热",否则为"冷"。

2. 等级尺度法

等级尺度法是国际上流行的一种投资环境的分析和评价方法,是美国学者罗伯特·斯托鲍夫于1969年在《如何分析国外投资气候》一书中提出的。该方法着眼于对投资者施加限制和鼓励政策所带来的影响,并且将投资环境因素分为不同的等级予以评分,最后汇总。

等级尺度法确定的影响投资环境的八大因素包括资本收回限制、外商股权比例、对外商的管制程度、货币稳定性、政治稳定性、给予关税保护的意愿、当地资本可供程度和近五年通货膨胀率。其具体的评分方法是:首先,根据每个因素对整体投资环境的重要性确定评分区间;同时,根据每个因素的完备程度分成若干层次,在各因素的评分区间内确定各层次的分值；其后进行正式的投资环境评价，即根据受评对象的情况，对号入座，分别评出各因素的分值；最后，将各因素的分值加总，即得出投资环境的评价总分。总分越高，则投资环境就越好。

3. 多因素评价法

（1）多因素和关键因素评价法

多因素和关键因素评价法是1987年由香港中文大学的闵建蜀提出的，是两个前后关联的评价方法。

多因素评价法是将影响投资环境的因素分为政治、经济、财务、市场、基础设施、技术、辅助工具、法律与法制、行政机构效率、文化、竞争共11类，然后再对每一类进行细分，在对各子因素分别进行评分的基础上加总，得出综合的评价结果。

关键因素评价法是从具体的投资动机出发，找出影响具体投资动机的关键因素（包括降低成本、发展当地市场、原料供应、生产和管理技术、风险分散、追随竞争者共6种），再予以评价。

（2）多因素加权平均法

多因素加权平均法的基本思路是：投资环境包含多个因素，评价时应该分别给出各因素的权重，再给出得分，最后算出加权总分。这些因素包括宏观经济状况、国际收支状况、政治风险、生活水平、成本因素、社会因素、税制及其他法规7个方面。

4. 准数评价法

准数评价法是我国学者林应桐在《国际资本投资动机和投资环境准数》一文中提出的。他根据各种投资环境因素的相关特性，对在投资建设与实施经营过程中起不同效用的因素进行了归纳和分类，形成了"投资环境准数"的数群概念，也为评价和改善项目投资环境提供了一种新的思路和方法。其提出的投资环境评价因素具体包括以下几类：

（1）投资环境激励系数

投资环境激励系数包括政治经济稳定、资本汇出自由、投资外交完善度、立法完备性、优惠政策、对外资兴趣度、币值稳定7个子因素。

（2）城市规划完善度因素

城市规划完善度因素包括整体经济发展战略、利用外资的中长期规划、总体布局的配有性3个子因素。

（3）税利因素

税利因素包括税收标准、合理收费、金融市场3个子因素。

（4）劳动生产率因素

劳动生产率因素包括工人劳动素质和文化素质、社会平均文化素质、熟练技术人员和技术工人数量3个子因素。

（5）地区基础因素

地区基础因素包括基础设施及交通、工业用地、制造业基础、科技水平、外汇资金充裕度、自然条件、第三产业水平7个子因素。

（6）效率因素

效率因素包括政府机构管理科学化程度、有无完善的涉外服务及咨询体系、管理手续简化程度、信息资料提供系统、配套服务体系、生活环境6个子因素。

（7）市场因素

市场因素包括市场规模、产品的市场占有率、进出口限制、人财物供需市场开放度 4 个子因素。

（8）管理权因素

管理权因素包括开放城市自主权范围、"三资"企业外资股权限额、"三资"企业经营自主权程度 3 个子因素。

5. 抽样评价法

抽样评价法是指运用抽样调查的方法，随机地抽取或选定若干不同类型的投资者，由调查者设计出有关投资环境的评价因素，再由投资者对投资环境进行口头或书面评估，最后根据综合后的意见得出评价结论的一种方法。

6. 动态评价法

动态评价法是由美国道氏化学公司制定出的一套投资环境动态评价方法。其主要思想是：在评价项目投资环境时，不仅要看目前的影响因素，还要考虑到今后可能发生的变化以及由这些变化可能带来的对投资活动的影响。所以，在进行项目投资环境评价时，这种方法将投资者的业务条件、引起变化的主要压力等都做了详细的归纳，然后将有利因素和假设汇总，找到对项目的成功实施具有决定性作用的若干个关键因素，最后提出项目预测方案。

表 2-1 是对以上几种项目投资环境评价方法的简要归纳。除此之外，对项目投资环境的评价方法还包括以投资的硬环境和软环境为核心的"两因素评价法"；以重要性、满意度、吸引力三项指标为核心的"三因素评价法"等。这些评价方法有一些相似之处，但也都有其各自的特点，所以，在实践中要根据具体的情况和掌握的信息，选择适当的评价方法，并且可以根据评价目标等的不同，适当地修改和调整评价方法，以便更科学、更合理地对项目投资环境进行评价。

表 2-1 以上几种项目投资环境评价方法的简要归纳

方　法	优缺点及说明
冷热对比法	侧重从国际宏观角度进行分析，缺少国内微观角度的探讨，方法略显粗糙。可用于对项目投资环境的前期分析
等级尺度法	所需资料容易获取和比较，方法也比较简单，但评分主观性比较强，考虑因素也不够周全。适合评价法制、经济、基础设施都比较完备及发达的环境中的项目投资
多因素评价法	不仅考虑了影响投资的所有重要因素，而且根据投资者的投资动机考了具体有效的项目关键因素，但没有考虑到吸引投资的目的。多因素评价法可作为某项目投资环境的一般性评价；而关键因素评价法则对具体项目投资目标的实现具有决策分析的意义。其优缺点和适用情况与等级尺度法类似
准数评价法	根据要素内在联系予以综合，克服了机械评分法的不足，但其公式中多因素之间的关系在实践中缺乏足够的证据。对投资者筛选投资项目、了解自身的投资环境具有很好的参考作用
抽样评价法	简便易行，信息资料容易获得，且调查对象和内容可以根据投资需要合理取舍，但主观性还是比较强，样本不足以反映客观真实的情况。其结果可作为了解项目投资环境的参考依据
动态评价法	考虑到了投资项目在中长期内动态发展变化的可能性及其影响因素，但对因素及假设的汇总分析比较薄弱，也比较主观。对项目预测方案的分析和提出具有重要的指导意义

2.4 项目投资环境的建设和优化

项目投资环境的优劣是投资者进行投资决策的依据,同时对受资者来说,也直接关系到资金的引进和经济的发展。所以,项目投资环境的建设和优化,对整个社会的发展都具有相当重大的意义。

加强项目投资环境的建设,进一步完善投资环境,是国民经济发展的要求。投资环境优化是指按照资本增值属性和价值规律,改善构成投资环境要素的质量,有效地调整投资环境的要素配置,使投资活动的收益最大化。投资环境的建设与优化实际上是一体的。

2.4.1 项目投资环境建设和优化的基本原则

1. 协同性原则

项目投资环境是由诸多要素结合在一起构成的,这些要素的相互作用、相互影响共同决定了投资环境的优劣。但这些要素如果放到社会大环境里,其实只是其中的一些状态或现象,并非只是为了吸引和促进投资而产生或存在的。由于它们属于不同的领域,是由不同的部门或机构进行管理的,所以,要建设和优化投资环境,更合理有效地吸引投资,则应该把握好协同性原则,要求各相关部门树立整体性、同向性、同步性的观念。只有这样,才能使这些因素有机地结合在一起,互相配合、互相补充。

2. 特色性原则(定向优化原则)

不同地区、不同项目,由于自然、社会、经济等各方面的基础和特点不同,同时也因为不同投资项目所要求的环境不同,投资环境建设和优化的实际情况和重点也是各不相同的。如果只是盲目地按照统一的标准或照搬他人的经验,而不结合自身的实际,则效果肯定不会理想,甚至会产生一些负面影响。所以,进行项目投资环境的建设和优化时,应该根据自身的优势,扬长避短,重点提升和优化某些投资环境因素的质量,形成特色性的投资环境。

3. 互惠互利原则

良好的项目投资环境对投资者和受资者都有益处。要想双方受益,项目投资环境的建设和优化应该是建立在互利互惠基础上的,损害任何一方利益的项目投资环境都不是良好的项目投资环境。而项目投资环境的好坏,也不仅关系到投资的顺利进行,还关系到进一步吸引投资和双方合作的继续。

4. 坚持按照国际规范改善项目投资环境的原则

随着改革开放和经济全球化的不断深化,国际经贸中的一些惯例和规范的影响也越来越大。如果不同国际规范接轨,则对吸引外来投资和对外投资这些对国民经济发展至关重要的活动,有很大的消极影响。所以,一方面要按照国际惯例建设和优化项目投资环境,另一方面还要约束、规范建设和优化项目投资环境的全过程。

2.4.2 国外项目投资环境建设和优化的典型经验

1. 发达国家项目投资环境建设和优化的经验

以美国、德国、日本为例,这三国基本都是开放和鼓励投资的国家。在它们的投资环境建设和优化中,有以下经验值得借鉴:

(1) 重视立法保障

美国是倡导市场经济的一个典型，其反对进行违反市场机制正常运行的干预和限制，强调进行法制管理。

(2) 给予政策鼓励

对投资不附加过多限制，对投资项目给予税收优惠和财政援助，并且重视人才的培养和激励。

(3) 依法进行严格管理

美国实行了一整套行业管理、组织管理、税收管理、价格管理的管理体系，而日本也在管理机构体系内实施了类似的严格的申报、审议和审批程序。

(4) 依据实际情况引导投资

日本的做法很典型，由于其自身经济发展基础的局限和一贯的引资政策的指导，其很重视根据实际情况需要选择投资，特别是对外资，向来都保持适度的引进规模和适当的引进方式；并根据不同时期的实际需要、消化能力、偿还能力等条件，严格控制引进外资及向外融资的规模和数量，同时还把引进的投资用在收益快、效益好的项目上。

另外，三国都很重视技术开发、引进技术等带来的技术进步在项目投资环境改善中的作用，并且大力开拓各种新的项目投资形式。这些都是值得我国学习和借鉴的。

2. 发展中国家项目投资环境建设和优化的经验

以巴西和印度为例，从总体上看，这两国基本都采取的是积极而有针对性的方针来进行项目投资环境的建设和优化。

(1) 重点扶持，积极引导

积极引导对基础设施、电力、能源及农业等领域的投资，并对这些领域的投资者实行出口及税收等各项优惠政策；同时还放宽了对工业等许多部门的投资范围，目的在于引导投资进入对国家经济发展至关重要的生产部门。

(2) 注重利用投资开发落后地区

巴西利用对投资的优惠政策等引导原来比较落后的北部地区由面向商业发展转为面向工业发展，在区内形成了商业、工业和农牧业三个区域，因地制宜，充分利用了地区优势，也促进了全国整体经济规划的实现。

(3) 实行以经济手段为主的必要管制

巴西和印度基于自身的历史及经济等因素，充分吸收各种渠道的投资发展经济。但近年来，特别重视对各类资金的管制，在投资部门、股权份额、利润汇出等各个方面都加强了限制。

2.4.3 我国项目投资环境建设和优化的发展方向

就我国的现状来看，虽然在改革开放和经济全球化的背景下，改善我国的项目投资环境已取得了不错的效果，但同国际标准相比较还有相当距离，这也是我国在吸引外资和对外投资中出现困难的部分原因。结合上面所介绍的经验，我国可以从以下几个方面加强建设：

1）完善法律环境，以保证项目投资在一个安全可靠的环境中运行。

2）转变政府职能，简化审批程序，根据经济发展规划引导投资方向，在政策上要既有鼓励又有限制。

3）建立统一、开放、竞争有序的市场体系，并且努力为投资及项目实施创造良好、完善的金融、人才、物流等配套服务体系和发展环境。

4）促进各产业升级和技术的开发与引进，以增强项目的引资能力和创收能力。

思 考 题

1. 从不同角度简述项目投资环境的分类体系。
2. 简述项目投资环境因素的构成。
3. 简述项目投资环境评价的标准与原则。
4. 项目投资环境的评价方法主要有哪些？
5. 试从政府角度阐述我国项目投资环境建设和优化过程中应注意的事项。

第3章 项目投资机会

项目投资机会是指与项目投资有关的一系列因素所构成的投资环境和投资时机。项目投资机会选择得恰当与否,不仅关系到项目本身的收益,而且会对投资者产生深远的影响。在我国,应根据国民经济发展的长远规划、行业、地区规划,经济建设方针,建设任务和技术经济政策等,在一个确定的地区、行业或企业内部,结合资源情况、市场预测和建设布局等条件,合理地选择建设项目,寻找最有利的投资机会。

3.1 项目投资机会研究

3.1.1 项目投资机会研究概述

项目投资机会研究也称投资机会鉴别,是对项目进行可行性研究之前的准备性调查研究,也是为寻求有价值的投资机会而对项目投资环境(如项目背景、资源条件、市场状况等)所进行的初步调查研究和分析预测。

项目投资机会研究包括一般机会研究和特定项目机会研究。

1. 一般机会研究

一般机会研究处于项目投资机会研究的最初阶段,是投资者通过收集大量信息,经过分析比较,从错综纷繁的事物中鉴别发展机会,并最终形成确切的项目投资方向(意向)或投资领域的过程。一般机会研究的重点是地区的经济形势、产业政策、资源条件及市场信息;所关注的是地区和行业的宏观与中观信息;研究的目的在于识别投资机会,并对项目的投资方向(地域方向和物业性质方向)提出建议。因此,一般机会研究又分为地区机会研究、行业机会研究和资源开发机会研究三类。

2. 特定机会研究

特定项目机会研究是在一般机会研究确定了项目发展方向或投资领域后进行的进一步调查研究。其目的是经过方案筛选,将项目发展方向或投资领域转变为概略的项目提案或投资建议。与一般机会研究相比,特定项目机会研究通常是更为深入、具体的分析和研究。特定项目机会研究主要包括对项目投资环境的客观分析(如对市场、产业政策、税收政策、金融政策、财政政策等的分析)、对项目战略目标及内外部资源条件的分析(如对技术能力、管理能力以及外部建设条件的分析)以及对项目承办者的优势劣势分析(SWOT分析)等。

项目投资机会研究的成果是形成投资机会研究报告或项目建议书,为下一步开展可行性研究工作提供依据。

3.1.2 项目投资机会研究程序

项目投资机会研究的目的在于发现投资机会和投资项目,并为项目的投资方向和项目设想提出建议。为确保投资项目选择的科学性与合理性,针对项目投资机会的研究应遵循以下程序。

1. 明确投资动机

在进行项目投资机会的论证中,首先应分析投资者的投资动机,然后才能在此基础上甄别投资机会,论证投资方向。一般而言,可以从以下方面对投资动机进行识别和论证:

1) 激烈的市场竞争迫使投资者进行技术更新改造,研究开发新产品和适销对路产品。
2) 为降低单位产品成本,实现最大利润,增加投资,扩大生产规模,达到经济规模。
3) 市场需求巨大,产品供不应求,丰厚的营销利润吸引投资商投资开发新产品。
4) 为分散经营风险,改善投资经营结构,拓宽投资领域,全方位、多元化投资经营。
5) 改善投资区域分布,转移投资区域,形成合理的投资布局。
6) 受国家宏观政策和大气候影响,转移投资方向,调整投资产业结构。
7) 追求某领域项目投资的高回报,把握机会,创造条件,跟踪投资。
8) 利用高科技和独特的专利技术,研究开发新产品,填补空白,开辟潜在市场,获取超额投资利润。
9) 为增强企业后劲,提高经营效益的稳定性,投资长线项目(如基础设施项目、工业项目等),或为某一大型建设项目辅助配套。
10) 按有关部门要求和社会需要,利用某些优惠政策和有利条件,进行扶贫开发和社会公益事业项目建设等。

2. 鉴别投资机会

在进行投资机会论证时,应根据投资者的投资动机,对各种投资机会进行鉴别和初选,论证投资机会酝酿的依据是否合理。一般应通过多方面来分析各种项目投资机会设想,一旦证明可行,就需要对其进行详尽研究。针对项目投资机会的鉴别,应从以下几个方面着手:

1) 资金来源及其性质。
2) 自身优势项目。选择投资项目必须考虑自身优势情况。
3) 资源优势项目。利用资源优势,选择投资方向,是投资者首先需要考虑的因素。
4) 新技术优势项目。以新技术作为选择投资项目的方向,往往是获得高额利润的重要途径。
5) 地理位置优势项目。在投资区位选择上,运用地理位置的优势往往非常重要。
6) 市场超前项目。寻找投资机遇,关键要有超前意识,对潜在市场的挖掘和开辟,往往能获得超额利润。
7) 现有企业的前后工序配套项目,多种经营项目,具有生产要素的成本及市场等综合优势的项目。

8）具有时代特点而构思的投资项目。
9）策划投资项目不要追风赶热，相反应该冷进热退，设计未来热点市场的竞争项目。
10）其他国家在经济方面具有同样水平时获得成功的同类行业项目。

3. 论证投资方向

在初步筛选投资机会后，就要对自然资源条件、市场需求预测、项目开发模式选择、项目实施的环境等进行初步分析，并结合其他类似经济背景的国家或地区的经验教训、相关投资政策法规、技术设备的可能来源、生产前后延伸的可能、合理的经济规模、产业政策、各生产要素的来源及成本等，初步评价投资机会的财务、经济及社会影响，论证投资方向是否可行。

投资方向的论证应结合我国现阶段市场经济特征和基本建设规律，以及国家的产业政策，结合不同行业的特点，进行科学策划、评估和慎重决策。这些投资方向包括：

（1）资源利用开发型项目

由于不少资源具有不可再生或再生能力差的特点，因此，这些资源总是随着不断地被开发利用而日益减少，资源量越来越少，其价格就越来越高，尤其对那些稀缺资源或无再生能力的资源来说更是如此。例如，石油、天然气、稀有金属矿产等不可再生资源，随着开采量的增加而储量逐年减少，因此，投资开发这类资源并对其进行加工或深加工是容易获利的。同样，对鱼类、天然橡胶、森林等再生能力不强的资源进行开发利用，如远洋捕捞、橡胶制品加工、木制品加工等，只要经营管理有方，产品结构合理，投资规模经济，则一般情况下也可望取得良好收益。另外，独具特色的旅游资源，独特的地理、气候形成的农业资源等，均可被有效开发利用。

（2）填补市场空白型项目

项目投资效益的好坏，关键在于市场。尤其是工业加工项目，只要产品需求大，降低生产成本，则应该是能获利的。如果在某区域范围内，由于经济发展落后，工业化程度低，或者因为产业结构不合理，而使某些完全有条件（原料供应及其他建设条件）生产加工的产品全靠外地运进，导致某些经营领域尚存在一定规模的市场空白，投资者则完全可以瞄准和利用这一空白，构思投资项目，生产经营符合市场需求的产品。

（3）科技领先型项目

一项新技术的突破、一项新产品的问世，往往能取得超出市场平均利润几倍、几十倍的超额利润。正因为高额利润回报的诱导，促使人们不断研究应用新技术、开发新产品。因此，如果投资者按照社会的现实需要和潜在需求，组织人员攻关，研制技术领先的新产品，或者通过购买技术专利，开发新产品投放市场，则可望获取高技术附加值带来的高额利润回报。当然，这类项目往往投资大、周期较长，需要投资者具有一定的资本实力和技术力量，但只要获得成功，投资商付出的代价是能够得到足够或成倍补偿的。因此，在具备技术条件的前提下，研究开发具有巨大潜在需求的科技领先型产品，是任何一个有远见的投资商应着重考虑的重要投资方向之一。

（4）配套加工服务型项目

该类项目投资的着眼点主要在于某一大型项目的开发建设或某一产业的蓬勃发展，客观上对某些配套产品或配套服务形成了巨大需求，从而使该类项目投资获得具有一定规模和稳定的需求市场，市场风险相对较小。因此，投资者可采取跟进配套策略，投资开发配套项目。例如，在某一新兴汽车工业基地，可考虑投资开发与汽车生产配套的轮胎、坐垫、雨刮器等产品；在某一具有巨大旅游开发潜力的新兴旅游区，可投资开发宾馆等配套服务项目。

（5）基础建设项目

对投资商而言，主要依据两点来判断是否进行某项投资：一是投资风险小；二是投资回报高。而对于基础设施或基础工业项目，令投资商（尤其是外商）首先感兴趣的是这类项目风险小、收益有保证，而且从长远看，也能获取令人满意的投资回报。例如，城市供水、城市煤气、收费公路、桥梁、（水）火电站以及输电网线和通信线路等。但由于这类项目一般投资大、周期长，因此要求投资商具有较强的资本实力和良好的融资渠道。

（6）政府鼓励的国有企业改造和支柱产业项目

投资该类项目一般能得到当地政府在政策、土地使用等方面的优惠，有时还能得到资金和信贷等方面的支持，对有些项目，政府甚至还承诺给予某一固定比例的投资回报。因此，投资者可在综合考虑各项条件和因素后，有选择地收购、兼并国有企业或参与支柱产业项目的投资建设。

4. 具体项目机会论证

在最初鉴别并确定投资方向之后，就应该进行具体项目的投资机会研究，并向潜在的投资者散发投资机会初步建议。具体项目机会论证比一般机会研究更普遍，它将项目设想转变为概略的投资建议。其目的是促使投资者做出反应，因此必须包括针对该项目的一些基本资料，而不是简单地列举一些具有一定潜力的产品名录。

3.1.3 项目投资机会研究方法

对项目投资机会进行分析研究，就是从多角度、多维度对投资项目的价值和可行性进行判断。常用的方法主要有 PESTEL 分析法、行业生命周期法、市场集中度法、矩阵分析法、价值链分析法、波特五力模型法、SWOT 分析法等。下面介绍其中几种。

1. PESTEL 分析法

PESTEL 分析法又称大环境分析法，是分析宏观环境的有效工具，不仅能够分析外部环境，而且能够识别一切对组织有冲击作用的力量。它是调查组织外部影响因素的方法，其每一个字母代表一个因素，可以分为六大因素：政治因素（Political）、经济因素（Economic）、社会因素（Social）、技术因素（Technological）、环境因素（Environmental）和法律因素（Legal）。

（1）政治因素

政治因素是指对组织经营活动具有实际与潜在影响的政治力量和有关的政策、法律及法规等因素。

（2）经济因素

经济因素是指组织外部的经济结构、产业布局、资源状况、经济发展水平以及未来的经济走势等因素。

（3）社会因素

社会因素是指组织所在社会中成员的历史发展、文化传统、价值观念、教育水平以及风俗习惯等因素。

（4）技术因素

技术因素不仅仅包括那些引起革命性变化的发明，还包括与企业生产有关的新技术、新工艺、新材料的出现和发展趋势以及应用前景。

（5）环境因素

环境因素是指一个组织的活动、产品或服务中能与环境发生相互作用的因素。

（6）法律因素

法律因素是指组织外部的法律、法规、司法状况和公民法律意识所组成的综合系统。

2. 波特五力模型法

波特五力模型法是迈克尔·波特（Michael Porter）于20世纪80年代初提出的。它认为行业中存在着决定竞争规模和程度的五种力量，这五种力量综合起来影响着产业的吸引力以及现有企业的竞争战略决策。这五种力量分别为供应商的讨价还价能力、购买者的讨价还价能力、新进入者的威胁、替代品的威胁、同行业竞争者的竞争程度。

波特五力模型将大量不同的因素汇集在一个简便的模型中，以此分析一个行业的基本竞争态势。从一定意义上来说，波特五力模型法隶属外部环境分析方法中的微观分析。波特五力模型用于竞争战略的分析，可以有效地分析客户的竞争环境。波特五力模型法是对一个产业盈利能力和吸引力的静态断面扫描，说明的是该产业中的企业平均具有的盈利空间，所以这是一个产业形势的衡量指标，而非企业能力的衡量指标。波特五力模型法可用于项目投资机会的研究，以揭示投资者在行业或项目中具有何种盈利空间。

（1）供应商的讨价还价能力

供应商主要通过其提高投入要素价格与降低单位价值质量的能力，来影响行业中现有企业的盈利能力与产品竞争力。供应商力量的强弱主要取决于它们所提供给买主的是什么投入要素。当供应商所提供的投入要素其价值占了买主产品总成本的较大比例、对买主产品生产过程非常重要或者严重影响买主产品的质量时，供方对买主的潜在讨价还价能力就大大增强。一般来说，满足如下条件的供应商集团会具有比较强大的讨价还价能力：

1）供应商行业为一些具有比较稳固市场地位而不受市场激烈竞争困扰的企业所控制，其产品的买主很多，以至于每一单个买主都不可能成为供应商的重要客户。

2）供应商各企业的产品各具有一定特色，以至于买主难以转换或转换成本太高，或者很难找到可与供应商企业产品相竞争的替代品。

3）供应商能够方便地实行前向联合或一体化，而买主难以进行后向联合或一体化。其实这也就是俗话所说的"店大欺客"。

（2）购买者的讨价还价能力

购买者主要通过其压价与要求提供较高产品或服务质量的能力，来影响行业中现有企业的盈利能力。影响购买者讨价还价能力的主要原因如下：

1）购买者的总数较少，而每个购买者的购买量较大，占了卖方销售量的很大比例。

2）卖方行业由大量相对来说规模较小的企业所组成。

3）购买者所购买的基本上是一种标准化产品，同时向多个卖主购买产品在经济上也完全可行。

4）购买者有能力实现后向一体化，而卖主不可能前向一体化。

（3）新进入者的威胁

新进入者在给行业带来新生产能力、新资源的同时，也希望在已被现有企业瓜分完毕的市场中赢得一席之地。这就有可能会与现有企业发生原材料与市场份额的竞争，最终导致行业中现有企业的盈利水平下降,严重的话还有可能危及现有企业的生存。这种竞争性进入威胁的严重程度取决于两方面的因素:进入新领域的障碍大小与预期现有企业对新进入者的反应情况。

进入障碍主要包括规模经济、产品差异、资本需要、转换成本、销售渠道开拓、政府行为与政策、不受规模支配的成本劣势、自然资源、地理环境等方面。这其中有些障碍是很难借助复制或仿造的方式来突破的。预期现有企业对新进入者的反应情况,主要是指采取报复行动的可能性大小,这取决于有关企业的财力情况、报复记录、固定资产规模、行业增长速度等。总之,新企业进入一个行业的可能性大小,取决于进入者主观估计进入行业所能带来的潜在利益、所需花费的代价与所要承担的风险这三者的相对大小。

(4) 替代品的威胁

两个处于同行业或不同行业中的企业,可能会由于所生产的产品互为替代品,从而在它们之间产生相互竞争行为。这种源自替代品的竞争会以各种形式影响行业中现有企业的竞争战略。

1) 现有企业产品售价以及获利潜力的提高,将由于存在着能被用户方便接受的替代品而受到限制。

2) 由于替代品生产者的侵入,现有企业必须提高产品质量,或者通过降低成本来降低售价,或者提升其产品特色,否则其销量与利润增长目标就有可能受挫。

3) 源自替代品生产者的竞争强度,受产品买主转换成本高低的影响。

总之,替代品价格越低、质量越好、用户转换成本越低,其所能产生的竞争压力就强;而这种来自替代品生产者的竞争压力强度,可以具体通过考察替代品销售增长率、替代品厂家生产能力与盈利扩张情况等加以描述。

(5) 同行业竞争者的竞争程度

大部分行业中的企业,相互之间的利益都是紧密联系在一起的。作为企业整体战略一部分的各企业竞争战略,其目标都在于使自己获得相对于竞争对手的优势。所以,在实施中必然会产生冲突与对抗现象,这些冲突与对抗就构成了现有企业之间的竞争。现有企业之间的竞争常常表现在价格、广告、产品介绍、售后服务等方面,其竞争强度与许多因素有关。

一般来说,出现下述情况将意味着行业中现有企业之间的竞争加剧:行业进入障碍较低,势均力敌的竞争对手较多,竞争参与者范围广泛;市场趋于成熟,产品需求增长缓慢;竞争者企图采用降价等手段促销;竞争者提供几乎相同的产品或服务,用户转换成本很低;一个战略行动如果取得成功,其收入相当可观;行业外部实力强大的企业在接收了行业中实力薄弱企业后,发起进攻性行动,结果使得刚被接收的企业成为市场的主要竞争者;退出障碍较高,即退出竞争要比继续参与竞争代价更高。在这里,退出障碍主要受经济、战略、感情以及社会政治关系等方面考虑的影响,具体包括资产的专用性、退出的固定费用、战略上的相互牵制、感情上的难以接受、政府和社会的各种限制等。

3. SWOT 分析法

SWOT 分析法即态势分析法,于 20 世纪 80 年代初由美国旧金山大学的管理学教授韦里克提出。这种方法经常被用于企业战略制定、竞争对手分析、投资机会分析等场合。

SWOT 分析包括优势(Strengths)、劣势(Weaknesses)、机会(Opportunities)和威胁(Threats)分析。因此,SWOT 分析实际上是对企业内外部条件各方面内容进行综合和概括,进而分析组织的优势和劣势、面临的机会和威胁的一种方法。

(1) SWOT 模型的含义

优势和劣势分析主要是着眼于企业自身的实力及其与竞争对手的比较，而机会和威胁分析将注意力放在外部环境的变化及其对企业的可能影响上。在分析时，应把所有的内部因素（即优势和劣势）集中在一起，然后用外部力量来对这些因素进行评估。

1）机会与威胁分析。随着经济、科技等诸多方面的迅速发展，特别是世界经济全球化、一体化过程的加快，以及全球信息网络的建立和消费需求的多样化，企业所处的环境更为开放和动荡。这种变化几乎对所有企业都产生了深刻的影响。正因为如此，环境分析成为一种日益重要的企业职能。

环境发展趋势可分为两大类：一类表示环境威胁；另一类表示环境机会。环境威胁是指环境中一种不利的发展趋势所形成的挑战，如果不采取果断的战略行为，这种不利趋势将导致企业的竞争地位受到削弱；环境机会就是对企业行为富有吸引力的领域，在这一领域中，该企业将拥有竞争优势。

对环境的分析也可以有不同的角度。例如，一种简明扼要的方法就是 PESTEL 分析法，另外一种比较常见的方法就是波特五力模型法。

2）优势与劣势分析。识别环境中富有吸引力的机会是一回事，拥有在机会中成功所必需的竞争能力则是另一回事。每个企业都要定期检查自己的优势与劣势，这可以通过"企业经营管理检核表"的方式进行。企业或企业外的咨询机构都可利用这一形式检查企业的营销、财务、生产和组织能力，表中所列每一要素都要按照特强、稍强、中等、稍弱或特弱划分等级。

当两个企业处在同一市场，或者说它们都有能力向同一顾客群体提供产品和服务时，如果其中一个企业有更高的盈利率或盈利潜力，那么就认为这个企业比另外一个企业更具有竞争优势。换句话说，所谓竞争优势，是指一个企业超越其竞争对手的能力，这种能力有助于实现企业的主要目标——盈利。但值得注意的是，竞争优势并不一定完全体现在较高的盈利率上，因为有时企业更希望增加市场份额，或者多奖励管理人员或雇员。

竞争优势也可以指消费者眼中一个企业或其产品有别于其竞争对手的任何优越之处。它可以是产品线的宽度、产品的大小、质量、可靠性、适用性、风格和形象以及服务质量和态度等。虽然竞争优势实际上是指一个企业比其竞争对手拥有较强的综合优势，但是，明确企业究竟在哪一个方面具有优势更有意义。因为只有这样，才可以扬长避短，或者以实击虚。

由于企业是一个整体，而且竞争优势的来源十分广泛，所以，在做优势与劣势分析时，必须从整个价值链的每个环节上，将企业与竞争对手做详细的对比。例如，产品是否新颖，制造工艺是否复杂，销售渠道是否畅通，以及价格是否具有竞争性等。如果一个企业在某一方面或几个方面的优势正是该行业企业应具备的关键成功因素，那么，该企业的综合竞争优势也许就强一些。需要指出的是，衡量一个企业及其产品是否具有竞争优势，只能站在现有潜在用户的角度上，而不是站在企业的角度上。

企业在维持竞争优势的过程中，必须深刻认识自身的资源和能力，采取适当的措施。因为一个企业一旦在某一方面具有了竞争优势，势必会吸引到竞争对手的注意。一般地说，企业经过一段时期的努力，建立起某种竞争优势；然后就处于维持这种竞争优势的态势，其竞争对手开始逐渐做出反应；而后，如果竞争对手直接进攻企业的优势所在，或采取其他更为有力的策略，就会削弱企业的这种优势。

（2）SWOT 分析步骤

1）确认当前的战略。

2）确认企业外部环境的变化（波特五力模型法或者 PESTEL 分析法）。

3）根据企业的资源组合情况，确认企业的关键能力和关键限制。

4）按照通用矩阵或类似的方式打分评价。把识别出的所有优势分成两组，分组的时候以两个原则为基础：它们是与行业中潜在的机会有关，还是与潜在的威胁有关。用同样的办法把所有的劣势分成两组：一组与机会有关，另一组与威胁有关。

5）将结果在 SWOT 分析图上定位，如图 3-1 所示。

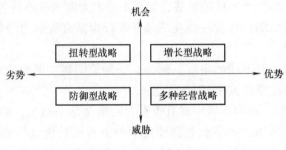

图 3-1　SWOT 分析图

3.2　轨道交通投资机会

当前，我国城镇化进程不断加快，城市群概念逐渐形成，城市规模逐渐扩大，以高铁与城市轨道交通为代表的轨道交通行业凭借大运量、高效、准时等优势得到快速发展。由于城市轨道交通与高铁项目均面临投资额巨大、运营成本高昂、盈利水平较低的困境，所以，合理性线路、站点、线网规划、创新型投融资机制、沿线及周边土地与商业资源综合开发利用以及地铁小镇、高铁新城的规划与建设，都是国家未来将在轨道交通行业实施的可持续发展策略。这些可持续发展手段将极大地引进市场化机制，势必带来更多的投资机会。

3.2.1　政策分析

1. 城市轨道交通

《国务院关于城市优先发展公共交通的指导意见》（国发〔2012〕64 号）明确指出，"优先发展公共交通是缓解交通拥堵、转变城市交通发展方式、提升人民群众生活品质、提高政府基本公共服务水平的必然要求，是构建资源节约型、环境友好型社会的战略选择"，"有条件的特大城市、大城市有序推进轨道交通系统建设"，"大城市要基本实现中心城区公共交通车站 500 米全覆盖，公共交通占机动化出行比例达到 60% 左右"。

基于国家公交优先的发展战略，城市轨道交通以其运量大、安全性高、准时高效等优势成为负担公共交通出行的主力军。现阶段，我国城市轨道交通整体上进入高速发展时期，运营里程已超过 5033km，还有大规模的后续线路将陆续建成投入运营；部分城市已进入网络化运营格局，且投融资模式也在向多元化趋势发展。为进一步规范目前城市轨道交通创新型发展，近年来，我国在城市轨道规划布局、项目审批、投融资机制等方面密集发布了多项政策，对于处在关键发展时期的我国城市轨道交通发展具有十分重大的意义。

（1）城市轨道交通准入门槛

《国务院办公厅关于加强城市快速轨道交通建设管理的通知》（国办发〔2003〕81号）与《国家发展改革委关于加强城市轨道交通规划建设管理的通知》（发改基础〔2015〕49号）两个文件相辅相成，共同规范我国城市轨道交通准入门槛。二者的核心要点可以概括为"准入限制＋增量控制"。其中，81号文主要是从国内生产总值、地方财政预算、城区人口规模、单向高峰客流规模等方面设定城市轨道交通准入门槛，而49号文则主要从政府财力这一维度来控制城市轨道交通的增量发展速度。但由于81号文的政策时效性已大打折扣，所以目前新发展环境下的新指标需进一步更新与调整。

（2）城市轨道交通项目审批

作为上位规划的线网规划，其编制及审批在实际操作中基本由地方政府主导完成，而作为下位规划的建设规划，《国家发改委住建部关于优化完善城市轨道交通建设规划审批程序的通知》（发改基础〔2015〕2506号）明确指出由国务院进行审批。这就导致了各个城市普遍重视建设规划，而相对忽略了线网规划对建设规划的指导作用。一些城市的线网规划编制及报批工作缺乏严肃性，线网规划沦为为建设规划提供上位依据的工具，完全为城市轨道交通短期建设服务。

针对线网规划与建设规划审批权错位的问题，我国住房和城乡建设部（以下简称住建部）在2014年发布了《住房城乡建设部关于加强城市轨道交通线网规划编制的通知》（建城〔2014〕169号），明确了线网规划的主要内容纳入城市总体规划，与城市总体规划一并审批。由于进入城市轨道交通建设门槛的城市，绝大部分总体规划均由国务院审批，如此便强化了线网规划的作用。

另外，城市轨道交通项目审批还对配套联动审批工作不断完善，先后增加了环境影响评价报告、工程建设用地预审、节能评估报告、安全生产预评价报告等，如图3-2所示。

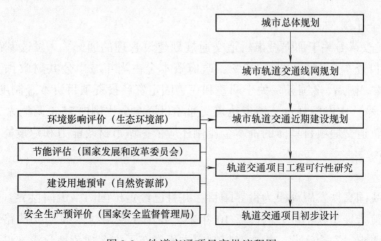

图3-2 轨道交通项目审批流程图

2013年5月15日，国务院发布《关于取消和下放一批行政审批项目等事项的决定》（国发〔2013〕19号），明确国家批准城市轨道交通建设规划后，将项目工可的审批权下放省级投资主管部门,由省级投资主管部门在国家已经批准的近期建设规划范围内,根据实际情况来审批项目工可。2017年,国家发展和改革委员会(以下简称发改委)印发《关于进一步下放政府投资交通项目审批权的通知》(发改基础〔2017〕189号)中对能用规划实行有效管理的项目最大限度下放审批,仅保留少部分重大项目和中央投资为主项目的审批权限。

(3) PPP模式应用与规范

城市轨道交通具有建设周期长、资金需求量大、盈利困难的特点,传统的"国家出资,国家运营"的模式已难以为继。为缓解政府财政压力,提高轨道交通社会效益与服务效率,我国于2014年发布《国家发展改革委关于开展政府和社会资本合作的指导意见》(发改投资〔2014〕2724号)和《关于推广运用政府和社会资本合作模式有关问题的通知》(财金〔2014〕76号)。文件中对PPP基本概念、参与主体进行准确界定,同时也对PPP审批及操作流程和注意事项做出了明确的规定。

在初期的探索与实践中,PPP模式出现了诸多乱象。2017年,国家出台《关于坚决制止地方以政府购买服务名义违法违规融资的通知》(财预〔2017〕87号)、《关于规范政府和社会资本合作(PPP)综合信息平台项目库管理的通知》(财办金〔2017〕92号),进一步规范PPP模式的应用。

截至2018年年初,PPP初见成效。国家发改委发布的《关于鼓励民间资本参与政府和社会资本合作(PPP)项目的指导意见》中,明确写明要为民间资本创造良好的环境,鼓励民营企业运用PPP模式盘活存量资产,加大民间资本PPP项目支持力度等鼓励性政策。另一方面,国家对PPP项目的准入也在严格把关,对不符合PPP项目条件、滥竽充数的项目绝不手软。2018年4月,财政部发布《关于进一步加强政府和社会资本合作(PPP)示范项目规范管理的通知》(财金〔2018〕54号)文件就对存在问题的173个示范项目进行了分类处置,并提出要加强项目规范管理,切实强化信息公开,接受社会监督,建立健全长效管理机制。

(4) 资本金比例

《国家发展改革委关于加强城市轨道交通规划建设管理的通知》(发改基础〔2015〕49号)要求,项目资本金比例不低于40%,政府资本金占当年城市公共财政预算收入的比例一般不超过5%。随后,《国务院关于调整和完善固定资产投资项目资本金制度的通知》(国发〔2015〕51号)中专门规定,城市轨道交通项目资本金比例由25%调整为20%。也就是说,各个城市轨道交通项目具体的资本金比例还应依据城市财政能力和建设能力确定,但最低不得低于20%。

2. 高铁

近几年,我国高铁发展规模为世界瞩目,并且已经走出国门,走向世界。这样的丰功伟绩与我国的政策指导是密不可分的。近10年来,我国在铁路线网规划、铁路装备、技术指标、人员素质要求、安全运营、投融资机制等方面发布了许多规范性政策文件,具体如下:

(1) "十二五"与"十三五"高铁纲领性规划

"十二五"期间,我国对于高铁在列车科技发展、节能、铁路发展、轨道交通装备产业、综合交通运输体系发布了纲领性政策文件,如表3-1所示。

表 3-1 高铁纲领性政策文件汇总

政策名称	发布时间	政策解读
《铁路"十二五"节能规划》	2012.4	铁路部门将加强既有线电气化改造，淘汰技术落后的高能耗设备设施，推广应用新能源和可再生能源
《高速列车科技发展"十二五"专项规划》	2012.4	"十二五"期间，我国高速铁路科研工作重点沿四个重大技术方向展开：高速铁路体系化安全保障技术、高速列车装备谱系化技术、高速铁路能力保持技术和高速铁路可持续性技术
《国家铁路"十二五"发展规划》	2012.5	建设"四纵四横"高速铁路。贯通北京至哈尔滨（大连）、北京至上海、上海至深圳、北京至深圳、徐州至兰州及上海至成都等"四纵四横"高速铁路
《轨道交通装备产业"十二五"发展规划》	2012.5	全面掌握动车组及客运列车技术，提高客运轨道交通装备的可靠性、舒适性、可维护性，完善时速300km以上新一代高速动车组研制，开发适应高寒、高热、高风沙、高湿等不同系列谱系化动车组，满足跨线、跨网的旅客运输提速提效需要
《中长期铁路网规划》	2016.7	到2020年，一批重大标志性项目建成投产，铁路网规模达到15万km，其中高速铁路3万km，覆盖80%以上的大城市，为完成"十三五"规划任务、实现全面建成小康社会目标提供有力支撑
《"十三五"现代综合交通运输体系发展规划》	2017.2	到2020年，基本建成安全、便捷、高效、绿色的现代综合交通运输体系，部分地区和领域率先基本实现交通运输现代化
《铁路"十三五"发展规划》	2017.11	到2020年，全国铁路营业里程达到15万km，其中高速铁路3万km，复线率和电气化率分别达到60%和70%左右，基本形成布局合理、覆盖广泛、层次分明、安全高效的铁路网络

（2）技术类政策

高铁技术类政策汇总如表3-2所示。

表 3-2 高铁技术类政策汇总

政策名称	发布时间	政策解读
《铁路主要技术政策》（铁道部〔2013〕34号）	2012.10	高速铁路为新建设计开行250km/h及以上动车组列车，初期运营速度不小于200km/h的客运专线铁路。高速列车追踪间隔时间最小按3min设计，轴重不大于17t，编组不大于16辆
《铁路运输基础设备生产企业审批办法》（交通运输部〔2013〕21号）	2013.12	在中华人民共和国境内生产铁路运输基础设备的企业，应当向国家铁路局提出申请，经审查合格取得铁路运输基础设备生产企业许可证
《高速铁路设计规范》（TB 10621—2014）	2014.12	在系统总结我国时速250～350km高速铁路建设、运营实践经验，全面修订2009年《高速铁路设计规范（试行）》的基础上，正式发布的我国第一部高速铁路设计行业标准，将为中国高铁发展以及高铁"走出去"提供系统规范的成套建设标准支撑

（3）其他类政策

高铁其他类政策汇总如表3-3所示。

表3-3 高铁其他类政策汇总

政策名称	发布时间	政策解读
《国务院关于改革铁路投融资体制加快推进铁路建设的意见》（国发〔2013〕33号）	2013.8	向地方政府和社会资本放开城际铁路、市域铁路、资源开发性铁路和支线铁路的所有权、经营权，鼓励社会资本投资建设铁路
《铁路运输企业增值税征收管理暂行办法》（国税〔2014〕6号）	2014.1	中国铁路总公司所属运输企业按照本办法规定预缴增值税，中国铁路总公司汇总向机构所在地主管税务机关申报纳税
《铁路工程建设标准管理办法》（国铁科法〔2014〕24号）	2014.5	铁路工程建设标准编制项目实行合同管理。科法司根据授权代表国家铁路局与标准归口单位签订标准项目合同；标准归口单位负责与标准编制单位签订标准项目实施合同
《铁路发展基金管理办法》（发改基础〔2014〕1433号）	2014.6	铁路发展基金投资必须符合国家规定的投资方向，主要用于国家批准的铁路项目资本金，规模不低于基金总额的70%；其余资金投资土地综合开发等经营性项目，提高整体投资效益
《国务院办公厅关于支持铁路建设实施土地综合开发的意见》（国办法〔2014〕37号）	2014.7	鼓励提高铁路用地节约集约利用水平。利用铁路用地进行地上、地下空间开发的，在符合规划的前提下，可兼容一定比例其他功能，并可分层设立建设用地使用权

3.2.2 市场分析

1. 城市轨道交通

2017年是国家实施"十三五"规划的重要一年，城市轨道交通进入快速发展新时期，运营规模、客运量、在建线路长度、规划线路长度均创历史新高，网络化、差异化、制式结构多元化、网络化运营逐步实现。

（1）运营规模

截至2017年年末，我国内地共34个城市开通城市轨道交通，新增石家庄、贵阳、厦门、珠海4个城市，共计开通城市轨道交通线路165条，运营线路长度达到5032.7km，均创历史新高。

（2）建设规模

据不完全统计，截至2017年年末，我国内地共56个城市开工建设城市轨道交通，共计在建城市轨道交通线路254条，在建线路长度达到6246.3km，在建城市数量、在建线路数量和在线线路长度均超过已投运规模。

（3）运营线路制式结构多元化

截至2017年年末，我国内地已开通城市轨道交通包括地铁、轻轨、单轨、市域快轨、现代有轨电车、磁浮交通、APM七种制式。拥有两种及以上制式投运的城市有16个，占比47.1%。

（4）客运量稳步增长

据不完全统计，截至2017年年末，我国内地城市轨道交通全年累计完成客运量184.8亿人次，比上年增长23.9亿人次，增幅14.9%。已开通城市轨道交通平均客运强度为0.81，比上年下降2.4%。

（5）投资情况

2017年，城市轨道交通共完成投资4762亿元，同比增长23.8%，在建线路累计可研批复投资达 38756 亿元。

(6) 未来发展分析

1) 要有序地规划建设。在城镇化进程加快的背景下，城市轨道交通成为准时高效的出行方式。但城市轨道项目投资大、费用高、自身经济效益差，2017 年更是发生了包头地铁项目叫停事件。因此，在城市轨道交通大发展的时代，更应坚持量力而行、稳步发展。

2) 二三线城市轨道建设将加速。从城市轨道交通布局结构看，城市轨道建设发展极为不均衡。北、上、广、深的地铁里程占到全国通车里程的 60%。随着经济发展和国家城市群规划建设的推进，会有更多的经济较为发达的二线城市加入城市轨道建设行列，地域布局渐趋合理将带动城市轨道建设的全面加速。

3) 创新型融资管理。增强创新能力与经营能力，依托城市轨道交通物业、商业等资源大力推进经营开发，着力形成依托城市轨道资源反哺城市轨道建设和运营的能力。探索和用好 PPP 模式，及时总结和推广深圳、上海等已取得一定成效的城市的经验，探索和形成一条资金多元化的可行之路，促进政府资金、社会资本、业主营收乃至境外资本等为城市轨道交通所用，改变政府财政独木难支的局面。

4) 智能制造深入推进。深入推进轨道交通领域的智能制造发展，对于培育轨道交通增长新动能，构建新型轨道交通产业体系具有重要意义。当前，面对轨道交通领域的智能制造关键技术装备、核心支撑软件、工业互联网等系统集成应用正在积极推进。不久之后，智能制造装备和先进工艺将在轨道交通产业逐步推广应用。

2. 高铁

(1) 巨大的市场规模

截至 2017 年年底，我国高速铁路运营线路共计 92 条，运营总里程接近 3 万 km，位居世界第一。其中，2017 年新增运营线路共计 10 条，新增运营里程 3040km，估算投资额合计约 2041.40 亿元。预计 2020 年之前，我国能完成 30000km 高铁总运营里程的目标。届时，整个市场规模会达到人民币 1.3 万亿元。

针对这 1.3 万亿元的市场规模，可以认识到两件事情：首先，1.3 万亿元的高速铁路投资会直接带来约 5000 万 t 钢材、2.5 亿 t 水泥的市场需求；然后，更会带动诸如机车配置、材料冶金、信息、精密仪器等行业的发展。

(2) 高铁提速带动产业链发展

高铁提速不是一件简单的事情，而是一个复杂的系统工程。高铁提速包括从高速铁路的建造、机车的制造到信号管理、运营维护，都牵连诸多的子行业以及细分领域，尤其是核心部件，需要技术同时得到提升，然后再进行综合能力的整体提升。所以，高铁提速会带动一个很长的产业链发展，进而带来更多的投资机会。

(3) 高铁建设与提速带动的整车需求

2017 年 8 月，中国铁路总公司就与中国中车集团公司签订了一个大订单——500 辆复兴号。复兴号全面超越了和谐号，尤其是它的运营寿命从 20 年达到了 30 年，每辆复兴号达成的谈判价格也达到人民币 1.7 亿元。

这个大订单直接为中国中车集团带来了 850 亿元收入。而且，估计在 2020 年之前，投入高铁运营的新标准动车组需求有可能超过 1500 辆。除了高铁，快速铁路、货运铁路、城际铁路以及轻轨都会对整车形成非常大的需求，而且全球目前已经有 102 个国家和地区在运行着中国的机车。

(4) 高铁加快城市间融合，进一步加快大都市圈发展

高铁使"一小时城市圈"成为现实，在城市与城市不断融合的过程中，传统的城市界限会逐渐淡化，尤其是我国特大中心城市功能疏解地区会迎来更多的经济红利。例如，2015年，上饶成为沪昆、京福两条高铁的枢纽站点，城市能级显著提升。过去人口是净流出的，现在人口转为净流入；过去经济开发区招商引资特别困难，现在开始坐地选商了，开发区用地也特别紧张。

3.3 特色小镇投资机会

3.3.1 政策分析

作为推动新型城镇化的重要载体和突破点，近几年特色小镇的建设浪潮席卷了全国各地。为全面促进特色小镇的建设发展，充分发挥特色小镇推进城乡一体化的重要抓手作用，从国家到地方都不断出台各种相关扶持政策。截至 2017 年年底，全国共发布特色小镇相关政策 192 个，其中国家层面共发布 27 个、省级政策 93 个、市级政策 72 个。本节对已出台的国家级政策进行解读。

2016 年 7 月，住建部、发改委、财政部联合下发了《关于开展特色小镇培育工作的通知》（建村〔2016〕147 号），这是支持特色小镇建设的首个国家层面政策。自此之后，国家发布政策的密度不断加大，尤其是 2017 年，更是进入了实质性推动的一年。通过对国家近两年发布的政策进行分析，发现国家层面的特色小镇政策主要集中在三个方向：加大对特色小镇的金融支持；提高对特色小镇的建设要求；细化各专业领域对特色小镇的建设。

1. 加大对特色小镇的金融支持

我国各地区建设特色小镇的区位条件和产业特色不尽相同，受经济发展因素影响，部分地区尤其是中西部偏远贫困的特色小镇，存在基础设施建设落后、交通条件不佳、人才资源匮乏等情况，需要强大的资金支持。因此，国家通过综合运用财政、金融政策，引导金融机构加大对特色小镇建设的支持力度。目前，国家发改委已与住建部联合中国农业发展银行、国家开发银行、中国建设银行等先后提出了支持特色小镇建设的金融政策文件。

国家政策中积极鼓励特色小镇采用特许经营、政府购买服务模式及重点发展的政府和社会资本合作（PPP）等融资模式，引导社会资本参与特色小镇建设项目，推动项目落地。同时，各大银行推出了综合融资方式和创新融资方式，支持特色小镇建设。政策中的相关融资方式如表 3-4 所示。

表 3-4 银行对特色小镇建设的融资方式

时 间	银 行	部 门	金融支持政策名称	融资方式
2016.10	中国农业发展银行	住建部	《关于推进政策性金融支持小城镇建设的通知》（建村〔2016〕220 号）	银行贷款、委托贷款、重点项目建设基金 特许经营权、收费权、政府购买协议预期收益、质押担保
2017.1	国家开发银行	住建部	《关于推进开发性金融支持小城镇建设的通知》（建村〔2017〕27 号）	投资、贷款、债券、租赁、证券、基金 特许经营权、收费权和购买服务协议下的应收账款质押等担保类贷款业务

(续)

时间	银行	部门	金融支持政策名称	融资方式
2017.4	中国建设银行	住建部	《关于推进商业金融支持小城镇建设的通知》（建村〔2017〕81号）	债券、股权投资、基金、信托、融资租赁、保险资金
				特许经营权、景区门票收费权、知识产权、碳排放质押、创业投资基金、股权基金等开展投贷联动

另外，在各个金融支持政策中，各大银行政策的支持范围包括重点支持项目和优先支持项目。重点支持的项目范围总体上包括特色小镇的基础设施和公共服务设施建设、配套设施建设和生态环境建设；对优先支持的特色小镇项目，各大银行有所侧重，能够指导地区特色小镇结合自身优势。具体如表3-5所示。

表3-5 银行对特色小镇建设的支持范围

范围类型	银行	具体支持范围
重点支持范围	中国农业发展银行	以转移农业人口、提升小城镇公共服务水平和提高承载能力为目的的基础设施和公共服务设施
		为促进小城镇特色产业发展提供平台支撑的配套设施建设
	国家开发银行	支持基础设施、公共服务设施和生态环境建设
		支持各类产业发展的配套设施建设
		支持促进小城镇宜居环境塑造和传统文化传承的工程建设
	中国建设银行	支持改善小城镇功能、提升发展质量的基础设施建设
		支持促进小城镇特色发展的工程建设
		支持小城镇运营管理融资
优先支持范围	中国农业发展银行	贫困地区小城镇建设
		带头实施"千企千镇工程"的企业等市场主体和特色小镇
	国家开发银行	开展特色小镇助力脱贫攻坚建设试点，对试点单位优先编制融资规划，优先安排贷款规模
		优先"住建部公布的第一批特色小镇"确定的127个特色小镇
		对纳入全国小城镇建设项目储备库的优先推荐项目，优先提供中长期信贷支持
	中国建设银行	优先"住建部公布的第一批特色小镇"确定的127个特色小镇

2. 提高对特色小镇的建设要求

由于特色小镇尚处于起步阶段，部分参与者对特色小镇的打造理念认识不足，因此在建设过程中，很容易出现特色小镇的建设特色不明显、过度依赖房地产、滥用外来文化、盲目追风模仿等现象。针对这种现象，近年来的国家政策中出现了明显的纠偏倾向，更加强调特色产业的核心地位、强调传统文化的传承以及生态环境的保护。例如，2017年5月，住建部发布的《关于做好第二批全国特色小镇推荐工作的通知》（建办村函〔2017〕357号）中，对以房地产为单一产业，打着特色小镇名义搞圈地开发的建制镇做出了明令禁止，更加注重当地的实际情况以及当地群众的需求，要求引入的项目符合当地实际等，对第二批特色小镇的申报提出了更加严格的要求。又如，2017年12月四部委发布的《关于规范推进特色小镇和特色小城镇建设的若干意见》（发改规划〔2017〕2084号）中，从严控房地产化倾向和严格节约集约用地两个方面分别提出了要求。

3. 细化各专业领域对特色小镇的建设

2017年，除住建部统筹推进特色小镇建设外，国家体育总局、农业部、国家林业局率先结合自身相关领域及产业，分别启动了运动休闲特色小镇、农业特色互联网小镇、森林特色小镇的建设试点工作，并在资金方面给予了一定的支持，如表3-6所示。

表3-6 各专业领域提出的特色小镇建设要求

小镇类型	文件名称	基本要求	政策支持
运动休闲特色小镇	《关于推动运动休闲特色小镇建设工作的通知》（体群字〔2017〕73号）	（1）交通便利，自然生态和人文环境好 （2）体育工作基础扎实，在运动休闲方面特色鲜明 （3）近5年"五无"：无重大安全生产事故、无重大环境污染、无重大生态破坏、无重大群体性社会事件、无历史文化遗存破坏现象 （4）小镇所在县（区、市）政府高度重视体育工作	对纳入试点的小镇，一次性给予一定的经费资助，用于建设完善运动休闲设施，组织开展群众身边的体育健身赛事和活动；为各小镇提供体育设施标准化设计样式，配置各类赛事资源
农业特色互联网小镇	《组织开展农业特色互联网小镇建设试点工作的通知》（农市便函〔2017〕114号）	（1）促进产业融合发展：以农业为核心，促进农村一二三产业融合发展，构建功能形态良性运转的产业生态圈 （2）规划引领合理布局：不以面积为主要参考，控制数量、节约用地 （3）积极助推精准扶贫：以农业特色互联网小镇建设运营，带动贫困偏远地区农民脱贫致富 （4）深化信息技术应用：充分利用互联网理念和技术，加快物联网、云计算、大数据等信息技术在小镇建设中的应用	可申请农业特色互联网小镇专项资金；专项资金按照PPP模式提供项目投资总额70%以内的资金支持；专项资金管理办公室负责监管专项资金的使用进度和类别是否与建设运营方案一致，但不参与具体建设运营工作
森林特色小镇	《关于开展森林特色小镇建设试点工作的通知》（办场字〔2017〕110号）	（1）具有一定规模：森林覆盖率一般应在60%以上，规模较大的国有林场或国有林区林业局建设 （2）建设积极性高：国有林场和国有林区林业局建设积极性较高，当地政府重视森林特色小镇建设工作 （3）主导产业定位准确：重点发展森林观光游览、休闲度假、运动养生以及森林食品、采集和初加工的绿色产业 （4）基础设施较完备：水电路信等基础设施较完善，建设地点原则上要选择在距机场或高铁站50～100km范围内	各级林业主管部门要积极协调有关部门在基础设施建设、项目立项和资金投入、易地搬迁、土地使用审批以及投融资政策等方面予以倾斜，不断优化政策和投融资环境，大力支持小镇建设；国有林场和国有林区林业局是森林特色小镇建设的主体，要创造条件，推进小镇与企业、金融机构有效对接，促进场镇企融合发展，共同成长

综上，不同于2016年特色小镇刚兴起时，各种加快特色小镇建设的政策密集出台，现在的政策内容更加务实，具有更细化的指导意义。国家通过支持资金引导、申报政策的限制、引导推进特色产业，来纠正特色小镇发展中出现的各种问题。可以预见，在国家政策的指引下，特色小镇建设将会保持健康持续的发展，而各地方政府及各专业部门也将会成为具体推动特色小镇建设的中坚力量。

3.3.2 市场分析

1. 市场区位分析

从图 3-3 可以看出，第二批特色小镇数量排在前面的省份依次是江苏、浙江、山东、广东和四川。而在第一批全国特色小镇名单中，这几个省份拥有的特色小镇数量也均居于前列。可以看出，特色小镇一部分集中于经济发达的华东和华南地区，这是由于特色小镇是命脉产业，不适合建设在经济落后、交通不发达的偏远地区，而应建设在有较好经济基础地区的周边，与城市形成优势互补关系，为特色小镇的发展带来长足的动力。华东和华南地区经济发展程度较高，创新驱动力强，对高新技术等要素的集聚性要求高。相比长三角、珠三角经济发达地区，四川省的经济则相对落后，但由于其拥有丰富的旅游资源，所以四川特色小镇的发展一直名列全国前茅。"十三五"期间四川的特色小镇规划数也在 200 个左右，且旅游发展型的占比远远高于其他类型。

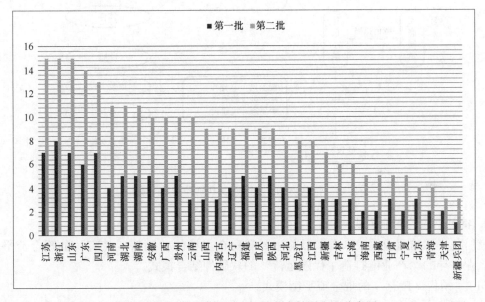

图 3-3　第一批和第二批全国特色小镇所在地分布图

2. 产业类型分析

2016 年 10 月 14 日，住建部正式公布北京市房山区长沟镇等 127 个第一批中国特色小镇。按其推荐的特色小镇类型，可以划分为工业发展型、历史文化型、旅游发展型、民族聚居型、农业服务型和商贸流通型。且产业类型主要集中在文旅领域，其中，旅游产业占半数以上（50.39%），远超其他类型的特色小镇数量；其次是历史文化型产业（18.11%），由于很多的历史文化型小镇是将历史文化因素糅合进商旅运营的，所以历史文化型小镇也可看作是旅游产业，因此，旅游产业的小镇类型占比接近 70%。

由于制度不完善，有些特色小镇项目的旅游文化项目不符合当地实情，或者是发展成了单一的房地产项目，产业结构存在问题。因此，在进行第二批全国特色小镇推荐工作时，住建部严格规定旅游文化类项目要符合当地实情，并且所占比例不能超过 1/3。对于存在以房地产为单一产业，镇规划未达到有关要求、脱离实际、盲目立项、盲目建设，政府大包大揽或过度举债，打着特色小镇名义搞圈地开发，项目或设施建设规模过大导致资源浪费等问题的，应禁止推荐。可见，特色小镇的产业结构出现了明显的调整。

3. 延伸产业分析

特色小镇基于当地资源与特质进行产业定位，主要为最具发展基础、发展优势和发展特色的产业，如智能制造、文化旅游、体育等特色产业。除此之外，特色小镇带来了对相关配套设施的建设需求，包括市政交通、水利、生态园林、环境保护等一系列系统性工程，其内容与建筑行业业务具有高度的关联性与协同性。建筑公司承接特色小镇建设具有先天优势与强烈动机，已经有诸多建筑企业布局特色小镇建设，特色小镇的万亿元市场空间将为相关企业带来巨大的市场机遇，如图3-4所示。

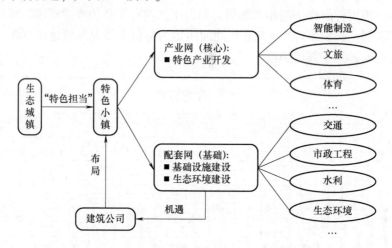

图3-4 特色小镇自身产业及其延伸产业示意图

4. 特色小镇的商业模式

就特色小镇的商业模式来看，目前主要有房企主导的"销售+持有"的现金流平衡模式和产业主导的"产业链打造+代建运营"的软硬件结合模式。

（1）"销售+持有"的现金流平衡模式

这一商业模式的最大特色是资金回收期较短。因为从开发运营本质来看，房企运营的特色小镇核心仍然是地产开发业务，即在满足政府规划要求的基础上，房企通过获得部分可销售住宅和商业用地，通过销售实现现金流回笼，支撑其余部分自持住宅和商业以及整个小镇的整体运营管理，并没有脱离房地产开发的实质。综合而言，这种商业模式的盈利来源主要为二级房产开发取得的收入和城镇建设与公共服务开发取得的收入两类。

（2）"产业链打造+代建运营"的软硬件结合模式

从国家层面考虑，建设多个拥有强大比较优势的产业小镇是符合国家创业创新要求的。具有主导产业的特色小镇的最大特点是围绕着优势产业打造产业生态，以产业聚集和产业链延伸为主要的实现形式。从商业模式来看，产业特色小镇的建设都是围绕着特定产业，需要政府大力引导，同时企业大量投资。而且，一旦有金融资本的配合，还将面临资金期限与项目收益期限相匹配的问题。产业主导的小镇自身能够依托优势产业形成产业盈利链条，同时与旅游结合实现盈利。因此，这一商业模式的盈利来源主要为产业项目开发取得的收入、产业链整合开发取得的收入以及城镇建设与公共服务开发取得的收入三类。

5. 市场预测

目前，31个省、市、自治区几乎都已经发布了特色小镇的相关政策，其中四川、云南计划用5年时间建设200个左右特色小镇，浙江、江苏、山东、湖南、广东、广西、河北、新疆、河南、陕西、贵州、海南均拟建100个特色小镇。对这些特色小镇产业规划进行初步统计，到2020年总计将建设特色小镇2468个左右（表3-7）。假设单个小镇建设投资东部省市为50亿元、中部省市为30亿元、东北省市为20亿元、西部省市为10亿元，考虑到实际建设过程中投资额将更大，预计特色小镇的投资规模会更大，经过测算，全国总投资至少约为6.67万亿元。以上数据充分说明，特色小镇在未来几年将面临更加广阔的市场空间。

表3-7 2020年全国31个省（市、自治区）"特色小镇"规划目标

省（市、自治区）	特色小镇规划数量（个）	投资金额（亿元）	规划年份	省（市、自治区）	特色小镇规划数量（个）	投资金额（亿元）	规划年份
合计	2468个			合计	66660亿元		
北京	42	2100	2020年	湖北	50	1500	3~5年
天津	20	1000	2020年	湖南	100	3000	2020年
河北	100	5000	3~5年	广东	100	5000	2020年
山西	40	1200	3~5年	广西	100	1000	2018年
内蒙古	48	480	2020年	海南	100	5000	2020年
辽宁	50	1000	2020年	重庆	30	300	"十三五"
吉林	80	1600	2020年	四川	200	2000	2020年
黑龙江	100	2000	2020年	贵州	100		2020年
上海	40	2000		云南	200	2000	"十三五"
江苏	100	5000	3~5年	西藏	100	1000	2020年
浙江	100	5000	3年	陕西	100	1000	2020年
安徽	80	2400	2020年	甘肃	18	180	2018年
福建	100	5000	2020年	青海	20	200	2020年
江西	60	1800	2020年	宁夏	40	400	3~5年
山东	100	5000	2020年	新疆	100	1000	3~5年
河南	50	1500	3~5年				

3.4 综合管廊投资机会

地下综合管廊是指城市范围内供水、排水、燃气、热力、电力、通信、广播电视、工业等管线及其附属设施，是保障城市运行的重要基础设施和生命线。但目前城市管线问题严重，甚至可能直接制约城市的发展，问题主要为大雨内涝、管线泄漏、路面塌陷等，严重影响了人民群众生命财产安全和城市运行秩序。党中央和国务院领导高度重视城市地下管线问题，为切实加强地下管线建设管理工作，2014年6月14日，国务院办公厅下发了《关于加强城市地下管线建设管理的指导意见》（国办发〔2014〕27号）。

3.4.1 政策分析

《关于加强城市地下管线建设管理的指导意见》（简称《意见》）的基本内容主要包括

总体工作要求；加强规划统筹，严格规划管理；统筹工程建设，提高建设水平；加强改造维护，消除安全隐患；开展普查工作，完善信息系统；完善法规标准，加大政策支持；落实地方责任，加强组织领导等。该文件明确了今后一段时间我国地下管线建设管理的指导思想、基本原则、重点任务等。《意见》进一步指出，城市地下管线是保障城市运行的重要基础设施和生命线。近年来随着城市快速发展，地下管线建设规模不足、管理水平不高，政策法规相对缺乏，导致了很多问题，因此国务院出台指导意见进行规制。《意见》明确了近中远期的总体工作目标。提出了全面加强城市地下管线建设管理的重点任务：一是加强规划统筹，严格规划管理；二是开展地下空间资源的调查与评估，指定城市地下空间开发利用规划，组织编制地下管线综合规划，对城市地下管线实施统一规划管理。

当然，从当前经济社会发展的形式来看，加强城市管线的综合管理，有利于城市进一步发展，《意见》的意义主要体现在以下两个方面：

1）强化城市地下管线的建设，有利于城市发展和规划。对城市未来的发展和规模扩大以及城市居民生活质量的提高，都有着十分重要的意义。发展城市地下管线可以解决当前地下管线事故频发、安全隐患突出、应急防灾能力薄弱等问题，意义在于保障城市安全运行。

2）发展城市地下管线可以起到促进经济增长、化解产能过剩的问题。但关键在于提高城市综合承载能力，意义在于提升城镇化发展质量。

城市地下管线建设的指导思想要紧跟党的十八大和十八届二中、三中全会精神。其中，努力建设地下管线主要是适应中国特色新型城镇化需要，把加强城市地下管线建设管理作为履行政府职能的重要内容，统筹地下管线规划建设、管理维护、应急防灾等全过程，综合运用各项政策措施，提高创新能力，全面加强城市地下管线建设管理。

《关于加强城市地下管线建设管理的指导意见》（国办发〔2014〕27号）明确了目标任务。其中最重要的有三个目标任务：第一，在2015年年底前，完成城市地下管线普查，建立综合管理信息系统，编制完成地下管线综合规划；第二，力争在2020年之前，完成城市地下老旧管网改造，将管网漏失率控制在国家标准以内，显著降低管网事故率，避免重大事故发生；第三，在2020年前，建成较为完善的城市地下管线体系，使地下管线建设管理水平能够适应经济社会发展需要，大幅提升应急防灾能力。这三个目标是环环相扣、不断递进的，因此，国务院提出的三个目标要分别完成，从而进一步完善城市管线建设的总体要求。

另外，工业和信息化部通信发展司负责人在解读该文件时，也强调了加快通信管线改造要做好三个方面的工作：一是将通信管道、杆路等通信基础实施规划纳入城市总体规划和土地利用总体规划，实现与其他城市基础设施同步建设；二是实施市政拆迁、路网改造时，同步考虑通信管道改造和通信架空线路的入地改造问题；三是住宅建设单位、物业服务企业要积极支持光纤入户改造，为光纤入户改造提供便利条件，切实解决光纤入户改造的问题。

3.4.2 市场分析

综合管廊与传统埋设方式的管线相比，具有不少优点：

1）确保道路功能充分发挥。综合管廊的建设可以避免由于敷设和维修地下管线频繁挖掘道路而对交通和居民出行造成的影响和干扰，确保道路交通通畅。

2）有效利用城市地下空间。各类市政管线集约布置在综合管廊内，实现了管线的"立体式布置"，替代了传统的"平面错开式布置"，管线布置紧凑合理，减少了地下管线对道路以下及两侧的占用面积，节约了城市用地。

3）确保城市"生命线"的稳定安全，减少后期维护费用。综合管廊对于城市的作用就犹如动脉对人体的作用，是城市的生命线。生命线由综合管廊保护起来，不接触土壤和地下水，避免了土壤和地下水对管线的腐蚀，增强了其耐久性；同时，综合管廊内设有巡视、检修空间，维护管理人员可定期进入综合管廊进行巡视、检查、维修管理，确保各类管线的稳定、安全。

4）各种管线的敷设、增减、维修都可以直接在综合管廊内进行，大大减少路面多次翻修的费用和工程管线的维修费用。

5）改善城市环境。综合管廊的设置，能消除通信、电力等系统在城市上空布下的"蜘蛛网"及地面上竖立的电线杆、高压塔等，消除架空线与绿化的矛盾，减少路面、人行道上各种管线的检查井（室）等，有力地改善城市环境。

6）增强城市的防震抗灾能力。即使受到强烈台风、雨雪、地震等灾害，城市各种"生命线"设施由于设置在综合管廊内，因而可以避免过去由于电线杆折断、倾倒、电线折断而造成的二次灾害。发生火灾时，由于不存在架空电线，有利于灭火活动迅速进行，将灾害控制在最小范围内，从而有效增强城市的防灾抗灾能力。

综合管廊的建设是我国城市建设的拐点和转折点。根据《中国城市建设统计年鉴》，截至2011年年底，我国城市仅供水、排水、燃气、供热四类市政地下管线长度已超过148万km。如果按照综合管廊的设计模式，将这几种管道设计为一体，建设管线长度约为37万km，在不计算拆迁等成本的情况下，所需资金就将近4万亿元。

兴业证券报告指出，地下综合管廊廊体单位公里造价约为0.56亿～1.31亿元。地下综合管廊分为廊体和管线，廊体造价与断面面积和舱位数量有关，按照国家试行投资标准估算，断面面积$10 \sim 20m^2$、1舱位的廊体1公里造价约为0.56亿元；断面面积$35 \sim 45m^2$、4舱位的廊体1km造价约为1.31亿元。断面面积越大、舱位数量越多，造价越高。

根据兴业证券测算，廊体建造成本中，施工成本占一半，材料成本占比超过1/3。以断面面积$20 \sim 35m^2$、2舱的廊体为计算标准，1km施工成本约为0.40亿元，占比约为49.83%；1km材料费用约为0.28亿元，占比约为35.06%；其余为设备购置费与基本预备费。其中，基本预备费是指在投资估算阶段不可预见的工程费用。

但是，目前我国管线建设法律法规不完善、技术规范不健全、投融资和运营模式不明确等问题制约着管线建设的快速发展，也影响到企业的投资积极性。

当然，综合管廊的收益要站到更高的层次去看。住建部部长陈政高就此有明确的论述，归纳起来，综合管廊可充分利用地下空间、节约地面空间、盘活土地资产，可以囊括所有地下管道，统一、有规划地使用地下管线空间。

综合管廊一次性投资大，但总体可以节省投资。按照估算，国内地下管线1km的投资大约为1.2亿元，但已建成的管线，如广州大学城管线1km投资为3000万元，中间有很大的差距。按全寿命期考虑，如果把管线直埋的累计投资加起来，肯定超过1.2亿元/km的标准，造成的间接损失更是无法计算。

综合管廊按照1.2亿元/km投资，能使用几百年。法国巴黎的地下管线已经运转近200年了，运行还很好。总体考虑，综合管廊节省投资的优势显著。

综合管廊建设将拉动经济增长。假设每年能建8000km，按1.2亿元/km计算，就是约1

万亿元投资,再加上拉动的钢材、水泥、机械设备等方面的投资,以及大量的人力投入,拉动经济作用明显。

3.5 养老地产投资机会

在全球人口老龄化日趋严重的背景下,我国作为人口第一大国,养老问题成为一大社会难题。国家统计局数据显示,2014年年底,我国60周岁以上老年人口达2.12亿人,成为全球首个老年人口破2亿人的国家。预计到2030年,我国65周岁以上老年人将达2.8亿人,占比为20.2%。

此外,就目前我国养老特征来说,一方面,我国人口老龄化表现出高龄化、空巢化与失能化的特征。全国老龄工作委员办公室发布的第四次中国城乡老年人生活状况抽样调查成果显示,全国近二成老人为失能或半失能状态,空巢老人的比例高达51.3%。另一方面,实行计划生育以来,我国家庭规模不断缩小,"4—2—1"家庭结构已成为我国社会的主流家庭结构,传统的依靠子女养老的方式在这样的家庭结构中难以为继。所以,眼下我国社会的老龄化趋势和家庭养老功能的弱化注定住房将成为养老的基础需求,未来养老方式的转变必将依托于养老地产的突破与发展。

3.5.1 政策分析

养老问题是一个涉及社会稳定的民生问题。自2011年以来,国家对养老产业政策的支持力度加大,从构建养老服务体系、养老金融机制、养老保险制度、养老地产、医疗养老等多方面指导养老产业平稳有序发展。2011—2012年是养老产业社会化发展的启动年,《中国老龄事业发展"十二五"规划》(国发〔2011〕28号)、《社会养老服务体系建设规划(2011—2015年)》(国办发〔2011〕60号)、《关于鼓励和引导民间资本进入养老服务领域的实施意见》(民发〔2012〕129号)等重要文件的发布如投石入海,引起社会极大的关注。2013年国务院与民政部相继发布《关于加快发展养老服务业的若干意见》(国发〔2013〕35号)、《关于开展养老服务业综合改革试点工作的通知》(民办发〔2013〕23号)等文件,从服务规范管理入手,促进产业间合作,加快发展养老服务业。2014年发布《养老服务设施用地指导意见》《关于加快推进养老服务业人才培养的意见》(教职成〔2014〕5号),以规范养老用地为核心,全面启动人才培养。2015年发布《关于推进医疗卫生与养老服务相结合指导意见的通知》(国办发〔2015〕84号),以医养结合为重点,鼓励各类民间资本的参与。2016年国家发布多项指导性文件,如《关于中央财政支持开展居家和社区养老服务改革试点工作的通知》(民函〔2016〕200号)、《关于全面放开养老服务市场提升养老服务质量的若干意见》(国办发〔2016〕91号)、《"健康中国2030"规划纲要》等,将"健康中国"上升到国家战略,指导落实各项具体建设。

2017年以来,养老产业进入了发展的快车道。《"十三五"国家老龄事业发展和养老体系建设规划》(简称《规划》)落地,未来以居家为基础、社区为依托、机构为补充、医养相结合的多层次养老服务体系将更加完善。党的十九大报告定调了养老服务发展方向,其中明确提出:积极应对人口老龄化,构建养老、孝老、敬老政策体系和社会环境,推进医养结合,加快老龄事业和产业发展。

1.《"十三五"国家老龄事业发展和养老体系建设规划》（下称《规划》）

2017年2月28日,《国务院关于印发"十三五"国家老龄事业发展和养老体系建设规划的通知》（国发〔2017〕13号）中提到，制定《规划》的目的是积极开展应对人口老龄化行动，推动老龄事业全面协调可持续发展，健全养老体系。

《规划》首先指出，养老形势严峻。预计到2020年，全国60岁以上老年人口将增长到2.55亿人左右，占总人口比例提升到17.8%左右；高龄老年人口将增长到2900万人左右，独居和空巢老年人口将增长到1.18亿人左右，老年抚养比将提高到28%左右；用于老年人的社会保障支出将持续增长；农村实际居住人口老龄化程度可能进一步加深。

第二,《规划》对健全养老服务体系建设提出了明确的要求：夯实居家社区养老服务基础，推动养老机构提质增效，加强农村养老服务，以健康老龄化为发展目标。

第三,《规划》明确指出，通过推进医养结合，加强老年人健康促进和疾病预防，发展老年医疗与康复护理服务，加强老年体育健身，来健全健康支持体系。

此外,《规划》中特别强调养老产业的发展。《规划》专门强调，大力发展养老服务企业，鼓励连锁化经营、集团化发展，实施品牌战略，培育一批各具特色、管理规范、服务标准的龙头企业，加快形成产业链长、覆盖领域广、经济社会效益显著的养老服务产业集群；支持养老服务产业与健康、养生、旅游、文化、健身、休闲等产业融合发展，丰富养老服务产业新模式、新业态；鼓励金融、房地产、互联网等企业进入养老服务产业；利用信息技术提升健康养老服务质量和效率。

《规划》中也提出了相应的支持政策，在繁荣老年消费市场方面，丰富养老服务业态，大力发展养老服务企业，鼓励连锁化经营、集团化发展，培养龙头企业；同时，提出发展和繁荣老年用品市场。老年人对美好生活向往的一个重要内容就是老年宜居环境建设，在这一部分，一方面是设施无障碍建设和改造，另一方面是营造安全绿色便利生活环境。除了硬件环境建设，还提出了软件环境建设，即弘扬敬老养老助老的社会风尚。

2.《"十三五"健康老龄化规划》（下称《规划》）

国家卫生计生委等13部门联合发布《关于印发"十三五"健康老龄化规划的通知》（国卫家庭发〔2017〕12号）。该规划定义健康老龄化，即从生命全过程的角度，从生命早期开始，对所有影响健康的因素进行综合、系统的干预，营造有利于老年健康的社会支持和生活环境，以延长健康预期寿命，维护老年人的健康功能，提高老年人的健康水平。

该《规划》的目标是构建与国民经济和社会发展相适应的老年健康服务体系，持续提升老年人健康水平。围绕老年健康工作的重点难点与薄弱环节，将老年健康服务作为中心任务，优化老年健康与养老资源配置与布局，补齐短板，加快推进整合型老年健康服务体系建设。该《规划》明确提出了健康老龄化建设的九大任务，是健康老龄化的重要方向性、指导性文件。

3.《智慧健康养老产业发展行动计划（2017—2020）》

智慧健康养老产业发展对我国养老服务业的发展有着非常重要的意义，工业和信息化部、民政部、国家卫生计生委三部委发布了《智慧健康养老产业发展行动计划（2017—2020）》（工信部联电子〔2017〕25号），积极推进智慧健康养老应用试点示范的建设。《智慧健康养老产业发展行动计划（2017—2020）》提出我国智慧养老产业的发展目标，即到2020年，基本形成覆盖全生命周期的智慧健康养老产业体系，建立100个以上智慧健康养老应用示范基地，培育100家以上具有示范引领作用的行业领军企业，打造一批智慧健康养老服务品牌。健康管理、居家养老等智慧健康养老服务基本普及,智慧健康养老服务质量效率显著提升。智慧健康养老产业发展环境不断完善,制定 50 项智慧健康养老产品和服务标准,信息安全保障能力大幅提升。

智慧健康养老产业是有中国特色的养老服务,受益于我国"互联网+"和智慧健康养老技术的发展,智慧健康养老也将成为我国超越国际养老服务的重要突破方向,对我国健康养老产业发展有着非常积极的意义,不仅可以提高养老服务质量,同时能够有效降低养老服务成本,加快养老服务产业的发展。

4. 土地政策重大突破,住建部支持共有产权发展

2017 年出台了《全国土地规划纲要(2016—2030 年)》(国发〔2017〕3 号),但最有亮点的是共有产权的试点。首先,住建部印发《关于支持北京市、上海市开展共有产权住房试点的意见》(建保〔2017〕210 号),支持北京市、上海市深化发展共有产权住房试点工作,鼓励两市以制度创新为核心,结合本地实际,在共有产权住房建设模式、产权划分、使用管理、产权转让等方面进行大胆探索,力争形成可复制、可推广的试点经验。

住建部的政策支持,加上北京的试点,共有产权或许将成为养老产业降低行业成本、增加行业盈利机会的重要方式,让企业能够盈利,减轻企业的重资产投入,加快投资回收期。2017 年国家加大了这方面政策支持的力度,让养老行业真正看到了阳光。

在共有产权养老试点方面,2016 年 2 月,北京市民政局、北京市住建委联合印发《共有产权养老服务设施试点方案》(京民福发〔2016〕73 号),支持乐成老年事业投资有限公司利用朝阳区双桥地区的恭和家园养老设施建设用地,探索共有产权养老服务设施模式。

2017 年 12 月 12 日,北京市民政局、北京市规划国土委、北京市住建委联合召开新闻发布会,对共有产权养老新模式进行解读,并介绍了试点的阶段性成果。这是北京市首个共有产权养老设施的试点。

随着经济社会的高速发展,人们需要更高质量的养老服务,高质量、多层次的养老服务将是未来的发展方向。养老产业的发展将为社会提供高质量的养老服务,同时,服务体系的发展将有效降低养老服务的提供成本。此外,各地方政府也纷纷出台相应的养老规划,如与居家养老、智慧养老、健康养老、创新土地利用模式等相关的政策法规,加快养老产业化、多元化发展的步伐。

其次,养老企业紧跟国家战略方针,布局、产品等实现创新发展。2017 年,专业养老机构、房地产企业、险资等通过合作、并购等方式实现对养老地产市场的布局,产业链布局继续强化。通过紧跟国家战略规划,企业打造出符合自身特色的养老服务产品,实现产品差异化、多元化,共有产权养老住房破局,嵌入式养老项目加速推进。另外,养老 PPP 模式、产业基金等金融手段也助力养老地产继续向前发展。

未来,随着"十三五"国家老龄事业规划的落地实施以及深入发展,越来越多的政策将更聚焦于具体操作层面,政策的细化、针对性强等特点将更加明显。而随着智慧养老、健康养老、共有产权养老等模式的兴起及深化,未来养老地产将向着更加多元化的方向迈进。

3.5.2 市场分析

在社会老龄化的巨大压力下,养老地产成为"朝阳行业",未来市场潜力巨大。然而,养老地产的兴起毕竟才短短十几年,目前还处于初步形成阶段,尚未摸索出成型的盈利模式，其产品开发、运作运营模式等各有不同。因此，通过对养老地产模式的探讨和分析，能够更好地掌握市场变化，从而觉察市场商机。我国社会投资方也进行了诸多尝试，如北京太阳城开发大型复合养老社区；万科打造养老地产三条产品线：持续照料中心随园、城市全托中心怡园和社区嵌入中心嘉园；上海亲和源开发俱乐部模式的老年公寓等。

1. 养老地产主体多元化

老龄化社会催生的"银发经济"促使众多保险企业和房企纷纷掘金养老地产项目，通过跨界合作、资源共享的方式，创新养老地产运作模式。大量保险企业、房地产开发企业和外资企业纷纷举资布局我国养老地产。在前景日渐明朗的趋势下，行业资金规模将继续得到扩张，发展趋势乐观。

在养老产业布局上，房地产开发商为第一大参与主体，其拥有的不动产所有权、强大的资金后盾、丰富的开发运营经验、庞大的客群资源为最大的优势，能促进养老地产蓬勃发展。从房企的养老地产布局中可看出，基本以机构养老和社区养老为主，结合不同的创新模式和产品概念，贴近不同老年人的需求，打造复合型、生态型的综合养老服务项目（见表3-8）。

表3-8 房企投资的养老地产项目

房地产开发企业	养老地产项目
万科	自理型机构养老为主的CCRC（Continuing Care Retirement Community，持续照料退休社区）模式：随园嘉树（活跃长者公寓）、随园护理院（家庭式长者康复护理中心）、随园之家（社区居家养老服务中心），三者共同形成养老产业生态闭环 护理型机构养老为主：怡园光熙长者公寓 社区型养老（嵌入式养老服务中心）：上海智汇坊、万科幸福家
远洋	高端机构型养老：椿萱茂，失智照护特色
绿城	学院式社区养老：乌镇雅园 机构养老：颐养公寓
保利	复合型养老：保利·西塘越 机构型养老：和熹会 社区型养老：和熹会生活馆
绿地	社区型养老（嵌入式养老服务中心）：和佑万家居家养老服务中心 机构型养老：21城孝贤坊
复星	机构型养老：星堡中环养老社区 社区型养老：蜂邻健康服务中心 CCRC养老社区：宁波星健兰庭

例如，远洋集团的椿萱茂定位于高端养老，属于机构型养老的一种，面向全龄长者提供生活服务、生活照料服务（生活照料、康复训练、医疗护理）。该项目还与美国领先的失智照护运营商Meridian通力合作，推出最高级别的老年失智照护解决方案——"忆路同行"，为失智老人提供特别的照护服务。在国内养老机构普遍不具备接收失智长辈的能力时，椿萱茂老年公寓就已经具备了国际水准的失智照护专业能力。

复星集团也积极布局养老地产。复星首个养老项目——星堡中环养老社区，采用的是国内尚处试水阶段的持续照料退休社区模式，为老年人提供自理、介护、介助一体化的居住设施和服务。为更好地推进养老产业的发展，复星成立了全资子公司星健。星健依托复星集团地产、金融和医药这种"1+1+1"模式的核心优势资源，全方位探索养老产业模式的创新和运营能力的提升。

除了房地产开发商外，不少险资和养老服务机构也纷纷"试水"养老地产项目（表3-9）。有着丰富闲置资金、丰厚客户资源的保险企业也凭借自身优势与创新能力，推出与养老地产项目比较匹配保险项目，养老地产可以曲线突破"限购""限墅"等政策，因而成为险资聚集地。近年来，泰康人寿、中国人寿、中国平安、新华保险、合众人寿等多家险企纷纷拿地，进军养老地产。险资通过与房企开发商合作或自主开发养老地产项目，可以随之开发养老保险项目，拓宽投资渠道。

表3-9 险资投资的养老地产项目

保险企业	养老地产项目
泰康人寿	泰康之家养老社区
中国平安	养老养生综合体合悦·江南
合众人寿	合众优年养老社区
中国人寿	阳澄湖养老社区
太平人寿	"梧桐之家"颐养社区

而养老服务机构的加入，则赋予了养老地产更为专业的元素，通过优质的服务、专业的技术以及团队的组建，逐渐成为养老产业中不可或缺的一部分，并担当起了养老地产服务配套商的角色。

2. 我国养老地产布局

养老地产产品的类型可以简单地划分为复合型、机构型、社区型养老、特色主题养老，而从布局及业态规划的产品属性上划分，则可以再细分成各种不同的产品。养老项目类型还包括全龄社区、嵌入式服务中心、老年公寓、医养结合型养老、教养结合型养老、旅游养老等。以上养老地产项目是养老布局的不同形态，在养老地产开发中还存在将以上几种形态结合，打造多功能的产品项目。其中综合型社区基本囊括了养老服务的所有业态，是配备齐全的生活社区，而这也是现今众多房地产开发商及险资布局的方向，旨在营造一个养老生态闭环。

3. 我国养老地产的运作与盈利模式

（1）长期持有型

长期持有型养老地产是指项目的产权仍在经营者手里，出售使用权给消费者。其优势在于投资者能够保障项目的管理效果和服务水平，在长期的持有中，根据市场反应调整运营策略，积累项目口碑和知名度，投资者也能获得持续稳定的回报。其劣势在于投资回报周期长，前期资金投入压力大。长期持有型养老地产目前常见盈利模式有三种：押金制、会员制和保单捆绑制。

1）押金制。押金制是指老年人先缴纳一笔押金，然后每月支付租金，押金最后返还。但这种模式会导致前期资金回笼少，容易面临资金链断裂的危险，因此需要保证前期有足够的现金。北京市首个"医养结合"试点养老机构——双井恭和苑正是采用的这种模式。恭和苑是北京率先推出"喘息服务"的养老院，服务针对自理、失能、失智老人。老人在入住前需缴纳5万元押金，离院则无偿退回，同时也为老人长期购买服务提供优惠，如一次性缴纳几年则可获得优惠折扣。

2) 会员制。会员制一般是前期缴纳高额会费，这部分收入可以回收一部分的房屋建设成本；然后根据所住房型每年缴纳管理费，这部分则成为养老产业的主要收入。这种采取会员制的管理模式，可以出售长、短租会员卡，对自理、半自理、非自理的客户提供针对性、个别化的服务，并收取租金。其盈利以房屋出租收益为主，配套产品经营收益为辅。上海亲和源正是典型会员制高端养老社区，收费包括会费与年费，会员缴纳一次性的入会费和每年的年费就可以入住老年公寓，享受各种设施和服务。老年公寓会员卡分两种：A卡可继承、可转让，有效期与房屋土地的使用年限相同，本质上就是公寓销售；B卡不可继承、不可转让，具有有效期限，如老人离院时期限未满，剩余年份的费用退还给家属，超过有效期限的，超过的部分免费，本质上就是公寓出租。由于该项目的大多数会员持有的是B卡，这种以出租为主的运营模式投入高、回收周期长，给该项目的现金流带来很大压力，还需要出售其他项目和部分公寓产权来获得资金回流。

3) 保单捆绑制。保单捆绑制是指入住的养老项目与寿险公司的保单挂钩，投保者在购买保险计划的同时获得入住养老社区的权利。泰康人寿、太平人寿、合众人寿等都是将保险产品挂钩养老社区。如泰康人寿的"泰康之家"养老社区，与其绑定的是一款高端养老年金产品，缴纳高额的保金后，老人在享有保险利益的同时，还可以享受"泰康之家"养老社区的入住资格。保险合同产生的利益可用来支付社区每月的房屋租金和居家费用。

（2）销售型

销售型养老地产，相对于普通住宅增加了一些适老化设计，或者在社区增加了嵌入式的养老服务中心，然后通过销售物业来回笼资金，且没有后续管理问题。国内养老地产正处于初期发展阶段，盈利模式尚在探索，政策配套尚待完善，因此，通过销售型养老地产运作模式，既能给房地产开发商一个"试水"养老产业的机会，又能降低因投资回报周期过长而带来的资金风险。例如，绿城乌镇雅园、平安和悦·江南、天地健康城等都是此类项目。

首创学院式养老的绿城乌镇雅园项目，有养生养老、健康医疗和休闲度假等主题，并通过整合资源打造一站式养生养老产业链，使产品进入细分化的错位经营领域。乌镇雅园前期采用出售的形式，后期发现为了提供更好的养老服务，出租是更适合的运营方式，逐渐演变成租售并举的方式。

（3）租售结合型

租售结合型养老地产通常包括住宅和老年公寓两部分：住宅包括普通公寓和别墅用来销售，是回收资金的主力，并对持有型物业形成支持；而老年公寓则嵌入普通社区用于出租。项目社区内通常都配备专门的养老设施，如护理中心、照料中心以及老年娱乐生活设施等。例如，万科幸福汇老年公寓就是采用租售并举的方式，分为两种业态：一是利用商业配套设施建设的"活跃长者之家"，万科作为产权持有者，由上海亲和源负责经营管理，主要用于出租；二是配建于住宅部分的"活跃长者住宅"，直接面向市场销售。这种模式能够降低资金风险，并能进行更为灵活的管理。

4. 养老地产的前景展望

（1）金融工具优化使用，促进养老资本多样化

尽管养老产业市场前景乐观，吸引了各路资本蜂拥而上，但是，需要注意的是，养老产业才刚起步，市场接受度尚需继续提升，养老群体的多样需求仍需发掘，产品的创新开发仍需完善，盈利模式仍未清晰。据有关统计，全球养老产业一般利润也就在10%左右，国内

不少养老企业更是难以达到收支平衡。因此，在进军养老市场的路上，企业应当优化使用金融工具，扩宽投融资渠道，如加强政府创投引导基金或养老产业基金、房地产信托投资基金、养老债券、PPP等，促进养老产业资本多样化。

（2）创新养老产品，促进开发运营面向连锁化、微型化、精细化

养老地产将逐渐进入理性、有序的发展，以万科、远洋、保利、绿城、泰康等先发企业为代表的养老地产将慢慢走向连锁化运营阶段。例如，保利和熹健康生活馆与保利和熹会一起打造成保利养老产业全国布局的连锁品牌，并逐步全面在所有保利社区里推进。

同时，在互联网时代，养老地产的发展也必将搭乘高科技的快车，充分发挥创新思维，打通线上线下渠道，打造O2O物业服务体系，实现"互联网＋"养老地产。

另外，未来产品将更加贴近服务群体的个性化需求，向微型化、精细化发展，精准的定位和产品策略将成为立足于养老市场的主要竞争力。

（3）消费场景延伸，打造全面养老产业链

养老产业除了聚焦于老年人的生活场景，同时还可以延伸至衣食住行、护理、休闲娱乐等各个消费场景，打造全面养老产业链。以养老服务为纽带，上下游延伸、横向拓展，就是一条产业链。在发展养老地产的同时，可以撬动产业链上的其他板块，实现资源的整合和互补，打造全生态的产业服务链。

3.6 绿色建筑、装配式建筑项目投资机会

3.6.1 政策分析

1. 绿色建筑

自2013年国务院1号文发布《绿色建筑行动方案》（国办发〔2013〕1号）以来，我国中央政府及省市地方政府陆续出台了关于绿色建筑的各种财政政策、激励政策和法律法规文件，各个省级地方政府基本明确了将绿色建筑指标和标准作为约束性条件纳入总体规划、控制性详细规划、修建性详细规划和专项规划，并落实到具体项目，在国有土地使用权依法出让转让时，要求规划部门提出绿色建筑比例等相关绿色发展指标和明确执行的绿色建筑标准要求。

随着住建部《建筑节能与绿色建筑发展"十三五"规划》（建科〔2017〕53号）与各地绿色建筑激励政策文件的相继提出，我国已逐步形成了促进绿色建筑发展的政策体系，确保绿色建筑在我国的快速发展。各省市的绿色建筑激励政策主要包括土地转让、土地规划、财政补贴、税收、信贷、容积率、城市配套费、审批、评奖、企业资质、科研、消费引导及其他政策等13项具体措施。

（1）土地转让和土地规划

调研的25个省份（直辖市）中，分别约有41.9%和25.8%提出了在土地招拍出让规划阶段将绿色建筑作为前置条件，明确绿色建筑比例。这一前置性的规定具有法律约束效应，是政府规划部门项目考虑的依据。这种激励有强制性约束的特征，处于不同绿色建筑发展阶段、不同经济条件、不同建筑气候区和资源禀赋的地区，需要因地制宜。

（2）财政补贴

主要基于星级标准、建筑面积、项目类型和项目上限等组合方式予以设计政策。有9个省份

（直辖市）明确了对星级绿色建筑的财政补贴额度，资助范围从 10 元/m² 到 60 元/m² 不等。

北京市、上海市和广东省从二星级开始资助，有利于引导当地绿色建筑的星级结构布局；江苏省和福建省对一星级绿色建筑的激励提出了明确的奖励标准，但关于二星和三星的奖励标准尚未发布；陕西省出台了阶梯式量化财政补贴政策，奖励为 10~20 元/m² 不等。

针对单个绿色建筑项目，部分省市规定了资助额或上限，从 5 万~600 万元不等。其中东部沿海地区的上海市，针对保障性住房，将补贴上限提高到 1000 万元。有利于绿色建筑规模化申报和绿色建筑发展向保障性住房倾斜。

(3) 信贷

安徽省提出改进和完善对绿色建筑的金融服务，金融机构对绿色建筑的消费贷款利率可下浮 0.5%、开发贷款利率可下浮 1%，消费和开发贷款分别针对消费者和房地产开发企业。制定并执行有利于绿色建筑信贷业务规模化发展的贷款利率优惠，将激发企业和消费者选择建设和购买绿色建筑的意愿。

(4) 容积率

容积率是规划建设部门有效控制建筑密度的约束性手段，是调节地块居住舒适度的重要指标。适当提高容积率，有利于开发商获取更大的商业价值。调研的 25 个省份（直辖市）在容积率激励方面的量化政策主要包括：一是基于星级给予不超过 3% 的容积率奖励（福建省和贵州省）；二是对采用绿色建筑技术而造成的建筑面积增加不纳入建筑容积率计算（山西省）。对于规划建设部门，容积率奖励是最直接、可操作的方法。在沿海地区，提高容积率能够极大激发开发商的规划建设意愿；在东北地区、黄河中游和长江中游等地区，实施容积率奖励有利于适当平衡开发商的收益；而将采用绿色建筑技术而增加的建筑面积不纳入计算范围，则适合在全国范围内推广。

(5) 城市配套费（城市基础设施配套费）

按城市总体规划要求，为筹集城市市政公用基础设施建设资金所收取的费用，按建设项目的建筑面积计算，其专项用于城市基础设施和城市共用设施建设。

基于绿色建筑等级实施城市配套费减免或返还：内蒙古自治区管辖的城市兴建绿色建筑可以减免 15~30 元/m²，最高可达到 80 元/m²；青海省则可以返还 18~42 元/m²；海南省二星级以上绿色建筑可以返还 30~88 元/m²。如果在发达地区在市政经济允许的情况下（如北京市、天津市和西安市等城市中心城区或城市近郊的城市配套费分别在 160~200 元/m²、290~320 元/m² 和 150 元/m²），设置合理的城市配套费减免或返还政策激励机制，将可以有效消纳绿色建筑的增量成本。

(6) 绿色建筑项目审批

福建省、内蒙古自治区、湖北省、湖南省、青海省和宁夏回族自治区等明确提出建立审批绿色通道。该激励政策对于鼓励企业参与绿色建筑实施、监督工程管理、有效评估效果和开展财税、信贷等其他激励具有良好的作用。该激励政策不会对公共财政造成压力，不受地区经济约束条件的影响，对推进全国范围内不同规模城市中绿色建筑项目评价具有中枢价值，因此应考虑在全国范围内推广实施。

(7) 企业资质

北京市、湖北省、湖南省、内蒙古自治区和吉林省等提出对实施绿色建筑成效显著的企业，在企业资质年检、资质升级换证、项目招标投标中给予免检、优先和加分等奖励。

(8) 绿色建筑科研

仅 13.3% 的省份考虑在该方面展开部署。湖南省在科技支撑计划中,加大对绿色建筑及绿色低碳宜居社区领域的支持力度;安徽省计划设定绿色建筑科技专项;广东省提出对绿色建筑技术研究和评价标识制度建设等工作给予适当补助;其他省份,如宁夏回族自治区提出了加强对绿色建筑科技的支持。

(9) 消费引导

28.5% 的省份(直辖市)考虑通过消费激励促进消费者对绿色建筑的选择意向,但仅安徽省(金融机构对绿色建筑的消费贷款利率可下浮 0.5%)的政策有量化表征。当前市场上针对的消费贷款利率基本处于上浮(基本超过 10%)甚至停贷的局面,安徽省提出针对消费者的贷款利率下浮 0.5%,尽管幅度较低,但对于购房者是利好消息。

此外,在贯彻国家政策的同时,各省根据自身绿色建筑发展的阶段性特点,还提出了各具特色的其他激励政策。在其他激励政策中,立法、政府目标责任、绿色建筑设计取费规范、屋顶绿化、项目可行性研究阶段绿色建筑费用的计入与现有财政支持政策协同(如可再生能源建筑应用财政支持)等对指导处于不同绿色建筑发展阶段的省份均有相应的指导意义。

2. 装配式建筑

在绿色建筑相关鼓励政策出台的同时,装配式建筑也呈现出了良好的发展态势,国内关于装配式建筑推广的激励措施更是层出不穷。

2016 年,《中共中央国务院关于进一步加强城市规划建设管理工作的若干意见》(中发〔2016〕6 号)提出了"发展新型建造方式,大力推广装配式建筑"的建议。

2016 年 9 月,《关于大力发展装配式建筑的指导意见》(国办发〔2016〕71 号)提出力争用 10 年左右的时间,使装配式建筑占新建建筑面积的比例达到 30%。

2017 年,住建部《关于印发〈"十三五"装配式建筑行动方案〉〈装配式建筑示范城市管理办法〉〈装配式建筑产业基地管理办法〉的通知》(建科〔2017〕77 号),全面推进装配式建筑的发展。

在这些政策文件的指导推动下,各地也针对装配式建筑行业的发展出台了相应的激励措施,主要表现在以下六个方面(表 3-10 ~ 表 3-15):

(1) 土地方面政策

表 3-10 土地方面政策

政策特点	示例
将装配式建筑要求纳入土地出让条件	在保障性住房等政府投资项目中明确一定比例的项目采用住宅产业化现代化方式进行建设(河北省、浙江省)
	深圳市要求新出让住宅用地和政府投资建设的保障房中明确住宅产业化要求。积极引导城市更新项目采用产业化方式建造,在编制城市更新单元规划中落实住宅产业化项目
	青岛市对集中建设以划拨方式供地的政府投资建筑和以招拍挂方式供地的建设项目,在建设条件意见书中明确提出是否实施产业化意见,并明确预制装配率、一次性装修面积比例等内容,将建设条件意见书纳入土地招拍挂文件,并在土地出让合同中明确约定
	沈阳市将采用现代化建筑产业化装配式建筑技术实施建设作为土地出让条件,并在土地出让合同中和其他规范性文件中注明
	济南市对以招拍挂方式供地的建设项目,每年年底提出下一年度建筑产业化技术要求,并将该技术要求列入土地出让文件和土地出让合同

(续)

政策特点	示例
优先保障用地	河北省要求各地对主动采用住宅产业现代化方式建设项目预制装配率达到30%的商品住房项目优先保障用地;将住宅产业现代化园区和基地建设列入省战略性新兴产业,优先安排建设用地
	青岛市按高新技术项目确定建筑产业化生产企业项目用地;在使用年度建设用地指标时予以政策支持
	长沙市支持国家住宅产业基地、住宅产业化园区等建设,并按工业用地政策予以保障
对享受土地政策后未达到规定要求的企业进行惩罚	宁夏回族自治区要求开发商在产业化工程建设过程中及时上报相关材料接受监督,达不到规定要求的,要缴纳一定比例的违约金,两年内不得参与土地竞买

（2）规划方面政策

表3-11 规划方面政策

政策特点	示例
外墙预制部分不计入建筑面积	河北省对主动采用住宅产业化建设方式且预制建筑率达到30%的商品住房项目,其外墙预制部分可不计入建筑面积,但不超过该栋住宅地上建筑面积的3%
	沈阳市对开发建设单位主动采用装配式建筑技术建设的房地产项目,其对外墙预制部分建筑面积可不计入成交地块的容积率核算,但不超过规划总建筑面积的3%
	长沙市对使用预制夹心保温外墙或预制外墙技术的两型住宅产业化项目,其预制夹心保温外墙或预制外墙不计入建筑面积
	济南市对符合当年建筑产业化技术要求的项目预制外墙计入建设工程规划许可建筑面积,该建筑面积不超过该栋住宅地上建筑面积3%的部分可不纳入地上容积率核算
给予差异化容积率奖励	北京市对于产业化方式建造的商品房项目,奖励一定数量的建筑面积,不超过实施产业化的单体面积规划之和的3%
	宁夏回族自治区对产业化部分面积占到项目建筑面积10%以上的,容积率可以提高1%;占到项目建筑面积50%以上的,容积率可以提高2%;占到100%的,容积率可以提高3%
	深圳市对建设单位在自有土地资源采用产业化方式建造的,奖励的建筑面积为采用产业化方式建造的规定住宅建筑面积的3%,功能仍为住宅
	青岛市对达到装配式建筑中装配率认定标准的项目,在尚未批复建设工程设计方案的前提下,给予不超过实施产业化的各单体规划建筑面积之和3%的建筑面积奖励

（3）财政方面政策

表3-12 财政方面政策

政策特点	示例
利用原有专项资金政策,扩大使用范围	江苏省扩展升级建筑节能专项引导资金支持范围,对省级建筑产业现代化示范城市中省辖市补助不超过5000万元/个,县（市、区）不超过3000万元/个;示范基地补助不超过100万元/个,示范项目补助不超过250万元/个
	长春市对引进国外先进住宅产业化设备、技术的产业化项目,在项目开工或者设备、技术投入运行以后,从市收缴墙体材料专项基金余额中给予一定的补贴、大额贴息
	长沙市对获得国家绿建二星（含2A住宅性能认定）、三星（含3A住宅性能认定）标识的两型住宅产业化项目按照财政部文件规定给予奖励

(续)

政策特点	示 例
资金支持相关性研究工作	河北省提出对参与编制省级及以上产业化标准的企业和高校予以资金支持。对取得发明专利的研发成果，2年内在省内转化的，按技术合同成交额对专利发明者给予适当奖励
	济南市支持企业研发生产具有环保节能等性能的新型建筑部品材料和新型结构墙体材料，以后补助方式给予支持
给予企业租金补贴等补助	河北省要求各地对主动采用住宅产业现代化方式建设项目预制装配率达到30%的商品住房项目优先保障用地；将住宅产业现代化园区和基地建设列入省战略性新兴产业，优先安排建设用地
	青岛市按高新技术项目确定建筑产业化生产企业项目用地；在使用年度建设用地指标时予以政策支持
	长沙市支持国家住宅产业基地、住宅产业化园区等建设，并按工业用地政策予以保障
社保费、安全措施费、质量保证金等优惠政策	宁夏回族自治区要求开发商在产业化工程建设过程中及时上报相关材料接受监督，达不到规定要求的，要缴纳一定比例的违约金，两年内不得参与土地竞买

（4）税收方面政策

表3-13 税收方面政策

政策特点	示 例
纳入高新技术产业，享受高新技术产业政策以及相关财税优惠政策	济南市提出鼓励产业化企业申请高新技术企业认定，经省科技厅认定的高新技术企业，按照15%税率缴纳企业所得税
	对生产使用有利于资源节约、绿色环保和产业化发展的"四新"技术的企业给予所得税的适当减免（宁夏回族自治区、陕西省）
部品部件生产和施工环节分别核算税收	长沙市对企业在产业化项目建设中同时提供建筑安装和部品部件销售业务的，分开核算给予政策优惠
纳入西部大开发税收优惠范围	重庆市对建筑产业化部品部件仓储、加工、配送一体化服务企业，符合西部大开发税收优惠政策的，依法按减15%税率缴纳企业所得税

（5）金融方面政策

表3-14 金融方面政策

政策特点	示 例
优先放贷	宁夏回族自治区金融部门对符合住宅产业化发展政策的开发建设项目实行优先优惠放贷
贷款贴息	济南市通过采取贷款贴息、财政补贴等扶持方式，加快住宅产业化项目示范和推广
对消费者增加贷款额度和贷款期限	河北省对购买住宅产业化项目或全装修住房且属于首套普通商品住房的家庭，按照差别化住房信贷政策积极给予支持

（6）建设环节政策

表3-15 建设环节政策

政策特点	示 例
优先返还或缓交墙改基金、散装水泥基金	沈阳市提出采用装配式建筑技术的开发建设项目，缓交墙改基金、散装水泥基金
投标政策倾斜	重庆市对保障性住房和预制装配率达到15%的城市道桥、轨道交通等市政基础设施工程建筑产业现代化试点项目，可以采用邀请招标方式进行招标

(续)

政策特点	示例
提前办理房地产预售许可证	深圳市提出施工进度达到七层以下（含本层）的已封顶、七层以上的已完成地面以上1/3层数的，可提前办理房地产预售许可证
开辟绿色通道	长沙市提出两型住宅产业化项目可参照重点工程报建流程纳入行政审批绿色通道
构配件管理相关支持政策	重庆市提出混凝土构件在材料管理、生产管理、工厂监造、备案管理等方面有可查实的质量控制文件和质量证明文件的，可免除结构构件性能进场检测
鼓励科技创新与评奖评优	济南市鼓励企业科技创新，加快建设工程预制和装配式技术研究，并优先列入市城乡建设委科技项目专项计划，优先给予成果奖励，优先推举上报更高层次科技计划和奖励
为构配件运输提供交通支持	河北省提出各级公安和交通运输部门在职能范围内，对运输超大、超宽部品部件（预制混凝土及钢结构等）运载车辆，在运输、交通等方面给予支持

3.6.2 市场分析

在相关激励政策的引导和推动下，我国的绿色建筑和装配式建筑呈现出良好的发展格局，市场前景颇为乐观。

1. 绿色建筑

（1）绿色建筑市场状况

2018年1月18日，国家统计局公布了2017年全国经济运行情况。经初步核算，2017年全国建筑行业总产值为213954亿元，同比增长10.5%，占GDP比例为25.9%。纵然目前宏观经济增速下滑，市场对建筑行业的判断或增长或下滑，但建筑行业仍然是一个"巨无霸"行业，"十三五"期间建筑行业90万亿元级别的产值不会变。在这样的大前提下，结合"十三五"规划提出城镇化率60%的目标和住建部《关于加快推动我国绿色建筑发展的实施意见》（财建〔2012〕167号）提出到2020年绿色建筑占比30%的目标，绿色建筑是巨大确定量中的确定增量。就建筑与工程行业而言，预计到2020年，绿色建筑年市场规模将达到2500亿元，我国绿色建筑市场将呈现四大发展趋势：

1）从经济发达地区向全国扩散。目前国内所有的绿色建筑项目中，有超过80%位于GDP排名前十的省份和京、沪、津、渝四个直辖市。从长期来看，随着我国工业化和城市化的重心逐步由沿海发达省市向中西部和东北地区转移，绿色建筑的扩散趋势也将大体同步。

2）从新建建筑启动，逐步覆盖既有建筑。目前在我国400亿 m^2 的存量建筑中，99%并未拥有绿色建筑认证，且这一规模还在以每年10亿 m^2 以上的速度增长。随着《既有建筑改造绿色评价标准》（GB/T 51141—2015）的获批，既有建筑的绿色改造也将逐步被纳入政府的视野中。

3）从"绿色营销"走向全寿命期的绿色建筑。之前企业在参与绿色建筑投资时更多地出于政府推力和项目营销的考虑，而非由真正的绿色环保理念所驱动。随着国内绿色建筑理念和认知的进一步成熟，有形无实的"绿色营销"有望逐渐向全寿命期的绿色建筑设计、开发和运营转变。

4）从住宅向商业地产扩散。2011年以来，商业类（包括写字楼、商铺）绿色建筑面积的增速高于住宅，其占比从2011年的20%提升到目前的近30%，存量更是增长近4倍。这显然与近年来国内商业地产的开发热潮和政府的绿色建筑政策力度提升有关，同时也在一定层面反映出在商业地产项目同质化竞争愈演愈烈的局面下，绿色建筑已经成为众多发展商提升项目品质和形象的必要的差异化手段之一。

（2）绿色建筑行业投资机会分析

1）据《2016全球绿色建筑趋势报告》统计数据显示，未来绿色建筑的三个主要投资领域分别为新建商业楼宇（如写字楼、商场、酒店等）、新建高层住宅（四层及以上）以及综合社区项目。

2）政府投资办公建筑、学校、医院、文化等公益性公共建筑、保障性住房要率先执行绿色建筑标准，鼓励有条件地区全面执行绿色建筑标准。

3）我国既有建筑面积达500多亿m^2，由于建造标准和年代不同，这些既有建筑的环境性和节能性普遍较低。绝大部分的非绿色既有建筑都存在资源消耗水平偏高、环境负面影响偏大、工作生活环境亟待改善、使用功能有待提升等方面的问题。拆除使用年限较短的非绿色存量建筑，不仅是对资源和能源的极大浪费，而且还会造成环境的二次污染和破坏。因此，在综合检测和评定的基础上对既有建筑进行绿色化改造是解决我国存量耗能建筑的最好途径之一，该领域市场空间广阔。

2. 装配式建筑

（1）建筑工业化的驱动

1）目前我国正处于新型工业化、新型城镇化加速发展阶段。在我国经济新常态背景下，建筑工业化是我国建筑产业转型升级的必然趋势，也是实现住宅产业现代化的重要核心，二者是一个过程与整体的关系。建筑工业化的发展已经从广范围了解、学习与关注，进阶到了项目试点到整体推进之间的转化，行业发展正式迈入稳步上升阶段。对于一直困扰建筑工业化发展的四大瓶颈：增量成本问题、技术标准问题、产业配套问题与专业人才短缺问题，伴随着近年政府的关注及相关产业政策的出台，逐渐得以解决和完善。

2）建筑工业化的发展主要由经济发达的东部沿海地区逐渐向中西部地区辐射。在东部沿海经济发达地区，工程建设规模大，产业基础较好，具有规模集聚优势，社会效益、经济效益、环境效益正日益凸显。由于中西部地区经济发展缓慢，又缺乏规模效应，在国家一系列政策，如"一带一路""长江经济带"等机遇的带动下，中西部地区将逐步导入建筑工业化，但需要因地制宜地利用当地资源条件，不断提高建筑工业化发展水平。

从区位条件上看，我国东部沿海地区发展较快，已具规模，迄今为止全国范围内所建PC工厂（预制混凝土工厂）已达60余家，主要分布在山东、辽宁、湖南、河北、安徽、江苏、浙江等地。山东为目前我国PC工厂分布最多的省份，其次为以北京为中心的京津冀地区，以沈阳、大连、长春为中心的东北工业区也是我国建筑工业化发展较快的地区。

其他城市也已逐步迈向建筑工业化的征程。目前，全社会已基本上达成了推进建筑工业化发展的共识。数据显示，2013年国家住宅产业化基地仅30余家，截至2018年年初已突破60家，全社会对建筑工业化已不再陌生与等待。

（2）装配式建筑市场状况

作为推动建筑工业化发展的先行军，装配式建筑表现出良好的市场态势。据统计，截至2017年年底，住建部共认定了30个城市和195家企业为第一批装配式建筑示范城市和产业基地。示范城市分布在东、中、西部，装配式建筑发展各具特色；产业基地涉及27个省（自治区、直辖市）和部分央企，产业类型涵盖设计、生产、施工、装备制造、运行维护等全产业链。在试点示范的引领带动下，装配式建筑已逐步形成了全面推进的发展格局。

各地装配式建筑项目的不断落地，促进了新建装配式建筑规模的不断壮大。据统计，2015年全国新建装配式建筑面积约为7260万 m^2，占城镇新建建筑面积的比例为2.7%；2016年全国新建装配式建筑面积约为1.14亿 m^2，占城镇新建建筑面积的比例为4.9%，比2015年同比增长57%。按照《"十三五"装配式建筑行动方案》对"2020年装配式建筑占新建建筑面积比例达15%以上"的要求测算，2020年装配式建筑面积有望超过80000万 m^2，以2500元/m^2测算，市场规模将超过20000亿元。另外，按照政策的普遍要求，未来10年内装配式建筑将占新建建筑面积的30%。新增房地产需求较多的地区也是装配式建筑推进力度较大的地区，预测新增住宅面积每年提高3%，以10年为周期，以现有的装配式建筑平均价格计算，2025年市场规模将达到47000亿元。

（3）装配式建筑行业投资机会分析

装配式建筑规模的扩大直接带动了设计、施工、部品部件生产、装配化装修、设备制造、运输物流及相关配套等全产业链的发展。一些地方政府积极引进装配式建筑龙头企业，在提升本地装配式建筑发展水平的同时，也带来了产业链上的巨大投资机会。

1) 经济发展新常态下，随着农业转移人口市民化成本分担机制、多元化可持续城镇化投融资机制以及农村宅基地制度等方面改革取得突破，新型城镇化将开启前所未有的消费空间、投资空间和创新空间。我国自2001年以来，城镇化每提高1个百分点，就会拉动投资增长3.7个百分点。未来5年，我国将新增城镇人口8000万左右，按农民工市民化人均10万元的固定资产投资计算，将直接带动8万亿元的投资需求。装配式建筑由于其自身特点，将会在新型城镇化建设中"大显身手"。

2) 由于保障性住房主要由政府进行投资，并且是政府示范工程，又易于标准化，所以装配式建筑将会在保障性住房上得到广泛应用。根据"十三五"规划提出的保障房覆盖率及城镇化率目标，并结合10年内达到30%的装配式建筑目标，装配式住宅建造成本取2000元/m^2，预计"十三五"期间装配式保障性住房投资将超1200亿元。

3) 随着装配式建筑的推广应用，配套的技术标准和政策法规将不断发展并日趋完善，装配式建筑在新建建筑中的比例也将日益提高。由此而引起的装配式建筑产业基地项目也将与日俱增，并呈现区域性扩张局面。装配式建筑产业基地服务半径大约为300km，应该优先选择城市密集地区、产业发达地区、人口集中地区以及交通便利地区，同时建议在一些人口密集的省会城市周边，配套规模小、投资少、成本低的装配式基地，以满足城乡接合部及农村低层建筑的需要。

4) 住建部印发的装配式建筑三大标准：《装配式木结构建筑技术标准》（GB/T 51233—2016）、《装配式钢结构建筑技术标准》（GB/T 51232—2016）、《装配式混凝土建筑技术标准》（GB/T 51231—2016），于2017年6月1日开始实施，与雄安新区建设时间高度吻合。雄安新区建设绿色智慧新城的目标，无疑将利好装配式建筑的发展，随着《京津冀协同发展规划纲要》的深化实施，河北省装配式建筑将迎来巨大的市场需求。

3.7 核电、机场建设项目投资机会

3.7.1 政策分析

1. 核电项目政策分析

2000 年以来，我国核电政策经历了从适度发展到积极推进，再到安全高效发展的过程。2001 年，在《中华人民共和国国民经济和社会发展第十个五年计划纲要》中提出"积极发展水电、坑口大机组火电，压缩小火电，适度发展核电"。2006 年，在《中华人民共和国国民经济和社会发展第十一个五年规划纲要》中提出"积极推进核电建设"。2007 年 6 月，在《中国应对气候变化国家方案》中，明确提出"积极推进核电建设，把核能作为国家能源战略的重要组成部分，逐步提高核电在中国一次能源消费中的比重"；随后将"积极推进核电建设"写入我国第一个《核电中长期发展规划（2005—2020 年）》中，掀起了核电建设的热潮。2011 年，受日本福岛核事故影响，我国对运行和在建核电机组进行了安全大检查，编制了《核电安全规划（2011—2020 年）》，调整和完善了《核电中长期发展规划（2011—2020 年）》。2013 年，在《能源发展"十二五"规划》（国发〔2013〕2 号）中，提出"安全高效发展核电"。

2014 年以来，重启核电项目成为热点议题。2014 年 1 月，在全国能源工作会议上提出"适时启动核电重点项目审批，稳步推进沿海地区核电建设，做好内陆地区核电厂址保护"。2016 年和 2017 年的能源指导工作意见中，依旧贯彻"安全发展核电"的基本方针。2018 年 3 月 7 日，国家能源局发布《2018 年能源工作指导意见》（国能发规划〔2018〕22 号），明确指出"在充分论证评估的基础上，开工建设一批沿海地区先进三代压水堆核电项目"。可见随着国内三代压水堆核电技术（AP1000、华龙一号、EPR 等）日趋成熟，政策对于发展新的沿海三代核电项目态度越发积极。另外，政策强调加强核电消纳，首次提及促进核电多发满发，有利于在运核电机组提升盈利能力，也进一步确定了核电的重要战略地位。2016—2018 年能源工作意见对比如表 3-16 所示。

表 3-16 2016—2018 年能源指导工作意见对比

年份	能源指导工作意见
2016	安全发展核电。继续推进 AP1000 依托项目建设，抓紧开工大型先进压水堆 CAP1400 示范工程，适时启动后续沿海 AP1000 新项目建设。积极推进小堆示范工程，协调各方力量，确保高温气冷堆、华龙一号等示范工程顺利建设。保护和论证一批条件优越的核电厂址，稳妥推进项目前期工作。加强核电安全质量管理，确保在运在建机组安全可控
2017	安全发展核电。积极推进具备条件的核电项目建设，按程序组织核准开工。有序启动后续沿海核电项目核准和建设准备，推动核电厂址保护和论证工作。继续实施核电科技重大专项，推进高温气冷堆示范工程建设。稳妥推动小型堆示范项目前期工作，积极探索核能综合利用
2018	落实"核电安全管理提升年"专项行动要求，进一步提升核电安全管理水平，确保在运核电机组安全稳定运行，在建核电工程安全质量可控。在充分论证评估的基础上，开工建设一批沿海地区先进三代压水堆核电项目。进一步完善核电项目开发管理制度，做好核电厂址资源保护工作。继续推动解决部分地区核电限发问题，促进核电多发满发。继续实施核电科技重大专项，建设核电技术装备试验平台共享体系，加快推进小型堆重大专项立项工作，积极推动核能综合利用

2. 机场项目政策分析

"十二五"以来,我国民航发展质量稳步提升。2012年,国务院出台《关于促进民航业发展的若干意见》(国发〔2012〕24号),明确民航的重要战略产业地位,航空运输在综合交通运输体系中的地位不断提升。2016年10月,中国民用航空局印发《关于鼓励社会资本投资建设运营民用机场的意见》(民航发〔2016〕117号),表示全面放开民用机场建设和运营市场,创新民用机场建设和运营投融资方式,加大对政府和社会资本合作的政策支持,以提升机场服务质量和效率,促进民航行业安全、高效发展。2017年2月15日,中国民用航空局、国家发展和改革委员会以及交通运输部联合发布了《中国民用航空发展第十三个五年规划》(民航发〔2016〕138号)。规划指出,到2020年,基本建成安全、便捷、高效、绿色的现代民用航空系统,满足国家全面建成小康社会的需要,并将"安全水平保持领先、战略作用持续增强、保障能力全面提升、服务品质明显改善、通用航空蓬勃发展、绿色发展深入推进"作为六大主要目标。"十三五"期间民航发展主要预期指标如表3-17所示。

表3-17 "十三五"期间民航发展主要预期指标

类别	指标	2015年	2020年	年均增长(%)
产业规模	航空运输总周转量(亿t·km)	852	1420	10.8
	旅客运输量(亿人)	4.4	7.2	10.4
	货邮运输量(万t)	629	850	6.2
	通用航空飞行量(万h)	77.8	200	20.8
	旅客周转量在综合交通中的比重(%)	24.2	28	—
发展质量	运输飞机百万小时重大及以上事故率	[0.00]	<[0.15]	—
	航班正常率	67%	80%	—
	平均延误时间(min)	23	20	—
	中国承运人占国际市场份额(%)	49	>52	—
保障能力	保障起降架次(万次)	857	1300	8.7
	民用运输机场(个)	207*	260	
	运输机场直线100km半径范围内覆盖地级市(%)	87.2	93.2	
绿色发展	吨公里燃油消耗/kg	[0.293]	[0.281]	
	吨公里二氧化碳排放/kg	[0.926]	[0.889]	

注:带[]的数据为5年累计数;*不含3个通勤机场。

2010年以来,我国连续推出了一系列政策来引导国内通用航空机场建设,以求推动通用航空的发展。2010年5月,民航局发布的《中国民用航空第十二个五年规划》(民航发〔2011〕43号)提出"加快通勤机场的建设和布局";2012年6月,《通用机场建设规范》(MH/T 5026—2012)确定了"通用机场的建设规模和运行设施";2016年5月,国务院办公厅印发的《关于促进通用航空业发展的指导意见》(国办发〔2016〕38号)中指出,"到2020年,建成500个以上通用机场,基本实现地级以上城市拥有通用机场或兼顾通用航空服务的运输机场,覆盖农产品主产区、主要林区、50%以上的5A级旅游景区"。

3.7.2 市场分析

1. 核电项目市场分析

近年来,我国核电产业不断坚持自主创新,产业规模与能力水平得到大幅提升。截至

2017年年底，我国在运核电机组达到37台，装机规模3581万kW，位列全球第四；发电量2474.69亿kW·h，占全国总发电量3.94%，位列全球第三；在建核电机组20台，总装机容量2287万kW，其中一半采用三代核电技术，在建规模继续保持世界第一。随着我国核电技术的不断成熟，核电产业也将迎来一个新的增长点。据《核电中长期发展规划（2011—2020年）》及《能源发展战略行动计划（2014—2020年）》（国办发〔2014〕31号）等公开文件明确，到2020年我国在运核电装机达到5800万kW，在建3000万kW，发电量占比从目前的2%提升至4%。"十三五"规划进一步明确，到2030年，我国核电装机规模达1.2亿~1.5亿kW，核电发电量占比提升至8%~10%。这说明在未来很长一段时间内，核电将是国家发展非化石能源发电的重要方向。

核电作为一种清洁能源，具有低碳环保、经济性高、稳定可靠、成本低、容量大等显著优势。此外，核电属于科技密集型高端产业和资本密集型行业，项目投资大、建设周期长、技术含量高、涉及产业多，包括上游铀矿产业、中游电站施工及设备制造业以及下游电站运营、电力销售业等，对国民经济发展具有很强的拉动作用。以我国自主知识产权三代核电技术"华龙一号"出口为例，单台机组需要8万余台套设备，200余家企业参与制造和建设，考虑到天然铀、核燃料、运维、退役等全产业链的贡献，单台机组全寿命周期直接带动约1000亿元。核电产业链还可以拉动装备制造、材料、化工、电子、土建、矿产等领域的发展，核能及应用产业的直接效益带动二次效益达1∶5。伴随着国家"一带一路"倡议的布局和实施，"中国核电走出去"已上升为国家战略。从国际核电市场需求看，共有72个国家已经或正在计划发展核电，其中在"一带一路"上的国家有41个，"一带一路"周边还有11个国家正在发展核电。考虑到天然铀、核燃料、运维、退役等全产业链的贡献，未来核电将成为继高铁之后引领我国装备制造业出口的又一面重要旗帜。

2. 机场项目市场分析

机场作为航空运输和城市的重要基础设施、是国家及区域综合交通运输体系的重要组成部分。经过几十年的建设和发展，我国机场体系初步形成了以北京、上海、广州等枢纽机场为中心，以成都、昆明、重庆、西安、乌鲁木齐、深圳、杭州、武汉、沈阳、大连等省会或重点城市机场为骨干以及其他城市支线机场相配合的基本格局。受益于航空运输市场规模的扩张，我国民航基础设施建设不断"升温"。据交通运输部统计，截至2017年年底，我国境内民用航空（颁证）机场共有229个（不含香港、澳门和台湾地区，下同），其中定期航班通航机场228个，定期航班通航城市224个。全年各项生产指标继续保持平稳较快的增长，其中全年完成旅客吞吐量114786.7万人次，比上年增长12.9%；完成货邮吞吐量1617.7万t，比上年增长7.1%。同时，为解决既有机场能力不足、航空运输发展受限的问题，"一市两场"的现象逐渐增多。此外，厦门、大连、青岛等城市由于机场与城市规划矛盾、发展空间受限、噪声影响加重、空域资源紧张等原因，也在筹划迁建机场。因此，当前和今后一个时期，超大城市的机场改扩建，特别是尤为复杂的"一市两场"的规划建设，正成为我国民航机场规划建设的重点和难点问题。

与此同时，国内通用机场体系的不完善严重制约了我国通用航空产业的发展。通用机场是指为包括从事工业、农业、林业、渔业、矿业、建筑业的作业飞行和医疗卫生、抢险救灾、气象探测、海洋监测、科学实验、遥感测绘、教育训练、文化体育、旅游观光等活动的民用航空器提供起飞、降落等服务的机场。根据中国民用航空局运输司发布的《我国通用航空产业发展情况》显示,截至 2017 年 12 月 31 日,我国现有通用机场 229 个,已取证通用机场 81 个,未取证通用机场 220 个,在建 60 个,规划建设 377 个;而与我国国土面积相当的美国通航机场总量约为 2 万个,飞行员数量超过 61 万人,总产值超过 1500 亿美元,创造了全国 1% 的 GDP 和 126 万个就业岗位。因此,为了推进通用航空产业健康发展,国家针对通用机场的政策不断出台,越来越多的地方将通用航空机场的建设提上日程,也吸引了众多社会资本的投资兴趣。全国部分省、自治区通用机场建设"十三五"规划汇总如表 3-18 所示。

表 3-18 全国部分省、自治区通用机场建设"十三五"规划汇总

区域	通用机场具体规划
全国	到 2020 年,建成 500 个以上通用机场,基本实现地级以上城市拥有通用机场或兼顾通用航空服务的运输机场,覆盖农产品主产区、主要林区、50% 以上的 5A 级旅游景区
河南	建成至少 15 个二类通用机场
湖北	全力抓好枢纽机场、支线机场、通用机场的规划建设
湖南	2020 年规划通用机场 25 个,新建 21 个;至 2030 年,将建设 100 个通用机场,建设 10 个以上通用机场示范点
广东	投资 80 亿元,建设一批通用机场,到 2020 年,通用机场总数增加到 20 个,新增 14 个;到 2030 年,通用机场总数将达到 31 个,新增 24 个
广西	到 2020 年,全区建成各类通用机场将达 200 个
海南	实现重点旅游地区的通航起降覆盖,到 2020 年,在原有已建的 3 个通用航空机场的基础上,利用"十三五"已建、规划建设的 5 个运输机场兼顾通用机场功能,共规划新建 7 个一类机场、7 个二类机场、4 个三类机场
重庆	规划布局 26 个通用机场
四川	到 2030 年,布局规划新增二类以上通用机场 85 个,总数达 88 个;其中,2016—2020 年新建 24 个,2021—2025 年新建 41 个,2026—2030 年新建 20 个
贵州	2020 年在建 20 个通用机场
云南	到 2020 年,力争新建各类通用机场 50 个
西藏	加快通用航空和应急救援能力建设
陕西	"十三五"期间加快建设横山、黄陵等 4 个通用机场,新建西安、富平等 13 个直升机和固定翼机场
甘肃	"十三五"期间拟建 25 个通用机场
青海	到 2020 年,布局建设 8 个主干通用机场和若干个三类通用机场;到 2030 年,规划新建 18 个一类、二类通用机场和若干个三类通用机场
宁夏	到 2020 年建成洪寺堡、同心、隆德等一批通用机场,覆盖全区 5A 级旅游景区
新疆	2020 年建成 100 个以上通用机场;2030 年建成 200 个以上通用机场

思 考 题

1. 简述工程项目投资机会的研究过程。
2. 工程项目投资机会的研究方法主要有哪些?
3. 试从政策导向和市场驱动两方面,综合讨论轨道交通项目、特色小镇项目、综合管廊项目、养老地产项目、绿色建筑和装配式建筑项目以及核电、机场建设项目的投资机会。

第4章 项目投资风险

投资总会伴随着风险，项目投资也不例外。项目投资风险是指项目未来投资收益的不确定性，也就是项目在投资中可能会遭受收益损失甚至本金损失的风险。项目投资风险是风险现象在投资过程中的表现。具体而言，就是从做出项目投资决策开始到投资期结束这段时间内，由于不可控因素或随机因素的影响，项目实际投资收益与预期收益的相互偏离。

为避免投资失误、减少风险损失，同时提高决策水平、增加投资收益，必须了解和掌握项目投资风险的来源、性质和发生规律，制定并执行有效可行的风险管控机制，由此，全过程、全方位地对风险因素进行动态监管，进而实现项目投资效益的最大化。

4.1 项目投资风险识别

项目投资风险识别是指从系统的观点出发，横观建设项目投资所涉及的各个方面，纵观投资建设发展的过程，通过一定的方法，对大量来源可靠的信息进行分析，找出影响项目投资风险管理目标实现的风险因素，分析风险产生的原因，筛选确定投资过程中应予以考虑的风险因素并对其进行归类的过程。风险识别的目的是了解风险的性质、原因及后果，为风险评估和风险决策打下良好的基础。

风险识别是项目投资风险管理的首要环节，只有全面、正确地识别项目投资过程中面临的风险因素，才有可能采取有效的措施应对风险。对于影响项目投资收益的风险因素，应从以下几个方面进行识别。

1. 不确定性

不确定性是风险因素的基本特征，应从这个基本特征去识别风险因素。

2. 投资项目的不同阶段

投资项目的不同阶段存在不同的风险因素，可行性研究阶段的风险分析应针对决策前涉及的风险因素进行。

3. 行业或项目的差异性

风险因素因行业或项目的不同而具有特殊性，因此，风险因素的识别应注意针对性，强调具体项目具体分析。

4. 深入风险因素的基本单元

为了将风险因素识别清楚，必须层层剖析，应尽可能深入到风险因素的基本单元，以明确风险的根本来源。

5. 借鉴历史经验

风险因素的识别应注意借鉴历史经验，特别是项目后评价的经验。同时可运用"逆向思维"的方法来审视项目，寻找可能导致项目不可行的因素，以充分揭示项目的风险来源。

4.1.1 项目投资风险识别程序

1. 确定风险识别对象

风险识别的第一步就是确定风险识别对象，要对投资项目生命周期的各个阶段的主要作业过程进行分解，尽量不出现漏项。

2. 收集并处理与风险有关的信息

风险识别中的很多方法都需要建立在大量数据的基础上，一般认为风险是数据和信息不完备而引起的。因此，收集并处理项目投资过程中与风险有关的各种信息一般是很困难的。但是，风险事件总不是孤立的，可能会存在一些与其相关的信息，或是与其有间接联系的信息，或是与本项目可以类比的信息。例如，可以收集项目环境方面的数据资料、类似项目的有关数据资料等。

3. 不确定性分析与判断

运用收集、处理生成的信息结合风险管理人员的经验，对项目投资所面临的不确定性进行分析与判断。

4. 选择风险识别技术与工具

结合风险对象的特性，选择有效的识别方法。有时可能需要只一种技术与工具，有时则可能需要多种技术与工具结合使用。

5. 确定风险事件并分类

使用之前选择的风险识别方法确定风险事件，并根据建设项目风险分类的方法，结合现有的风险信息和风险管理人员的经验，对确定出的风险进行分类分析，以便全面识别风险的各种属性。

6. 预测风险事件的发展过程及结果

结合实践经验对分类后的风险事件进行推断与预测，以判断风险何时发生及引发其发生的原因何时会出现，以哪种形式出现，发生后会如何发展，结果如何，等等。

7. 风险识别报告

每进行一次风险识别，都要在最后给出一份风险识别报告。该报告不但要包括项目现有的风险清单，而且要有风险的分类、原因分析和说明、风险后果及其价值量的表述，以及全部风险的控制的优先序列等。风险识别报告的具体形式可根据具体项目的规模和情况而定。

4.1.2 项目投资风险识别方法

关于项目投资风险的识别方法很多，综合而言可分为两大类：一类是基于主观信息源的风险识别方法；另一类则是基于客观信息源的风险识别方法。

1. 基于主观信息源的风险识别方法

（1）头脑风暴法

头脑风暴法（Brainstorming）又称集体思考法，是以专家的创造性思维来索取未来信息的一种直观预测和识别方法。此方法由美国人奥斯本（Osborn）于1939年首创，从20世纪50年代起就得到了广泛应用。头脑风暴法一般在一个专家小组内进行，以宏观智能结构为基础，通过专家会议，发挥专家的创造性思维来获取未来信息。这就要求主持专家会议的人在会议开始时的发言中能激起专家们的思维灵感，促使专家们想要急切回答会议提出的问题，通过专家之间的信息交流和相互启发，诱发专家们产生"思维共振"，以达到互相补充并产生"组合效应"，获取更多的未来信息，使预测和识别的结果更准确。我国20世纪70年代末开始引入头脑风暴法，并得到重视和广泛运用。

（2）德尔菲法

德尔菲法（Delphi Method）又称专家调查法，它是20世纪50年代初美国兰德公司（Rand Corporation）研究美国受苏联核袭击风险时提出的，此后在世界上迅速盛行。它是依靠专家的直观能力对风险进行识别的方法，现在此方法的应用已遍及经济、社会、工程技术等各领域。用德尔菲法进行风险识别的过程是由项目风险小组选定项目相关领域的专家，并与这些适当数量的专家建立直接的函询联系，通过函询收集专家意见，然后加以综合整理，再匿名反馈给各位专家，再次征询意见。这样反复经过4~5轮，逐步使专家的意见趋向一致，作为最后风险识别的依据。我国在20世纪70年代引入此方法，目前已在许多项目管理活动中进行应用，并取得了比较满意的结果。

（3）情景分析法

情景分析法（Scenarios Analysis）是由美国科研人员皮埃尔·沃克（Pierre Wack）于1972年提出的。它是根据发展趋势的多样性，通过对系统内外相关问题的系统分析，设计出多种可能的未来前景，然后用类似于撰写电影剧本的手法，对系统发展态势做出自始至终的情景和画面描述。当一个项目持续的时间较长时，往往要考虑各种技术、经济和社会因素的影响，此时可用情景分析法来预测和识别其关键风险因素及其影响程度。情景分析法对以下情况特别有用：提醒决策者注意某种措施或政策可能引起的风险或危机性的后果；建议需要进行监视的风险范围；研究某些关键因素对未来过程的影响；提醒人们注意某种技术的发展会给人们带来哪些风险。情景分析法是一种适用于可变因素较多的项目进行风险预测和识别的系统技术，它在假定关键影响因素发生的基础上，构造出多重情景，提出多种未来的可能结果，以便采取适当措施防患于未然。情景分析法从20世纪70年代中期以来在国外得到了广泛应用，并衍生出目标展开法、空隙添补法、未来分析法等具体应用方法。一些大型跨国公司在对一些大项目进行风险预测和识别时都陆续采用了情景分析法。但因其操作过程比较复杂，目前此方法在我国的具体应用并不多见。

2. 基于客观信息源的风险识别方法

（1）核对表法

核对表法一般根据项目环境、产品或技术资料、团队成员的技能或缺陷等风险要素，将经历过的风险事件及来源列成一张核对表。核对表的内容可包括：以往项目成功或失败的原因；项目范围、成本、质量、进度、采购与合同、人力资源与沟通等情况；项目产品或服务说明书；项目管理成员技能；项目可用资源等。这种方法揭示风险的绝对量也许要比其他方法少一些，但是该方法可以识别其他方法不能发现的某些风险。

(2) 流程图法

流程图法需要建立一个项目的总流程图与各分流程图，它们要展示出项目实施的全部活动。流程图可用网络图来表示，也可利用工作分解结构（WBS）来表示。它能统一描述项目工作步骤，显示出项目的重点环节；能将实际的流程与想象中的状况进行比较，便于检查工作进展情况。这是一种非常有用的结构化方法，可以帮助分析和了解项目风险所处的具体环节及各环节之间存在的风险。运用这种方法完成的项目风险识别结果，可以为项目实施中的风险控制提供依据。

(3) 财务报表法

通过分析资产负债表、营业报表以及财务记录，项目风险经理就能识别本企业或项目当前的所有财产、责任和人身损失风险。将这些报表和财务预测、经费预算联系起来，风险经理就能发现未来的风险。这是因为，项目或企业的经营活动要么涉及货币，要么涉及项目本身，这些都是风险管理最主要的考虑对象。

(4) 故障树分析法

故障树分析法是系统安全分析中广泛运用的一种方法。它是利用图解的形式，演示故障事件发生的原因及其逻辑关系。它将大的故障分解为各种小故障，并对各种引起故障的原因进行分析。故障树分析法经常用于直接经验较少的风险识别。

(5) SWOT 分析法

SWOT 分析法[⊖]是一种环境分析方法，该方法在对企业内部条件优势与劣势分析的基础上，结合项目的自身特点，判断项目实施过程中所存在的外部机会和威胁，对环境做出准确的判断，进而制定项目的实施战略、计划以及对策等。SWOT 分析法是进行项目投资风险识别与管理的有效工具。

4.1.3　项目投资风险分类

为了深入、系统、全面地认识项目投资风险，从而使投资者能更好地针对具体项目进行风险分析，并有的放矢地对其进行监控和管理，对项目投资风险进行分类就显得非常有必要。

按照不同的角度、不同的标准，项目投资风险有多种分类方法。有些方法简单地将风险分为内部风险和外部风险；而较通用的分类方法是将风险进一步细分为政治风险、金融风险、财务风险、市场风险、决策风险、社会风险、法律风险、安全和环境保护风险等；此外，还可以按照项目阶段、项目类别以及风险层级等对项目投资风险进行分类。

1. 按项目阶段分类

由于一般建设项目（如商业地产、保障性住房等）与 PPP 项目（如隧道桥梁、机场港口等）在融资、开发及运营模式等方面存在差异，故基于项目阶段的风险分类也应区别对待，如表 4-1 和表 4-2 所示。

⊖　SWOT 分析法的介绍详见本书 3.1.3 节。

表 4-1　按项目阶段分类的一般建设项目投资风险

项目阶段	风险因素
前期策划决策阶段	城市发展规划风险
	土地规划政策风险
	房屋购买政策风险
	国家税收政策风险
	产业发展政策风险
	金融息率政策风险
	地区消费观念风险
	社会习俗风险
	社会动荡风险
	经济增长形态风险
	项目开发方式风险
	货币流通风险
	市场供给需求风险
	项目投资类别风险
	项目区位选址风险
	项目市场界定风险
实施前期	土地购买风险
	招商引资风险
	资金融通风险
	勘察设计风险
	招标投标风险
	合同签订风险
施工阶段	项目质量风险
	项目完工风险
	人员及财产安全风险
	追加成本风险
	地震等自然风险
	战争等社会风险
	技术工艺风险
销售出租阶段	市场定价风险
	宣传营销风险
	租赁合同风险
后期管理阶段	运营风险
	物业管理风险

表 4-2　按项目阶段分类的 PPP 项目投资风险分类

项目阶段	风险因素	细　分
决策阶段	PPP 模式选用不恰当风险	凭主观偏好选用 PPP 模式；选用 PPP 模式失误；PPP 经验不足；夸大 PPP 模式的适用范围
	强烈的公众反对/敌意风险	社会投资方缺乏社会责任；社会投资方投资行为短期化；官商合议降低消费者福利；"宁国勿民"的观念阻碍以及项目对当地生态、环境、移民、交通、生活等问题产生不利的影响
	项目决策延误风险	决策过程冗长；项目审批延误
	土地获取风险	土地获取困难；土地获取成本和时间超过预期
	土地价值	通货膨胀引起的土地价值变化；发展引起的土地价值变化

(续)

项目阶段	风险因素	细分
融资阶段	招标失败风险	项目对投资者的经济吸引力弱；缺乏私人提供公共服务的意识和传统等
	竞标成本增加风险	为参加竞标付出的额外成本
	项目公司选择方式不当风险	公开招标、邀请招标、竞争性谈判、询价、单一来源采购等方式选择不当
	招标文件不完备风险	招标文件深度不够；招标文件错误、模糊不清；变更范围不明确；风险分摊不合理；权利、义务不明确
	招标竞争不充分风险	招标投标程序不公正、不公平、不透明；招标项目信息不充分或不够真实；缺少足够的竞标者；市场主体恶性竞争；故意压低价格竞标等
	评标不科学风险	评标方法不当；评标专家组成不合理；评标过程不规范
	合同文件风险	合同内容不完整；责任、权利、义务不明确；合同存在不公平条款；合同履行不当或监控不当；合同档案管理不到位；合同纠纷处理不当；项目相关人员合同意识较差
	获准风险	初步方案获准不及时；详细设计批准不及时
	融资风险	融资结构不合理；金融市场不健全；融资的可及性低；资金筹措困难等
	融资成本高风险	市场利率变动；外汇汇率变化；外汇可兑换；通货膨胀导致的物价水平整体上升
建造阶段	建设管理体制风险	施工过程控制过于严格；建设监理制的推行；公共部门引入第三方对项目进行监督
	设计错误、遗漏风险	项目公司由于数据、资料、PPP项目经验不足等原因，使得项目设计中存在许多错误或设计存在遗漏，造成后期设计变更
	设计变更风险	设计方案的后期变更
	技术风险	采用新的技术标准；技术不成熟；工艺流程选用不当
	质量风险	工程质量达不到国家标准的规定和合同的约定；不能通过质量检验和验收
	完工风险	工期拖延；成本超支；项目投产后达不到设计规定的预定目标；现金流入不足；不能按时偿还债务等
	进度风险	行政干预（如政府要求工程变更）；不可抗力等原因；施工设备不足；施工组织混乱；施工管理不科学；生产调度不科学；法定节假日过长
	现场数据风险	总承包商没有对业主提供的资料核实
	供应与采购风险	劳动力供应不充足；资源、能源及机器设备的供应不及时；设备采购体制和模式不合理
	建设成本超支风险	物价上涨；劳动力工资上涨；施工工艺落后；资源利用效率低；管理不规范；设备损坏等
	天气条件风险	气候条件恶劣；多雨、异常高温、极寒等
	地质条件风险	不利的工程地质条件；不利的水文地质条件，如未预期的地下断层、山地施工、施工地面为软土等

(续)

项目阶段	风险因素	细　分
运营阶段	运营收入风险	需求低于预期；收费价格下降；运营效率低下
	运营成本超支风险	外购原材料费、外购辅助材料费、外购燃料费、外购动力费、工资、修理费等上涨；通货膨胀引起货币实际购买力下降；运营经验不足；管理不规范；运营效率低
	维修成本超支风险	维护成本高于预期；维修过于频繁
	费用支付风险	政府或用户资金不足；无法按时支付费用
	征用/公有化风险	政策多变；政府信誉差；内乱；灾害救险
	特许经营期收回/违背	政府违背合同规定提前收回项目
	残值风险	设备、技术的过度使用使设备材料所剩不多，影响项目继续运营
	项目不唯一性风险	政府批准其他特许项目的建立
	特许经营期不合理风险	政府规定的特许经营期过短使项目收益不足
跨生命周期各阶段	政治风险	强烈的政治反对/敌意；不稳定的政府（朝野争斗、政府内派系斗争、政府独裁专制、受制外来势力等）；征用/公有化
	法律法规的变更风险	法律的变更；税收制度的变更；行业标准的改变
	法律法规健全程度及执行程度风险	法律法规不健全；有法不依、执法不严
	不可抗力风险	社会不可抗力（战争、恐怖主义、敌对行动、爆炸物资、电离辐射或放射性污染等）；自然不可抗力（地震、洪水、海啸、泥石流、台风等）
	环境保护风险	施工垃圾排放不达标；环境污染；不利的环保法律法规的出台
	腐败风险	行贿受贿；审计程序不严格
	信用风险	政府部门信用缺失；社会资本方信用缺失；社会信用体系不完善
	合同风险	政策法规变化；合同条款不严密；合同文件冲突/不完备；合同管理差等
	组织结构风险	项目公司内部的部门设置不完善；人员配置不合理；组织结构形式（公司、项目部内部两部分），项目部各部门、交叉部位之间职责不清
	内部沟通（公司、项目部内部）	报表资料不完全、不及时；汇报关系不明确；沟通程序不合理；层次不清；责任不明确；信息传递不及时、内容歪曲、渠道缺陷或者认知差异
	组织协调风险	管理体制混乱落后；组织风险；协调风险
	罢工风险	工资低；要求改善工作环境、作息时间、安全性、工作强度
	政治干预风险	违反/取消执照；更新审批辨识力的失败；征用、税收、进口限制；政府任意终止特许权；政府任意定义服务关税
	项目测算方法主观风险	特许期、服务价格的设置与调整；政府补贴等项目参数的测算过于主观，使得项目没有达到理想的效果
	第三方赔偿风险	由于安全事故、违约等原因对第三方的赔偿
	第三方延误/违约风险	政府和项目公司以外的项目参与者拒绝履行合同约定的责任和义务；履行时间有误
	项目财务风险	资金使用不合理；资金不足
	政府保证风险	政府在投资回报率、政府风险规避、经营期间、项目的后勤保障、竞争保护、外汇平衡、税收优惠等方面的保证不落实、不能量化
	接口风险	项目全生命周期不同阶段（工作）之间接口风险

2. 按风险层级分类

近年来，随着我国企业综合实力的提升，境外项目投资成了各企业业务拓展的一个重要方向。就国际型建设项目投资而言，可以从 EPC 项目和 PPP 项目两个方面按风险层级对其风险因素进行分类，如表 4-3 和表 4-4 所示。

表 4-3　按风险层级分类的国际 EPC 项目投资风险

风险层级	风险因素	细　　分
国家级风险	自然风险	不可抗力风险
		地理环境风险
		地质条件风险
	政治风险	政治局势变化
		战争和骚乱
		业主国对外关系
		法律和政策稳定性
	经济风险	国家债务繁重
		通货膨胀
		外汇管制及汇率变化
		经济形势恶化
	社会风险	语言障碍、宗教差异、文化差异
		社会风气与习惯
		社会秩序和治安
市场级风险	市场风险	原材料价格
		设备租赁价格
		员工待遇提高
		施工管理费
项目级风险	EPC 管理风险	EPC 合同管理能力
		EPC 总承包协调
		分包管理
		施工管理落后
		物资管理混乱
		财务管理不当
		HSE（健康、安全、环境）管理风险
	EPC 技术风险	设计变更
		不熟悉规范
		设计缺陷及错误
		施工工艺落后
		安全措施不当
		施工方案欠妥
	EPC 合同风险	支付条件苛刻
		罚则苛刻
		合同需上级审批
		固定工期风险
		保护主义条款过多

(续)

风险层级	风险因素	细分
项目级风险	EPC典型风险	报价失误
		不熟悉招标文件
		不熟悉现场情况
		设备供应拖延
		设备质量问题
		安装失误
		设备材料运输风险
		与设备供应商的关系
		设计、采购、施工衔接风险
		设计技术接口传递风险
		投料试车安全风险
		开车方案风险
	EPC其他风险	业主付款意愿不强
		业主付款能力差
		业主缺乏履约诚意
		分包商违约
		信息来源不准确
		代理人不可靠

表4-4 按风险层级分类的国际PPP项目投资风险

风险层级	风险因素
国家级风险	批准和许可：地方政府延迟或拒绝项目的批准和许可
	法律变化：地方政府在实施新法律法规上的不一致
	严格执法：执法不严或法庭判决无法生效
	政府对争议的影响：法院在处理有关项目争议时，当地政府对其施加不必要和不公正的影响
	腐败：腐败官员索取贿赂或不正当报酬
	征用：迫于政治、社会、经济的压力，当地政府接管外国公司运营的设施而不给予合理的补偿
	配额分配：不能从当地政府获得公平的进出口配额
	政治动荡：政府的频繁改变、政府的变化或国家内部不同政党或组织之间的权力斗争而引起的动荡
	政府政策：政府对外国公司的政策，例如，强制风险联盟，强制技术转让，对外国公司的不同税收等
	文化差异：外国公司和当地合作伙伴在工作文化、教育、价值、语言、种族等方面的差异
	环境保护：严厉的法律法规将对忽视环境问题的建筑公司产生影响
	公众形象：公众偏见（源于地区生活标准、价值观、文化和社会系统等的差异）的受害者
	不可抗力：外国公司和当地合作伙伴不能控制环境变化，如洪水、火灾、暴风雨雪、瘟疫、战争、敌意对抗和禁运等
市场级风险	人力资源：外国公司在雇用、保持合适的、有价值的雇员时面临困难
	当地合作伙伴的信用状况：当地合作伙伴的财务账户不清晰、财务不稳健、外汇兑换不自由、员工不可靠
	公司作假：收入出乎意料的增长，财务顾问的意外辞职，信用函件近乎合理完美的数字，被审计师、银行家或债权人有意无意地忽视

(续)

风险层级	风险因素
市场级风险	**联营终止**：当地合作伙伴在终止风险联盟协议时对外国公司在资产、股份及其他权益上应获得的收益给予不公正的分配
	外汇兑换及可兑换性：汇率的波动和（或）兑换困难
	通货膨胀和利率：由于当地欠发达的经济和银行系统导致对通货膨胀和利率的难以预测
	市场需求：对市场需求的不恰当预测
	竞争：其他国际投资者、开发商和建筑商的竞争
项目级风险	**成本超支**：没有充足的现金流、不正确的计量方法和工程清单定价、有缺陷的计划以及业主的延期支付
	不当设计：难以预料的设计变更，由于当地设计习惯和惯例的不同而产生详细设计（初步设计）上的错误
	低生产率：当地合作伙伴落后的技术及实践，以及由于当地劳动力技能落后和不正确管理而导致劳动生产率低下
	现场安全：在施工和运转阶段较高的事故频率
	不当质量控制：当地合作伙伴对缺陷和低质量的容忍程度
	不当项目管理：不恰当的项目计划、预算，不合理的项目组织结构，低效的项目管理团队
	知识产权保护：以前的雇员、合作伙伴和（或）第三方窃取公司的知识产权，包括商业机密和专利

4.2 项目投资风险估计

项目投资风险估计是指在风险识别的基础上，对项目投资过程中的风险进行量化，据以确定风险的大小和高低，并为下一步确定风险的影响程度奠定基础。项目投资风险估计要解决两个问题：一是确定风险事件发生的可能性或概率；二是确定风险事件导致损失后果的严重程度，如风险事件导致经济损失的具体数额等。

对项目投资风险进行估计的必然前提，就是建设项目投资风险的可量化性。这就需要主观判断和客观统计相结合：一方面，根据大量的历史资料，用统计的方法计算出描述纯粹风险大小的客观数值；另一方面，由相关专家对难以计量的投资风险做出合理的估计。

4.2.1 项目投资风险估计理论

1. 大数法则

大数法则为风险估计奠定了理论基础，它阐述了大量随机现象的平均结果呈现出稳定性的规律。根据大数法则，只要被观察的风险单位足够多，就可以对损失发生的概率、损失的严重程度做出相应的度量。

2. 类推原理

在进行项目投资风险估计时，往往没有足够的风险统计资料，而且有时因为客观条件的限制，很难甚至不可能取得所需要的足够的风险资料。因此，根据事件的相似关系，利用类推原理，借鉴已掌握的整体或局部类似项目的风险统计资料，就可以估计目标风险载体的风险状况。

3. 概率推理原理

建设项目投资风险事件发生是随机的，造成损失的程度也是不确定的，但就总体而言，投资中风险事件的发生又呈现出统计学上的规律性。因此，在项目投资风险估计中，利用概率推理原理，通过判断随机变量的取值特点和其他特性，判断随机变量符合何种概率分布，确定参数，从而估计出风险事件出现状态的各种概率。

4. 惯性原理

由于事物的发展具有延续性，即惯性，因此可以利用这个特征来进行部分项目投资风险因素的估计。实际运用时，该原理要求系统具有相对的稳定性，且能够保持其发展的基本趋势。在利用过去的风险资料估计未来可能发生的状态时，一方面要抓住惯性发展的趋势，另一方面还要预测可能出现的偏离和偏离程度，从而对估计结果进行处理，提高估计的可靠度。

传统上，经济学家认为人们在进行风险估计时，需要严格遵循以上四个原理。而实际上，在行为经济学家卡尼曼和特韦尔斯基看来，人们通常没有能力对风险环境做出基于经济学理论和概率推断的总体严格分析，人们的推断往往靠的是某种顿悟或经验，因此在进行风险估计时经常会产生系统性偏差。

就项目投资风险估计而言，由于项目投资各参与方对经济学、统计学等相关知识的欠缺，往往会导致偏差。

相对于上文提到的大数法则，人们在进行风险估计时往往倾向于运用小数法则，即人们认为小样本中某事件发生的概率与总体概率相接近。而根据大数法则，只有当所分析样本接近于总体样本时，样本中某个事件发生的概率才与总体概率相接近。当人们运用小数法则时，通常会夸大小样本与总体的相似性，而低估了大样本与总体的相似性。这种方法易导致两种误差，即先验概率误差和样本规模误差。

(1) 先验概率误差

先验概率误差是指在风险估计中往往容易忽视先验概率（即以往存在的知识）而只注重条件概率（即直接观察到的现象），包括一些具体的、特殊的信息。而根据概率论贝叶斯定理中的大数法则，一个理性的推断行为不仅会使用大样本的所有信息，也会利用所有的先验信息。但是在进行项目投资风险估计时，往往不能将二者有效地结合起来，从而导致错误的结论。

(2) 样本规模误差

样本规模误差是与大数法则联系在一起的。根据大数法则，当所分析样本接近于总体时，样本中某事件发生的概率将渐近于总体概率。若忽略了大数法则，就会在项目投资风险估计中出现样本规模误差。

(3) 可利用性偏差

可利用性偏差是指在进行项目投资风险估计时，估计主体往往会通过很容易想起或亲身经历的风险事件来进行概率的推断，最终赋予这些事件比统计更大的重视程度。例如，如果某国际建设项目投资方在某一个国家投资，亲身经历了该国家发生的暴力事件。虽然这是一个概率很小的政治风险事件，但是如果作为事件的亲身经历者，当对这个国家的投资环境进行评价时，可能会因为这一风险事件的影响，而不根据统计数据做出客观的估计，往往可能过高地估计未来该国家发生政治风险的概率。

由此可知，在进行项目投资风险估计时，可能会出现一些系统性偏差，只有让项目投资各参与方都熟悉和掌握估计偏差可能出现的原因，并且采取一定的具体措施减少偏差的影响范围，才能提高风险估计的准确度，为下一步的风险评价与决策分析打下基础。

4.2.2 项目投资风险估计流程

一般情况下，项目投资风险估计需要经过以下几个步骤：

1）确定项目投资风险估计的目的与要求。

2）收集、整理风险资料。资料是风险估计的基础，风险估计资料包括与项目投资有关的风险历史资料以及现有的项目投资风险资料。

3）选择风险估计方法。风险估计方法很多，不同的风险估计方法得出的结论形式也有所区别，因而应根据风险估计标的的风险状态特点以及后续的风险处置需要，选择合适的风险估计方法。

4）估计风险发生概率，并结合风险产生的原因，估计风险可能导致损失的严重程度。

5）修正偏差并得出结论。项目投资风险估计过程涉及主观概率，并会因为风险估计中人们倾向于采用小数法则而产生系统性偏差，所以要对风险结论进行检验和修正，以使风险估计结果更为客观。

项目投资风险估计流程如图4-1所示。

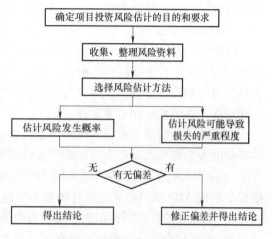

图4-1 项目投资风险估计流程

4.2.3 项目投资风险估计方法

1. 综合推断法

综合推断法是指利用已有数据并结合主观分析判断，来估计项目投资风险发生概率的一种综合性风险估计方法。综合推断法又可分为前推法、后推法及旁推法。

（1）前推法

所谓前推法，就是根据以前的项目经验和历史数据推断风险事件发生的概率和后果。例如，欲在某个国家进行项目投资，需要考虑项目所在地区可能因为地震、海啸、地质条件等引起的风险。这时，可根据该地区自然灾害的历史记录进行前推。如果历史数据所反映的自然灾害呈现出明显的周期性或规律性，即可据此数据直接对风险做出估计；如果从历史数据看不出自然灾害明显的周期性，就需要用曲线法和分布函数法来拟合这些数据再进行外推，从而估计出项目投资面临的自然灾害风险。由于历史记录往往有失误或不完整的地方，而且气候和环境因素也在不断地发生变化，所以应用前推法进行风险估计。此外，有时还需要从逻辑上的可能性及实践经验出发，去推断过去未发生的事件在将来是否有可能发生。

（2）后推法

如果没有直接的历史经验数据可供使用，可以采用后推的方法，即把未知想象的事件及后果与某一已知的事件及后果联系起来，也就是通过有数据可查的造成这一风险事件的一些起始事件来推断未来风险事件，在时间序列上是由前向后推算。由于项目投资具有一次性和不可重复性，因此在项目投资风险估计时常使用后推法。例如，对项目投资自然灾害风险估计，如果没有该地区自然灾害方面的直接历史数据，可将自然灾害的概率与一些自然灾害资料联系起来考虑，估算出足以引起自然灾害的"假象大雨"或"假象风暴"等。根据这些假象灾害发生的概率，就可以对建设项目投资中的自然风险做出风险估计。

(3) 旁推法

旁推法就是利用情况不同但基本相似的其他地区或项目的数据，对本地区项目的风险进行推断。例如，可以通过收集类似项目的资料来估计本项目所面临经济风险、合同风险等发生的概率和损失程度。当然，这同样需要考虑新环境的各种变化。用某一项目的风险数据去预测其他项目投资风险的状态，是项目投资风险估计常用的方法之一。

2. 层次分析法

层次分析法（Analytic Hierarchy Process，AHP）是决策的有效工具，是由萨蒂（T. L. Saaty）于 20 世纪 70 年代中期研究出来的。层次分析法是从多方面考虑各种可能引起风险的因素，并对其进行细致的分解，以形成有序的递阶层次结构，而后通过两两比较判断的方式确定每一次层次中各因素的相对重要性。

在风险估计阶段，对很多风险因素的估计都是以人的主观定性判断为主，要直接比较这些风险的发生概率及其产生后果的严重性很困难。层次分析法是一种综合定性与定量分析的方法，它将以人的主观判断为主的定性分析进行量化，从而可以作为决策者评价风险状况的依据。利用 AHP 法进行风险估计的基本思路与步骤是：

1) 利用递阶层次结构识别建设项目投资存在的主要风险因素。

2) 由多位专家从风险损失额和风险发生概率等方面判断风险因素的相对重要性，并形成相对矩阵。

3) 在此基础上对专家评判矩阵进行一致性检验。若未能通过一致性检验，则组织专家重新评判，得到新的评判矩阵，再进行一致性检验，反复进行直至最后通过检验。

4) 根据相对矩阵计算相对重要度的排序，得出项目投资风险估计结论。

除此之外，项目投资风险估计的方法还有很多，如主观估计法、客观估计法、损失估计法、相关效益估计法等，在此不一一赘述。

4.3 项目投资风险评价

项目投资风险的大小取决于两个因素：一是风险事件可能发生的概率，称为风险概率；二是风险事件发生似的损失值，称为风险潜在损失值。风险估计的任务是对风险概率和风险潜在损失值的测算，而风险评价的工作则是根据风险概率与风险潜在损失值计算风险的大小，并据此评价风险事件对项目的影响程度。

由此可知，项目投资风险评价是指在风险识别与风险估计的基础之上，综合考虑风险属性、风险管理的目标以及项目主体的风险承受能力，确定投资中面临的风险对系统的影响程度。

为了将风险事件对投资项目的影响程度表示出来，可采用风险量或风险系数作为衡量风险大小的特征量。其定义为：

$$R = f(p, q)$$

式中　R——风险量或风险系数；

p——风险概率；

q——风险潜在损失值。

进行项目投资风险评价时，由于很难建立起如上式的合理解析表达式，因此在实际操作中，应针对具体项目选用合适的评价方法来测算风险事件对投资项目的影响程度。

4.3.1 项目投资风险等级

根据风险因素对项目的影响程度，可将风险划分为一般风险、较大风险、严重风险和灾难性风险四个等级。

1. 一般风险

风险发生的可能性不大，或者即使发生造成的损失也较小，一般不影响项目的可行性。

2. 较大风险

风险发生的可能性较大，或者一旦发生造成的损失较大，但损失程度还在项目本身可以承受的范围之内。

3. 严重风险

有两种情况：①风险发生的可能性大，而且一旦发生造成的损失也大，使项目由可行变为不可行；②风险一旦发生造成的损失严重，但是发生的概率很小，只要采取足够的防范措施，项目仍可以接受。

4. 灾难性风险

风险发生的可能性很大，一旦发生将产生灾难性后果，项目是不能接受的。

4.3.2 项目投资风险评价标准

项目投资风险评价标准就是项目主体针对不同类型的风险确定的可以接受的风险率（或风险量等）。项目投资风险评价标准具有以下特性。

1. 不同项目主体有不同的风险评价标准

就同一个项目，对不同的项目主体，有不同的项目管理目标。例如，建设项目业主对建设项目的工期、成本和质量有一个整体的目标；在此基础上，进而对各子项目工程在工期、成本和质量方面有较为具体的目标。同样是这一建设项目，承担项目施工的承包人又有不同的管理目标。

2. 项目投资风险评价标准与项目目标的相关性

项目投资风险评价标准总是与项目目标相关的。项目目标多种多样，如工期最短、利润最大、成本最小、风险损失最少、销售量最大、周期波动最小、树立最好的形象、使服务质量达到最好、使公司的威信达到最高、雇员最大限度的满意、生命和财产损失最低等。显然，不同的项目目标也应具有不同的风险评价标准。以"销售量最大"目标为例，可以把某个销售收入金额或产品的某个售出数目定作评价基准。项目风险评价标准包括单个风险评价标准和整体风险评价标准。

3. 项目投资风险评价标准的两个层次

项目投资风险的概念总是与概率相关，因此，将100%实现项目目标作为风险评价的标准并不科学。项目投资风险评价标准应分为计划风险水平和可接受风险水平两个层次。

(1) 计划风险水平

计划风险水平就是在项目实施前分析估计得到的或根据以往的管理经验得到的并认为是合理的风险水平。对这一风险水平，在无须采取特别控制措施的条件下，项目目标基本能够得以实现。

(2) 可接受风险水平

可接受风险水平就是项目主体可以接受的、经过一定的努力采取适当的控制措施后项目目标能够实现的风险水平。

4. 项目投资风险评价标准的形式

项目的具体目标多种多样，因此，项目投资风险评价标准的形式也有风险率、风险损失、风险量等多种类型。例如，进度风险常用风险率，就是将不能按目标工期完工的概率作为评价标准；质量风险可用质量事故发生后费用损失或工期损失作为评价标准；费用风险可用风险量作为评价标准。

4.3.3 项目投资风险评价流程

项目投资风险评价流程是依据项目目标和风险评价标准，将识别和估计的结果进行系统分析，明确项目投资风险之间的因果联系，确定风险整体水平和风险等级等。具体的项目投资风险评价流程介绍如下。

1. 系统研究项目投资风险因素

系统研究项目投资风险因素，即所有影响风险的因素都必须考虑，对可能影响风险发生的因素可采用头脑风暴法或其他的风险识别方法进行识别。

2. 确定风险评价标准

风险评价标准就是项目主体针对每一种风险后果确定的可接受水平。单个风险和整体风险都要确定评价标准，可分别称为单个评价标准和整体评价标准。风险的可接受水平可以是绝对的，也可以是相对的。

3. 确定风险水平

确定风险水平包括确定单个项目风险水平和整体项目风险水平。整体项目风险水平是综合了所有单个项目风险水平之后确定的。

在确定整体项目风险水平时，有必要明确各单个项目风险之间的相互作用和转化关系。风险的可预见性、发生概率和后果大小三个方面会以多种方式组合，使整体项目风险水平评价变得十分复杂。帕累托80/20定律表明，20%的风险构成了对项目严重威胁的80%。一般情况下，项目面临的各种风险的严重性和发生频率都呈现这种分布规律，即后果严重的风险出现的机会少，可预见性低；出现机会多的风险后果不严重，可预见性也相当高。项目的所有风险中，只有一小部分对项目威胁最大，会造成项目停顿。但是，如果一种风险虽然可预见性很高，但损失或损害后果却相当严重，那么就必须考虑其中是否有风险的耦合作用——当两个或更多的风险以某种方式联系在一起时，就会发生耦合作用。

4. 风险水平的比较

将单个项目风险水平与单个评估标准、整体项目风险水平与整体风险标准对比，判断项目风险是否在可接受的范围之内，进而确定该项目应该就此止步还是继续推行。

(1) 单个项目风险水平与单个评估标准进行比较

单个项目风险水平和基准的比较通常十分简单。例如，某子项目可能会滞后 5 天，此时仅需与网络分析计算的时间参数相比较：当该子项目的自由时差大于 5 天时，一般认为该子项目的滞后是可接受的；当该子项目的自由时差小于 5 天时，这一滞后就会影响到后续子项目的正常开始；若进一步，当这滞后的 5 天还大于其总时差时，可能会影响项目的关键路径，因为该子项目的滞后会影响项目工期。

(2) 整体项目风险水平与整体风险标准进行比较

在进行整体项目风险水平和风险标准的比较时，先要注意到两者的可比性，即整体项目风险水平的评估原则、方法和口径要与整体风险标准所依据的原则、方法和口径基本一致，否则其比较就无实际意义。当项目整体风险小于整体评估标准时，总体而言，风险是可接受的，项目或项目方案是可行的；当整体风险大于整体评估标准，甚至大得较多时，则风险是不可接受的，就需要考虑是否放弃这个项目或项目方案。

(3) 进行综合性比较

即将单个项目风险水平与其相应的评估标准相比较的同时，也将整体项目风险水平与其对应的评估标准相比较。当整体项目风险小于或等于整体风险评估标准，且主要的单个项目风险也能被接受时，则项目可以按计划开始；若整体项目风险可以接受，只有个别次要的单个项目风险水平大于相应的评估标准，则可以进行成本效益分析或其他权衡方法，看是否有其他风险小的替代方案。当整体项目风险比整体风险评估标准大很多时，风险不可接受，因此就要认真考虑是否放弃该项目；若整体项目风险可接受，但主要的某些单个项目风险不可接受，此时就应从全局出发做进一步的分析，当确认机会多于风险时，对项目或项目的方案可做适当调整后再开始实施。

4.3.4 项目投资风险评价方法

项目投资风险评价一般在可行性研究阶段进行，并且可以采用多种评价方法。其中一类是针对单个风险因素进行分析，计算各种风险因素对项目的影响程度，并可评价风险因素的重要程度，常用方法为专家评价法和风险因素取值评定法。这两种简单评价方法比较适用于项目投资机会研究和预可行性研究阶段；另一类方法是对项目整体进行风险分析，计算各种风险因素同时随机变化时对项目目标值的影响，常用方法为概率分析法和蒙特卡洛模拟法，这两种方法比较适用于项目可行性研究和项目评估阶段。此外，项目投资风险评价方法还包括风险评价指数法、总风险暴露指数法等。

1. 专家评价法

专家评价法是以发函、开会或其他形式向相关领域的专家权威调查、咨询，对项目风险因素及其风险程度进行评定，多位专家的意见集中起来形成分析结论。为减少主观性和偶然性，专家人数宜为 20 人左右，一般不少于 10 人。具体操作上可请每位专家凭借经验，独立对各类风险因素的风险程度做出判断。最后，将每位专家的意见归集起来。该方法比一般的经验识别法更具客观性，因此应用也更为广泛。

在运用这种方法时，可以根据专家对所评价项目的了解程度、知识领域等，为专家评分的权威性确定一个适宜的权重。最后的风险度值为每位专家评定的风险总分乘以各自权威性的权重值，所得乘积合计后再除以全部专家权威性的权重值的和。

将风险程度按灾难性风险、严重风险、较大风险、一般风险分类，并编制项目投资风险因素和风险程度分析表，如表4-5所示。

表4-5 风险因素和风险程度分析表

序号	风险因素名称	风险程度				说明
		灾难性风险	严重风险	较大风险	一般风险	
1	市场风险					
1.1	市场需求量					
1.2	竞争能力					
1.3	价格					
2	资源风险					
2.1	资源储量					
2.2	品位					
2.3	采选方式					
2.4	开拓工程量					
3	技术风险					
3.1	先进性					
3.2	适用性					
3.3	可靠性					
3.4	可得性					
4	工程风险					
4.1	工程地质					
4.2	水文地质					
4.3	工程量					
5	资金风险					
5.1	汇率					
5.2	利率					
5.3	资金来源中断					
5.4	资金供应不足					
6	外部协作条件风险					
6.1	交通运输					
6.2	供水					
6.3	供电					
7	社会风险					
8	其他风险					
8.1	政治条件变化					
8.2	经济条件变化					
8.3	政策变化					
⋮	⋮					

2. 风险因素取值评定法

风险因素取值评定法是一种专家定量评定方法，是就风险因素的最乐观估算值、最悲观估算值、最可能值向专家进行调查，将期望值的平均值与可行性研究中所采用的数值（简称可研采用值）相比较，求得两者的偏差值和偏差程度，据以判别风险程度。偏差值和偏差程度越大，风险程度越高。

表 4-6　风险因素取值评定表

专　家　号	最乐观值（A）	最悲观值（B）	最可能值（C）	期望值（D） $D=(A+4C+B)/6$
1				
2				
3				
⋮				
n				
期望平均值				
偏差值				
偏差程度				

1. 期望平均值 $=\dfrac{1}{n}\sum\limits_{i=1}^{n}D_i$，其中，$i$ 表示专家号；n 表示专家人数。
2. 偏差值 = 期望平均值 − 可研采用值。
3. 偏差程度 = 偏差值/可研采用值。

简单估计法只能就单个风险因素判定风险程度，若要进一步确定风险因素导致项目损失的概率和对项目效益的影响程度，必须进行概率分析。

3. 概率分析法

概率分析是借助现代计算技术，运用概率论和数理统计原理，对风险因素的概率分布和风险因素变化对评价指标影响的定量分析方法。

风险事件发生的概率和概率分布是风险估计的基础。因此，对项目整体进行风险分析，计算各种风险因素同时随机变化对项目目标值的影响时，首要工作是预测风险因素发生各种变化的概率，将风险因素作为自变量，预测其取值范围和概率分布，再将选定的经济评价指标作为因变量，测算评价指标的相应取值范围和概率分布，计算评价指标的数学期望值和项目成功或失败的概率。一般来说，风险事件的概率分布应当由历史资料和全面、可靠的信息来确定。研究概率分布的时候，需要注意充分利用已获得的各种信息和资料进行估测和计算。当项目主体没有足够的资料和信息来确定风险事件的概率分布时，要根据主观判断和近似的方法来确定概率分布进行风险评价，具体采用何种分布应根据项目风险特点而定。

概率分析法一般按下列步骤进行：

1）选定一个或几个评价指标。通常将内部收益率、净现值等作为评价指标。

2）选定需要进行概率分析的风险因素。风险因素通常有产品价格、销售量、主要原材料价格、投资额以及外汇汇率等。针对项目的不同情况，通过敏感性分析，选择最为敏感的因素作为概率分析的风险因素。

3）预测风险因素变化的取值范围及概率分布。单因素概率分析，设定一个因素变化，其他因素均不变化，即只有一个自变量；多因素概率分析，设定多个因素同时变化，对多个自变量进行概率分析。

4）根据测定的风险因素取值和概率分布，计算评价指标的相应取值和概率分布。

5）计算评价指标的期望值和项目可接受的概率。

6）分析计算结果，判断其可接受性，研究减轻和控制不利影响的措施。

风险因素概率分布的测定是概率分析的关键，也是概率分析的基础。风险因素概率分布测定方法，应根据评价的需要、资料的可得性及费用限制来选择，或由专家调查法确定，或用历史统计资料和数理统计分析方法进行测定。

评价指标的概率分布可采用理论计算方法或模拟计算方法。对于概率服从离散型分布的风险因素，可采用理论计算法，即根据数理统计原理，借助计算机，用数值解法，计算得出评价指标的相应数值和概率分布、期望值方差、标准差等。当随机变量的风险因素较多，或者当风险因素取值服从连续分布，不能用理论计算法计算时，可采用模拟计算法，即以有限的随机抽样数据模拟计算评价指标的概率分布，其中应用较多的是蒙特卡洛模拟法。

4. 蒙特卡洛模拟法

蒙特卡洛模拟法又称统计模拟方法，是 20 世纪 40 年代中期基于科学技术的发展和电子计算机的发明而提出的一种以概率统计理论为指导思想的数值计算方法。该方法适用于所有随机事件的仿真计算，也是分析和评价各类风险因素及其影响程度的重要工具。

蒙特卡洛模拟法的基本思想是针对所要求解的工程技术、项目管理等方面的问题，建立一个随机过程的概率模型，以原问题解的指标为此模型的参数，通过对该随机过程的概率模型的观察或抽样试验，来计算解的指标的统计特征，进而得出解的指标的近似值及其精度。

蒙特卡洛模拟法在项目投资风险评价中的应用步骤一般为：

1）选取随机变量（风险因素），并以净现值作为各类风险因素对项目影响程度的度量。

2）确定各随机变量的概率分布。

3）为各随机变量抽取随机数。

4）将抽得的随机数转化为各输入变量的抽样值。

5）将抽样值构成一组项目评价基础数据。

6）根据基础数据计算出一种随机状况下的评价指标值。

7）重复上述过程，进行反复多次模拟，得出多组评价指标值。

8）整理模拟结果得到评价指标的期望值、方差、标准差、概率分布及累计概率分布，绘制累计概率图，同时，检验模拟次数是否满足预定的精度要求。

根据上述结果，分析各随机变量或风险因素对项目收益的影响。

4.4 项目投资风险应对策略

对项目投资风险进行识别、估计和评价的目的，在于通过认识项目投资风险及其发生的概率和严重程度，采取必要的风险应对和防范措施，规避或改变可预期的不利因素，提高项目成功的可能性。

项目投资风险应对策略研究就是对项目投资风险提出处置意见和方法。通过对项目投资风险的识别、估计和评价，把项目投资风险发生的可能性与后果以及其他相关因素综合起来分析，再将分析的结果同公认的项目安全指标相比较。这样就可以确定出项目的危险等级，从而决定应采取什么措施以及控制措施的轻重缓急。

对于风险,与其消极地等待其发生,不如积极地采取预防措施来应对。应对风险,可从改变风险的性质、风险发生的概率或风险后果的大小三方面提出多种策略。在预测主要风险因素和风险程度之后,应根据不同风险提出相应的规避防范对策,力争将风险损失降到最低限度。常用的项目投资风险应对策略主要有以下几种类型。

1. 风险回避

风险回避是彻底规避风险的一种做法,即断绝风险的来源。对投资项目可行性研究而言,风险回避意味着提出彻底改变原方案甚至否决项目的建议,或是以风险较低的解决方案削减并替代高风险或中等程度风险的方案。例如,风险分析显示产品市场存在严重风险,若采取回避风险的对策,应做出缓建(待市场变化后再予以考虑)或放弃项目的建议。需要指出的是,回避风险对策虽然最大限度地避免了风险的发生,但这种措施也有许多局限性:首先,有些风险是无法回避的;另外,采取回避风险对策也意味着丧失了项目可能获利的机会。因此,只有当风险可能造成的损失相当严重或者采取措施防范风险代价昂贵、得不偿失的情况下,才采用风险回避对策。

2. 风险控制(风险分散)

风险控制是指通过采取有效措施避免风险产生,从而减少损失。风险管理机构或决策人员应就识别出的主要风险因素逐一提出技术上可行、经济上合理的预防措施,以将风险损失控制在最低程度。

对那些可驾驭和控制的风险,提出降低风险发生可能性和减少风险损失程度的措施,并从技术和经济相结合的角度论证其可行性与合理性。这种策略在很大程度上要看风险是已知风险、可预测风险还是不可预测风险。

对于已知风险,可以在很大程度上加以控制,通过动用项目现有的资源降低风险。例如,可以通过压缩关键工序的时间、加班或采取"快速跟进"来降低项目进度风险。可预测风险或不可预测风险是项目班子很少或根本不能够控制的风险,因此有必要采取迂回策略。例如,政府投资的公共工程,其预算不在项目管理班子直接控制范围内,则可能存在政府在项目进行中削减项目预算的风险。在实施降低风险策略时,最好将项目的每一个具体风险都降低到可接受的水平。具体风险降低了,项目整体失败的概率就会下降,成功的概率就会提高。实施降低风险策略时,应设法将已识别的可预测或不可预测的风险变为已知风险。这样,项目管理班子就可以对其进行控制,进而利用项目的资源降低风险。

风险控制在应用过程中应该注意以下几个事项:

(1) 在成本与效益分析的基础上进行措施选择

任何风险控制措施都是有成本的,而风险对策研究的目标之一是风险成本最小化。因此,项目风险控制的成本应低于该风险发生时造成的损失。如果控制某种风险的成本过高,就可以考虑是否可采取风险转移等其他方法。

(2) 不能过分依赖风险控制

风险控制措施是由机械或人来实施的,而二者都不是万无一失的:机械可能发生故障,人员也可能存在道德风险。例如,施工现场火警装置失灵,项目监督人员玩忽职守等。因此,对某些影响较大的风险,尤其是巨灾风险,要考虑是否需要融资型措施相配合。

(3) 新风险产生的可能

风险控制措施一般是针对某一类型的风险,采取风险控制措施在抑制了该风险因素的同时，可能带来新的风险因素。

3. 风险转移（合伙分担风险）

风险转移的目的不是降低风险发生的概率和不利后果的大小，而是借用合同或协议，在风险事故发生时将损失的一部分转移到项目以外的第三方身上。

实行这种策略要遵循两个原则：①必须让承担风险者得到相应的回报；②对于具体风险，谁最有能力管理就让谁分担。

风险转移可分为保险转移和非保险转移两种。保险转移是向保险公司投保，将项目风险损失转移给保险公司承担；非保险转移是将项目风险转移给项目承包方，如项目技术、设备、施工等可能存在风险，可在合同谈判中增加索赔性条款，将风险损失转移给合同对方承担。

风险转移主要有四种方式：出售、发包、开脱责任合同、保险与担保。

（1）出售

通过买卖契约将风险转移给第三方。例如，项目可以通过发行股票或债券筹集资金，股票或债券的认购者在取得项目一部分所有权的同时，也承担了一部分风险。很多情况下，出售类似于风险回避。虽然将有风险的项目部分出售是一种很好的摆脱风险的方式，但同时这部分的收益也转移给了第三方，某些情况下，这种方法可能是不被允许或不经济的。

（2）发包

通过从项目执行组织外部获得货物、工程或服务而把风险转移出去。发包又可以在多种合同形式中选择，如建设项目的施工合同按计价形式划分，有总价合同、单价合同和成本加酬金合同。一般来讲，实现发包行为的前提是受让方在对某种风险的处理能力上高于出让方。

（3）开脱责任合同

在合同中列入开脱责任条款，要求对方在风险事故发生时，不要求项目班子本身承担责任。很多项目都存在失败的风险，一些风险虽然发生概率很低，但一旦失败，后果严重。项目实施方可以同主管单位签订免责协议，由主管单位承担风险。这样，带有风险的活动虽然没有转移，但与之相关的责任风险却转移了出去。

（4）保险与担保

保险的首要目的是当参保的项目实施方遭受不可预期的损失时，可按照保险合同从保险公司获得经济补偿，从而为其迅速恢复生产提供保障。保险是转移风险常用的一种方式，项目班子只要向保险公司缴纳一定数额的保险费，当风险事故发生时就能获得保险公司的补偿，从而将风险转移给保险公司（实际上是转移给保险公司所有的投保人）。保险过程中，由于保险费的支付是定期的、均匀的，对项目运营影响不大，同时，保险费是以全社会的损失率为基础计算出来的，只要保险条件合理，也可使投保者处理风险的费用趋于最小。除保险外，还可以采取其他方式转移风险，如经济生活中的担保、租赁等，都可以使项目所承担的潜在损失最小化。

4. 风险自留

风险自留是将风险损失留给拟建项目投资者自己承担。这是依靠项目单位自身的财力来负担未来可能的风险损失。这适用于已知有风险存在，但为获高利甘愿冒险的项目，或者风险损失较小，可以自行处置解决的项目。风险自留可以是主动的，也可以是被动的。在风险管理规划阶段对一些风险已有准备，当风险事故发生时马上执行应急计划，这是主动接受。

被动接受风险是指在风险事件造成的损失数额不大、不影响项目大局时，项目班子将损失列为项目的一种费用，费用增加，项目的收益自然要受其影响。自留风险是最省事的一种风险应对方法，在很多情况下也最节省资金。当采取其他风险应对方法的费用超过风险事件造成的损失数额时，可采取风险自留的方法。

风险自留包括两个方面的内容：承担风险和自保风险。承担风险主要是指项目运营中由于风险发生而带来的损失由项目单位直接承担。承担风险必须考虑到企业的财务承受能力。承担风险与自保风险的区别在于后者需要建立一套正式的实施计划和一笔特别的损失储备基金，而前者无须建立这种计划和基金，当损失发生时，直接将损失摊入成本。自保风险就是企业处理那些损失较大、无法直接摊入成本的风险的一种手段。它通常根据未来风险损失的测算（测算时可以应用风险系数的方法，如项目评估人员凭借自己以往的经验，参照类似的项目，对所评估项目的各种数据乘以一个风险系数，作为对可能遗失的风险信息的补偿），采用定期摊付、长期积累的方式在企业内部建立起风险损失基金，用以补偿这种风险损失。自保风险与保险经营的原理是一致的，但由于前者损失成本的分摊是在一个项目单位内部进行的，因而项目单位实际上只支付了事实损失额，免除了保险公司的管理费和利润。

5. 风险组合

这种处理项目风险的方法以西方经济学中债券投资组合方法作为理论基础，将许多类似的但不会同时发生的风险集中起来考虑，从而能较为明确地预测未来损失发生的状况，并使该组合中发生风险损失的部分能得到其他未发生损失部分的补偿。保险事业就是利用风险组合的方法来处理风险的。根据大数定律将全社会类似的风险损失集中起来，以风险发生的状况为依据制定出保险费率和补偿标准进行补偿。这里需要引起项目单位重视的是，并非所有的风险组合都能分散风险，有些投资组合甚至会增强风险，只有收益或风险变化方向不完全相同的金融资产构成的资产组合，其风险才可以被部分冲抵。因此，投资者在形成有效投资组合时有两条途径：①在一些具有相同期望收益的投资品种中选择一些相关程度较低、风险变化不完全相同的投资品种进行资产投资组合；②在一些相关程度（或风险冲抵程度）相同的组合中选择预期收益较高的一组作为投资的资产组合。

6. 后备措施

有些风险要求事先制定好后备措施，必要情况下应提前制定紧急事件应急预案。一旦项目的实际进展情况与计划不同，就需动用后备措施（主要有费用、进度和技术三种）。紧急事件应急预案的主要作用是在突如其来的风险出现以前，制定一套应付此类事故的补救办法，尽量减少突发风险所造成的各种损失。在项目的各个阶段，尤其是具体的操作阶段应该根据实际情况制定不同风险等级的应急预案，一旦风险出现马上执行。

（1）预算应急费

预算应急费是一笔事先准备好的资金，用于补偿差错、疏漏及其他不确定性造成的预算偏差估计精确性的影响。预算应急费在项目预算中要单独列出，不能分散到具体费用项目之下，否则，项目班子就会失去对支出的控制。另外，预算人员由于缺乏经验而在各个具体费用下盲目地预留余地也是不允许的。盲目地预留，一方面会由于项目预算估计过高而在投标中丢掉机会，另一方面会使不合理预留的部分以合法的名义白白花费出去。预算应急费一般分为实施应急费和经济应急费两类。实施应急费用于补偿估价和实施过程中的不确定性；经济应急费用于应对通货膨胀和价格波动。

(2) 进度后备措施

对于项目进度方面的不确定性因素，项目各方一般不希望以延长时间的方式来解决。因此，就要设法制订出一个较为紧凑的进度计划，争取项目在各方要求完成的日期前完成。从网络计划的观点来看，进度后备措施就是在关键线路上设置一段时差或浮动时间。项目工序不确定程度越高，任务越含糊，关键线路上的时差或浮动时间也应该越长。

(3) 技术后备措施

技术后备措施专门用于应对项目的技术风险，它可以是一段时间或一笔资金，当预想的情况未出现并需要采取补救行动时就可以动用。技术后备措施相对于预算和进度后备措施来说使用较少，只有当不大可能发生的事件发生，需要采取补救行动时，才动用技术后备措施。

4.5 项目投资风险监控

任何项目风险都有一个发生、发展的过程，因此必须对项目投资过程进行实时监控，以动态地掌握项目投资风险及其变化情况。项目投资风险监控是建立在项目投资风险阶段性、渐进性和可控性基础上的一种项目管理工作。当风险事件发生时，实施风险管理计划中预定的应对措施；当项目情况发生变化时，重新进行风险分析，并制定新的应对措施。一个好的风险监控系统可以在风险发生之前就提供给决策者有用的信息，并使之做出有效的决策。

4.5.1 项目投资风险监控概述

项目投资风险监控是指跟踪已识别的风险、监视残余风险、识别新出现的风险、修改风险管理计划、保证风险计划的实施、评估风险降低的效果等风险管理工作的总和。它存在于整个项目投资管理过程中，包括风险监督和风险控制两层含义。

无论预先计划好的策略和措施是否付诸实施，风险监督工作都不可或缺。如果发现已做出的决策是错误的，一定要尽早反思，并及时采取纠正行动；如果决策正确，但是结果未能达到预期，也不要惊慌，不要过早地改变正确的决策；频繁地改变主意，不仅会缺乏应急用的后备资源，而且会增加风险事件发生的可能性，加重风险事件的不利后果。

风险控制是为了最大限度地降低风险事故发生的概率和减小损失程度而采取的风险处置技术。为了控制项目风险，美国学者认为可采取以下措施：根据风险因素的特性，采取一定措施，使其发生的概率接近于零，从而预防风险因素的产生；减少已存在的风险因素；防止已存在的风险因素释放能量；改变风险因素的空间分布，从而限制其释放能量的速度；在时间和空间上把风险因素与可能遭受损害的人、财、物隔离；借助人为设置的物质障碍将风险因素与人、财、物隔离；改变风险因素的基本性质；加强风险部门的防护能力；做好救护受损人、物的准备等。

从过程的角度来看，项目投资风险监控贯穿于项目投资风险管理流程的始末，是项目投资风险管理的重要内容。一方面，项目投资风险监控是对风险识别、分析和应对等管理活动的继续；另一方面，通过投资风险监控获得的信息也对上述活动具有反馈作用，从而形成了一个项目投资风险管理的动态过程。正因如此，项目投资风险监控应该面向项目风险管理的全过程，它的任务是根据整个项目风险管理过程规定的衡量标准，全面跟踪并评价风险处理活动的执行情况。缺乏项目投资风险监控的风险管理是不完整的风险管理。

项目投资风险监控的意义主要表现在以下三个方面：

（1）有助于适应项目投资风险变化的情况

根据风险的有关定义可知，风险的存在是不确定性造成的，即人们无法知道将来项目发展的情况。但随着项目的进展和时间的推移，这种不确定性逐渐变得清晰，原来分析处理的风险会随之发生变化。因此，项目投资风险需要随时进行监控，以掌握风险变化情况，并根据风险变化情况决定如何对其进行处理。

（2）有助于检验已采取的风险处理措施

已采取的风险处理措施是否适当，需要通过风险监控对其进行客观的评价。若发现已采取的处理措施是正确的，则继续执行；若发现已采取的处理措施是错误的，则尽早采取调整行动，以减少不必要的损失。

（3）适应新的风险需要进行风险监控

采取风险处理措施后，项目投资风险可能会留下残余风险或产生以前未识别的新风险。对于这些风险，需要进行风险监控以掌握其发展变化情况，并根据风险发展变化情况决定是否采取风险处理措施。

4.5.2 项目投资风险监控目标

1）及早识别项目风险。项目投资风险监控的首要目标，就是通过开展持续的项目风险识别和度量工作，及早发现投资项目所存在的各种风险。这也是进行项目投资风险监控的前提。

2）避免项目投资风险事件的发生。即规避风险。除了做好投资前准备，还要对整个过程进行监控，保持风险意识。此外，也要加强投资决策科学化，制定合理的投资决策流程与决策方法。

3）消除项目投资风险带来的消极后果。主要方式有以下三种：①接受风险，即将风险保持在现有水平。可通过调控其他因素，补偿风险成本，抵消风险。②降低风险，即利用政策或措施将风险降低到可接受的水平。借助内部流程或行动，将不良事件发生的可能性降低到可接受的程度，以控制风险。③转移风险，即将风险转移给其他方。

4）充分吸取项目投资风险管理中的经验和教训。积极开展项目后评价工作，反思项目管理过程中是否有疏漏环节，及时总结经验教训。

4.5.3 项目投资风险监控流程

1）建立项目投资风险监控体制。主要包括项目投资风险责任制、项目投资风险信息报告制、项目投资风险监控决策制、项目投资风险监控沟通程序等。

2）确定要监控的项目投资风险事件。

3）确定项目投资风险监控责任。所有需要监控的风险都必须落实到人，同时明确岗位职责，对项目投资风险控制应实行专人负责。

4）确定项目投资风险监控的行动时间。这主要是指对项目投资风险监控要制订相应的时间计划和安排，计划和规定出解决项目投资风险问题的时间表与时间限制。

5）制订具体项目投资风险监控方案。根据项目投资风险的特性和时间计划制定出各具体项目投资风险控制方案，找出能够控制项目投资风险的各种备选方案，然后要对方案做必要性、可行性分析，以验证各风险控制备选方案的效果，最终选定拟采用的风险控制方案或备用方案。

6）实施具体项目投资风险监控方案。要按照选定的具体项目投资风险控制方案开展项目投资风险控制工作。

7）跟踪具体项目投资风险的控制结果。要收集风险事件控制工作的信息并给出反馈，即通过跟踪去确认所采取的项目投资风险控制活动是否有效，项目投资风险的发展是否有新的变化等，以便不断提供反馈信息，从而指导项目投资风险控制方案的具体实施。

8）判断项目投资风险是否已经消除。若认定某个风险因素已经消除，则该风险的控制作业已完成；若判断该风险因素仍未消除，就要重新进行项目投资风险识别，重新开展下一步的项目投资风险监控作业。

4.5.4 项目投资风险监控方法

由于项目投资风险具有复杂性、变动性、突发性、超前性等特点，因此，风险监控应该围绕项目投资风险的基本问题，制定科学的风险监控标准，采用系统的方法，建立有效的风险预警系统，做好应急计划，并实施高效的项目风险监控。

然而，目前项目投资风险监控还没有一套公认的、单独的技术方法可供使用。风险监控的方法不如风险识别、估计和评价方法成型，但在实践中也形成了一些监控方法，这些方法大都源自对项目管理其他方面方法的借鉴。在项目投资风险监控中，常见的方法主要有风险图表法、审核检查法以及偏差分析法。

1. 风险图表法

风险图表法就是根据风险评价的结果，从项目的所有风险中挑选出若干因素（如前十个最严重的）列入监视范围，然后每月都对这些因素进行检查，同时写出风险规避计划，说明用于规避风险的策略和措施是否取得了成功。与此同时，以图表的形式列出当月优先考虑的风险因素，其中每一个都写上当月的优先顺序号、上个月的优先顺序号以及它在风险图表中存在的时期。如果发现表上出现了以前未出现过的新风险，或者有的风险情况变化很小，那么就要考虑重新进行风险分析。需要注意的是，使用该方法发现问题后应及时采取措施，不要让风险由小变大，进而失去控制。同样重要的是，要及时注意和发现在规避风险方面取得的进展，因此，也要把已成功控制住的风险记在图表中。

另外，还要跟踪列入图表中的风险因素类别的变化。如果新列入图表的风险以前被划入未知或不可预见的类别，那么，就预示着项目有很大的可能要出现麻烦。这种情况还表明原来做的风险分析不准确，项目实际面临的风险要比当初考虑的大。表4-7说明了风险图表的使用方法。

表4-7 项目投资风险图表

风险因素	上月优先序号	当月优先序号	风险类别	应对策略
进度拖延	1	3	可预见	降低
要求变更	2	4	可预见	降低
功能未达到要求	3	2	已知	降低
费用超预算	4	1	已知	后备措施
人员无经验	10	10	已知	转移

2. 审核检查法

审核检查法是监控风险的首选方法。该方法用于项目的全过程，从项目建议书开始，直至项目结束。项目建议书、项目产品或服务的技术规格要求、项目的招标文件、设计文件、实施计划、必要的实验等都需要审核。审核时要查出错误、疏漏、不准确、前后矛盾、不一致之处。审核还会发现以前他人未注意或未想到的地方和问题。审核会议要有明确的目标且需多方面人员参加，会议中所提问题要具体。参加者不要审核自己负责的那部分工作。审核结束后，要把发现的问题及时交代给原来负责的人员，让其马上采取行动予以解决。问题解决后要签字验收。

检查是在项目实施过程中进行，而不是在项目告一段落时进行的。检查是为了把各方面的反馈意见立即通知有关人员，一般以已完成的工作成果为对象，包括项目的设计文件、实施计划、实验计划、在施的工程、运到现场的材料设备等。

3. 偏差分析法

偏差分析法是一种测量预算实施情况的方法。该方法将实际已完成的项目工作同计划的项目工作进行比较，确定项目在费用支出和时间进度方面是否符合原定计划的要求。偏差分析法计算、收集三种基本数据：计划工作的预算费用、已完工作的实际费用以及已完工作的预算费用。按照单位工作的预算价格计算出的已经完成实际工作量的费用，称为已完工作预算费用。

对于建设工程这样庞大、复杂的投资项目，为保证项目的建设和运营，及时发现和化解各种可能出现的风险，必须增加管理人员的风险管理意识，建立有效的项目管理和风险管理的制度和措施，设立强有力的项目建设管理机构和运营管理机构，设置必要的部门和专业人员，对项目从前期可行性研究、设计、施工、验收到运营整个项目过程中的各项活动进行有机的计划、组织、控制、协调，对工程的设计标准、建设质量、进度、计量、费用等关键项目风险控制因素进行严密的控制，使之各项指标控制在预期的范围之内，实施过程中若发生偏离现象，要及时预警并制定相应的措施，以保证项目的顺利实施和高效运营。

思 考 题

1. 建设项目投资风险管理的一般步骤是什么？
2. 简述建设项目投资风险识别程序和识别方法。
3. 简述建设项目投资风险估计流程和估计方法。
4. 简述建设项目投资风险评价流程和评价方法。
5. 简述建设项目投资风险应对策略。
6. 简述建设项目投资风险监控流程和监控方法。

第5章 项目投资决策

本章分别从项目投资决策基础知识、项目可行性研究和投资决策指标体系与方案比选这几方面构建项目投资决策的知识体系。首先阐述了项目投资决策的相关理论和概念；然后阐述了项目可行性研究的重要性与意义并介绍了项目可行性研究的工作程序；最后从方法论的角度介绍了项目投资决策的方法，构建了科学的投资决策指标体系，阐述了多方案下的方案比选方法。

5.1 项目投资决策基础

5.1.1 建设项目投资的相关概念

1. 投资的概念

投资（Investment）是指投资人（政府、企业、非营利机构或个人）根据详尽的分析，在确信本金安全和回报满意的情况下，垫付目前所拥有的金钱或资源，以换取未来的利益的活动。投资活动主要表现出主体多元化、目的广泛性、结果不确定的特征。

投资包括直接投资和间接投资。

直接投资是指对厂房、机械设备、交通工具、通信、土地或土地使用权等各种有形资产的投资和对专利、商标、咨询服务等无形资产的投资活动。间接投资是指投资者以其资本购买公司债券、金融债券或公司股票等各种有价证券，以期获取一定收益的活动，由于其投资形式主要是购买各种各样的有价证券，因此间接投资也被称为有价证券（Securities）投资。

2. 建设项目投资的概念

建设项目投资属于直接投资的范畴，且有广义和狭义之分。广义的建设项目投资是指项目法人受项目主办方委托，通过形成综合生产或服务能力获取投资效益，而垫付资本或其他资源于某工程建设项目的活动。这里的项目法人通常是一个确定的法律实体，它是为了项目的建设和满足市场需求而建立的自主经营、自负盈亏的经营实体；项目主办方又称项目发起人，是项目公司的投资者，是股东，项目主办方投入的资本金形成项目公司的权益，现代社会项目发起人大致可分为四类：企业、政府、非营利机构及个人；投资效益包括财务、经济、社会、环境四个方面。狭义的建设项目投资一般是指进行某项工程建设花费的全部费用。

3. 建设项目投资的要素

建设项目投资包含四大要素：投资主体、投资项目、投资环境以及投资效益。

（1）投资主体

投资主体是指垫付权益资本、承担投资风险和还贷风险、享受直接投资收益的项目法人和项目主办方（项目发起人或项目投资者）。项目法人包括新设法人和既有法人。新设法人是指建设项目所需资金来源于项目公司股东投入的资金和项目公司承担的债务资金。既有法人是指建设项目所需资金来源于原有既有法人内部融资、新增资本和新增债务金。

（2）投资项目

投资项目是建设项目法人实现既定设想的载体。由于不同类型投资主体的目标存在明显差异，因而其选择投资项目的类别也不同。例如，政府目标一般是通过提供社会服务来改善环境的，包括社会经济的可持续发展、就业水平的提高、法制的建立健全、社会安定、币值稳定、环境保护、经济结构的改善、收入分配公平等。因此，政府投资项目主要是基础性项目和公益性项目。企业的目标以实现利润为主，包括利润最大化、市场占有率、应变能力和品牌效应等。因此，企业投资项目主要是竞争性项目。

（3）投资环境

投资环境是指影响投资的客观条件，包括经济体制、政治体制、法律制度、诚信道德、传统文化、精神文明、国际一体化、金融服务、市场进入与退出条件以及劳动力市场弹性等社会政治经济条件组成的投资软环境；也包括自然地理条件、交通运输、邮电通信、供水供电等物质技术条件组成的投资硬环境。投资环境是可以改变的，设施不断完善、环境日益优美、社会和谐安定的投资环境，能有效提高投资效果，增加对投资的吸引力，是促进区域经济发展的先决条件。

当然，建设项目投资在一定的时空中也受到自然、技术、经济等方面的制约，自然条件决定了投资的客观物质基础，技术、经济条件显示了投资活动成果的价值。建设项目投资固然要遵循自然环境中的各种规律，只有这样才能赋予物品或服务使用价值。但是，物品或服务的价值取决于其带给人们的效用，效用大小往往要用人们愿意为此付出的货币数量来衡量。无论技术系统的设计多么精良，如果生产出来的物品或服务不受市场上消费者的青睐，或者成本太高，这样的建设项目投资效益就会很低。

（4）投资效益

投资效益是指投资活动所取得的成果与所占用或消耗的投资之间的对比关系。投资效益包括财务效益（微观经济效益）、国民经济效益（宏观经济效益）和社会效益。

投资的财务效益是指投资项目的投入与产出相比较，能否获得预期的盈利，是从投资主体的角度衡量投资活动是否值得。投资的国民经济效益是指投资项目对国民经济有效增长、结构优化的贡献。投资的社会效益是指投资项目的建设和运行对社会发展、资源、生态、环境、就业、分配等方面带来的影响。

一项投资活动的财务效益、国民经济效益和社会效益有时会是冲突和对立的。例如，对一个经济欠发达地区进行开发和建设，如果只进行低水平的资源消耗类生产，就有可能在取得企业财务效益的同时，造成严重的环境污染和生态平衡的破坏。

人类社会的一个基本任务，就是要根据对客观世界运动变化规律的认识，对自身的活动进行有效的规划、组织、协调和控制，最大限度地提高投资活动的收益水平，降低或消除负面影响，而这正是建设项目投资决策的主要任务。

5.1.2 建设项目投资决策

1. 决策的概念、要素和特点

（1）决策的概念

对决策概念的界定有很多种，归纳起来基本有以下三种理解：

1）人们为实现特定目标，根据客观可能性，在一定量的信息和经验的基础上，借助一定的工具、技巧和方法，对影响目标实现的诸多因素进行分析，进而提出问题、确立目标、设计和选择方案的过程。这是广义的理解。

2）把决策看作是从几种备选的行动方案中做出的最终抉择，是决策者的拍板定案。这是狭义的理解。

3）认为决策是对不确定条件下发生的偶发事件所做的处理决定，这类事件既无先例，又没有可遵循的规律，做出选择要冒一定的风险。也就是说，只有冒一定风险的选择才是决策。这是对决策概念最狭义的理解。

决策的核心是对拟要从事的计划或活动所要达到的多个目标和多个执行方案中做出最合理的抉择，以寻求达到最满意的效果。

决策是一个被广泛使用的概念，每一个人、营利组织、非营利组织或政府机构都离不开决策。个人决策关系到个人成败得失，组织决策关系到组织生死存亡，国家决策关系到国家的兴衰荣辱。

（2）决策的要素

决策通常涉及以下五个构成要素：

1）决策主体。决策主体分为分析人员和决断人员两类。分析人员可以是系统内部的人员，也可以是接受委托的系统外部人员，他们在决策过程中承担提出问题、系统优化和评价方案的任务。决断人员往往是系统组织中的领导者，他们在决策分析过程中能够也必须进行最后的拍板定案。

2）决策目标。决策目标是决策主体综合考虑客观环境和内部资源而确定的希望达到的目标。决策是围绕着目标展开的，决策的开端是确定目标，终端是实现目标。决策必须至少有一个希望达到的目标。

3）决策方案。决策必须至少有两个为达到的目标而制定的备选方案。备选方案可以是只有约束条件的控制性规划方案，也可以是具体明确的设计方案、实施方案或运营方案。

4）自然状态。自然状态也称结局，每个决策中的备选方案实施后可能发生一个或几个可能的结局，如果每个方案都只有一个结局，就称为"确定性"决策；如果每个方案至少产生两个以上可能的结局，就称为"风险型"决策或"不确定性"决策。

5）效用。每个方案各个结局的价值评估值称为效用。通过比较各个方案效用值的大小可以评估方案的优劣。

（3）决策的特点

投资决策的过程是动态的、不断修正并不断调整的，整个过程都会受到各方因素的影响。投资决策是在投资实践活动进行之前的一种主观认识活动；投资决策以具体的投资目标为指导，包括对投资方案进行制定、选择、评价直至得出最优方案等全部活动；投资决策是一个不断修正、不断完善的动态过程。投资决策具有以下几个显著特点：

1）不确定性。任何一项决策都是面向未来的，都存在一定的不确定性。事实上，决策的后果完全符合预期情况的很少，总是或多或少地偏离原先期望，甚至截然相反。这就要求决策者必须具有较强的洞察力和前瞻性，深谋远虑、高瞻远瞩，并能正确认识和对待决策后果与预期目标的偏差。

2）追求成功率。技术问题往往允许进行大量试验，可以经历数百次失败，只要最后成功就是胜利。而决策特别是战略决策多属一次性活动，失败有可能导致难以逆转的严重后果。这就要求决策者必须学习科学决策的基本理论，掌握并正确应用科学决策的方法和技术，不断总结经验，改善决策质量。

2. 决策的分类

由于经济社会活动非常复杂，因而决策也具有不同的类型。

（1）按决策的作用分类

1）战略决策。战略决策是涉及组织生存与发展的全局性、长远性重大方案的论证和选择，如新项目的建设、新产品的研制和新市场的开发等。战略决策具有的特点是：一般都是系统顶层管理部门的重大决策；常涉及系统内复杂关系的处理；决策问题一般都具有半结构化或非结构化的特征；决策水平的高低与高层管理人员的素质关系密切。

2）管理决策。管理决策是指为保证组织总体战略目标的实现而解决局部问题的策略决策，由中层管理人员做出。例如，新建钢铁联合企业中厂区道路系统的设计、工艺方案和设备的选择。

3）业务决策。业务决策是指基层管理人员根据管理决策的要求为解决日常工作和作业任务中的问题所做的执行决策。例如，生产中产品合格标准的抉择、日常生产调度的决策等。

（2）按决策的结局分类

按决策过程中自然状态的多少及信息条件的充分程度，决策可分为确定型决策、风险型决策和不确定型决策。

1）确定型决策。确定型决策是指那些自然状态唯一确定，有精确、可靠的数据资料支持的决策问题。

2）风险型决策。风险型决策是指那些具有多种自然状态，且能得到各种自然状态发生的概率，但难以获得充分可靠信息的决策问题。

3）不确定型决策。不确定型决策是指那些难以获得多种自然状态发生的概率，甚至对未来状态都难以把握的决策问题。

现实的战略决策一般都属于风险型决策和不确定型决策，确定型决策只能存在于某些假设下，作为风险型和不确定型分析的基础，或存在于管理决策和业务决策中。

还有其他分类方式，如根据项目问题的影响程度和范围，可分为总体决策（或称战略决策）和局部决策（或称策略决策）；根据决策目标的数量，可分为单一目标决策和多目标决策；根据决策问题重复情况，可分为重复性（或称常规型、程序化）决策和一次性（或称非常规型、非程序化）决策；根据决策中所涉及的方案个数及相互关系，可分为独立方案决策和相关方案决策。

3. 建设项目投资决策的特征

建设项目投资决策是指在进行建设项目的投资活动时，项目投资者为了实现预期的投资目标，按照一定的程序，确定投资目标、选择投资项目、拟订投资方案，同时运用科学的理论和方法对各个备选方案进行综合评价，选择能实现预期投资目标的最优方案，并做出决策的过程。这一过程可概括为对拟建投资项目的必要性、可行性、合理性进行技术经济分析和评价，对各个备选的投资方案进行综合评价，最终做出选择。投资决策具有以下特征：

（1）属于上层管理部门的战略决策

上层管理部门不仅是中央、省、市等领导部门，而是指任何系统的上层管理部门。一个企业、一个学校以及任何一个单位的战略决策可以很多，但建设项目几乎毫不例外地都被作为战略决策，因为这涉及该单位的未来生存和发展的方针和谋划。

（2）具有全局性和长远性影响

由于建设项目投资决策解决的问题都是涉及系统全局性发展的重大问题，常常反映了系统一定时期要达到的主要目的和目标及所要采取的步骤和措施。所以，其后果必将影响系统全局的发展或系统一个较长时期的发展。

（3）涉及系统内复杂的组织关系的处理

建设项目投资决策一般都涉及系统内多个部门和方面的利害关系。例如，三峡工程决策必须处理好上下游两个地区间的矛盾关系，以及航运、发电、防洪、旅游等方面的矛盾关系。所以，建设项目投资决策过程不仅贯穿于本部门的活动中，而且必然受到其他部门或政治力量的制约和干预，常常不得不利用一些政治和外交手段去处理大量复杂的组织关系问题。

（4）一般都是半结构化或非结构化的决策问题

建设项目投资决策要考虑的大量因素中，除极少数的可以定量分析外，大多数都包含政治、权力、情感及决策者个性和素质等因素的影响，使这些问题无法结构化为规范性的问题去求解。这是建设项目投资决策最显著地区别于日常决策的方面。

（5）决策结果与分析人员的因素关系密切

日常决策可以按照经验、惯例、固定的程序和方法进行，即使决策者的素质不高，决策也不会出现大问题。建设项目投资决策由于影响重大，涉及许多组织、行为和心理因素，而且很难结构化，故其决策的质量很大程度上依赖于决策分析人员和决策者的素质。这就要求决策分析人员具有敏锐的洞察和谋划能力，决策者要有开拓精神、创新意识和判断能力。

4. 建设项目投资决策及其必要性

世界上任何一个国家在经济腾飞的过程中，都必须兴建一大批建设项目，才能构成独立的、系统的、有特色的国民经济体系。例如，我国1950—1998年，累计完成基本建设投资72112亿元，更新改造投资32466亿元，建成投产的基本建设项目120多万个，其中大中型项目约6200个。

建设项目投资的效果可分为两类。一类是对国民经济的迅速发展起到积极的推动作用。我国正是通过这些项目的成功建设，才使我国的经济增长速度和一些主要产品产量都跃居世界前列，综合国力明显增强，人民生活不断改善，经济发生了翻天覆地的变化。另一类则是效益不佳、亏损严重，使国民经济发展背上"包袱"，甚至破产消亡。近年来，在美国纳斯达克上市的股票,数量最多时曾超过 5000 只,现在只有 2000 只左右,有的降级转入场外交易市场,有的退市摘牌,乃至破产关门。可见,建设项目的成败与这些建设项目投资决策紧密相关。

当今社会正处在世界一体化、经济全球化、信息网络化的时代,建设项目投资将处于更大的风险范围中,决策因素众多,相互关系复杂,环境变化多端,后果影响重大而深远,使建设项目投资决策变得越来越困难,并且对决策的正确性提出了越来越高的要求。为了防止在大型建设项目决策上的片面性和盲目性,避免由于决策的失误而造成社会资源浪费,很有必要研究建设项目投资决策问题。

为了保证建设项目决策的科学化和民主化,我国建设项目主管部门规定,各类投资主体都要根据自身的特点建立科学的投资决策程序,严格按程序进行投资决策。国有企业和集体所有制企业的重大投资决策,要听取职工意见。政府投资决策要经过咨询机构评估,重大项目要实行专家评议制度,特殊重大项目要经过人民代表大会进行审议。同时,要进一步强化和完善法人治理结构,并建立严格的责任约束机制,投资成败要与决策者的考核和奖惩挂钩。

5. 项目投资决策遵循的原则

项目投资者进行决策时,应遵循以下几个方面的原则:

(1) 最优化原则

决策的核心内容就是在特定的环境条件及资源的约束下,寻求最优目标以及能够达到目标的最优化方案,一个没有经过优化的决策是毫无意义的。在进行建设项目的决策时,首先要遵循的原则就是最优化原则,就是说要以最小的资源消耗获得最大的经济效益,以最低的成本取得最大的收益。当然,并不是所有的项目都具有最优的实施方案,由于投资环境及客观世界的变化,许多问题没有或无法求出最优解,所以常采取被多数人普遍接受的满意的标准,这种原则就称为"满意"原则,也就是"次优"原则。

(2) 系统原则

建设项目的决策环境是一个大系统,这个系统在形式、层次上复杂多变、相互联系、相互制约,各个系统又包含无数个子系统,这些子系统又处于相互联系的结构之中。因此,在进行项目的投资决策时,必须运用系统工程的理论与方法,以系统的总体目标为核心,以满足系统的优化为准则,突出系统配套、系统完整和系统平衡,从整个系统的角度出发权衡整个投资项目带来的利弊。

(3) 可行性原则

建设项目的决策必须要满足可行性要求,一个不可行的项目是不能实现预期的投资目标的。因此,在项目决策前必须进行可行性研究。可行性研究必须从技术、财务、社会效益以及环境效益等方面进行全面考虑,不同建设项目的可行性研究内容是不尽相同的。在项目的投资决策中,要做好充分的可行性研究,强调科学的决策,杜绝非科学的决策,这样才能减少决策失误。

(4) 信息准全原则

虽然科学的决策方法是一个建设项目成功实施的重要保障,但在如今这样一个高速发展的信息社会,准确而全面、及时的信息同样也是项目决策不可或缺的资源。信息是决策成功的必要条件,不仅在决策前要使用信息,决策后也要使用信息。信息的及时反馈不但能够帮助决策者了解决策环境及相关政策的变化,同时也有助于了解决策实施后果与目标的偏离情况,以便进行及时调节,不断修改决策实施方案。

(5) 集团决策原则

随着科学技术的迅猛发展,社会、经济、环境等许多问题呈现出日益复杂的变化趋势,不少问题的决策已经不能仅由决策者个人或少数几个人来完成,而必须依靠大多数人或集团的智慧共同完成。因此,集团决策原则是建设项目投资决策必不可少的原则。所谓集团决策,不是靠少数投资者的个人意愿,而是依靠集体决策者的智慧和经验,对要决策的投资项目进行充分的论证和评估,提出切实可行的方案,通过对比分析选择最优方案。这种决策融合了决策者与专家的集体智慧,是较为科学的决策,能更好地达到投资目标。

5.1.3 建设项目投资决策程序

如上所述,建设项目投资决策是一个发现问题、分析问题和解决问题的过程。建设项目投资决策就是从根据国民经济发展需求确定投资决策目标开始,到工程建设方案的确定和实施控制为止的全过程。这一过程包括建设项目决策目标确定、方案创造、综合评价和过程控制四个阶段。

建设项目决策目标确定是指在一定外部环境和内部环境条件下,在市场调查和研究的基础上,预测达到的结果。决策目标是根据所要解决的问题来确定的,因此必须把握所要解决问题的要害。只有明确了决策目标,才能避免决策失误。这一阶段的决策任务是要确定什么时间、什么地点、建设什么样的项目。要考虑国民经济现状和发展,国际局势的变化,国内外市场的变动,我国在国际经济中的地位、实力,还要考虑国民经济发展战略和生产力布局等。

投资目标虽然要考虑每个具体工程的可行性,但其重点仍在于考虑总体布局的合理性、协调性和经济性,对某个建设项目只能给出一个较粗略的结论。因此,具体的建设项目还需要在战略部署的指导下进行方案的创造。

初步方案确定后,就可估算建设项目可能产生的后果和影响,然后根据定量和定性的结果,对建设方案进行客观、全面的综合评价,选择满意的建设实施方案。

每个建设项目从立项到竣工都有一个较长的建设期,在此期间会出现一些不可预料的变化因素对建设项目投资目标产生影响。因此,必须在项目的设计阶段、发包阶段、施工阶段以及竣工阶段,随时纠正发生的偏差,以此保证建设项目投资目标的实现。

建设项目投资决策不是独立的一次性事件,而是贯穿于建设项目每个阶段的整体的、渐进的动态过程,上一个阶段决策的成果是下一个阶段决策的依据,下一个阶段的决策又是上一个阶段的延续和深化,即上一阶段决策指导下一阶段决策,下一阶段决策不断修改完善并补充上一阶段的工作,使其逐步完善、达到目标。

在进行项目的投资决策时,要想达到良好的投资效果,必须严格执行科学的决策程序,具体流程如下:

1. 发现决策问题

任何决策都是从发现问题开始的,决策的目的就是针对问题提出要达到的具体目标和实现目标的实施方案。因此,决策者要针对具体的决策问题做好调查研究,按照轻重缓急,分期分批进行解决。

2. 确定决策目标

决策问题确定以后,要针对提出的问题确定所要达到的具体目标,建设项目投资决策的最终目的就是要达到项目投资的预期目标。在确定决策目标的过程中,应注意以下几点:

(1) 一切从客观实际出发

确定目标时,要本着一切从客观实际出发的原则,对目标的可实施性进行反复的、充分的论证,为科学的决策提供依据,只有经过详细论证的目标才具有实际性和可实现性。

(2) 决策目标必须具体明确

不论是单目标决策还是多目标决策,都要保证每个目标只有一种解释,不能模棱两可。因此,在对目标进行阐述时,应尽量避免多义性,尽可能使目标数量化,完成的时间具有确定性。

(3) 要明确目标的约束条件

大多数投资项目的目标都具有约束条件(如资源限制、资金限制、时间限制等),无约束条件的目标是极少数的。因此,在进行项目的决策时,必须了解清楚项目的约束条件。

(4) 确定目标要从大局出发

决策目标的确定要有全局观点,以大局为重,要首先考虑国家及社会的利益,不能损人利己,更不能把企业或个人的利益建立在损害国家利益、社会利益的基础之上。

3. 进行信息收集

决策者所掌握的信息量和对时间的把握直接影响到决策的成功与否,要尽量保证收集到的信息及时,且真实、有效,要尽可能地避免花费过多时间和精力去收集没有价值的信息。除此之外,决策者还要保持与外界的有效沟通,这样有助于更加及时地收集信息,做出比较明智的决策。

4. 确定价值标准

根据项目所要达到的最终目标确定它的各级价值标准,作为进行备选方案抉择的判别准则,各级价值标准必须一目了然、层层递进。例如,一个建设项目是否应该上马,应考虑它的技术价值、经济价值、社会价值、环境价值等,每类指标还可以细分为若干项,形成一个价值链。决策者必须设定合理的价值标准,如果标准欠妥,将导致决策的失误。

5. 创建可供选择的方案

根据要实现的决策目标,参照价值标准创建可供选择的方案。在这个过程中要充分运用智囊技术,如最常用的"头脑风暴法",这一类方法有利于突破旧的思维定式、开辟新视野、提出新方案,具有很明显的效果。

6. 评价备选方案

对已创建的备选方案,要根据价值准则,结合项目实施的具体背景和情况,从决策的目标出发,全面分析各备选方案所需的人力、物力、技术、资金等条件,评价备选方案的优劣,筛选出切实可行的方案,以备决策。

7. 选择最优方案进行决策

项目择优是整个决策过程的中心环节。选择最优方案的方法可分为两大类:一类为经验判断法,另一类为数学分析法。正确、有效地进行项目评价,必须掌握项目的决策方法。

8. 方案实施,控制决策的执行情况

根据所选定的方案进行决策以后,要拟定达到目标的手段、步骤和措施,并将方案付诸实施。在决策方案实施后,要进行跟踪检查,保证执行结果与决策时的期望值一致。

9. 信息反馈,必要时实行追踪决策

决策方案实施后,还必须注意对方案实施情况的信息反馈。例如,客观环境的变化是否引起决策方案的实施与决策目标产生偏离;主观条件的变化是否造成决策目标的重大偏离等。如果有重大偏离,必须停止原方案的实施,重新论证并做出相应的科学决策。这种决策称为追踪决策。

5.2 项目投资可行性研究

可行性研究是在建设项目的投资前期,对拟建项目进行全面、系统的技术经济分析和论证,从而对建设项目进行合理选择的一种方法。对建设项目进行可行性研究是基本建设管理中的一项重要的基础工作,是保证建设项目以最小的投资换取最佳经济效果的科学方法。投资业主和国家审批机关主要根据可行性研究提供的评价结果,确定对此项目是否进行投资和如何进行投资。

项目可行性研究是在对建设项目进行深入细致的技术经济论证的基础上做多方案的比较和优选,提出结论性意见和重大措施建议,为决策提供科学依据。因此,它的内容应能满足作为项目投资决策的基础和重要依据的要求。建设项目可行性研究报告的内容大体分为三部分:首先是市场研究,对产品的市场调查和预测研究,解决项目的"必要性"问题;其次是技术研究,即技术方案和建设条件研究,解决项目在技术上的"可行性"问题;最后是效益研究,即经济效益的分析和评论,这是项目可研的核心部分,解决项目在经济上的"合理性"问题。

建设项目一般应包括以下内容:总论(项目背景及研究依据等)、市场需求预测及拟建规模、资源状况、建设条件和选址方案、技术工艺和设备选型、环境保护和劳动安全、劳动组织及人员配备、项目施工计划和进度要求、投资估算和资金筹措、项目的经济评价(财务评价和国民经济评价、综合评价与结论等)。

5.2.1 可行性研究的目的和意义

进行项目投资的目的,就在于最大限度地实现经济效益和社会效益。任何投资决策的盲目性或失误,都可能导致重大损失。可行性研究的目的就在于对项目的建设条件、生产技术的可靠性以及产品的竞争能力等,进行深入的调查论证,然后对项目的实施和前景做出科学的预测,以减小决策失误的风险,保证项目效益的实现。

在社会主义的市场经济条件下,若干个建设项目所实现的经济效益组成了固定资产投资经济效益的有机整体。每一个具体的投资项目实施状况都与整个国民经济的发展速度、发展规模、发展比例以及生产力布局等因素密切相关。单个投资项目的成功建设、预期经济效益的取得,都能从整体上提高固定资产投资的宏观经济效益,从而促进国民经济健康发展,提高全社会的经济效益。尤其是重大的投资项目,其作用更加显著。反之,如果项目决策失误,不仅对局部的经济发展造成损失,还有可能影响到国民经济的整体效益,甚至贻误国民经济的发展。错误的项目决策一旦发生,即使在施工建设中做出极大努力,也很难完全挽回造成的损失,投资效果自然也难以保证。

我国在开创社会主义事业、实现社会主义现代化的过程中，必然会遇到许多新情况、新问题。这些问题既涉及复杂的自然科学及生产技术，也包含烦琐的社会科学理论。任何一个建设项目的成功与否，不仅要看技术上是否先进可靠，更要看经济上是否合理，是否能够带来足够的潜在效益；不仅要看项目本身的经济效益，还要看它对整个国民经济的贡献。现代化的大型项目投资多、规模大、技术复杂，单凭良好的愿望和知识，已远远不能适应要求。更何况科学技术迅猛发展，产品更新换代迅速，市场竞争激烈，甚至有的产品尚未进入市场就已过时。这就要求充分做好科学的预测分析，做好项目的可行性研究，才能实现项目的投资效益，逐步提高国民经济效益，促使国民经济整体沿着社会主义现代化的方向顺利发展。

对投资项目进行可行性研究，是我国进行社会主义经济建设的客观需要。针对一般性投资项目来说，可行性研究具有如下重要意义：

（1）进行风险管理的内在需要

并非每一项投资设想都天然地符合客观经济规律，经过研究，必然会发现一些不可行的项目，或是察觉到原有方案中存在的障碍。这些投资项目可行性研究的成果，实质上排除了项目投资的盲目性，避开了风险，争得了时间，进而实现了风险管理中风险最小化的目标。因此，进行可行性研究是商品经济的客观要求。另外，耗资巨大、花费时间相对较长、涉及领域较广的投资项目，也必然要求进行可行性研究。在明了相关情况的基础上再进行投资建设，才能达到预期的目的，实现期待的收益。

（2）系统化管理方法的要求

首先，社会化大生产的特点决定了在投资决策时必须全面考虑各方面的影响因素，如生产资料的配置和投入、需求方面的制约等；其次，在投资决策中，不仅要注重企业个体所实现的经济效果，还必须考虑国民经济整体可能经受的影响；最后，如果是涉及国际市场的投资项目，在投资决策时还必须充分估计国际市场的变化、国际上技术变化（技术周期）、新产品的开发和盈利能力（产品周期）以及汇率变动等方面的影响。总之，一个科学的投资项目管理过程，必然包含可行性研究工作。

5.2.2 建设项目投资决策可行性研究的必要性

1）可行性研究是决定项目决策的直接依据。

可行性研究实质上是一个方案的具体确立和构造，是一个项目投资与否的最重要的环节。社会主义市场经济投资体制为由国家、地方、单位和个人组成多元投资格局，因此，投资业主和国家审批机关主要根据可行性研究提供的评价结果，确定是否投资和如何投资，这是项目建设单位的决策性文件。

2）可行性研究是编制项目设计文件的依据。

可行性研究的审批通过，意味着该项目正式批准立项，可以进行初步设计，为下一步实施项目设计提出具体的操作方案。初步设计不能违背可行性研究已经论证的原则。在可行性研究中，对项目选址、建设规模等方面都进行了深入、详尽的论证研究，设计文件的编制应以可行性研究报告为依据。

3）可行性研究是建设单位融资特别是向银行贷款的重要依据。

凡是向银行贷款的项目，必须向有关部门报送项目的可行性研究报告。研究报告中需要详细预测项目的财务效益、经济效益及贷款偿还能力。而批准的可行性研究是项目建设单位筹措资金，特别是向银行申请贷款或向国家申请补助资金的重要依据，也是其他投资者的合资依据。银行及国家有关部门可把此作为申请项目贷款的先决条件，通过对可行性研究的审查，对建设项目进行全面、细致的审查，认为项目确实可行后，方可决定是否贷款。例如，世界银行等国际金融组织以及我国建设银行、国家开发银行等金融机构都要求把提交可行性研究作为建设项目申请贷款的先决条件。

4）已批准的可行性研究是项目建设单位向国土开发等土地管理部门申请建设用地的依据。

因为可行性研究对拟建项目如何合理利用土地的设想提出了办法和措施，报告中含有总图布置、环境及生态保护方案等方面的论证为依据。国家开发部门和土地管理部门可根据可行性研究具体审查用地计划，审查建设是否符合城市规划以及对环境的影响，决定是否办理土地使用手续。可行性研究报告为确保项目达到环保标准，在环境保护方案中根据要求明确环保治理措施和方法。这些信息可作为环保部门对项目进行环境评价、具体研究治理措施和签发建设许可文件的依据。

5）可行性研究是项目建设期项目管理的依据，是工程建设管理工作中的重要环节。

可行性研究不仅要对拟建的项目进行系统分析和全面论证，判断项目是否可行，是否值得投资，还要进行反复比较，寻求最佳建设方案，避免项目方案的多变造成的人力、物力、财力的巨大浪费和时间的延误。这就需要严格项目建议书，以及可行性研究报告的审批制度，以确保可行性研究报告的质量和足够的深度。假如在设计初期不能提出高质量、切合实际的设计任务书，不能将建设意图用标准的技术术语表达出来，自然也就无法有效地控制设计全过程。如果工程的初步设计起不到控制工程轮廓及主要功能的作用，或在只有一个粗略方案的情况下便草率地进入施工图设计，设计项目管理与施工肯定会出问题。可行性研究中总的目标如果控制不好，在设计过程中朝令夕改，使设计者无所适从、顾此失彼，往往会造成产品先天不足。因此，初步设计概算必须在可行性研究报告估算的控制范围之内。初步设计未获批准，不得进入施工图设计阶段，重大设计变更必须报原批准机关审批，避免工程建设中不断追加投资使工程管理失控，造成"半拉子工程""胡子工程"，给国家及投资业主带来巨大损失。

在现实经济环境中，业主建设单位希望挖潜降低工程造价，特别是一些民营、个体业主，他们缺乏懂技术的专家为项目进行认证、研究，也不愿花高价聘请具有资质的咨询机构进行项目的可行性研究，草率上项目，从而导致项目中隐藏着一些在可行性研究中未解决的问题，只走形式，不重实质，不能为设计阶段提供良好的设计环境，造成设计工作不应有的反复，甚至在施工中产生过多的设计变更，造成部分工程废弃及延误工期。因此，做好可行性研究是做好设计项目管理的前提。如果决策失误，不但建设项目没有经济效益，而且可能损失惨重。可行性研究是避免设计项目管理决策失误、保证建设项目建设及投产后经营效益责任的重要手段。

6）可行性研究是项目后评估的依据。

建设项目后评估是在项目建成运营一段时间后，评价项目实际运营效果是否达到预期目标。建设项目的预期目标是在可行性研究报告中确定的，因此，后评估应以可行性研究报告为依据，来评价目标的实现程度。

5.2.3 可行性研究工作程序

投资项目可行性研究涉及内容广泛，同时涉及众多学科，往往要进行多学科论证，工作要求极高。因此，这项工作的进行不仅需要项目相关方面的专家来主持，而且还需要财务管理、工程技术、工程管理、市场分析以及企业管理等多方面的专业人士参加，并且按照一定的工作程序协同进行。

1）策划和调研等相关前期准备工作。由各地区、各部门、各企事业单位或投资者根据国民经济和社会发展的长远规划、行业规则和地区规划的要求，结合资源情况，在广泛调查研究、收集资料、勘察建设地点、周密的市场预测、资源条件及技术经济分析的基础上，明确项目提出的背景和项目目标，提出需要进行可行性研究的具体项目的项目建议书。以此对拟建项目提出一个轮廓设想，鉴别项目的投资方向，明确研究的任务、内容和范围，制订工作计划。

2）项目建议书批准之后，即可进行可行性研究。

根据先前的初步计划对项目涉及的各个技术经济问题进行实地调查和分析研究，并对这些调研结果分别做出评价。综合初步研究的结果，并对各个方面的结论进行组合，设计出可供选择的多个方案，经过比选后推荐出最佳方案。

对选出的最佳方案进行更为详细的分析研究，以明确项目实际运行过程中产生的财务数据，对项目的经济和财务状况做出评价。同时，为了验证项目的投资效果和风险抵御能力，还需要对项目进行不确定性分析，进而得出成本、价格、销量等变量对投资效果产生的影响。

国家投资项目，其可行性研究一般采取主管部门下达计划，或者有关部门、建设单位向设计单位或咨询机构进行委托的方式，向可行性研究承担单位说明建设项目的总目标、要求、资金来源、产品市场、原料供应等问题的设想，由承担可行性研究的组织进行投资项目可行性研究工作，并实事求是地编制可行性研究报告，提交项目主管部门或有关机关进行报批。

3）项目可行性研究报告的筹资方案，如需要银行贷款，应事先同有关银行取得联系，并将可行性研究报告送至银行进行评估。

4）负责审批可行性研究报告的部门，在预审时应委托有资格的咨询公司，组织专家进行项目评估。如果结论可行，则可编制和批准设计任务书，完成投资决策；如果结论不可行，则撤销项目。

5）除了参与可行性研究及报告撰写过程的专家外，投资项目的可行性研究还需要项目主管部门、审批部门以及相关贷款和资源提供的金融机构及上下游企业的协作。多个部门按照相应的规定协力合作，才能保证项目前期工作的顺利进行。

5.2.4 可行性研究的要求

1. 应具有科学性、公正性和严肃性

可行性研究是一项政策性、技术性和经济性很强的综合研究工作。为保证它的科学性、客观性和公正性，必须坚持实事求是，在调查研究的基础上，进行方案分析和比较，按客观实际情况进行论证评价，应本着对国家、对人民高度负责的精神和严肃认真的态度对待这项工作，防止主观臆断和行政干预；切忌事先定调子、画框框，为"可行"而"研究"，将可行性研究作为争投资、争项目、列计划的"通行证"，使可行性研究流于形式。可行性研究是一种科学方法，为保证可行性研究的质量，编制单位应保持独立和公正的客观立场。

2. 承担可行性研究的单位应通过资格审定

可行性研究的内容涉及面广、收集资料量大、内容深度要求高，它又是起决策作用的基本文件。因此，为保证质量，要求可行性研究报告应由实际经验丰富、技术力量雄厚、经国家或总公司正式批准颁发证书的设计单位或工程咨询公司承担。可行性研究报告应有编制单位的行政、技术、经济负责人签字，并对该报告的质量负责。若发现工作中有弄虚作假，要追究有关负责人的责任。

3. 可行性研究的深度应达到标准要求

虽然对不同项目的可行性研究内容和深度各有侧重和区别，但其基本内容要完整，文件要齐全，研究深度应达到国家规定的标准，按照原国家计委颁发的《关于建设项目进行可行性研究的试行管理办法》和《建设项目经济评价方法与参数》等文件的要求进行编制。这样才能保证质量，以满足项目投资决策的要求和起到作为编制设计任务书依据的作用。按照要求，如果项目可行性研究的内容和质量达不到规定要求，评估单位可不予受理，或退回重做。

5.2.5 做好可行性研究的措施

1. 健全项目投资决策可行性研究的咨询机构

为适应社会主义现代化建设和市场经济体制改革的需要，我国勘察设计及工程咨询单位必须实现两大转变：一是改企转制，由过去的附属于部门的事业单位转变为独立的市场竞争主体，并建立现代企业制度；二是转变经营机制，由过去局限于特定行业开展单一业务的职能型机构，转变为面向投资建设全过程服务、并按照市场机制进行的社会中介机构。当前加强工程咨询勘察设计企业内部改革，努力提高队伍素质，具有十分重要的现实意义。如今，外国工程咨询设计机构将进入我国，国际竞争国内化的形势迫在眉睫。这就要求工程咨询设计单位要勇敢地走向市场，使可行性研究与设计工作上一个新台阶，转变观念、加强管理、增强技术人员的责任感。设计是将科学技术转化为生产力的桥梁，设计图上每一条线、每一个点和数字都代表着技术责任和一定数量的资金，设计质量的优劣与工程建设有直接的联系。可行性研究要以质量控制为核心，对项目的规模、建设标准、工艺布局、产业规划、技术进步等方面应实事求是地科学分析。从事可行性研究的人员要真正树立为国家、为建设单位服务的精神，熟悉国家和地方有关项目建设的法律、政策、规定，准确掌握有关专业知识，不断学习新技术，真正做到科学地、独立地、不受任何干扰地把握好产业的发展方向，提高可行性研究的深度和质量，为社会提供质量优良的产品。

2. 进一步提高对可行性研究作用的认识

国内外投资项目多年的建设实践证明，即使耗费一定资金进行的可行性研究证明项目不可行，也胜于不做可行性研究就盲目进行项目建设投资。对项目整体效益的影响而言，项目前期进行的可行性研究费用投入较少（通常不超过投资总额的1%～3%），项目的主要投入在施工阶段；项目前期可行性研究对项目寿命期的影响最大，稍有失误就会导致项目的失败，造成不可挽回的损失，而施工阶段的工作则对项目寿命期的影响很小。可见项目前期可行性研究工作对投资的影响有多么重要。因此，不断提高对投资项目可行性研究工作重要性的认识、认真扎实地做好投资前期的研究论证工作十分必要。要重申可行性研究在经济建设中的作用，可行性研究作为一种科学的方法，在投资决策中有着非常重要的作用。从宏观上讲，可行性研究关系到国民经济发展、产业结构调整、技术进步和可持续发展的问题；从微观上讲，可行性研究关系到投资项目的成败、企业的成败。从发达国家的实践来看，可行性研究是一种行之有效的投资决策手段，所有的投资项目都应进行客观、公正的可行性研究，并通过可行性研究取舍项目。

3. 改革经济体制和项目管理体制，增强主体宏观经济效率意识

要加强经济体制改革，培育完善的市场，疏通生产要素各流通环节，使生产要素能够自由、迅速流动，使整体生产要素的流动与局部生产要素的流动都凸显出来，使人们意识到项目分析如果忽视宏观经济资源配置就会失败，以逐渐消除计划体制的残余影响。建立一套财务效益与国民经济效益并重的项目管理体制，在"四大体制"尤其是"项目法人责任制"中加入项目参与者对项目国民经济效益负责的内容，并确立其法律地位，把项目国民经济效益纳入项目分析、审批、实施和验收等项目管理的各个环节中。

4. 探索项目可行性研究的方法，并制定相应的行业标准

完善项目分析和验收规范，突出经济分析和国民经济效益。在项目分析规范设计方面，要改变目前只规范财务分析、不规范经济分析的做法，国家有关项目分析的文件中要增加经济分析的内容，包括经济分析的方法和评价指标，做到可行性分析结论以财务分析和经济分析结论为基础，并主要以经济分析结论为依据。在项目验收规范设计方面，一方面要设立和完善考核项目国民经济效益的指标；另一方面要明确项目验收时应考核项目国民经济效益指标的达标情况，以此促使项目主体在项目实施过程中重视项目国民经济效益。总之，可行性论证处于项目实施的概念阶段，可以说是项目概念阶段的核心内容。要确定项目的可行性，对项目所涉及的领域、总投资、经济效益、技术可行性、环境情况、资金、政策支持、社会效益等方面要进行全方位的论证和评估。项目可行性论证工作对项目成败及投入的收益将产生直接、巨大的影响；决定项目立项与否的项目可行性论证包含着丰富的内涵，对可行性研究报告要求客观、全面、真实、科学与公正。

5.3 投资决策指标体系与方案比选

建设项目投资决策是一项复杂系统的工程，这就要求决策者在进行建设项目投资决策时要建立一套综合、科学、合理的决策指标体系，在考虑项目技术要求和经济效益的同时还应兼顾社会、环境等多方利益，对项目的必要性、可行性、合理性做出较为科学、正确的判断。只有建立一套科学而合理的投资决策指标体系，才能对项目实施后带来的利弊做出较为准确的判断，使投资资金和社会资源充分发挥作用。

5.3.1 建设项目投资决策指标体系

由于建设项目的范围较广，决策需要考虑的因素众多，而除了经济因素之外，许多社会因素和环境因素无法定量化地进行分析，这就导致决策者在进行项目的投资决策时存在一定困难。所以，本书尽量选取具有代表性和参考性的指标作为依据，在实际中，具体项目需根据具体情况进行具体分析。

投资决策评价指标是指用于衡量和比较投资项目可行性，以便据以进行方案决策的定量化标准与尺度。建设项目投资决策所用的指标通常有投资收益率、投资利润率、投资回收期、净现值、净现值率、内部收益率、差额内部收益率、等额年值、费用现值和等额年费用等。按照计算时是否考虑资金的时间价值，可将其分为静态指标和动态指标。

1. 静态指标

静态指标是指没有考虑资金的时间价值因素的指标。

（1）静态投资回收期（P_t）

静态投资回收期是指在不考虑资金时间价值的条件下，以项目方案的净收益回收项目全部投入资金所需要的时间。静态投资回收期一般自项目建设开始年算起，但也可以自项目投产年开始算起。若自项目投产年开始算起，应予以注明。自建设开始年算起，静态投资回收期的计算公式如下：

$$\sum_{t=0}^{P_t}(CI-CO)_t = 0 \tag{5-1}$$

式中　P_t——静态投资回收期；
　　　CI——现金流入量；
　　　CO——现金流出量；
$(CI-CO)_t$——第 t 年的净现金流量。

（2）总投资收益率（ROI）

总投资收益率表示总投资的盈利水平，是指项目达到设计能力后正常年份的年息税前利润或运营期内年平均息税前利润（EBIT）与项目总投资（TI）的比率。其计算公式如下：

$$ROI = \frac{EBIT}{TI} \times 100\% \tag{5-2}$$

式中　EBIT——项目正常年份的年息税前利润或运营期内年平均息税前利润；
　　　TI——项目总投资。

一般情况下，当求出的静态投资收益率大于或者等于其他行业（或部门）的标准投资收益率时，则认为该方案是可接受的。

（3）差额投资收益率（ΔR）

差额投资收益率是单位追加投资所带来的成本节约额，有时候也称作追加投资收益率。其计算公式如下：

$$\Delta R = \frac{C_1 - C_2}{I_1 - I_2} \tag{5-3}$$

式中　ΔR——差额投资收益率；
　C_1、C_2——两种方案的年成本；
　I_1、I_2——两种方案的总投资。

当计算出的差额投资收益率大于社会折现率或财务基准收益率时，投资大的方案较优。

（4）差额投资回收期（ΔP）

差额投资回收期是指通过成本节约收回追加投资所需要的时间，有时候也称追加投资回收期，是差额投资收益率的倒数。其计算公式如下：

$$\Delta P = \frac{I_1 - I_2}{C_1 - C_2} \tag{5-4}$$

式中　ΔP——差额投资回收期；

　　　C_1、C_2——两种方案的年成本；

　　　I_1、I_2——两种方案的总投资。

当计算出的差额投资回收期短于或等于基准投资回收期时，投资大的方案较优。

2. 动态指标

动态指标是指考虑了资金的时间价值因素的指标。

（1）净现值（NPV）

净现值是投资项目净现金流量的现值累计之和。用净现值进行方案比选公式如下：

$$\mathrm{NPV} = \sum_{t=0}^{n} (CI - CO)_t (1 + i_c)^{-t} \tag{5-5}$$

式中　NPV——净现值；

　　　CI——各年收益；

　　　CO——各年支出；

　　　t——时间；

　　　i_c——基准收益率。

如果判断项目的可行性，则 NPV≥0 的拟建方案可以考虑接受；如果进行方案比选，则净现值大的方案较优。

（2）净现值率（NPVR）

净现值率是投资方案的净现值与投资现值的比率，它表明单位投资的盈利能力和资金的使用效率。由于净现值指标进行多个项目的比选时，没有考虑各个项目投资额的大小，因而不能直接反映资金的而利用效率。为此，通常采用净现值率指标作为净现值的辅助指标。其计算公式如下：

$$\mathrm{NPVR} = \frac{\mathrm{NPV}}{I_p} \tag{5-6}$$

式中　NPVR——净现值率；

　　　NPV——净现值；

　　　I_p——投资现值。

如果判断项目的可行性，则 NPVR＞1 的拟建方案可以考虑接受；如果进行方案比选，则净现值率大的方案较优。

（3）差额投资内部收益率（ΔIRR）

差额内部收益率是两个方案各期净现金流量差额的现值之和等于零时的折现率。其计算公式如下：

$$\sum_{t=0}^{n} \left[(CI - CO)_t^A - (CI - CO)_t^B \right] (1 + \Delta \mathrm{IRR})^{-t} = 0 \tag{5-7}$$

式中　ΔIRR——差额投资内部收益率；

　　　$(CI - CO)_t^A$——t 时期方案 A 净现金流量；

$(CI-CO)_t^B$——t 时期方案 B 净现金流量；

n——开发经营期。

用这种方法比选的实质是将投资大的方案和投资小的方案进行比较，判断其增加的投资能否通过增量的收益回收。进行方案比选时，按照上述公式计算出 ΔIRR，然后将 ΔIRR 与投资者的最低可接受收益率（MARR）进行比较，当 ΔIRR≥MARR 时，以投资大的方案为优选方案；反之，则以投资小的方案为优选方案。在进行多方案比较时，先将投资额按照由小到大的方式进行排序，然后依次对相邻方案进行两两比较，从中选出最优方案。

(4) 等额年值（AW）

将项目投资方案的净现值通过资金的等值，换算为项目计算期内各年的等额年金，即为等额年值。用等额年值进行多方案比选的方法即为等额年值法。等额年值是考查项目投资盈利能力的指标。其计算公式如下：

$$AW = NPV \frac{i_c(1+i_c)^n}{(1+i_c)^n - 1} \tag{5-8}$$

AW 可以看作是 NPV 的等价指标，在项目方案比选中的结论是一致的，也是等效的。净现值表示方案在整个寿命期内获取的超出最低期望盈利的超额收益现值，而等额年值表示在整个项目方案寿命期内每年相等的超额收益。在进行方案比选时，等额年值大的方案应为优选方案。

(5) 费用现值（PC）

与净现值和等额年值指标的关系类似，费用现值与等额年费用也是一对等效评价指标。费用现值是把项目计算期内的各年投入的资金按基准收益率折现成的现值，是一种特定情况下的净现值法。其计算公式如下：

$$PC = \sum_{t=0}^{n}(C-B)_t(1+i_c)^{-t} \tag{5-9}$$

式中 PC——费用现值；

C——第 t 期投入总额；

B——期末余值回收；

n——开发经营期；

i_c——基准收益率。

在进行方案的比选时，费用现值小的方案较优。

(6) 等额年费用（AC）

将项目计算期内的所有费用现值，按事先选定的基准收益率，折算为每年等额的费用，即为等额年费用。其计算公式如下：

$$AC = PC \frac{i_c(1+i_c)^n}{(1+i_c)^n - 1} \tag{5-10}$$

用等额年费用进行方案比选时，选择等额年费用小的方案为优选方案。当项目基本相似或者效益基本相同时，主要考虑项目的投资额及未来的维护、使用成本额。由于这二者发生的时间不同，通常需要通过动态等值变换，换算为费用现值或等额年费用。

5.3.2 建设项目方案比选

建设项目备选投资方案主要有独立方案、互斥方案和混合方案三种。一般来讲，这三种类型的投资方案所采用的比选指标和比选过程有所不同,以下分别进行介绍。

1. 独立方案的比选

一组方案中,各个方案之间相互独立、互不排斥,对一个方案的选择结果对其他方案的选择不产生重大影响,这些方案便是独立方案。独立方案的特点是各个方案之间没有排他性,只要资金等条件允许,而且每个投资方案自身可行(或者盈利),就可以几个方案同时并存。例如,某开发商有足够的人、财、物等实力,想同时开发几个项目,每个项目都可行,则这些开发方案之间的关系就是相互独立的,可以同时存在。就一组完全独立的方案而言,其存在的前提条件是:

1)投资资金总量一般无限制。
2)投资资金无优先使用的排列。
3)各投资方案所需的人力、物力均能得到满足。
4)不考虑地区、行业之间的相关性及其影响。
5)每一投资方案是否可行,仅取决于该方案的经济指标。

(1)无资金限制的独立方案比选

当投资者资金充裕、不受资金限制约束时,投资方案的选择可以按照单方案的经济评价方法来进行,即:

$NPV \geq 0$ 或 $IRR \geq i_c$ 时,投资方案可行;

$NPV < 0$ 或 $IRR < i_c$ 时,投资方案不可行。

(2)有资金限制的独立方案比选

当各方案相互独立时,最常见的情况是投资资金有限制、资金不足以分配到全部经济合理的方案。这时就出现了资金的最优分配问题,或者说资金约束条件下的优化组合问题,即以资金为约束条件,来选择最佳方案组合,使有限的资金得到充分运用,并能获得最大的总体经济效益,即 $\sum NPV(i_c)$ 最大。

有资金限制的独立方案比选,最好的比选方法是互斥组合法,即把所有方案的组合都罗列出来,每个组合代表一个满足约束条件(如资金及内部收益率约束)的项目总体中相互排斥的一个方案,这样就可以利用互斥方案的经济评价方法来选出最优的组合方案。

在实际的方案比选工作中,尤其是独立方案的比选,经常出现这种情况,即所有单个备选方案都不能让人满意:要么投资方案的风险溢价水平和决策者的风险偏好不配比;要么投资风险太大,盈利多少难以把握;要么风险虽小,但是收益水平欠佳;要么各单个的投资方案都没有充分利用现有资源,造成浪费。在实际的投资中,取得完美的投资方案只是一个理想情况。很少有方案能够同时在财务效益、社会效益和投资风险等各方面都能够让人满意。因此,最终所选择的投资方案通常也要经过一定的修正,甚至是几个备选方案的组合。当然,对这个组合方案也要做可行性论证。

本质上,投资方案的组合是一次方案再造,组合后的方案从内容到形式到预期的投资结果都截然不同于原有的任何一个方案。组合的投资方案既降低了投资风险,又满足了各种类型物业彼此的互补性需要,同时还能最大限度地利用开发商的资金等资源,满足对投资的现金流安排和规划上的需要。互斥组合法在方案比选中应用的一般步骤是:

1)列出独立方案的所有可能组合。

2）剔除不满足约束条件的投资组合。
3）按投资额从小到大排列投资方案组。
4）计算各组合投资方案的 NPV（或 ΔIRR）。
5）用 NPV（或 ΔIRR）最大作为选择标准，选出最优方案组合。

2. 互斥方案的比选

互斥方案是指一组方案中的各个方案互相关联、互相排斥，彼此可以相互替代。采纳方案组中的某一方案，就会自动排斥这组方案中的其他方案。房地产投资者拥有的资金和土地资源的有限性，使其难以实施所有的投资方案，而必须在各个方案之间做出选择。与独立方案相对应，互斥方案存在的主要前提是：

1）投资资金总量有限制。
2）投资资金有优先使用的排列。
3）各投资方案所需的人力、物力不能同时得到满足。
4）需要考虑地区、行业之间的相关性及其影响。

（1）互斥方案的比选原则

互斥方案比选有以下四个原则，只有在这四个原则的基础上，才能进行互斥方案的比选：

1）现金流量的差额评价原则。该原则认为，在评价互斥方案时，应该首先计算两个方案的现金流量之差，然后再考虑某一方案比另一方案增加的投资在经济上是否合算。

2）比较基准原则。比较基准原则认为，在多个互斥方案比选时，均应以某一给定的基准收益率 i_c 作为方案比选的基准。

3）环比原则。环比原则认为，在互斥型方案的比选中，必须将各方案按投资由小到大排序，依次比较，在此基础上进行方案比选。而不能将各方案与投资最小的方案进行分别比较，最后选择差额指标最好的方案为最优方案。

4）时间可比原则。时间可比原则认为，在比选互斥型投资方案时，各方案的寿命期（计算期、开发经营期）应该相等，否则必须利用某种方法进行方案寿命期的变换，以保证各方案具有相同的比较时间。

（2）不同类型互斥方案的比选

1）项目计算期相同的互斥方案比选。对于项目计算期相同的互斥投资项目而言，可直接用净现值、差额投资内部收益率或等额年值指标进行比选。

2）项目计算期不同的互斥方案比选。当开发计算期不同时，一般宜采用等额年值指标进行比选。如果要采用差额投资内部收益率指标或净现值指标进行方案比选，必须对各可供比较方案的项目计算期和计算方法按有关规定做适当处理，然后再进行比选。

① 用差额投资内部收益率指标或净现值指标进行方案比选。一些情况下，被比较的几个互斥投资方案的计算期往往不同。例如，建造的建筑物结构形式（如砖混结构、钢结构、钢筋混凝土结构等）不同，其投资额与寿命期就会不同。此时如果直接用差额投资内部收益率指标或净现值指标进行方案比选，就会因为互斥方案之间没有可比性而使方案的比选显得困难。为了比较这类项目计算期不同的方案，理论上有最小公倍数法和最短计算期法两种方法，以使各方案的现金流量具有时间上的可比性。

方法 1：最小公倍数法。其做法是，选择若干方案的投资活动有效期的最小公倍数作为这些方案共同的有效期。因此，这些方案都有可能重复数次（实际中未来的情况很难预测，因此只能假设重复），而每次重复（方案重置）时都假定投资与现金流量不变，即不考虑方案重置过程中可能具有的通货膨胀与技术进步等问题。在这个基础上，进行若干互斥投资方案的比选。这种方法适用于最小公倍数较小情况下的方案比选。

方法2：最短计算期法。其做法是直接选取一个适当的分析期作为各个方案共同的计算期，通过比较各方案在该计算期内的净现值来对方案进行比选。这里的分析期的选取没有统一规定，但一般以方案中计算期最短者为分析期，以使计算简便，同时可以避免过多的重复型假设（过多的方案重复是不经济的，甚至是不可能的）。这种方法适用于最小公倍数较大情况下的方案比选。

② 用等额年值指标进行互斥方案的比选。等额年值具有等额不变的特性。一个方案无论重复多少次，其等额年值都是不变的。因此，采用等额年值的方法不需要重复方案就可以使项目计算期不同的方案具有可比性。这样，通过直接计算比较项目计算期不同方案的净现值，就可以做出方案的决策。

3. 混合方案的比选

混合方案是独立方案和互斥方案的混合结构，具体而言，它是指在一定约束条件下（人、财、物等），有若干个相互独立的方案，在这些独立方案中又分别包含几个互斥方案。以房地产项目投资为例，某房地产投资开发商想投资开发几个独立的房地产项目，而每个项目又分别有几个互斥的开发方案，如甲地块有开发住宅和写字楼两个互斥方案，乙地块有开发写字楼、商场和酒店三个互斥方案，丙地块有开发住宅、写字楼、商场和酒店四个互斥方案。开发商资金有限，几个地块的土地资源也有限，几种物业类型市场情况好坏不一，为了充分利用已有资源，获得最大的投资效益，开发商就必须面临混合方案的选择问题。在方案选择前搞清这些方案属于哪种类型至关重要，因为方案类型不同，其选择、判断的尺度也不同，最终选择的结果就会不同，最后项目的投资效益也可能相差甚远。

混合方案的比选与独立方案的比选一样，也分为有资金约束和无资金约束这两种情况。无资金约束的混合方案比选方法是从各个独立项目中选择互斥方案净现值（或等额年值）最大的方案加以组合即可；而有资金约束的混合方案比选的标准为净现值和差额内部收益率指标。

4. 建设项目投资方案比选决策的内容与程序

（1）确定投资目标

建设项目投资方案比选决策的目的就是要达到预定的投资目标。因此，确定投资目标是方案比选决策的前提。如果投资的目标不明确或不适应环境的需要，最终的决策也就不可能正确。确定投资决策目标的关键在于，进行深入的市场调研和预测，通过周密的分析研究，发现问题和认清问题的本质，从而确定解决问题后所期望达到的结果。

（2）拟订决策备选方案

根据确定的投资目标，拟订多个可行的备选方案，这是方案比选决策的关键。在决策过程中，一定要通过各种途径和方法探求各种可能的方案，同时还要考虑各种比选方案的可行性。评价一个方案是否可行，总的原则是要看它是否满足技术上先进、生产上可行、经济上合算、财务上盈利的要求。

（3）对备选方案进行优选

决策备选方案拟订出来后，下一步的工作就是对这些方案进行充分的比较、分析和评价。具体来说，就是要对每一备选方案的技术、经济、社会、环境等方面的条件以及因素和潜在问题进行可行性分析，并与预先确定的目标进行比较，做出备选方案的全面评价。在此基础上，选出符合要求的方案予以实施，即可行方案的优选。

方案优选的关键之一是要掌握方案的选择标准。由于现实中有很多限制和影响因素，因此，所谓"利润最大""成本最低""回收期最短"等"最优"评判标准在实践中很难操作，需要以"满意"来取代"最优"作为方案优选标准，这也是现代决策理论的重要观点。方案优选的关键之一是优选方法的实际运用。在整个方案比选决策中，最终选定的方案是否科学合理，很大程度上取决于是否正确选用优选方法。

（4）执行决策方案

优选决策方案是否科学合理，只有经过实践的检验才能得到最终验证。

（5）反馈调整决策方案

在执行方案的过程中，需要根据环境和目标的变化，不断对投资决策方案做出相应的修订或者调整，使决策方案趋于科学化、合理化。

思 考 题

1. 请结合建筑行业阐述建设项目投资决策的特点。
2. 项目投资决策的主要任务有哪些？分为哪几个阶段？
3. 可行性研究的内容有哪些？探讨如何在进行项目的可行性研究中保持科学性。
4. 在项目投资决策指标体系中，静态指标和动态指标的区别是什么？试从自己的理解阐述各指标的内涵。
5. 简述建设项目投资方案比选的步骤。

第6章 项目投资估算

6.1 项目投资估算概述

6.1.1 项目投资估算的概念

项目投资估算是指对项目投资额进行粗略估计,即该项目从研究启动开始直至项目的设计概算和施工图预算,都可以包括在项目投资估算范畴内。从狭义上讲,项目投资估算是指在项目投资决策过程中,依据现有资料和一定的方法,对建设项目的投资额(包括工程造价和流动资金)进行的估计。投资估算总额是指从项目筹建、施工直至建成投产的全部建设费用,其包括的内容应视项目的性质和范围而定。

6.1.2 建设项目投资的构成

2017年9月,我国住房和城乡建设部发布了《建设项目总投资费用组成(征求意见稿)》,其中对建设项目总投资费用组成及相关费用的计算方法进行了重新定义与规定。

首先,建设项目总投资是指为完成建设项目建设并达到使用要求或生产条件,在建设期内预计或实际投入的总费用,包括工程造价、增值税、资金筹措费和流动资金(图6-1)。

工程造价是指建设项目在建设期预计或实际支出的建设费用,包括工程费用、工程建设其他费用和预备费。

增值税是指应计入建设项目总投资内的增值税额。

资金筹措费是指在建设期内应计的利息和在建设期内为筹集项目资金发生的费用,包括各类借款利息、债券利息、贷款评估费、国外借款手续费及承诺费、汇兑损益、债券发行费用及其他债务利息支出或融资费用。

流动资金是指运营期内长期占用并周转使用的营运资金,不包括运营中需要的临时性营运资金。

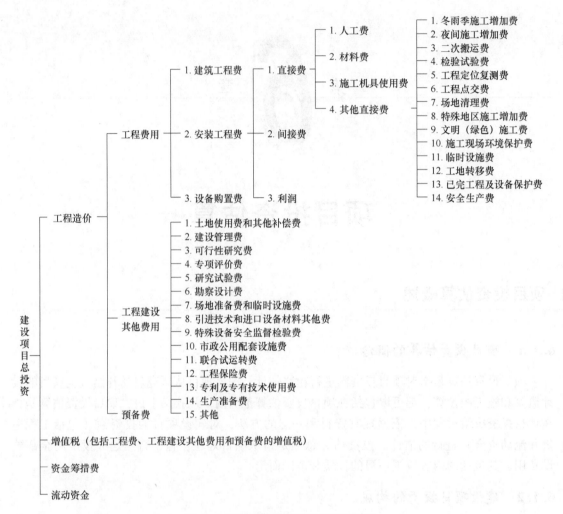

图 6-1 建设项目总投资费用项目构成

6.1.3 项目投资估算的作用

投资估算是进行项目开发的一个必不可少的步骤，是项目建议书、可行性研究的重要组成部分，是项目开发人员决策的基本参考，也是政府机关进行行政审批的重要依据。它不仅对可行性研究的质量有很大影响，而且关系到下一阶段设计概算、施工图预算的编制，并对建设项目的资金筹措有直接影响。在建设项目开发过程中，投资估算的作用有以下几点：

1）投资估算是投资决策的依据。项目可行性研究阶段的投资估算所确定的项目建设与运营所需的资金量，是项目方案选择和投资决策的重要依据，是确定项目投资水平的依据，是正确评价建设项目投资合理性的基础。同时，投资者也可以根据自己的财力和信用状况做出是否投资的决策。

2）投资估算是制定项目融资方案的依据。项目决策分析与评价阶段投资估算所确定的项目建设与运营所需的资金量，是项目制定融资方案、进行资金筹措的依据。投资估算准确与否，将直接影响融资方案的可靠性，直接影响各类资金在币种、数量和时间要求上能否满足项目建设的需要。

3）投资估算是进行项目经济评价的基础。经济评价是对项目的费用与效益做出的全面分析评价，项目所需投资是项目费用的重要组成部分，是进行经济评价的基础。投资估算准确与否，将直接影响经济评价的可靠性。在投资机会研究和初步可行性研究阶段，虽然对投资估算的准确度要求相对较低，但投资估算仍然是该阶段的一项重要工作。投资估算完成之后才有可能进行经济效益的初步评价。

4）投资估算对工程设计概算起控制作用。可行性研究报告被批准之后，其投资估算额作为设计任务书中下达的投资限额，即作为建设项目投资的最高限额，一般不得随意突破，用以对各设计专业实行投资切块分配，作为控制和指导设计的尺度或标准。

5）合理、准确的投资估算是进行工程造价管理改革，实现工程造价事前管理、主动控制的前提条件。

6.2 项目投资估算阶段

在我国，投资估算贯穿于整个建设项目投资决策过程之中。投资决策过程可划分为项目的投资机会研究或项目建议书阶段、初步可行性研究阶段及详细可行性研究阶段，因此，投资估算工作也分为相应的三个阶段。不同阶段所具备的条件和掌握的资料不同，对投资估算的要求也各不相同，因而投资估算的准确度在不同阶段也不同，进而每个阶段投资估算所起的作用也不同。

1. 投资机会研究或项目建议书阶段

这一阶段主要是选择有利的投资机会，明确投资方向，提出概略的项目投资建议，并编制项目建议书。该阶段的工作比较粗略，投资额的估计一般是通过与已建类似项目的对比得来的，因而投资估算的误差率可在30%左右。这一阶段的投资估算用来作为相关管理部门审批项目建议书、初步选择投资项目的主要依据之一，对初步可行性研究及投资估算起指导作用，决定一个项目是否真正可行。

2. 初步可行性研究阶段

这一阶段主要是在投资机会研究结论的基础上，弄清项目的投资规模、原材料来源、工艺技术、厂址、组织机构和建设进度等情况，进行经济效益评价，判断项目的可行性，做出初步投资评价。该阶段是介于项目建议书和详细可行性研究之间的中间阶段，误差率一般要求控制在20%左右。这一阶段是作为决定是否进行详细可行性研究的依据之一，同时也是确定某些关键问题需要进行辅助性专题研究的依据之一，这个阶段可对项目是否真正可行做出初步决定。

3. 详细可行性研究阶段

详细可行性研究阶段也称为最终可行性研究阶段，主要是进行全面、详细、深入的技术经济分析论证阶段，评价选择拟建项目的最佳投资方案，对项目的可行性提出结论性意见。该阶段研究内容详尽，投资估算的误差率应控制在10%以内。这一阶段的投资估算是进行经济评价、决定项目可行性、选择最佳投资方案的主要依据，也是编制设计文件、进行初步设计以及控制初步设计概算的主要依据。

项目决策分析与评价的不同阶段对投资估算的精度要求如表6-1所示。

表 6-1 项目决策分析与评价的不同阶段对投资估算的精度要求

序 号	项目决策分析与评价的不同阶段	投资估算的允许误差率
1	投资机会研究（项目建议书）阶段	±30% 以内
2	初步可行性研究阶段	±20% 以内
3	详细可行性研究阶段	±10% 以内

尽管投资估算在具体数额上允许存在一定的误差，但必须达到以下要求：

1）估算的范围应与项目建设方案所涉及的范围、所确定的各项工程内容相一致。

2）估算的工程内容和费用构成齐全、计算合理，不提高或降低估算标准，不重复计算或者漏项少算。

3）估算应做到方法科学、基础资料完整、依据充分。

4）估算选用的指标与具体工程之间存在标准或者条件差异时，应进行必要的换算或调整。

5）估算的准确度应能满足建设项目决策分析与评价不同阶段的要求。

6.3 项目投资估算准备

6.3.1 投资估算的原则

为保证投资估算合理，实现投资估算应有的作用，在进行投资估算的过程中应坚持以下原则：

（1）实事求是原则

它是实现投资估算价值的基础，所以在进行投资估算的过程中，一定要坚持实事求是原则，只有这样才能保证投资估算正确。

（2）调查原则

投资估算是否正确，是否满足实际需求，需要相关工作人员在正式估算以前深入基层了解情况。这就需要坚持调查原则，全面了解和掌握与建设项目相关的一系列内容。

（3）合理原则

现阶段资源种类相对多样，但并不是任何资源都能被应用到建设项目中，如果所选资源达不到建设要求，势必会造成浪费，也会影响投资估算的顺利完成。因此，在投资估算中应坚持合理原则，只有这样才能充分发挥其价值。

（4）技术原则

现代社会各种技术被应用到生产建设中，不仅节省了一定比例的投入，还提升了投资估算效率，强化了资料存储能力。因此，在投资估算中应加大对技术原则的关注，只有这样才能保证投资估算顺利完成，这也是现代建设项目所提出的要求。

6.3.2 投资估算的要求

1）根据建设项目设计的阶段和深度，以及所采用的施工工艺成熟度，以编制单位所掌握的投资估算相关资料和数据的完整性、可靠度为保证，采用适当方法进行估算。

2）应确保工程内容和费用内容的完整，不抬高或压低估算标准，合理计算，不重算，不漏算。

3）根据口径统一的原则，在质与量上合理选择项目的设计参数、投资估算参数及估算指标，并将这些参数和指标调整到项目所在地及估算编制年份的实际水平。

4）充分考虑市场变动及其他敏感性因素对造价的影响。

5）投资估算的精确度应能达到下一阶段造价（初步设计概算）的要求。

6.3.3 项目投资估算的依据

1）专门机构发布的建设工程造价费用构成、估算指标、计算方法以及其他有关工程造价的文件。

2）专门机构发布的工程建设其他费用估算办法和费用标准，以及有关机构发布的文件。

3）专门机构发布的工程建设其他费用估算办法和费用标准的物价指数。

4）部门或行业制定的投资估算办法和估算指标。

5）拟建项目所需土地、设备、材料的市场价格。

6）拟建项目建设方案确定的各项工程建设内容及工程量。

7）土地出让金及地价款等有关政府部门制定的有关规定及相关的市场资料。

8）地方政府制定的有关取费标准。

6.3.4 项目投资估算的步骤

1）分别估算各单项工程所需要的建筑工程费、设备及工器具购置费、安装工程费等。

2）在汇总各项工程费用的基础上，估算工程建设其他费用和基本预备费用。

3）估算涨价预备费和建设期利息。

4）估算无形资产投资和开办费支出。

5）汇总各项估算，计算建设总投资额。

6.4 项目投资估算方法

由上述建设项目总投资费用组成可知，建设项目投资估算主要需要针对以下费用进行估算：

$$建设项目总投资 = 工程造价 + 增值税 + 资金筹措费 + 流动资金$$
$$工程造价 = 工程费用 + 工程建设其他费用 + 预备费$$

增值税应按工程费、工程建设其他费、预备费和资金筹措费分别计取。

资金筹措费的估算包括：

1）自有资金额度，应符合国家或行业有关规定。

2）建设期利息，根据不同资金来源及利率分别计算。

3）其他方式资金筹措费用，按发生额度或相关规定计列。

6.4.1 建设投资的估算

作为项目费用重要组成部分的建设投资（也就是上述的工程造价），是进行项目投资财务分析的基础数据。其估算根据项目前期研究不同阶段、对投资估算精度要求以及相关规定加以确定。估算方法主要有单位生产能力估算法、生产能力指数法、系数估算法、比例估算法、概算法等。

1. 单位生产能力估算法

单位生产能力估算法是根据已建成的、性质类似的建设项目（或生产装置）的投资额或生产能力，以及拟建项目（或生产装置）的生产能力，做适当的调整之后得出拟建项目估算值。其计算公式如下：

$$C_2 = (C_1/Q_1)Q_2 f \tag{6-1}$$

式中　C_1——已建项目的工程造价；

　　　Q_1——已建项目的生产能力；

　　　C_2——拟建项目的工程造价；

　　　Q_2——拟建项目的生产能力；

　　　f——总和调整系数。

该方法一般只能进行粗略的快速的估计。因为项目之间时间、空间等因素的差异性，往往生产能力和造价之间并不是一种线形关系，所以在实际应用时应该有所选择。

2. 生产能力指数法

生产能力指数法同单位生产能力估算法的原理一样。但是，它相对于单位生产能力估算法的改进之处在于，将生产能力和造价之间的关系考虑为一种非线性的指数关系，在一定程度上提高了估算的精度。其计算公式如下：

$$C_2 = C_1 (Q_2/Q_1)^n f \tag{6-2}$$

式中　C_1——已建项目的工程造价；

　　　Q_1——已建项目的生产能力；

　　　C_2——拟建项目的工程造价；

　　　Q_2——拟建项目的生产能力；

　　　f——总和调整系数；

　　　n——生产能力指数，$0 \leq n \leq 1$。

关于 n 的取值，当已建类似项目和拟建项目规模相差不大，比值关系在 0.5～2 时，n 取 1；当已建类似项目和拟建项目规模相差不大于 50 倍，且拟建项目生产规模的扩大仅靠增大设备规模来达到时，n 取 0.6～0.7；若是靠增加相同规模设备的数量达到时，n 取 0.8～0.9。

该方法计算简单、速度快，往往只需知道工艺流程及规模即可，其精度相较单位生产能力估算法有较大提高。但是，该方法要求估算资料可靠、条件基本相同，一般用于总承包工程估价的旁证。

3. 系数估算法

系数估算法也称因子估算法，它是以拟建项目的主体工程费或主要设备费为基数，以其他工程费占主体工程费的百分比为系数来估算项目总投资的方法。系数估算法的方法较多，有代表性的包括设备系数法、主体专业系数法、朗格系数法等。分别介绍如下：

（1）设备系数法或主体专业系数法。该方法以拟建项目的设备费为基数，根据已建成的同类项目中建筑安装工程费和其他工程费（或建设项目中各专业工程费用）等占设备价值的百分比，求出拟建项目建筑安装工程费和其他工程费，进而求出项目总投资。其计算公式如下：

$$C = E(1 + f_1 P_1 + f_2 P_2 + f_3 P_3 + \cdots) + I \tag{6-3}$$

式中　　C——拟建项目的工程造价；

　　　　E——拟建项目的设备费；

$P_1, P_2, P_3, \cdots$——已建项目中建筑安装工程费和其他工程费（或建设项目中各专业工程费用）等占设备价值的百分比；

$f_1, f_2, f_3, \cdots$——因时间、空间等因素变化的总和调整系数；

　　　　I——拟建项目的其他费用。

（2）朗格系数法。该方法以拟建项目的设备费为基数，乘以适当的系数来推算项目的建设费用。其计算公式如下：

$$C = E(1 + \sum K_i) K_c \tag{6-4}$$

式中　C——拟建项目的工程造价；

　　　E——拟建项目的主要设备费；

　　　K_i——管线、仪表、建筑物等项费用的估算系数；

　　　K_c——管理费、合同费、应急费等项费用的总估算系数。

其中，$L = (1 + \sum K_i) K_c$ 称为朗格系数。根据不同的项目，朗格系数有不同的取值，其包含的内容如表6-2所示。

表6-2　朗格系数表

项　　目		固体流程	固流流程	流体流程
朗格系数 L		3.1	3.63	4.74
内容	（1）包括基础、设备、油漆及设备安装费	$E \times 1.43$		
	（2）包括上述在内和配管工程费	(1)×1.1	(1)×1.25	(1)×1.6
	（3）装置直接费	(2)×1.5		
	（4）包括上述在内和间接费，即总费用 C	(3)×1.31	(3)×1.35	(3)×1.38

朗格系数法较为简单，只要对各大类行业设备费中各上述分项所占比重有较规律的收集，估算精度可以达到较高的水平。但是，朗格系数法由于没有考虑设备规格、材质的差异，所以在某些情况下又会表现出较低的精度。

4. 比例估算法

该方法是根据统计资料，先求出已有同类企业主要设备占全厂建设投资的比例，然后估算出拟建项目的主要设备投资，即可以按比例求出拟建项目的建设投资。其计算公式如下：

$$C = \sum (Q_i P_i) / K \tag{6-5}$$

式中　C——拟建项目的工程造价；

　　　K——主要设备投资占项目总造价的比重；

　　　Q_i——第 i 种主要设备的数量；

　　　P_i——第 i 种主要设备的单价。

5. 概算法

建设投资由工程费用、工程建设其他费用和预备费三部分构成。其中，工程费用又由建筑工程费、设备购置费（含工器具及生产家具购置费）和安装工程费构成；工程建设其他费用内容较多，随行业和项目的不同而有所区别；预备费包括基本预备费和涨价预备费。

概算法将建设项目进行系统分解，将其逐渐细分为单项工程、单位工程，先对每个单位工程按照相关规定进行建设投资的估算，并予以汇总，在此基础上，再估算工程建设其他费用及预备费，即求得建设项目总投资。

(1) 建筑工程费

建筑工程费的估算方法有单元估算法、单位指标估算法、工程量近似匡算法、概算指标估算法、概预算定额法，也可以根据类似工程经验进行估算。具体估算的方法应视资料的可取性和费用支出的情况而定。

1) 单元估算法。单元估算法是指以基本建设单元的综合投资乘以单元数，得到项目或单项工程总投资的估算方法。例如，以每间客房的综合投资乘以客房数估算一座酒店的总投资，以每张病床的综合投资乘以病床数估算一座医院的总投资等。

2) 单位指标估算法。单位指标估算法是指以单位工程量投资乘以工程量，得到单项工程投资的估算方法。一般来说，土建工程、给水排水工程、照明工程可按建筑平方米造价计算，采暖工程按耗热量（kcal/h）指标计算，变配电安装按设备容量（kcal/h）指标计算，集中空调安装按冷负荷量（kcal/h）指标计算，供热锅炉安装按每小时产生蒸汽量（m^3/h）指标计算，各类围墙、室外管线工程按长度（m）计算，室外道路工程按道路面积（m^2）指标计算。

3) 工程量近似匡算法。工程量近似匡算法采用与工程概预算类似的方法，先近似匡算工程量，配上相应的概预算定额单价和取费，近似计算项目投资。

4) 概算指标估算法。概算指标估算法采用综合的单位建筑面积和建筑体积等建筑工程概算指标计算整个工程费用。常使用的估算公式如下：

$$直接费 = 每平方米造价指标 \times 建筑面积$$

$$主要材料消耗量 = 每平方米材料消耗量指标 \times 建筑面积$$

(2) 设备购置费

设备购置费由设备购置费和工具、器具及生产家具购置费组成。设备购置费是指为投资项目购置或自制的达到固定资产标准的各种国产货进口设备、工具、器具的购置费用。它由设备原价和设备运杂费构成。设备原价是指国产设备或进口设备的原价；设备运杂费是指除设备原价之外的设备采购、运输、途中包装及仓库保管等方面支出费用的总和。在生产性工程建设中，设备购置费用占建设投资比重的增大，意味着生产技术的进步和资本有机构成的提高。

(3) 安装工程费

安装工程费一般包括各种需要安装的机械设备和电气设备等工程的安装费用。安装工程费通常根据行业或专门机构发布的安装工程定额、取费标准所综合的大指标估算。

$$安装工程费 = 设备原价 \times 安装费率$$

$$安装工程费 = 设备吨位 \times 每吨安装费$$

$$安装工程费 = 安装工程实物量 \times 每单位安装实物工程量的费用$$

附属管道量大的行业，有的要求单独估算管道工程费用，并单独列出主材费用。

项目决策分析与评价阶段，根据投资估算的深度要求，也允许安装费用按单项工程分别估算。

(4) 工程建设其他费用

工程建设其他费用是指工程筹集到工程竣工验收交付使用为止的整个建设期间，除建筑工程费用和设备购置费及安装费以外的，为保证工程建设顺利完成和交付使用后能够正常发挥效用而发生的各项费用。它由土地使用费，与项目建设有关的费用（建设单位管理费、勘察设计费、研究试验费、临时设施费、工程监理费、工程保险费、供电贴费等），以及与未来企业生产经营活动有关的费用（联合试运转费、生产准备费、办公和生活家具购置费等）组成。

其投资估算的方法很多，应根据项目的具体特点和当时掌握的资料和研究深度估算，力求准确。通常希望在投资项目决策前的估算误差在10%以内。

(5) 工程建设预备费

工程建设预备费包括基本预备费和涨价预备费。基本预备费是指在可行性研究阶段难以预料的费用，又称工程建设不可预见费。它主要是指设计变更及施工过程中可能增加工程量的费用。基本预备费估算以建筑工程费、设备购置费、安装工程费以及工程建设其他费用之和为基数，按行业主管部门规定的基本预备费率予以进行。其计算公式如下：

基本预备费 =（建筑工程费 + 设备购置费 + 安装工程费 + 工程建设其他费用）× 基本预备费率

涨价预备费是指对建设工期较长的项目在建设期内价格上涨可能引起投资增加而预留的费用，也称为价格变动不可预见费。涨价预备费以建筑工程费、设备购置费、安装工程费之和为基数加以计算。其计算公式如下：

$$PC = \sum_{t=1}^{n} I_t [(1+f)^t - 1] \tag{6-6}$$

式中　PC——涨价预备费；

I_t——第 t 年的建筑工程费、设备购置费、安装工程费之和；

f——建设期价格上涨指数；

n——建设期。

建设期价格上涨指数按有关部门的规定执行。

概算法的编制依据有：

1）建设项目、单项工程的设计文件及附图规定建筑工程结构特征及工程量一览表，设备及主要器材清册规定的设备及主要器材类型、型号、规模、数量一览表。

2）主管部门公布的投资估算指标及相关部门颁发的投资估算指标。

3）住建部颁发的《建设工程造价指标指数分类与测算标准》（GB/T 51290—2018）。

4）其他有关计算工程造价的文件。各类单位工程投资估算是单项工程投资估算的基础，单项工程投资估算又是建设项目投资估算的基础。

概算法依据项目构成的相关工程的造价进行逐项计算，并以预备费的形式考虑其中的变动因素，具有细致具体、估算值相对准确等特点，但估算的成本较高，一般在项目的详细可行性研究时予以采用。

6.4.2　资金筹措费估算

资金筹措费的组成部分中，重点需要估算的部分为建设期利息。建设期利息也称资本化利息，是指项目在建设期内发生的借款所产生的并计入固定资产原值的利息，包括借款利息和其他融资费用。要计算建设期利息，必须先理解货币的时间价值。

1. 货币的时间价值

货币价值是时间的函数，随时间的推移而增值，其增值的部分就是原有货币的时间价值。

货币之所以具有时间价值，是因为投资者进行项目投资意味着放弃现在的消费机会，其目的在于项目能够在未来创造更多的财富，增加投资者的未来消费，并且获得的未来消费要比做投资所牺牲的现在消费具有更大的价值。因此，资金使用者必须为投资者现在所做的牺牲提供足够的补偿，才能说服投资者进行项目投资。所以，货币的时间价值是指货币持有者因放弃现在使用货币的机会可以得到的按放弃时间长短计算的报酬，或者是指货币占有者因占用该笔货币所有者现在使用货币的时间推移，该笔货币实现的增值部分，也就是借贷过程中的利息，即债务人支付给债权人超过原借贷金额的部分，即：

$$I = F - P \tag{6-7}$$

式中　I——利息；

　　　F——目前债务人应付（或债权人应收）总金额，即还本付息总额；

　　　P——原借贷金额，常称为基本金。

未来消费与现在消费在一个时间点上的货币交换率，就是利率。如果说利息额的多少是衡量资金时间价值的绝对尺度，利率则是衡量资金时间价值的相对尺度。其含义是在单位时间内所得利息额与原借贷金额之比，通常用百分数表示，即：

$$i = \frac{I_t}{P} \times 100\% \tag{6-8}$$

式中　i——利率；

　　　I_t——单位时间内所得的利息额。

用于表示计算利息的时间单位称为计息周期。计息周期通常为年、半年、季、月、周或天。

要获得更多的未来消费，必须牺牲更多的现在消费，货币的时间价值必将随之增加，即对于每一次现在消费的连续减少，资金提供者可能要求越来越高的最低未来回报，因为放弃的每个单位货币的现状消费的价值呈现递增趋势，每个单位货币增加的未来消费的价值呈现递减，而表现为同等数量货币的长期利率要高于短期利率。

货币的时间价值对正确评价项目投资效益至关重要。货币时间价值的存在决定了发生在不同时点的同等数量的资金不能直接进行比较，而必须与时间结合才能显示出其真正的价值。在实践中，项目投资者为充分利用并最大限度地获得货币的时间价值，需要加速资金周转，及早回收资金，并不断从事利润较高的投资活动。

2. 计息方式

金额相同的货币经过相同的时间，其时间价值不一定相等，因为货币的时间价值不仅与利率大小有关，还与计算方式关联。利息计算方式有单利、复利两种。

1）单利只对本金计息，不对利息计息，即通常所说的"利不生利"的计息方法。其计算公式如下：

$$I_t = P \times i_0 \tag{6-9}$$

式中 I_t——第 t 计息周期的利息额；

P——本金；

i_0——计息周期单利利率。

单利的年利息额仅由本金产生，其新生利息不再加入本金产生利息，因而它没有完全反映资金的时间价值。我国银行存款是以单利计算，计算周期为年或月，但在投资项目分析中较少使用。

2）相对于单利而言，复利不仅对本金利息，对利息也计息，即"利生利""利滚利"的计息方式。其计算公式如下：

$$I_t = F_{t-1} i \tag{6-10}$$

式中 i——计息周期复利利率；

F_{t-1}——第 $(t-1)$ 期期末复利本利和。

而第 t 期期末复利本利和的表达式为：

$$F_t = F_{t-1}(1+i) \tag{6-11}$$

同一笔借款，在利率和计息周期均相同的情况下，用复利计算出的利息金额比用单利计算出的利息金额大，本金越多，利率越高，计息周期越多，二者差距就越大。为真实地反映资金运营情况，在投资项目分析中，一般采用复利计算。我国的基本建设贷款等按复利计息。

3. 建设期利息的具体估算

1）估算建设期利息，应先根据项目进度计划，提出建设投资分年计划，列出各年投资额，并明确其中的外汇和人民币需求量。

2）估算建设期利息，应注意名义利率和实际利率的换算。当建设期用自有资金按期支付利息时，可以不进行换算，直接采用名义年利率计算建设期利息。为简化计算，建设期利息时通常假定借款均在每年的年中支用，借款当年按半年计息，其余各年份按全年计息。采用自有资金付息时，按单利计算，计算公式如下：

各年应计利息 = (年初借款本金累计 + 本年借款额/2) × 名义年利率

采用复利方式计息时，计算公式如下：

各年应计利息 = (年初借款本息累计 + 本年借款额/2) × 实际年利率

3）有多种借款资金来源时，每笔借款的年利率各不相同的项目，既可分别计算每笔借款的利息，也可先计算出各笔借款加权平均的年利率，并以加权平均利率计算全部借款的利息。

4）通常贷款机构对贷出的长期贷款有一个宽限期。在此期间，借款者不要求还本，甚至还有不要求立即支付利息的优惠，但要把利息作为本金看待再计算利息，直至宽限期结束，形成一个本金加上利息之和的新的本金，再按这个本金进行还本付息。

5）对投资者来说，在筹建期间，投资项目一般没有还本付息的资金来源，即使按要求还款，其资金也可能是通过再申请借款来支付的。当筹建期长于一年时，需要在建设期支付贷款利息，项目需从其他地方筹集资金来支付利息，但新借资金的利率可能等于也可能不等于原来借款利率。其利息计算可按下列方法处理：

① 当支付建设期利息所筹集贷款利率 i_2 与建设投资贷款利率 i_1 相等时，建设期利息可按下式计算：

$$I_{建设} = \sum_{k=1}^{n} \left[\sum_{t=1}^{k-1} (L_t + I_t) + \frac{L_k}{2} \right] i_1 \tag{6-12}$$

式中　$I_{建设}$——建设期 n 年年末累计总利息；

　　　L_t——第 t 年工程用款借款额；

　　　I_t——第 t 年利息；

　　　i_1——建设投资借款利率。

② 当支付建设期利息所筹集的贷款利率 i_2 与建设投资贷款利率 i_1 不等时，建设期利息可按下式计算：

$$I_{建设} = I_{建设1} + I_{建设2} \tag{6-13}$$

$$I_{建设1} = \sum_{k=1}^{n} \left(\sum_{t=1}^{k-1} L_t + \frac{L_k}{2} \right) i_1 \tag{6-14}$$

$$I_{建设2} = \sum_{k=1}^{n} \left(\sum_{t=1}^{k-1} I_t \right) i_2 \tag{6-15}$$

式中　$I_{建设1}$——支付投资借款的利息；

　　　$I_{建设2}$——支付投资借款的利息所筹集资金的利息。

6）用企业自有资金支付投资借款利息时，建设期利息按单利计算，不再发生复利，根据《企业会计准则》（财政部令第 76 号）规定 "在固定资产尚未交付使用或者已投入使用但尚未办理竣工决算价值"，这部分已由自有资金支付的建设期利息，也应计入固定资产价值。

7）当项目移交生产时，尚有一部分工程未完全竣工，即移交生产后尚有部分工程仍需建设及部分设备尚需购买，这时建设期利息包括以下两个部分：

① 移交生产前的建设期利息，在移交生产时全部计入固定资产价值（这也是一种近似的算法），它们在移交生产后发生的建设投资借款利息计入生产期的财务费用。

② 移交生产后仍在建设的建设投资借款利息，仍应计为建设期利息，直至移交生产后各在建工程逐个交付使用，才分别停止投资借款建设期利息的资本，在清算期间的，计入清算损益。

8）建设期利息除借款利息外，还包括为获得某些债务资金发生的手续费、承诺费、管理费、信贷保险费等融资费用，后者被称为其他融资费用。它应按该债务资金的债权人的要求单独计算，并计入建设期利息。在项目建议书阶段，可简化做粗略估算后计入建设投资；在可行性研究阶段，不涉及国外贷款的项目，也可简化做粗略估算后计入建设投资。

6.4.3　流动资产估算

1. 流动资金的概念

固定资产本身不能产生收入和利润，但运用这些资产创造收入和利润的活动即营业活动则能够创造价值并形成收入。流动资金是指项目投产后，为进行正常运营，用于购买原材料、燃料，支付工资及其他经营费用所必不可少的资金。它是伴随固定资产投资而发生的永久流动资金投资，等于项目投产运营后所需全部流动资产投资，等于项目投产运营后所需全部流动资产和流动负债后的余额。项目在运营期间存在的经营活动包括采购（获取原材料）、生产（将原材料转化为产成品）、销售（将产品销售给顾客），最后从顾客手中回收现金的循环，如图 6-2 所示。

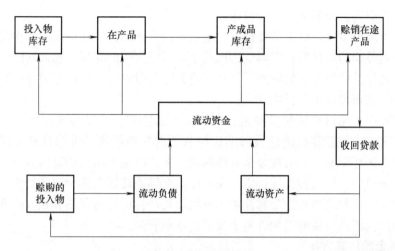

图 6-2 流动资产循环

在项目可行性研究阶段,流动资产可简单地划分为应收账款、存货和现金。应收账款是指企业因销售产品应向购买者收取而于期末尚未收回的账款余额。存货是指期末结存在库的、在途的和在流动资金加工中的各项存货的实际成本,包括原材料、燃料、在产品和产成品的库存。现金是指各项准备金,即为预付工资、设备维修、管理和销售而准备的资金。流动负债仅为应付账款一项。应付账款则是指企业因购买材料、物资、燃料等在期末尚未向供应者清偿的账款。项目从投产到达产需要经历一个过程,随着年产量的增加,企业占用的流动资金也相应增加,当年流动资金净增额等于当年流动资金占用额与上年流动资金占用额的差值。

2. 流动资金的特点

流动资金在项目投产前准备,终止时收回;其金额随着项目生产规模的扩大而增加,随着周转时间的缩短而减少,周而复始地在货币与实物之间转化。现金循环的营业周期如图 6-3 所示。

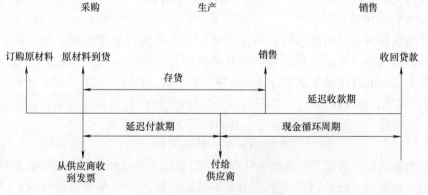

图 6-3 现金循环的营业周期

一般而言,项目在运营期间虽然有产出并形成销售收入,但考虑到市场销售和客户关系通常允许客户延迟支付货款。因此,项目并不能立即收回全部销售收入所对应的现金,形成收回的销售收入-应收账款;同样,项目本身在采购供应商的原材料、燃料等时,通常也不会立刻付款给供应商，而随之产生应付账款。

项目为扩大或减少缺货损失需要持有一定数量的产成品，正在加工过程中的产品以及为制造项目产品而外购的原材料、燃料等，构成了项目评价中的存货。与此同时，为了保证项目顺利进行，确保某些重要而紧缺的原材料、燃料等及时供应，往往需要在收到货物或之前给供应商提前付款而形成了预付账款。

在这个循环中，向供应商付款发生在向客户收款之前，项目持有存货（原材料、半成品和制成品）和应收账款债权的这段时期比付款延迟的期限长，付款日和收款日之间的这段时间就是现金循环周期。因为现金循环周期的存在，决定了项目的运转需要相应的资金支持。项目投资分析中，将这种为维持生产而占用的全部周转资金称为流动资金。上述各种必要的现金、存款、应收及预付款项和存货构成流动资产；而应付账款和预收账款则构成流动负债，流动资产与流动负债的差额就构成项目的流动资金。

3. 流动资金的估算方法

流动资金的估算，不仅要考虑应付账款、预收账款对流动资金的抵减作用，还需要考虑资金周转效率，资金周转得越快，需要的流动资金越少；反之，则需要的流动资金越多。

流动资金一般应在项目投产前开始筹措，为了简化计算，流动资金可在投产第一年开始安排。流动资金的估算方法可采用扩大指标估算法和分项详细估算法。

(1) 扩大指标估算法

扩大指标估算法应用于项目可行性研究的早期，根据项目的特点和以往已建成运行的同类项目的数据，按销售收入、经营成本或固定资产投资比例来估算，或按单位产量占用净营运资金的比率来确定流动资金的数量，即：

$$流动资金额 = 各种费用基数 \times 相应的流动资金所占比例（或占营运资金的数额）$$

式中，各种费用基数是指年营业收入、年经营成本或年产量等。

例如，百货零售商店的净营运资金可按年销售收入的 10% ~ 15% 估算；机械制造项目可按年经营成本的 15% ~ 20% 考虑；钢铁联合企业可按固定资产投资的 8% ~ 10% 估算等。但因为项目的加工深度、原料供应和销售渠道各不相同，这种估算方法误差较大。随着项目投资分析与研究的深入，有必要对其进行分项的详细估算。

(2) 分项详细估算法

分项详细估算法就是对流动资产和流动负债的主要构成要素，即存货、现金、应收账款、预付账款以及应付账款和预收账款等几项内容分别进行估算，然后加以综合的计算方法。流动资金估算的具体操作是先计算各分项周转次数，再分项估算，最后予以合成。

1) 周转次数。应收账款、应付账款、存货等流动资产与流动负债项目，都存在一定的周转时间，要转化为现金需求都需要考虑其周转情况和周转次数。

$$周转次数 = 360/最低周转天数$$

各项目类流动资产和流动负债的最低周转天数取值对流动资金估算的准确程度有较大影响，在确定其数值时，应参照同类企业的平均周转天数，并结合项目特点确定；或按部门（行业）规定，在确定最低周转天数时应考虑储存天数、在途天数，并考虑适当的保险系数。

2) 流动资产估算。计算公式如下：

$$流动资产 = 应收账款 + 存货 + 现金$$

① 存货的估算。计算公式如下：

$$存货 = 外购原材料 + 外购燃料 + 在产品 + 产成品$$
$$外购原材料、燃料 = 年外购原材料、燃料费/年周转次数$$
$$其他材料 = 年其他材料费用/其他材料年周转次数$$
$$在产品 = (年外购原材料、燃料动力费用 + 年工资及福利费 + 年修理费 +$$
$$年其他制造费用)/在产品年周转次数$$
$$产成品 = (年经营成本 - 年营业费用)/产成品周转次数$$

② 应收账款估算。计算公式如下：

$$应收账款 = 年经营成本/应收账款周转次数$$

③ 预付账款估算。预付账款是指企业为购买各类材料、半成品或服务所预先支付的款项。

$$预付账款 = 外购商品或服务年费用金额/预付账款周转次数$$

④ 现金需要量估算。现金是指为维持正常生产运营必须预留的货币资金。

$$现金 = (年工资及福利费 + 年其他费用)/现金周转次数$$
$$年其他费用 = 制造费用 + 管理费用 + 营业费用 - (以上三项费用中所含的$$
$$工资及福利费、折旧费、摊销费、修理费)$$

4. 流动负债的估算方法

流动负债估算只考虑应付账款和预收账款两项。

$$流动负债 = 应付账款 + 预收账款$$
$$应付账款 = 外购原材料、燃料动力及其他材料年费用/应付账款周转次数$$
$$预收账款 = 预收的年营业收入/预收账款周转次数$$
$$流动资金 = 流动资产 - 流动负债$$
$$流动资金本年增加额 = 本年流动资金 - 上年流动资金$$

6.5 项目投资估算控制与优化

6.5.1 项目投资估算影响因素

一般来说，项目信息越详细，估算的误差越低，如有些项目本身相当复杂，没有或者很少有已建类似项目资料，就容易过高或者过低估计费用。其主要影响因素有以下几个方面。

1. 宏观因素

宏观因素主要是指由国家的宏观环境造成的，如国家政治、经济及其他各方面因素。这些因素是企业无法控制的，其对企业的影响往往也是十分巨大的。

（1）地区工程造价指数

地区工程造价指数包括各个时期的基准利率，主要反映在人工、材料、机械等各种生产资料的价格上涨，通过这一指标，可以反映出不同时期工程造价的变化趋势，也是建设项目成本管理和动态结算的重要依据之一。

（2）工程造价信息的颁布及变动

例如，新颁布的工程量清单计价模式、工程材料信息价的变动等，都会极大地影响投资者在估算投资时的风险态度。

2. 微观因素

微观因素主要是由企业自身经营和管理造成，这些因素是企业能够控制的。通过管理者的努力，还可通过采取相关措施，来消除其对建设项目投资估算的影响。

（1）项目本身技术经济指标的可靠性

具有一定深度的项目技术经济历史资料是提高投资估算准确度的保障，这些资料是靠日积月累、采用科学的方法编制而成的，随着生产力的发展要进行不断修正，使其能正确反映当前生产力水平，为指导现实服务。

（2）投资估算人员的知识经验、编制水平

投资估算误差在所难免，估算编制人员要充分利用工程造价资料，借助专家意见，并结合自身的知识经验，使投资估算尽可能准确。

6.5.2 编制投资估算应注意的问题

要做好投资估算编制工作，应熟悉适用的相关政策和各类造价信息，同时还要了解和掌握本项目各阶段的已批复文件。

选用的基础资料、计算数据要可靠准确。要对建设项目进行全面的了解和掌握，要全面收集并认真分析投资估算所需要的本项目各种资料和数据。

在参考历史数据资料和同类型项目时，要注意所参考数据的时效性和准确性。使用各项参考数据资料和估算指标时，注意与当前项目的定额标准、指标、项目具体情况、工料机的价格水平等进行对比，如果有偏差，则要进行调整。

与各相关专业密切配合，对各专业提供的设备材料表及建安工程量进行确认。还要与建设单位和其他各方密切配合，对各方提供的资料数据加以综合整理，对有疑问的要及时沟通交流。

6.5.3 控制投资估算的方法

1）做好市场调研，及时与设计人员进行沟通，了解设计人员的设计意向。

在阶段开始就进行详细的市场调研，进行市场需求预测分析，厂址选择分析、工艺流程、现行的市场价格及费用标准分析。使用估算指标编制投资估算不能生搬硬套，要经过实事求是的调整与换算后再进行估算，以保证估算的准确性。完成市场调研以后，结合项目的实际情况，在满足设计生产的前提下，以"效益最大化"为基本原则了解设计意图，熟悉工艺设计方案，及时与设计人员进行沟通交流，密切配合方案设计人员并在降低工程费用上下功夫，使方案设计人员在优化设计的基础上重视经济效益，避免设计过程中的投资浪费。

2）灵活运用有关标准、规范，充分考虑所建项目的实际情况，在满足生产最终目标的前提下，注意设备之间的行业配套，尽量减少进口设备的采购。

在设备的选用中，项目的设计人员应根据所确定的生产规模、方案、工艺流程、选址等，先采用经济合理、高质低价的设备，同时应充分考虑项目的附属工程所需设备，注意设备之间的行业配套。在保证质量的前提下，应首选国内设备，减少进口设备的采购；估算人员在计算设备费用的时候除了考虑设备本身价格外，还应考虑为购置设备而耗费的其他附属费用（如运输、包装、采购等费用），将其一并列入设备购置费中。

3）充分了解设计人员的意图以及建设项目的必备功能。

尽量准确、细致地计算附属于被安装设备的管线铺设等工作产生的安装工作量，防止漏算。

4）做足准备，确保项目所用土地的性质合法，实行资产保全原则，并时刻关注国家新发布的政策法规，保证估算的正常化。

做好项目前期的准备工作，获得项目所需土地时，尽量一步到位取得土地的使用权，防止二次续租或者转征产生项目的追加投资额。另外，根据资产保全原则，凡是参与项目建设的各类资金要素和费用都要形成资产。因此，在进行估算时，要实行资产保全原则，无论是购置的还是自有的土地使用权，均应作价列入建设投资中。另外，估算人员要时刻关注国家新发布的政策法规，同时也要关注国家废除哪些政策法规，防止估算中多算、漏算。

5）做好各项费用的估算，使预备费的计算基数尽量准确、有据可依。

预备费是以建安工程费、设备费、工程建设的其他费用为基数进行计算的，因此，应该对项目的建设规模、技术方案、设备方案、工程方案各部分的规模、数量进行准确的估算。另外，必须对项目进行事前风险因素分析、费用估算及概率分析，逐步形成预备风险金的估算机制，同时，更好地应用历史资料，有效提高该项费用估算的精确度。

6）采用适合项目资金运作的计息方式，以做到贷款节息。

建设期内只计息而不付息时，应使用实际利率按复利计算；建设期内用项目自有资金付息时，使用名义利率或实际利率按单利计算，这样将有效保证贷款利息计算的正常化。

6.5.4 优化投资估算的方法

1）加快投资估算指标的更新速度，扩大投资估算指标的覆盖面。投资估算指标往往根据历史的预、决算资料和价格变动等资料编制，其编制基础依照的是预算定额、概算定额和估算指标。由于科学技术的不断进步，新材料、新工艺、新技术不断涌现，定额的时效性问题突出，满足不了建设发展的需要，因此建议：对估算指标应加快更新速度，及时吸收新技术、新经验，不断提高质量水平。

2）保证设计深度，增强设计人员责任感。应在设计人员中强化经济意识，加强技术与经济的有机结合。使他们认识到，造价控制不只是工程经济专业的事情，它贯穿于项目建设的全过程，设计专业也有义不容辞的责任。设计文件不仅要在技术上可行，而且必须达到国家规定的设计深度，严格执行设计标准，保证工程质量，建立健全质量保证体系，增强设计责任感。

3）建立价格信息网络，加强设备材料的动态管理。面对庞大的建筑市场，仅靠各地造价部门采集价格显然是不够的，应当建立一套以标准定额信息中心为核心的，各地造价管理部门、设备生产厂家、材料销售部门参加的价格信息网络系统。设备及一些新型建筑材料（国内一些大型建筑刚刚采用过的）由信息中心采集价格，其他材料由各地造价管理部门采集，设立信息特派员，及时提供和反馈价格信息。视市场变化情况，设备价格指数每半年或一年发布一次，材料价格每季度发布一次，形成一套较完整的价格体系，为设备、材料价格的动态管理提供可靠依据。

4）编制人员了解工艺流程，谨防估算漏项。凡是生产性建设项目，均有其工艺生产流程，并有与之配套的辅助生产设施。就编制人员而言，在操作时应做到：

① 认真了解生产工艺流程，亲临类似生产现场，目睹工艺生产流程，关注生产设施以及相应辅助公用设施。

② 紧密结合设计方案的条件，合理运用有关工程的概预算资料，尽量避免出现漏算、少算现象。

5）及时积累已完工程，总结经验。知识就是积累起来的，经验也是积累起来的。开展估算工作，如果不注意积累与总结，不去发现问题、弄清原委，即使一年内编制几十项投资估算书也无法提高业务水平。

思 考 题

1. 什么是项目投资估算？具体由哪几部分组成？
2. 简述建设项目投资估算阶段。
3. 简述建设项目投资估算的一般步骤。
4. 简述建设项目投资估算的种类与对应的方法。
5. 简述建设项目投资估算控制与优化策略。

第 7 章

工程项目融资概述

工程项目建设的首要问题就是解决建设资金的筹集。在长期的投资建设实践中,为筹集资金所进行的种种努力形成了资金筹集模式和途径的多样性。工程项目融资是 20 世纪 70 年代末至 80 年代初国际上兴起的一种新的融资方式。与传统的筹资方式相比,工程项目融资方式能更有效地解决大型基础设施建设项目的资金问题,因此,它被世界上越来越多的国家所采用。我国早在 20 世纪 80 年代就采用工程项目融资的方式进行了工程建设,如深圳沙角 B 电厂就采用 BOT 方式进行投资建设。当今,世界各国越来越多地采用这种融资方式。特别在我国,随着市场经济的建立和完善,工程项目融资运用日益广泛,因此,认真研究工程项目融资的理论与实践具有重要的现实意义。

7.1 工程项目融资的基本概念

7.1.1 工程项目融资的定义

工程项目融资作为学术用语,迄今为止还没有一个公认的定义。综观现已出版的中、外文书籍,对工程项目融资定义的表述有多种。尽管表述各异,但总体而言,可把其定义分为广义和狭义两类:从广义上讲,一切针对具体工程建设项目所安排的融资都称为工程项目融资;而狭义的工程项目融资只将具有无追索或有限追索形式的融资活动当作工程项目融资。本书以后各章讨论的内容均指狭义的工程项目融资,因为我国当前有大量的资本密集型工程项目,如基础设施项目的建设急需资金投入,研究具有无追索权或有限追索权的融资方式将更有现实意义。

美国银行家彼得·内维特(Peter K. Nevit)所著的《项目融资》(*Project Financing*)(1995 年第 6 版)一书中的定义是:项目融资就是为一个特定经济实体所安排的融资,其贷款人在最初考虑安排贷款时,满足于使用该经济实体的现金流量和收益作为偿还贷款的资金来源,并且满足于使用该经济实体的资产作为贷款的安全保障。

国家计委与外汇管理局共同发布的《境外进行项目融资管理暂行办法》(计外资〔1997〕612 号)中的定义是:项目融资是指以境内建设项目的名义在境外筹措外汇资金,

并仅以项目自身预期收入和资产对外承担债务偿还责任的融资方式。它应具有以下性质：①债权人对建设项目以外的资产和收入没有追索权；②境内机构不以建设项目以外的资产、权益和收入进行抵押、质押或偿债；③境内机构不提供任何形式的融资担保。

由我国著名学者胡代光、高鸿业主编的《西方经济学大词典》中，对项目融资的定义是：为耗资巨大的大型工程项目在国际上融资的重要途径。贷款者所看重的是项目的资产及未来收益在清偿债务上的能力。这种融资手段有别于传统的资金融通，其特点主要是：项目为独立法人，资本的绝大部分靠贷款，风险大，需要第三方担保，但风险可通过多种途径转移，融资的发起者所负担的风险有限，其本身的资产负债状况所受的影响较小。

上述定义虽然表述不同，但都涵盖了两个最基本的内容：①项目融资是以特定项目为主体安排的融资，项目的导向决定了项目融资的最基本的方法；②项目融资中的债务偿还来源仅限于融资项目本身的现金流量和收益，融资的安全保证是特定项目的资产。换言之，偿还项目贷款资金的来源被限制在融资项目本身的经济强度之中，即项目未来可用于偿还债务的净现金流量和项目本身的资产价值。将归还债务资金来源限定在特定项目的收益和资产范围之内，是项目融资的最主要特点。

之所以称工程项目融资，是由于对"项目"这个概念的理解存在歧义。许多人习惯把具有一个特定内容的工作也称为项目，认为项目是一项要在一定时间、在预算规定范围内达到预定质量水平的一次性任务，如扶贫项目、科技攻关项目等。本书中所提及的项目，均特指工程建设项目。

总结上述狭义项目融资的含义，可以对狭义的工程项目融资给出如下简明定义：以特定工程建设项目的现金流量和资产为融资基础，由项目的参与各方分担风险的，具有无追索权或有限追索权的特定融资方式。

7.1.2 工程项目融资的功能

工程项目融资与传统公司融资方式相比，突出了以下三大功能。

1. 筹资功能

凡是大型工程项目，就投资而言，少则几亿元，多则上百亿元资金。一般投资者仅凭自己的筹资能力，几乎很难筹集到工程项目所需的全部资金；同时，由于大型工程项目需要巨额投资，随之而来的投资风险也很大。这两点就决定了采用传统的融资方式是行不通的。而采用工程项目融资能更有效地解决大型工程项目的筹资问题。因为工程项目融资通常是无追索或有限追索形式的贷款，项目融资的能力大大超过投资者自身筹资能力，从而解决了大型工程项目的资金问题。例如，20 世纪 80 年代中期澳大利亚西北部海上石油天然气项目，第一期工程投资已超过 14 亿美元，远远超出当时该项目任何一个投资者本身的融资能力，而采用项目融资则顺利地解决了该项目的资金问题。

2. 风险分担功能

工程项目融资的风险分担功能包括两个方面的内容：①工程项目融资的有限追索使项目的风险与项目发起人有效地隔离，这是传统融资方式所不具备的优点；②工程项目融资可以使项目的风险分散化，而风险分散化的结果是有效地降低了风险或者规避了风险。工程项目融资之所以能实现这一功能，是因为在设计融资方案时，就已明确了工程项目融资的参与者必须共同分担风险。这种风险分担功能一方面使项目发起人不会因为项目的失败而破产；另一方面也由于各参与方的风险收益的紧密相关性，提高了对项目的关注度，从而有助于项目运行的成功。

3. 享受税收优惠功能

目前，世界上许多国家贷款利息是免税的，而股权收益却必须纳税，因而高水平的负债结构在某种程度上意味着资本成本的降低。工程项目融资可以允许项目发起人投入较少的股本，进行高比例的负债，从而可以较多地享受税收优惠。此外，由于许多国家新企业享受资本支出的税收优惠和一定的免税期，所以成立单一目的的公司进行项目融资还可以享受新企业的税收优惠政策。为了充分享受税收优惠待遇，有时项目融资模式的变化也出于对税收的考虑。例如，在英国有对机器和设备的税收优惠，因而在融资时，经常采用融资租赁。

7.2 工程项目融资的特点

1. 以特定工程项目为导向

以特定工程项目为导向安排融资是工程项目融资的一个显著特点。安排融资的依据是工程项目未来的现金流量和项目资产，而不是项目投资者或发起人的资信。贷款人的注意力主要放在工程项目贷款期间能够产生多少现金流量用于偿还贷款。因此，贷款的数量、融资成本、融资结构与项目未来的现金流量和项目资产的价值直接相联系。

由于工程项目导向的特点，一些投资者很难借到的资金可以利用工程项目来安排融资。特别是对一些大型、复杂的工程项目，项目的投资风险超出了投资者所能够承担的程度。在这种情况下，若采用传统的公司融资方式，投资者将会望而却步，因为一旦项目失败，投资者受到的损失不仅仅是项目中已有的投入，还会涉及其他资产和业务，甚至导致破产。工程项目融资利用工程项目自身的现金流量和资产价值安排有限追索贷款，使这类大型工程项目的融资成为可能。另外，工程项目融资的贷款期可以根据项目投资者的具体要求和项目的经济寿命期统筹设计，从而获得较长的贷款期，如有的项目贷款期长达20年，甚至更长的期限。

以工程项目为导向的融资方法也为本来由政府投资兴建的基础设施项目开辟了灵活多样的融资渠道。政府一方面要加快基础设施建设，以满足国民经济快速增长的需要；另一方面，政府往往受到财政预算的严格限制，不能举债过多。政府通过工程项目融资可以较为灵活地处理债务对财政预算的影响。例如，政府不以直接投资者和直接借款人的身份参与项目，而把基础设施项目授予企业经营，获得特许权的企业负责项目的融资、建设和生产经营，承担项目的债务责任和投资风险，并在特许期满后将基础设施项目移交给政府。

2. 有限追索

有限追索是工程项目融资的第二个特点。在某种意义上，它是区分工程项目融资与传统公司融资的标志。传统的公司融资中，贷款人为企业提供的是完全追索形式的贷款，即贷款人主要依赖于借款人自身的资信情况，而不是项目的经济强度。而作为有限追索的工程项目融资，贷款人可以在工程项目的某一特定阶段或在规定范围内（如项目的建设期和试生产期）对项目借款人进行追索。但除此之外，无论项目出现什么问题，贷款人均不能追索到项目借款人除项目资产和现金流量以及所承担的义务以外的任何财产。

有限追索的实质是由于工程项目本身的经济强度还不足以支撑一个"无追索"的结构，

因而还需要项目借款人在项目的特定阶段提供一定形式的信用支持。影响工程项目融资追索程度的因素主要有项目的性质、现金流量的强度及其可预测性、借款人的经验、信誉、管理能力，以及借贷双方对未来风险的分担方式。对于一个具体的融资项目，其追索程度由借贷双方通过谈判来确定。由于工程项目风险的程度及其表现形式在项目实施的不同阶段有所不同，因此，贷款人对追索的要求也会随之调整。例如，项目贷款人通常要求项目借款人承担项目建设期的全部或大部分风险，而在项目进入正常生产阶段之后，将追索仅局限于项目的资产及其未来现金流量。

3. 风险分担

为了实现工程项目融资的有限追索，对与项目有关的各种风险要素，需要以某种形式在项目贷款人、借款人和其他参与者或项目利益相关者之间进行分配，这是工程项目融资的第三个特点。一个成功的工程项目融资结构应该将项目的各种风险在项目的主要参与者和其他利益相关者之间进行合理的分配。借款人、融资顾问在组织项目融资的过程中，要在识别和分析项目各种风险因素的基础上，确定项目各参与者承担风险的能力和可能性，充分利用一切可以规避风险的方法或策略，设计出具有最低追索的融资结构。

尽管工程项目融资使项目风险分散化，项目公司和项目投资者在一定程度上减轻了承担风险的压力，但是，项目风险在各项目参与人之间进行合理分配是一项十分复杂的工作，这是因为它涉及众多的项目参与人、法律文件以及相关因素，如贷款人与投资者之间的风险分配取决于贷款人对债务的追索程度，项目承建者与项目投资者之间的风险分配取决于承包合同的形式和担保类型等。同时，由于工程项目融资是有限追索或无追索融资，如果风险识别不充分、风险分配不当，将给项目的实施和合同的执行留下隐患。

4. 信用结构多样化

在工程项目融资中，支持贷款的信用结构的安排是灵活、多样化的，这是项目融资的第四个特点。一个成功的项目融资，可以将贷款的信用支持分配给各项目参与者和利益相关者，贷款信用支持的分配与项目风险在项目参与者和利益相关者之间的分配是相联系的。工程项目融资的信用支持主要来自工程项目的产品市场、工程建设、原材料和能源供应方面。工程项目产品市场方面的信用支持主要是通过与对项目产品感兴趣的购买者签订长期购买合同，其信用支持的力度取决于合同的形式和购买者的资信。这种信用支持的有效性源于购买者为项目提供了一个基本的现金流量。在工程建设方面，为了减少项目实施中的风险，项目公司通过严格的招标方式优选承包商，并要求工程承包公司提供固定价格、固定工期的合同，或"交钥匙"工程合同，将项目实施中的部分风险转嫁给承包商；还可以要求设计者提供工程技术保证。在原材料和能源供应方面，可以要求供应商在保证供应的前提下，在原材料和能源的定价上，根据项目产品的价格变化设计具有合理浮动价格的供货合同，以使项目产品的成本不因原材料和能源价格波动而出现大幅上涨，从而保证项目的最低收益。

5. 利用税务优惠

充分利用税务优惠，降低融资成本，提高工程项目的综合收益率和项目的偿债力，也是工程项目融资的一个特点，它贯穿于工程项目融资的各个阶段。充分利用税务优惠是指在项目所在国法律允许的范围内，通过精心设计投资结构、融资模式，将项目所在国政府对投资的税务优惠政策在项目参与者中进行最大限度的分配和利用，以此降低融资成本，提高项目的偿债能力。不同的国家有不同的税务优惠政策，通常包括加速折旧（Accelerated Depreciation)、利息成本、投资优惠以及其他费用抵税的政策法规。

6. 融资成本较高

与传统的公司融资方式比较，工程项目融资存在的一个主要问题是筹资成本较高、组织融资的时间较长。项目融资涉及面广、结构复杂，需要做许多方面的工作，如项目的风险分配、结构设计、资产抵押等一系列技术性工作，筹资文件比一般公司融资往往要多出几倍，需要几十个甚至上百个法律文件才能解决问题。这就必然造成两方面的后果：

1) 组织工程项目融资花费的时间要长一些，通常从开始准备到完成整个融资计划需要 3~6 个月的时间（贷款金额大小和融资结构复杂程度是决定安排融资时间长短的重要因素），有些大型工程项目融资甚至需要几年的时间。这就要求所有参与者都有足够的耐心和合作精神。

2) 工程项目融资的大量前期工作和有限追索性质导致融资的成本要比传统融资方式高。融资成本包括融资的前期费用（融资顾问费、贷款建立费、承诺费以及法律费用等）和利息两个主要组成部分。融资的前期费用与项目的规模有直接关系，一般占贷款金额的 0.5%~2%，项目规模越小，前期费用所占融资总额的比例就越大。工程项目融资的利息成本一般要高出同等条件公司贷款的 0.3%~1.5%，其增加幅度与贷款银行在融资结构中承担的风险以及对项目借款人的追索程度是密切相关的。然而，这也不是绝对的。国外的一些案例表明，如果在一个项目中有几个投资者共同组织工程项目融资的情况下，合理的融资结构和较强合作伙伴在管理、技术或市场等方面的强势可以提高项目的经济强度，从而降低较弱合作伙伴的相对融资成本。

工程项目融资的这一特点限制了其使用范围。在实际运作中，除了需要分析工程项目融资的优势之外，也必须考虑工程项目融资的规模经济效益问题。

7.3 工程项目融资的使用范围

从工程项目融资产生到发展的进程看，无论是发达国家还是发展中国家，采用工程项目融资方式都比较谨慎。尽管这种方式具有筹资能力强、风险分散等优点，但毕竟风险较大、融资成本高，因而工程项目融资主要应用于基础设施建设项目。

从全世界范围看，无论是发达国家还是发展中国家，工程项目融资应用最多的是基础设施建设项目。一方面是由于这类项目的投资规模巨大，完全由政府出资或者单独由一个公司出资都比较困难；另一方面也是商业化运营的需要，只有商业化运营，才有可能产生良好的效益，使这类项目得以发展。基础设施项目可分为三种：①公共设施项目，包括电力、电信、自来水、污水处理等；②公共工程，包括铁路、公路、海底隧道、大坝等；③其他交通工程，包括港口、机场、城市地铁等。

在上述三种项目中，国际上已经成功运作的项目大多集中在电力、公路、海底隧道等项目。例如，电力项目有美国霍普威尔火力电站项目、巴基斯坦赫布河燃油发电厂项目、菲律宾大马尼拉汽轮机发电厂项目等；公路项目有马来西亚南北高速公路项目、泰国曼谷二期高速公路项目等；海底隧道项目有英法合作的英吉利海峡隧道项目、澳大利亚悉尼海底隧道项目和土耳其的博斯普鲁斯海底隧道项目等。

我国从 20 世纪 80 年代初开始尝试运用工程项目融资方式。按照我国政府目前的有关规定，工程项目融资主要适用于投资规模大、贷款偿还能力强、有长期稳定预期收入的部分基础设施和少数基础产业建设项目，具体包括发电设施、高等级公路、桥梁、隧道、城市供水厂及污水处理厂等基础设施项目以及其他投资规模大且具有长期稳定预期收入的建设项目。从已经运作的项目来看，工程项目融资多集中在电力、公路、地铁和污水处理厂等基础设施项目。例如，电力项目有深圳沙角B电厂、广西来宾电厂B厂、山东日照电厂、合肥二电厂、福州电厂等；公路项目有广州至深圳高速公路、海南东线高速公路、北京京通高速公路等；地铁项目有重庆地铁、深圳地铁等。近年来，许多城市的自来水厂、污水处理厂等规模不大的基础设施建设项目也越来越多地运用工程项目融资方式。

世界各国的工程项目融资也相对集中于基础设施建设领域，这一方面为政府解决了基础设施领域需要大量资金投入而造成的沉重负担；另一方面，由于这类项目大都可以商业化经营，通过项目建成后的收益收回投资，因此可将规范的运作机制引入政府项目之中。正因为如此，许多发达国家采用工程项目融资建设的基础设施项目都获得了成功。

7.4 工程项目融资的产生与发展

7.4.1 工程项目融资的起源

早在4000多年前，项目融资的思想就已经存在了。根据《汉谟拉比法典》的记载，船主为造船进行筹资所使用的形式是抵押融资，即船舶抵押合同，船主用进行商业贸易产生的收入来偿还造船贷款。如果在贷款还清之前，船只在航行过程中损毁，那么船主欠贷款人的剩余债务就一笔勾销。这就是项目融资的雏形。贷款人或投资者基于对航海贸易可能产生的巨额利润而参与船主发起的造船项目，且仅以此船的航海贸易未来可能产生的现金作为收回贷款或投资的来源。如果航海贸易没有预期的盈利或船只在航海过程中损毁，贷款人和投资者是不能要求船主偿还贷款和返还投资的。显而易见，这种模式对贷款人和投资者来说风险很大，尤其是在几千年前的奴隶社会，风险分配和管理控制还不能做到像现在这么科学。

在17世纪，英国的私人业主建造灯塔的投资方式与工程项目融资中的BOT模式就极为相似。当时，私人业主建造灯塔的过程是：私人业主首先向政府提出建造和经营灯塔的申请，在申请获得政府批准后，私人业主向政府租用土地建造灯塔，在特许期内管理灯塔并向过往船只收取过路费，特许期后由政府收回灯塔并移交给领港公会管理和继续收费。不过由于种种原因，这种投资建设方式一直没有引起人们的重视。

1858年苏伊士运河的融资是今天许多工程项目融资的先驱，尽管苏伊士运河的融资与当今的项目融资有明显的不同。例如，英国和法国特许经营商是苏伊士运河的发起人，从埃及政府获得了长达99年的对运河进行建设、运营和维修的特许权，而现如今超过30年的特许权都是少见的。到1869年年底，苏伊士运河从融资结束到建成投入使用花费了11年时间，如此长的建设周期，很难想象在现如今能否成功取得工程项目融资。

20世纪70年代末至80年代初，随着世界各国经济的发展，无论是发达国家还是发展中国家，都先后出现了大规模基础设施建设与资金短缺的矛盾。为此，人们也在不断寻求一种新的融资模式，例如能否依靠项目本身的收益去获得建设所需贷款的设想。在这方面首开先河的是土耳其总理厄扎尔。1984年，在讨论土耳其公共项目的私营问题时，厄扎尔提出了 BOT 的概念，而 BOT 融资模式恰恰是用得最多的一种特定的工程项目融资模式。运用此种模式，土耳其建设了火力发电厂、机场和博斯普鲁斯第二大桥。此后，BOT 融资模式作为基础设施项目建设的一种有效融资模式逐渐流行起来，并得到了广泛的发展。迄今为止，在许多发达国家和地区越来越多地采用 BOT 融资模式进行大型基础设施建设。近年来，一些发展中国家，如土耳其、菲律宾、泰国、马来西亚及我国等也相继采用 BOT 融资模式进行基础设施建设。

7.4.2 工程项目融资发展的原因

1. 发达国家和地区采用工程项目融资的原因

从经济发展的历史看，许多发达国家和地区以往的基础设施项目主要是由国家财政预算安排，由政府直接拨款建设。进入 20 世纪 80 年代，这些国家和地区经济发展的现实，迫使它们不得不改变传统的做法：①随着经济的快速发展、人口增长和城市化水平的提高，各国对交通、电力及供水等基础设施的需求日益增长，但同时各国也都面临财政赤字、债务负担过重、政府投资能力下降等困境，无力承担耗资巨大的基础设施建设任务；②一些发达国家和地区企业私有化程度较高，而政府又允许私人企业和投资进入基础设施建设领域，这既调动了私人投资的积极性，又缓解了国家财政困难，这些都为工程项目融资的发展和应用提供了较好的客观条件。因此，减轻政府财政负担、吸引私人资本参与基础设施建设是发达国家和地区采用工程项目融资的根本原因。

2. 发展中国家采用工程项目融资的原因

发展中国家的基础设施项目在第二次世界大战后都是通过财政拨款、政府贷款和国际金融机构贷款建设的。但进入 20 世纪 70 年代后，发展中国家大量举债导致国际债务危机加剧、对外借款能力下降、预算紧张。在这种情况下，政府很难拿出更多的资金投资需求日益增加的基础设施建设项目。经济要发展，基础设施建设必须加强，此时工程项目融资作为新的资金来源和融资方式呼之欲出。进入 20 世纪 80 年代，发展中国家的基础设施项目已经开始使用工程项目融资，以解决国内资金不足但又要引进设备和技术的矛盾。与此同时，发展中国家大多存在国有部门效率低下、基础设施管理不善等问题。为解决这些矛盾和问题，许多国家制定了引进民间资本和国外资金进行基础设施建设的政策，以此缓解财政上的紧张局面，并促进国有部门提高效率。正是在这样的经济背景下，工程项目融资不但被广泛采用，而且还成为引进外资的一种新形式。

7.4.3 工程项目融资在我国的发展

20 世纪 70 年代后期，我国开始实行改革开放政策，为我国的金融活动和投资行为带来了过去无法比拟的发展机遇。工程项目融资作为一种重要的金融工具，在 80 年代被引入我国的企业界和金融界，并在一些大型工程项目中得到了成功运用。20 世纪 80 年代初，广东省沙角火力发电厂 B 厂（通称为深圳沙角 B 电厂）采用了类似 BOT 的建设方式，它标志着我国利用工程项目融资模式进行建设的开始。为尽快解决能源、交通、通信等基础设施严重不足的问题，加快基础设施的建设步伐，改变过去基础设施建设单纯依靠国家财政投资的传统做法，大胆尝试工程项目融资新模式，中央政府在制订"八五"计划时，国家计委首次提出了运用 BOT 模式加快基础工业发展和基础设施建设方面的新思路。但在具体实践中，由于多方面的原因，我国工程项目融资方式发展十分缓慢。

进入20世纪90年代，我国陆续出现了一些以BOT方式进行建设的项目，如上海黄浦江延安东路隧道复线工程、广州至深圳高速公路、上海大场水处理厂、海南东线高速公路、三亚凤凰机场、重庆地铁、深圳地铁、北京京通高速公路、广西来宾电厂B厂等。这些项目虽然相继采用BOT模式进行建设，但只有重庆地铁、深圳地铁、北京京通高速公路等项目被国家正式认定为采用BOT模式的基础设施项目。广西来宾电厂B厂BOT项目是经国家批准的第一个试点项目，经过各方多年的努力，该项目已取得了全面成功，被国际上很有影响的金融杂志评为最佳项目融资案例，在国内被誉为"来宾模式"。

为使我国工程项目融资尽快走上正轨，并按国际惯例进行运作，1994年国家对外贸易经济合作部发布了《关于以BOT方式吸收外商投资有关问题的通知》，国家发展计划委员会也于1997年4月发布了《境外进行项目融资管理暂行办法》，连同以前公布的《指导外商投资方向暂行规定》和《外商投资产业指导目录》一起，基本构成了我国BOT项目融资的法律框架。

随着越来越多的基础设施项目采用BOT模式进行融资，建设部在2004年颁布了《市政公用事业特许经营管理办法》，初步规定了特许经营的适用范围，参与特许经营权竞标者应当具备的条件、竞标程序，以及特许经营协议的主要内容等。随后，北京、深圳、天津、济南等城市相继发布了基础设施特许经营办法，也都对特许经营的相关事项做出规定。自2013年，我国开始应用PPP模式发展基础设施建设。2014年，以财政部发布《关于推广运用政府和社会资本合作模式有关问题的通知》和《关于印发政府和社会资本合作模式操作指南（试行）的通知》，国家发展改革委发布《关于开展政府和社会资本合作的指导意见》等政策文件为标志，我国PPP模式作为工程项目融资的一种重要载体，在市政、交通、能源、水利等基础设施领域得到全面推动，掀起一轮新的PPP热潮。

但是，我国经济体制尚处在转型期，各种经济法规不够完善，而工程项目融资又涉及国家金融、财税、法制和政策的方方面面，在谈判中往往由于概念不清、缺乏共同语言，很难在项目程序、融资和风险的确定与分摊，以及政府和行业主管部门的可能承诺和支持政策等主要问题上达成共识，谈判旷日持久，外商顾虑较多。因此，项目一般都要求由资信可靠、实力雄厚的建筑工程业的知名大型公司担任重要组织者。随着改革开放的继续和深入，我国的法律逐步得到完善，我国经济将持续获得高速增长，工程项目融资必将在我国的基础设施建设中发挥更大的作用。

7.5 工程项目融资成功的基本条件

工程项目融资的成功之处在于通过复杂的投资结构、融资结构和信用担保结构等方面的设计，将项目相关各方的利益有机地结合起来，在各参与方之间合理地分摊风险，并实现项目相关各方的利益要求，将其他筹资方式下难以筹资建设的大型项目变成可能。然而，项目的投资、风险特性和风险分配的复杂性决定了工程项目融资设计的复杂性。投资者除了具备项目可行性研究和投资决策的知识和技术外，还要掌握工程项目融资的原理，熟悉项目所在国的法律环境和金融环境，能够进行项目相关各方的利益和风险均衡，并具备丰富的谈判经验和技巧。

从工程项目投资者的角度，工程项目向民间融资成功的条件可以概括为以下四个方面。

1. 科学评价和分析工程项目风险

项目评价既是项目投资决策的基础，也是项目获得债务资金的前提。在项目准备阶段，投资者对项目的可行性、合理性等方面进行科学的分析和预测，将有利于银行对项目的风险和收益形成正确的认识，并有利于获得债务资金。同时，项目风险的分析和风险管理方案的制定，有利于银行判断其在项目中的风险与收益是否相当，以及是否存在影响项目正常建设和运营的风险因素，并关系到银行能否提供贷款以及提供贷款的条件。

项目评价和项目风险分析，既相互联系又相互区别。项目评价中的可行性研究涉及项目风险分析，而项目风险分析更侧重于与项目融资密切相关的风险要素分析，以及这些风险要素对融资结构的影响。项目风险存在于项目的各个阶段，有完工风险、信用风险、金融风险、政治风险、市场风险和环保风险等。能否将这些风险合理分担和严格管理，是项目融资最终成功的关键所在。因此，对项目风险不仅需要进行准确的定性分析，更重要的是对其做出准确的定量分析，即将各种风险因素对项目现金流量的影响数量化，在此基础上确定项目的最大融资能力，设计出为项目融资各参与方所接受的共同承担风险的融资结构。

2. 设计严谨的工程项目融资法律结构体系

工程项目融资要求有健全的法律体系作为保证。因为无论是项目的融资结构，还是项目融资的参与者在融资结构中的地位、权利、责任及义务，都是通过一系列法律文件确定的。这些文件少则几十个，多则上百个。显然，法律文件能否准确无误地反映项目各参与方在融资结构中的地位和要求，以及各个法律文件之间的结构关系是否严谨，是保证项目融资成功的必要条件。作为项目的投资者和贷款银行，对法律文件的关注是有区别的：前者会更多地注意有关知识产权、贸易公平和生态环境保护等方面的法律保证；后者则要考虑担保履行以及实施接管权利等有关的法律保护结构的有效性问题。

3. 明确项目的主要资金来源

工程项目融资的投资特性和风险特性决定了其筹资难度加大，因此，其权益资金和债务资金的来源必须尽早确定并落实，才有可能消除项目立项方面的不确定性，从而才能够准确地确定投资可行性分析结论，银行也可以据此判断各类资金提供者的责任、义务及分担的风险，进而做出贷款决策。同时，考虑到融资项目风险较大、融资成本较高等特点，在确定项目的筹资总额和项目的资金来源时，还应该出于保守的原则，适度增加筹资额度，并考虑备选资金来源和不确定资本补充方案。

4. 充分调动项目各参与方的积极性

在工程项目融资阶段可能会产生许多无法避免的困难和问题，谈判在所难免，有的项目谈判时间可能长达几年。因此，在工程项目融资的组织过程中，自始至终需要保持所有的项目参与者在项目中的利益追求和工作热情，注意分析这些参与者对项目的期望以及对风险的承受极限，保持其参与项目的热情。过分地追求分担风险和降低融资成本，有可能造成某些参与者退出项目，最终导致整个工程项目融资前功尽弃。除此之外，项目投资者还应该考虑到多个项目投资者之间、项目投资者和项目经营管理公司之间、项目投资者和项目参与方之间所形成的各种关系是否达到激励相容，即是否已经建立一套科学合理的激励与约束机制，以保证所有的项目参与方在追求各自利益的同时，能够保证项目的稳定运营和利益的最大化。

7.6 工程项目融资组织及投融资结构

7.6.1 工程项目融资的参与人

工程项目融资的参与者一般包括项目发起人、项目公司、贷款银行、财务顾问、专家、律师、保险公司、所在国政府、项目承建商、项目使用者、项目供应商、项目担保方等。

1. 项目发起人

项目发起人也称为项目主办方，是项目的倡导者和实际投资者。项目发起人通过组织工程项目融资获得资金，经过项目的投资、获取投资利润和其他利益，实现投资者的最终目标。在有限追索的融资结构中，项目发起人除拥有项目公司的全部股权或部分股权，提供一定的股本金外，还应以直接担保或间接担保的形式为项目公司提供一定的信用支持。项目发起人通常仅限于发起项目，但不负责项目的建设和运营。

项目发起人在项目融资过程中主要负责争取或协助项目公司取得项目所需的政府批文及许可证。例如，建筑、外汇、兑换、营业执照、设备进口、融资及环境等方面的批准。

项目发起人可以是政府部门，也可以是一家公司，还可以是由多方组成的集团，例如由承包商、供应商、项目产品的购买方或项目产品的使用方等以及政府部门等多方构成的联合体。项目发起人也可能是项目的利益相关者，包括项目的直接受益者和间接受益者。从发起人的国别来看，发起人既可以是东道国境内的企业，也可以是境外的企业或投资者。一般来说，发起人中包括至少一家境内企业会有利于项目的批准与实施，降低项目的政治风险。

2. 项目公司

项目公司是为了项目建设和运营的需要，而由项目发起人组建的独立经营的法律实体。项目公司直接参与项目投资和管理，承担项目债务责任和项目风险。项目公司架起了项目发起人和项目其他参与者之间的桥梁。成立项目公司的优越性表现在：

1) 将工程项目融资的债务风险和经营风险大部分限制在项目公司中，使无追索权或有限追索权的项目融资得以实现，项目公司对偿还贷款承担直接责任，这是实现有限追索融资的关键。

2) 根据一些国家的会计制度，成立项目公司进行融资，可以避免将有限追索的融资安排作为债务体现在项目发起人的资产负债表上，实现非公司负债型融资。

3) 对于有多国参加的项目来说，成立项目公司便于把项目资产的所有权集中在项目公司本身，由于它拥有必备的生产技术、管理、人员等条件，有利于集中管理。

4) 从贷款人的角度看，成立项目公司便于银行在项目资产上设定抵押担保权益。

3. 贷款银行

项目融资的参与者中，必不可少的就是提供贷款的银行。由于项目融资需求的资金量很大，一家银行很难独立承担贷款业务。另外，基于对风险的考虑，几乎任何一家银行都不愿意为一个大项目承担全部的贷款，通常情况下是由几个银行组成一个银团共同为项目提供贷款。银团贷款除了能够分散贷款风险、扩大资金的供应量外，还有另外一个优点，就是可以分散东道国的政治风险，避免东道国政府对项目的征用和干涉，因为东道国政府可能不愿意因此破坏与这些国家的经济关系。根据经验，如果项目贷款的总额达到3000万美元以上，就可以考虑采用银团贷款的形式。

在工程项目融资的实施中，根据银团组织中各家银行在贷款中的作用不同，可将其划分以下五种不同类型的银行：

（1）安排行

安排行是最初与项目公司签订贷款协议并销售全部或部分贷款的银行。由于安排行先与项目公司签订贷款协议，之后再在银团之间签订销售协议，因此，安排行承担后期无法全部售出其贷款协议的风险。按照惯例，安排行一般由专业力量强、实际操作经验丰富的几家大银行组成。

（2）代理行

代理行是指负责项目贷款日常事务管理的一家或数家银行。其主要职能是有效地管理贷款，但要收取一定的管理费。

（3）参与行

参与行是指参加银团，并按照各自先前承诺的份额向项目公司提供贷款的银行。

（4）技术行

技术行是指负责处理与项目贷款有关技术问题的银行。

（5）保险行

保险行是指专门处理项目融资中保险问题的银行。其主要职责是从贷款银行利益出发，聘请保险顾问与保险公司联系和协商。其目的是减少贷款行因商业和政治风险而产生的损失。

4. 财务顾问

项目公司在金融市场上筹集资金，往往聘请金融公司、投资银行等为其策划和操作，这些金融机构就是项目公司的财务顾问。财务顾问必须熟知国际、国内金融市场的操作规则，并且了解项目所在地的情况，依据当地的政治、法律和市场环境等对项目融资结构提出参考意见。通过财务顾问的工作，项目公司可减少风险和降低成本。此外，财务顾问还可为项目公司向外界推荐项目。

5. 专家

采用工程项目融资方式筹集资金的项目通常工程量大并且技术复杂，因而在项目的设计和施工中有大量的技术问题，需要各方面的专家提供咨询意见。项目主办人、贷款银行和财务顾问等都要聘请一些专家，帮助他们进行可行性研究，对项目进行管理、监督和验收。特别是在项目发生分歧时，专家可作为仲裁人。

6. 律师

工程项目融资涉及的参与者众多，融资关系复杂，通常在项目一开始，就需要相应的律师介入。其职责主要包括对项目合同有效性等法律问题，以及合理避税等税务问题提供建议，并起草各类合同文件，检查项目融资结构与措施是否符合东道国的有关规定，以规避法律风险。

7. 保险公司

工程项目融资的巨大资金数额以及未来难以预料的许多风险，要求项目各方准确地认定自己面临的主要风险，及时为它们投保，并与保险公司或保险经纪公司保持密切的联系和良好的工作关系，以减少可能发生的损失。这使得保险公司成为项目融资中必不可少的参与者。特别是在贷款方对借款人或发起人的资产只有有限追索权的情况下，保险赔款就成了贷款方一个最主要的抵押。保险公司收取保费，并为项目分担风险。

8. 所在国政府

项目所在国政府有时在项目融资中可以起到关键的作用。采用工程项目融资方式建设的项目，通常都是投资规模大、投资回收期长的项目，这就需要项目所在国政府及其有关机构在项目审批、产品价格确定、项目实施等方面提供支持和保证，否则项目实施可能很难进行。有关的政府机构在项目融资中扮演着间接而重要的角色。例如，在宏观方面为项目建设提供良好的投资环境；在微观方面给予有关的批准和特许运营，制定相关的税收政策、外汇政策等，为工程项目融资提供优惠待遇等。但在大多数情况下，政府并不直接参与到项目融资中，即使在以 BOT 形式进行的融资活动中也是如此。有时，项目所在地政府及其所属机构，会应发起人的请求，向贷款银行等有关方出具一种非保证作用的书面支持信或安慰信，表明对有关项目的支持。当然，政府机构可能通过代理机构进行权益投资，或成为项目产品的最大买主或用户。

9. 项目承建商

项目承建商负责项目的设计和建设。承建商可以通过与项目公司签订固定价格的"一揽子承包合同"，从而成为项目融资的重要信用保证者。项目承建商的资金状况、工程技术水平、财务能力、经营业绩、资历和信誉在很大程度上影响贷款银行对项目建设风险的判断，信誉良好的承建商有利于项目按期完成并保证质量，可以大大降低贷款的商业风险，是工程项目融资成功的有力保证。

10. 项目使用者

项目使用者就是项目产品的购买者或者项目提供服务的使用者。当项目建成进入经营阶段，是否能够拥有大量稳定的现金流量还本付息，在很大程度上取决于项目使用者。在工程项目融资的实践中，项目使用者通过与项目公司签订长期购买协议，尤其是"或付或取（Take or Pay）"或"提货与付款（Take and Pay）"性质的购买合同，保证了项目产品市场和未来现金流量的稳定性。项目使用者为项目融资提供重要的信用支持，成为项目融资的重要参与者之一。一般情况下，项目使用者可以由项目发起人本身、对项目产品有需求的第三方或者政府有关机构承担。

11. 项目供应商

项目供应商主要包括项目所需设备供应商和能源、原材料供应商。

项目所需设备供应商是指为项目提供各种机械和运输设备的公司、厂商。设备供应商通常通过延期付款或者低息优惠出口信贷安排，构成项目资金的一个来源，为项目融资提供信用保证。

项目所需能源、原材料供应商是指长期为项目提供稳定能源、原材料的公司。能源、原材料供应商为了寻求长期稳定的市场，在一定条件下愿意以长期的优惠价格为项目提供原材料，以减少项目建设和运营期间的原材料供应风险，为项目融资提供便利条件。

项目供应商在保证项目建设按期竣工和正常运营方面的作用十分重要，它的信誉和经济状况是贷款银行在评估风险时必须慎重考虑的，因而也是工程项目融资的重要参与者之一。

12. 项目担保方

为了保证项目公司按照合同约定偿还债务，项目担保方以自己的信用或资产向贷款银行做出项目公司按约还款的保证。在有效担保期内债权无法实现时,贷款银行就可以要求担保方履行担保义务。项目融资的担保方可以是项目发起人、项目所在国政府,也可以是资信等级较高的商业担保公司。与一般商业贷款中的担保方不同的是,项目融资的担保方主要是为了保证项目按时完工、正常经营,能够产生足够的现金流来偿还贷款。如果项目经营失败,贷款人可以在担保条件下直接占有或经营项目资产,也可以通过出售项目资产或权益来使自己的债务得到清偿。

7.6.2 工程项目的投资结构

工程项目的投资结构,即项目的资产所有权结构,主要是指项目发起人对项目资产权益的法律拥有形式和发起人之间的法律合作关系。工程项目的投资结构对项目融资的组织和运行方式有着重要的影响,项目发起人在项目融资之前必须明确采用何种投资结构,尤其是存在多个发起人的情况下,必须选择合理的项目投资结构。对于基础设施建设项目,由于需要投入巨额资金,项目周期也很长,单一投资者难以承担项目的风险,因此,有必要由多个主体共同投资建设,共同承担风险,形成互补性效益,利用不同投资者的信用等级和所在国的优惠政策吸引项目贷款。目前常见的工程项目投资结构包括股权式投资结构、契约式投资结构和合伙制投资结构。

1. 股权式投资结构

股权式投资结构是由合作各方共同组成股份有限公司,共同经营、共负盈亏、共担风险,并按股额分配利润。在以工程项目融资方式筹措项目资金时,项目公司作为借款人,将合资企业的资产作为贷款的物权担保,以企业的收益作为偿还贷款的主要资金来源。项目发起人除了向贷款人做出有限担保外,不承担为项目公司偿还债务的责任。

(1) 股权式投资结构的优点

1) 公司股东承担有限责任。投资者的责任仅限于投入公司的股本金额,在偿还债务时,项目公司承担直接的还贷责任,公司股东不承担任何连带追索的风险。这就是所谓的"风险隔离",它使投资者的风险大大降低,实现了对项目投资者债务的有限追索。

2) 资产负债表外融资。根据一些国家的会计制度,成立项目公司融资可以不将有限追索的融资债务列入项目发起人自身的资产负债表上,实现非公司负债型融资,从而降低项目发起人的债务比率。

3) 项目资产所有权的集中性。项目公司作为一个独立法人,可以拥有项目所需的生产技术、管理资源和人力资源,项目资产所有权集中于项目公司,而不是分散于各个投资者,以便于项目的经营和管理。这也是项目融资可以建立在项目资产之上的一个法律基础。

4) 投资转让的灵活性。项目公司的股票代表着每一个投资者所拥有的权益。投资者只要转让其手中的股票,就达到转让公司投资的目的,这比转让项目资产要容易得多,同时也不影响项目公司的存续。

(2) 股权式投资结构的缺点

1) 投资者对项目的现金流量缺乏直接控制。

2) 不能利用项目公司的亏损去冲抵投资者其他项目的利润。

因为任何一个投资者都不能完全控制该项目公司,项目开发前期的亏损只能保留在公司中,这就可能出现项目公司如果在几年内不盈利,亏损不能用来抵消投资者税款情况。

3）存在"双重征税"的问题。项目公司获得盈利时要缴纳公司所得税，项目投资者取得股东红利后还要缴纳公司所得税或个人所得税，存在对同一笔盈利征收两次所得税的情况。

我国基础设施项目所需资金数额大，并且开发经营前景好，因此吸引了不少外国资本。合作经营和合资经营是当前我国利用外国直接投资的主要形式，项目公司也不例外。在我国已批准的工程项目融资项目中，中外合作和合资经营的项目公司有很多。对一些重要的基础设施和具有战略价值的项目，外商往往愿意通过合资控股掌握项目的经营调度权，进而谋得更大的利益。所以，在中外股权式合资经营的项目公司中，我国对中外股权的比例和控股问题要加以重视。

2. 契约式投资结构

契约式投资结构是一种较常见的工程项目融资主体组织形式。契约式投资结构也称作合作式投资结构，是项目发起人为实现共同的目的，通过合作经营协议结合在一起的、具有契约合作关系的投资结构。契约式投资结构不一定成立一个法人实体，每一个投资者可以直接拥有项目部分资产，有权独立处理与其投资比例相当的项目最终产品。可以说，合作不是单纯以获取利润为目的，而是根据合作协议，使每一个投资者从项目中可以获得相应份额的产品，即合作生产产品，或者为取得产品而合作。采用该投资结构时，一般由项目发起人根据自身资金实力和税务结构独立地安排项目融资，筹集其所需投入的资金，因为法律不允许以合作结构或者项目管理公司的名义举债。

契约式经营结构可分为法人式和非法人式两种类型。法人式合作经营是指合作各方组成具有法人资格的合营实体，这个实体有独立的财产权，法律上具有起诉权和被起诉的可能，设有董事会作为最高权力机构，并以该法人的全部财产为限承担债务责任。非法人式合作经营是指合作双方不组成具有法人资格的合营实体，双方都是独立的法人，各自以自身的法人资格按合同规定的比例在法律上承担责任。合作双方可以组成一个管理机构来处理日常事务，也可以委托一方或聘请第三方进行管理。一般的做法是，项目发起人根据合资协议组成非公司型合资结构，并按照投资比例合资组建一个项目管理公司负责项目的建设和生产运营，项目管理公司同时也作为项目发起人的代理人负责项目的产品销售。

（1）契约式投资结构的优点

1）可以充分利用税收优惠。如果契约式投资结构不成立法人实体，项目本身不必缴纳所得税，其经营业绩可以完全合并到各投资者自身的财务报表中。投资者可以将项目建设期和试生产期的亏损以及各种投资优惠，用于冲抵自己公司的所得税。

2）为投资者提供一个相对独立的融资空间。由于投资者在该结构中直接拥有项目资产和产品，能直接控制项目现金流量，可以独立设计项目的税务结构，每一个投资者都能按照自身的发展战略和财务状况安排项目融资。

3）投资结构设计灵活。世界上大多数国家目前还没有专门的法律来规范契约式投资结构的组成和行为，因此完全可以根据投资者的财务、产品、利润目标等要求来设计投资结构和协议。

（2）契约式投资结构的缺点

1）投资转让程序复杂，交易成本高。契约式投资结构中，投资转让的是投资者在项目中直接拥有的资产和合约权益，因此与股权式投资结构相比，其转让涉及契约各方的利益，需要通过谈判得到合作方的同意，这样导致转让的过程比较艰难。

2）合作协议内容构成复杂。参与契约式投资的各方，其权益主要依靠合作协议得到保护，必须在该协议中对所有的决策和管理问题进行详细的规定。这使得协议的内容尽可能全面，从而提高了协议的复杂性。

3. 有限合伙制投资结构

有限合伙制投资结构中，至少包括一个一般合伙人和一个有限合伙人。其中，一般合伙人负责项目的组织、经营和管理，对合伙制项目的债务承担无限责任；有限合伙人不参与项目的经营管理，以其投入合伙制项目中的资本承担有限债务责任，主要责任就是提供一定的资金，常被称为"被动项目投资者"。

有限合伙制投资结构中，一般合伙人与有限合伙人相互合作、扬长避短。一般合伙人大多是在该项目领域具有技术管理特长，并准备利用这些特长从事项目开发的公司。但由于资金、风险、投资成本等多种因素的制约，一般合伙人愿意组织一个有限合伙制的投资结构，吸引更广泛的有限合伙人参与到项目中来，以共同分担项目的投资风险和分享项目的投资收益。有限合伙人通常是拥有雄厚资金实力的投资公司和金融机构等，为项目的前期开发提供资金支持。

（1）有限合伙制投资结构的优点

1）税务安排灵活。有限合伙制投资结构本身不是一个纳税主体，其在一个财政年度内的净收入或亏损可以全部按投资比例直接转移给合伙人，合伙人单独申报自己在合伙制结构中的收入，并与其他收入合并后确定最终的纳税义务。

2）每个一般合伙人都有权直接参加项目的管理，有利于发挥各合伙人的专长和管理能力，做到资源的充分利用。

（2）有限合伙制投资结构的缺点

1）权责不分。当一个一般合伙人以合伙制名义对外签约时，其他合伙人都要受到这一合约的约束，容易造成权责不分。

2）融资安排复杂。有限合伙制结构在法律上不拥有项目的资产，在安排融资时需要每个一般合伙人同意将项目中属于自己的一部分资产权益作为抵押或担保，各合伙人分别与贷款银行之间存在借贷法律关系。对于贷款人而言，需要分别与每一个合伙人谈判，针对不同的贷款人，确定不同的合同条件，导致项目融资的成本增加，使得融资安排比较复杂。

3）不同国家规定差异。不同国家对有限合伙制投资结构的规定不同，如果结构安排不好，有限合伙制可能被作为公司制结构处理，就失去了采用合伙制的意义。此外，有限合伙人有可能由于被认为"参与管理"而变成承担无限连带责任的一般合伙人，从而增加其在项目中的投资风险。

欧洲迪士尼乐园项目就是运用有限合伙制投资结构的一个典型案例。为了达到对项目的控制，欧洲迪士尼财务公司选择了有限合伙制投资结构。美国迪士尼公司作为唯一的一般合伙人，对项目承担无限责任，但拥有项目的经营管理权；其他投资者作为有限合伙人，承担有限责任，不参与项目的经营管理。最终，美国迪士尼公司虽然股权很少，但达到了控制项目的目的。

有限合伙制投资结构的一般合伙人可以是自然人或法人，有限合伙人则要求必须是独立的法人。有限合伙制投资结构通过合伙人之间的法律合约建立起来，没有法定的形式。所有合伙人按照协议共同经营、管理项目资产，约定资本投入、项目管理权力、风险的承担方式、利润分配及亏损的承担。有限合伙避免了普通合伙的连带责任问题，规避了连带责任的风险问题。我国目前的《合伙企业法》对有限合伙没有做出明确规定，这样在吸引国外资金方面就会出现立法空白，特别是在我国加入世界贸易组织（WTO）之后，可以根据项目融资的具体需要，积极做出相应规定，使有限合伙制投资结构在项目融资中得到应用。

4. 工程项目投资结构设计

工程项目投资结构设计是一个非常复杂的过程，涉及诸多因素和关系。对于一个具体的项目来说，应该考虑几个主要影响因素：

（1）项目债务的隔离程度

对于投资者来说，项目债务的隔离程度越高，其承担的融资风险就越小，但是同时获得的投资回报也相对较少。因此，投资者应当权衡利弊，考虑项目风险和债务责任的承担形式，以决定合理的项目投资结构。

如果项目投资者不愿意承担直接的风险和责任，希望将债务屏蔽于自身之外，可以通过股权式投资结构成立法人实体，即项目公司。采用该投资结构，投资者的风险仅限于投入项目公司中的股本资金和承诺的担保责任，项目融资是以项目公司的预期收益和资产为基础实现的，债权人只能进行有限追索。

如果项目投资者的资信水平高、资金实力强，并且愿意承担较大风险和债务责任，以期获得较高收益，对项目债务的隔离程度要求不高，则可以采用契约式或有限合伙制投资结构。在这类投资结构中，投资者按照投资协议和投资比例承担直接的债务责任，直接拥有并有权独立处理按其投资比例获得的项目最终产品。

（2）潜在投资者的数量

股权式投资结构成立有项目公司，因此，投资者只需要依据对项目经济强度的判断和自身的经济实力，决定投入公司的资金数量，而不得随意干预公司的正常经营活动，也不能随意撤回投资。在这种投资结构下，投资者之间的关系容易确定，特别适合存在较多潜在投资者的情况。而契约式或有限合伙制投资结构必须通过协议明确各方的权利和义务，所以比较适用于只有少数几个大的投资者共同参与项目投资的情况。如果存在大量投资者，采用这类投资结构就会使合作谈判过程变得异常艰难和复杂。

（3）项目融资的便利性

在股权式投资结构中，项目公司作为独立的法人实体，可以将项目资产抵押给贷款银行来安排融资，同时也可以控制项目的现金流量，因此以项目公司为主体安排的融资比较容易。而在契约式投资结构中，投资者分别直接拥有项目的部分资产，项目资产不能作为一个整体向银行申请贷款，并且各个投资者分别享有税收好处和其他投资优惠条件，分别控制项目现金流量。这时项目融资就比较复杂。

（4）项目的经济强度

如果项目经济强度不高，出现经营困难时，可能会要求投资者注入一定的资本金。当经常出现这种情况时，一般倾向于选择股权式投资结构，这样便于增资扩股。而如果项目的经济强度较高，出现财务困境的可能性很小，则可以考虑采用契约式或有限合伙制投资结构。

按照我国的外资立法，目前利用外资的三种形式是中外合资经营企业、中外合作经营企业和外商独资企业。项目融资如果吸引外资，可以考虑采用中外合资或合作经营企业的形式；而在基础设施项目融资中，采用外商独资的形式要慎重，因为能源、公路、机场、桥梁等基础设施项目关系国计民生，如果全部由外商投资并控制，可能会影响我国的经济安全和国防安全。

7.6.3 工程项目的融资结构

工程项目的融资结构是工程项目融资的核心部分，是指组成工程项目融资的各部分的搭配和安排。每个项目都有其独特性，工程项目融资在具体实施过程中有很多模式，不同模式的融资结构和实施过程差异很大。因此，要依据项目自身的特点选取适合的项目融资结构。工程项目融资结构主要包括以下几种类型：

1. PPP 项目融资

这是政府与社会资本方通过 PPP 项目合同建立伙伴关系，组建项目公司负责 PPP 项目的融资、建设、运营维护等工作，合作期满将项目移交给政府的模式。

2. BOT 项目融资

这是政府特许私人部门建设项目，并以特许经营期的收益偿还贷款，特许经营期结束后将项目移交给政府的模式。

3. ABS 项目融资

这是以项目所拥有的资产为基础，以该项目资产可以带来的预期收益为保证，通过在资本市场上发行债券筹集资金的一种项目融资模式。

4. 直接融资

这是由项目投资者直接安排项目的融资，并直接承担起融资安排中相应的责任和义务的一种模式。从理论上讲，这是结构最简单的一种工程项目融资模式。当投资者本身的公司财务结构良好并且合理时，这种模式比较合适。对资信状况良好的投资者，直接融资可以获得成本相对较低的贷款，因为资信良好的公司名誉对贷款银行来说就是一种担保。但在投资者使用直接融资模式的过程中，需要注意的是如何限制贷款银行对投资者的追索权力问题。贷款由投资者申请并直接承担其中的债务责任，在法律结构上会使实现有限追索变得相对复杂，并使项目公司很难安排成为非公司负债型融资。

5. 融资租赁

这是借款人以偿还租金的形式支付资产使用款的一种融资模式。

6. 项目公司融资

这是投资者通过建立一个单一目的项目公司来融资的模式。

7. 设施使用协议融资

这是以服务性设施的使用协议为主体安排的融资模式。它主要应用于石油、天然气管道项目，发电设施，某种专门产品的运输系统，以及港口、铁路等带有服务性质的项目。

7.6.4 工程项目的资金结构

工程项目的资金结构是工程项目融资结构设计中的一个重要问题，是指在项目中股本资金、准股本资金和债务资金相互之间的比例关系。确定工程项目的资金结构，首先要选择工程项目融资的资金来源。工程项目融资的资金来源主要有股本和准股本、商业银行贷款和国际银行贷款、国际债券、租赁融资、发展中国家的债务资产转换等。由于各种资金来源在成本和风险等方面存在差异，因此，这一问题往往会影响到工程项目融资的成败及效果。

工程项目融资需要重点解决的一个问题就是项目的债务资金来源，在整个结构中也需要适当形式的股本资金和准股本资金作为结构的信用支持。工程项目的资金结构很大程度上受制于工程项目的投资结构、融资模式和信用保证结构。通过恰当地安排项目的资金构成比例，选择适当的资金形式，可以达到减少项目投资者自身资金的直接投入和提高项目综合经济效益的双重目的，获得工程项目融资资金成本和风险的合理平衡。

确定工程项目的资金结构实质上就是确定股本和贷款的比例。从国内外典型工程项目融资案例中可以直观地了解目前实践中的资金结构，如表7-1所示。

表7-1　国内外典型工程项目融资案例的资金结构

项目名称	投资额（美元）	股本金（美元）	债务资金（美元）	股本和贷款的比例
澳大利亚悉尼港隧道	5.5亿	2900万	6%利率债券2.79亿+政府30年无息贷款1.25亿	5∶95
英国Danford大桥	3.42亿	3600万	从属性贷款债券1.21亿+贷款1.85亿	10∶90
中国深圳沙角B电厂	5.5亿	1700	股东从属贷款5520万、中方从属贷款9240万+日方出口信贷2.614亿+商业贷款1.316亿	3∶97
中国广西来宾电厂	6.16亿	1.54亿	COFACE贷款3.06亿+商业贷款1.56亿	25∶75
巴基斯坦水电站	1.733亿	4000万	国外贷款0.948亿+本地贷款0.385亿	23∶77
泰国曼谷公路	10.6亿	2.16亿	贷款8.44亿	20∶80

通过分析股本和贷款的比例可以发现，在工程项目融资中，贷款占总资金的比例通常在70%以上。这说明在工程项目融资中，债务资金通常是最重要的资金构成，这也正是工程项目融资区别于传统融资的一个重要特点。

同时，根据对相关数据的统计研究，工程项目融资在不同的行业中，也延续了这样的一种特点，即项目的贷款占总资金的比例30%~80%不等，并且在大部分行业中，项目的贷款一般都在50%以上。表7-2总结了不同行业工程项目融资的贷款所占比例。

表7-2　不同行业工程项目融资的贷款所占比例

项目类型	贷款占总资金的比例
高速公路	60%~70%
电厂	60%~70%
电力和煤气输送	70%~75%
通信	30%~40%
煤矿	40%~60%

总的来说，由于工程项目融资往往采用了合理的融资机制和担保结构，因此目前国际上大型项目的资金结构多为股本∶贷款=30∶70。根据《国务院关于调整和完善固定资产投资项目资本金制度的通知》（国发〔2015〕51号）相关规定，城市轨道交通项目、铁路、公路、保障性住房和普通商品住房项目、电力等其他项目的资本金比例不得低于20%；港口、沿海及内河航运、机场项目、其他房地产项目不低于25%；煤炭不低于30%；水泥项目不低于35%；钢铁项目不低于40%。

7.6.5 工程项目的信用保证结构

工程项目的信用保证结构是指工程项目融资中所采用的一切担保形式的组合。对于银行和其他债权人而言，工程项目融资的安全性来自两个方面：一方面来自项目本身的经济强度；另一方面来自项目之外各种直接或间接的担保。项目本身的经济强度与项目的信用保证结构是相辅相成的。项目的经济强度高，融资所要求的信用保证结构就相对简单，保证条件相对宽松；反之，要求的信用保证相对复杂和严格。

工程项目的信用保证结构是以各种担保关系为主体结构的。这些担保关系，有的属于法律意义上的担保范畴，如项目资产抵押，有的则是非法律意义上的担保，如长期供货协议、政府安慰函等意向性担保等。工程项目融资的信用保证种类繁多、体系庞杂。这些担保可以是直接的财务保证，如完工担保、成本超支担保、不可预见费用担保；也可以是间接的或非财务性的担保，如长期购买项目产品协议、技术服务协议、以某种定价公式为基础的长期供货协议等。所有这一切担保形式的组合，就构成了工程项目的信用保证结构。值得注意的是，在以我国为代表的发展中国家进行的工程项目的信用保证结构中，有时政府对项目某些事项的支持函起着非常重要的作用。

在工程项目融资理论中，通常将工程项目的投资结构、融资结构、资金结构和信用保证结构称为工程项目融资的整体结构。工程项目融资的四种结构不是孤立的，而是相互联系、相互影响的，在进行工程项目融资结构整体设计时，必须把这四大结构综合在一起考虑。工程项目的投资结构确定了项目投资者对项目资产及其之间的法律关系，合理的投资结构设计能够较好地满足不同投资者的要求，为项目平稳运作提供组织保证。在确定投资结构的基础上，就可以选择适当的融资结构。融资结构主要是指项目融资模式的选择，是工程项目融资结构设计的核心，项目的其他结构都将围绕此结构展开。一旦确定了项目的投资结构和融资模式，就可以确定项目的资金结构和信用保证结构。工程项目融资的资金结构是指权益资本与债务资金的比例关系及其来源渠道。项目融资中，通常发起人的投入只占总投资的一小部分，其余需要通过各种融资渠道筹集。不同渠道的资金成本、风险及期限都是不一样的，因此，需要对融资渠道有很好的认识，而资本结构的确定可能会对融资及项目未来的运作产生影响。由于工程项目融资的有限追索特性，除了项目本身的经济强度之外，项目的信用保证结构有助于降低相关投资者的风险，进而增强项目的吸引力。

思 考 题

1. 简述工程项目融资的内涵。
2. 工程项目融资的主要功能是什么？
3. 工程项目融资的特点有哪些？
4. 在我国的基础设施发展中，采用工程项目融资有哪些好处？
5. 工程项目融资的主要参与者有哪些？这些主要参与者的权责是什么？
6. 项目公司的组织形式有哪几种？
7. 工程项目融资的组织结构有哪些？

第8章 工程项目融资模式

工程项目融资模式是工程项目融资整体结构组成中的核心部分。工程项目融资模式的设计需要与项目投资结构的设计同步考虑，并在项目投资结构确定下来之后进一步细化完成融资模式的设计。目前，国际上主要的工程项目融资模式有 PPP 融资模式、BOT 融资模式、资产证券化融资模式、直接融资模式、杠杆租赁融资模式、项目公司融资模式、设施使用协议融资模式等。由于工程项目在行业领域性质、投资结构、收益分配与风险分担等方面的差异，以及投资者对项目的信用支持、融资战略等方面的不同，每种工程项目融资模式的运作程序及特点各不相同。

8.1 工程项目融资模式的设计原则

设计项目的融资模式，首先需要确定设计原则，并与项目投资结构的设计同步考虑，在项目的投资结构确定之后，进一步细化完成融资模式的设计工作。

1. 有限追索原则

有限追索是指贷款人可以在某个特定时间阶段（如项目建设期或试生产期）对项目借款人实行追索，或者在一个规定的范围内（如金额或者形式的限制）对项目借款人实行追索。除此之外，无论出现任何债务清偿问题，贷款人均不能追索到借款人除项目资产、现金流量以及有关方所承诺的义务之外的任何形式的资产。

实现融资对项目投资者的有限追索，是设计工程项目融资模式的一个最基本的原则。追索的形式和程度与贷款银行对一个项目的风险评价以及项目融资结构的设计有关，通常取决于项目所处行业的风险系数、投资规模、投资结构、项目开发阶段、项目经济强度、市场安排，以及项目投资者的组成、财务状况、生产技术管理、市场销售能力等多方面因素。同样条件的一个项目，如果上述因素不同，项目融资的追索形式或追索程度就会有所变化。因而，对于一个非公司型合资结构的项目，如果几个投资者分别安排项目融资，其中有的投资者可能需要承担比其他投资者更为严格的贷款条件或者更多的融资追索责任，这种情形的存在是毫不奇怪的。

为了限制融资对项目投资者的追索责任，需要考虑的问题有三个方面：

1) 项目的经济强度在正常情况下是否足以支持融资的债务偿还。
2) 项目融资是否能够找到强有力的来自投资者以外的信用支持。
3) 对于融资结构的设计能否做出适当的技术性处理。

2. 项目风险分担原则

保证投资者不承担项目的全部风险责任，是工程项目融资模式设计的第二条基本原则。其问题的关键是如何在投资者、贷款银行以及其他与项目利益有关的第三方之间有效地分配项目的风险。项目在不同阶段中的各种性质的风险有可能通过合理的融资结构设计将其分散。例如，项目投资者（有时包括项目的工程承包公司）可能需要承担全部的项目建设期和试生产期风险。但是，在项目建成投产以后，投资者所承担的风险责任将有可能被限制在一个特定的范围内，如投资者（有时包括对项目产品有需求的第三方）有可能只需要以购买项目全部或者绝大部分产品的方式承担项目的市场风险。而贷款银行也可能需要承担项目的一部分经营风险。这是因为即使项目投资者或者项目以外的第三方产品购买者以长期协议的形式承购了全部的项目产品，对于贷款银行来说，仍然存在两种潜在的可能性：①有可能出现国际市场产品价格过低从而导致项目现金流量不足的问题；②有可能出现项目产品购买者不愿意或者无力继续执行产品销售协议而造成项目的市场销售问题。一旦项目融资结构确定下来，这些潜在问题所造成的风险就是贷款银行必须承担的，除非贷款银行可以从项目投资者那里获得其他信用保证支持。

3. 成本降低原则

工程项目融资的金额大、周期长，在融资模式设计与实施的过程中应该考虑的一个重要问题就是如何降低成本，这里最主要的是一些经济手段的运用。例如，世界上多数国家的税法都对企业税务亏损的结转问题有规定（即税务亏损可以转到以后若干年使用，以冲抵公司的所得税），但是，这种税务亏损的结转不是无限期的（个别国家例外），短则3~5年，长的也只有10年左右时间。同时，许多国家政府为了发展经济，制定了一系列投资鼓励政策，这些政策很多也是以税务结构为基础的（如加速折旧）。大型工程项目投资资本密集程度高、建设周期长，项目前期产生数量十分可观的税务亏损是很常见的。如何利用这些税务亏损降低项目的投资成本和融资成本，可以从项目的投资结构和融资结构两方面着手考虑。但是，项目投资结构在税务方面实际上解决的是一个税务流向问题（或者说是税务在项目投资者之间的分配问题）。对首次在一个国家开展业务的外国公司，或者对一个短期内没有盈利的公司，单纯解决税务流向问题是不够的，还需要有更为有效的结构来吸收这些税务亏损，以降低项目的资金成本。特殊的项目融资模式设计在一定程度上可以实现这一目的。除此之外，降低成本还可以从项目的投资结构和融资结构两个方面入手：①完善项目投资结构设计，增强项目的经济强度，降低风险，以获取成本较低的债务资金；②合理选择融资渠道，优化资金结构和融资渠道。

4. 完全融资原则

任何项目的投资，包括采用工程项目融资安排资金的项目，都需要项目发起人注入一定的股本资金作为对项目的支持。然而，在工程项目融资中，这种股本资金的投入可以比传统的公司融资更为灵活。这就为设计工程项目融资模式时为实现发起人对项目投入较少的股本提供了条件。例如，项目发起人除了可以以认购项目公司股本或提供一定出资金额的方式提供股本金外，还可以以担保存款、信用证担保等非传统方式代替实际的股本资金投入。因此，如何使发起人以最少的资金投入获得对项目最大限度的控制和占有，是设计工程项目融资模式必须考虑的。

5. 工程项目融资与市场安排相结合原则

工程项目融资与市场安排之间的关系具有两层含义：一是长期的市场安排是实现有限追索项目融资的信用保证基础，如果没有这个基础，项目融资是很难组织起来的；二是以合理的市场价格从投资项目中获取产品是很大一部分投资者从事投资活动的主要动机。然而，从贷款银行的角度，低于公平价格的市场安排意味着银行要承担更大的风险；但对于项目投资者来说，高于公平价格的市场安排意味着全部或部分地失去了项目融资的意义。因此，能否确定以及如何确定项目产品的公平市场价格，对于借贷双方来说都是处理融资市场安排的一个焦点问题。

国际工程项目融资在多年的发展中，积累了大量处理融资与市场关系的方法和手段。其中除了已多次提到的"无论提货与否均需付款"和"提货与付款"类型的长期市场合约以及政府特许权合约等直接性市场安排以外，也包括一些将融资与项目产品联系在一起的结构性市场安排，如产品支付、产品贷款等多种形式。如何利用这些市场安排的手段，最大限度地实现融资利益与市场安排利益相结合，应该成为项目投资者设计项目融资模式的一个重要考虑因素。

6. 近期融资与远期融资相结合原则

大型工程项目的融资一般都是 7~10 年的中长期贷款，近些年最长的甚至可以达到 20 年左右。有的投资者愿意接受这种长期的融资安排，但是，更多的投资者考虑采用项目融资的出发点并非如此。这些投资者选用项目融资可能是出于对某个国家或某个投资领域不十分熟悉，对项目的风险及未来发展没有十足的把握而采取的一种谨慎策略，或者是出于投资者在财务、会计或税务等方面的特殊考虑而采取的一种过渡性措施。因此，他们的融资战略将会是一种短期战略。如果决定采用项目融资的各种基本因素变化不大，他们就长期地保持项目融资的结构；然而，一旦这些因素朝着有利于投资者的方向发生较大变化时，他们就会希望重新安排融资结构，放松或取消银行对投资者的种种限制，降低融资成本。因为在所有的项目融资中，由于贷款银行的偿债资金来源在很大程度上依赖于项目的现金流量，对投资者在运用项目资金方面加以诸多限制，融资成本相对较高，这会使投资者感到很不方便。这就是在项目融资中经常会遇到的重新融资问题。基于这一原因，在设计项目融资结构时，投资者需要明确选择项目融资方式的目的，并对重新融资问题加以考虑，决定在进行结构设计时是否应把这一问题作为一个重点。不同的项目融资结构在重新融资时的难易程度是有区别的，有些结构比较简单，有些结构会非常复杂，例如以税务安排为基础的项目融资结构就属于后一种类型。

7. 表外融资原则

工程项目融资过程中的表外融资就是非公司负债型融资。实现公司资产负债表外融资，是一些投资者运用项目融资方式的重要原因之一。虽然通过设计项目的投资结构，在一定程度上也可以做到不将所投资项目的资产负债与投资者本身公司的资产负债表合并，但在多数情况下，这种安排只对共同安排融资的合资项目中的某一个投资者而言是有效的。如果是投资者单独安排融资，情况就会变得复杂，就会出现一些管理上的混淆。因此，必须通过项目融资模式的合理设计来解决这一问题。例如，在工程项目融资中，可以把一项贷款或一项为贷款提供的担保设计成为"商业交易"的形式，按照商业交易来处理，既实现了融资的安排，又达到了不把这种贷款或担保列入投资者资产负债表的目的。因为商业交易在国际会计制度中是不必进入资产负债表的。又如 BOT 融资模式中，政府以特许权协议为手段，利用私人资本和工程项目融资兴建本国的基础设施，一方面达到了改善本国基础设施状况的目的，另一方面有效地减少了政府的直接对外债务，使政府所承担的义务避免了以债务形式出现。

8.2 PPP 模式

8.2.1 PPP 融资模式概述

近年来，世界各国逐渐开始采用 PPP 融资模式提供公共产品和服务。PPP 是 Public（政府）、Private（私人资本）、Partnership（合伙）三个英文单词第一个字母的缩写，在国内经常被翻译为"公私合作（或公私合伙）"，代表了政府和市场中的私人资本共同合作提供基础设施或公共服务的过程。在我国，由于政府方和市场的界限并不十分清晰，众多国有企业和融资平台公司也参与到 PPP 项目中。因此，在我国的 PPP 模式中，"Private"被称为社会资本，即 PPP 是指政府和社会资本的合作过程。在 PPP 模式中，国家或地方政府部门委托通过招标选定的社会资本方进行项目的融资、建造、运营和维护。与 BOT 模式不同，在 PPP 模式中，政府通常与社会资本方共同出资成立项目公司，在项目进行过程中，根据出资股份拥有相应的决策权。

有些学者认为，PPP 模式是从 BOT 和 PFI 模式发展而来的，可以应用的范围更为广泛，并且特别适合大型基础设施项目。目前，PPP 模式无论在发达国家还是发展中国家都获得了非常广泛的应用，被认为可以增加基础设施项目建设的效率，促进利益相关者之间风险的合理分担。欧盟、联合国、经济合作与发展组织（简称经合组织，OECD）以及世界银行的国际组织正在将 PPP 的理念和经验在全球范围内大力推广。近年来，我国也开始从 BOT 转向使用 PPP 概念和模式，例如，我国香港和内地从 2004 年在基础设施项目融资领域开始引入 PPP 概念，香港迪士尼主题公园和北京地铁四号线就采用了 PPP 模式。

随着 PPP 的不断发展，其定义和内涵也逐渐产生变化。不同的国家、组织和学者对 PPP 的定义也不尽相同，目前还尚未形成一个统一的定义。表 8-1 归纳了国内外相关组织机构对 PPP 的定义。这些 PPP 的定义包含如下三个通用核心要素：公共部门与私人部门（社会资本方）之间的合作；长期契约关系；提供满足需求的公共产品和公共服务。根据上述核心要素，可以将 PPP 定义为政府和社会资本为提供基础设施和公共服务通过契约实现的长期合作关系。这种长期合作关系意味着 PPP 模式更加注重运营阶段，因此，通过对项目全寿命期的优化，实现节省项目成本，提高项目效率。

表 8-1 PPP 的定义

定义来源	定义描述
联合国训练研究所	1）为满足公共产品需要而建立的公共和私人倡导者之间的各种合作关系 2）为满足公共产品需要，公共部门和私人部门建立伙伴关系进行的大型公共项目的实施

(续)

定义来源		定义描述
世界银行	《PPP指南（第1版）》（2012）	私人部门和政府机构之间为提供公共基础设施和服务的长期契约关系。在契约中，私人部门需要承担较大的风险和管理责任
世界银行	《PPP指南（第2版）》（2014）	私人部门和政府机构之间为提供公共基础设施和服务的长期契约关系。在契约中，私人部门需要承担较大的风险和管理责任，并根据项目绩效获得回报
欧盟委员会		公共部门和私人部门之间的一种合作关系，其目的是提供传统上由公共部门提供的公共项目或服务
亚洲开发银行		公共机构（国家、州、省市或地方机构）与私营实体之间的契约关系。该契约关系以互补的方式分配公私机构的技能、资产和（或）财务资源，实现风险共担和利益共享，为公民提供最优服务和产品价值
加拿大PPP协会		公共部门和私人部门之间的一种合作经营关系。它建立在双方各自经验的基础上，通过适当的资源分配、风险分担和利益共享机制，最好地满足事先清晰界定的公共需求
美国PPP国家委员会		介于外包和私有化之间并结合了两者特点的一种公共产品的提供方式。它充分利用私人资源对公共基础设施进行设计、建设、投资、运营和维护，并提供相关服务以满足公共需求
中国财政部		在基础设施及公共服务领域建立的一种长期合作关系。通常模式是由社会资本承担设计、建设、运营、维护基础设施的大部分工作，并通过使用者付费及必要的政府付费获得合理的投资回报；政府部门负责基础设施及公共服务价格和质量监管，以保证公共利益最大化
中国国家发展和改革委员会		政府为增强公共产品和服务供给能力、提高供给效率，通过特许经营、购买服务、股权合作等方式，与社会资本建立的利益共享、风险分担及长期合作关系

8.2.2　PPP融资模式的运作形式

关于PPP融资模式，主要有以下几种典型运作形式。

1. BOT形式

建设-运营-移交（Build-Operate-Transfer，BOT）形式是指由社会资本或项目公司承担新建项目融资、设计、建造、运营、维护和用户服务职责，合同期满后项目资产及相关权利等移交给政府的形式。合同期限一般为20~30年。一般情况下，采用BOT形式开展的PPP项目由项目公司以其名义进行有限追索项目融资，同时，项目公司负责招标设计、建造、运营维护等，并负责向用户提供产品和服务，其在运营项目过程中行使管理职能和权力，但一般不具备项目资产的所有权。

2. PFI形式

私人主动融资（Private Finance Initiative，PFI）形式是指政府部门根据社会对基础设施的需求，提出需要建设的项目，通过招标投标，由获得特许权的社会资本方负责筹措项目资金，进行公共基础设施项目的建设与运营，并在特许期结束时将所经营的项目完好、无债务地归还政府，而社会资本方则从政府部门或接受服务方收取费用以回收成本的项目融资方式。

英国在发展 PFI 形式时，引入物有所值评价（Value For Money，VFM）来判断项目采用 PFI 形式是否比采用传统政府模式更加经济和效率，而其他如 BOT、BOOT 等形式起初不需要进行物有所值评价，这也是二者之间的一大区别。现阶段，我国相关政策要求，不论是 BOT、BOOT 还是其他形式，PPP 项目在识别或准备阶段都开展物有所值评价，通过计算并比较项目全寿命期内政府方净成本的现值（PPP 值）和公共部门比较值（PSC 值）的大小，并结合以全寿命期整合程度、风险识别与分配、绩效导向与鼓励创新、潜在竞争程度、政府机构能力、可融资性等为指标的定性评价，判断是否采用 PPP 模式代替政府传统投资运营方式提供公共服务项目。

3. BOO 形式和 BOOT 形式

建设-拥有-运营（Build-Own-Operate，BOO）形式是由 BOT 形式演变而来的，二者的区别主要是 BOO 方式下社会资本或项目公司拥有项目所有权，但必须在合同中注明保证公益性的约束条款，一般不涉及项目期满移交。

建设-拥有-运营-移交（Build-Own-Operate-Transfer，BOOT）形式则是在项目建成后，社会资本或项目公司在规定的期限内拥有所有权并进行经营，期满后将项目移交给政府。

4. O&M 形式

委托运营（Operations & Maintenance，O&M）形式是指政府将存量公共资产的运营维护职责委托给社会资本或项目公司，社会资本或项目公司不负责用户服务的一种政府和社会资本合作的项目运作方式。政府保留资产所有权，只向社会资本或项目公司支付委托运营费。合同期限一般不超过 8 年。

5. MC 形式

管理合同（Management Contract，MC）形式是指政府将存量公共资产的运营、维护及用户服务职责授权给社会资本或项目公司的一种项目运作方式。政府保留资产所有权，只向社会资本或项目公司支付管理费。管理合同通常作为转让－运营－移交的过渡方式，合同期限一般不超过 3 年。

6. TOT 形式

转让-运营-移交（Transfer-Operate-Transfer，TOT）形式是指政府将存量资产所有权有偿转让给社会资本或项目公司，由其追加投资并负责运营、维护和用户服务，合同期满后资产及其所有权等移交给政府的一种项目运作方式。合同期限一般为 20~30 年。

7. ROT 形式

改建-运营-移交（Rehabilitate-Operate-Transfer，ROT）形式是指政府在 TOT 形式的基础上，增加改扩建内容的一种项目运作方式。合同期限一般为 20~30 年。

8. 其他形式

采用 PPP 模式进行融资的项目按照社会资本方或项目公司具体承担的工作，还可以应用如下形式：

设计-建设-融资-运营（Design-Build-Finance-Operate，DBFO）形式。这种形式是从项目的设计开始就特许给某一社会资本方进行，直到项目经营期收回投资，取得投资效益。但项目公司只有经营权，没有所有权。

融资-建设-拥有-运营-移交（Finance-Build-Own-Operate-Transfer，FBOOT）形式。它类似于 BOOT，只是多了一个融资环节。也就是说，只有先融通到资金，政府才予以考虑是否授予特许经营权。

设计-建设-运营-维护（Design-Build-Operate-Maintain，DBOM）形式。这种形式强调项目公司对项目按规定进行维护。

设计-建设-运营-移交（Design-Build-Operate-Transfer，DBOT）形式。这种形式是特许终了时，项目要完好地移交给政府。

此外，还可以采用移交-建造-运营-移交（Transfer-Build-Operate-Transfer，TBOT）、修复-运营-拥有（Rehabilitate-Operate-Own，ROO）、转让-拥有-运营（Transfer-Own-Operate，TOO）等形式。

上述各类运作形式之间虽然区别并不大，但各有其特点，从而适用于不同的情况，如表 8-2 所示。

表 8-2　PPP 融资模式的应用

基础设施类型	适用的运作形式
新建项目	建设-运营-移交（BOT） 私人主动融资（PFI） 建设-拥有-运营（BOO） 建设-拥有-运营-移交（BOOT） DBFO、FBOOT、DBOM、DBOT 等
存量项目	委托运营（O&M） 管理合同（MC） 转让-运营-移交（TOT） 改建-运营-移交（ROT） TBOT、ROO、TOO 等

8.2.3　PPP 融资模式的参与者

PPP 融资模式的参与者主要包括政府、社会资本方、项目公司、融资方、承包商、产品或服务购买方、保险公司以及专业机构等。各参与者之间的权利义务关系依托各种合同和协议。其中，政府与社会资本方或项目公司签订的 PPP 项目合同为核心合同。

1. 政府

政府在不同形式的 PPP 项目中承担的具体职责也不同，总体而言，主要角色为 PPP 项目合作者和监管者。其中，项目所在地县级（含）以上地方人民政府或委托实施机构负责项目准备、采购、监管和移交等工作；发改部门、财政部门等政府职能部门负责项目有关审查审批、物有所值评价、财政承受能力论证等工作。

2. 社会资本方

社会资本方是指依法设立且有效存续的具有法人资格的企业，包括民营企业、国有企业、外国企业和外商投资企业，但不包括项目所在地本级人民政府下属的政府融资平台公司及其控股的其他国有企业（上市公司除外）。社会资本方是 PPP 项目的实际投资人，但实践中社会资本方通常专门成立针对项目的项目公司，作为 PPP 项目合同及其他相关合同的签约主体，负责项目融资、建设和运营维护的具体实施。

3. 项目公司

项目公司是指依法设立的自主运营、自负盈亏的具有独立法人资格的经营实体。它是社会资本方专门为特定 PPP 项目设立的特殊目的公司，由社会资本方（一家企业或者多家企业组成的联合体）出资设立，也可由政府和社会资本方共同出资设立，以实现项目融资的无追索或有限追索。

4. 融资方

PPP 项目的融资方是指为项目提供资金的机构，通常为商业银行、出口信贷机构、多边金融机构、信托公司以及相关基金等。根据 PPP 项目的融资规模，融资方可以是一两家，也可以是多家组成的财团，具体可以采用贷款、债券、资产证券化等多种融资形式。

5. 承包商

PPP 项目中的设计、物资设备采购、施工等均可委托承包商具体实施。根据项目需求和规模，常见的承包商有 EPC 总承包商、DB 总承包商、施工总承包商、原料供应商、采购承包商、设计承包商以及专业分包商等。项目公司有时也会将部分运营维护事务委托专业运营商负责。

6. 产品或服务购买方

在一些 PPP 项目运营阶段，如发电、污水处理等项目中，项目公司通常通过运营收入回收成本并获得合理利润。为了降低市场需求风险，项目公司会在谈判阶段确定产品或服务购买方，通过购买协议保证项目未来稳定收益。一般情况下，我国 PPP 项目的购买方为政府事业单位等。

7. 保险公司

由于 PPP 项目投资巨大、周期较长、参与者多等特点，各参与者均面临较大的风险，因此需要向保险公司投保，实现风险分散和转移。此外，PPP 项目风险发生后可能造成严重的经济损失，需要保险公司具有较高的资信。

8. 专业机构

PPP 项目的复杂性高，几乎任何一方都不可能仅凭自身力量有效地完成全部工作，因此，还需要借助投资、法律、财会税、审计、技术、招标代理、保险代理等专业机构的力量。

8.2.4 PPP 融资模式的运作程序

各种类型 PPP 项目的运作程序是不完全相同的。根据我国的管理体制，按照财政部的《政府和社会资本合作模式操作指南（试行）》，PPP 项目的一般运作程序如下。

1. 项目识别

PPP 项目可以由政府或社会资本发起，以政府发起为主。财政部政府和社会资本合作中心（简称 PPP 中心）会同行业主管部门，对潜在政府和社会资本合作项目进行评估筛选，确定备选项目。财政部政府和社会资本合作中心应根据筛选结果制订项目年度和中期开发计划。对于列入年度开发计划的项目，项目发起方应按财政部政府和社会资本合作中心的要求提交相关资料。新建、改建项目应提交可行性研究报告、项目产出说明和初步实施方案；存量项目应提交存量公共资产的历史资料、项目产出说明和初步实施方案。财政部政府和社会资本合作中心会同行业主管部门，从定性和定量两方面开展物有所值评价工作。定量评价工作由各地根据实际情况开展。定性评价重点关注项目采用政府和社会资本合作模式与采用政府传统采购模式相比，能否增加供给、优化风险分配、提高运营效率、促进创新和公平竞争等。定量评价主要通过对政府和社会资本合作项目全生命周期内政府支出成本现值与公共部门比较值进行比较，计算项目物有所值的量值，判断政府和社会资本合作模式是否降低项目全生命周期成本。为确保财政中长期可持续性，财政部门应根据项目全生命周期内的财政支出、政府债务等因素，对部分政府付费或政府补贴的项目开展财政承受能力论证，每年政府付费或政府补贴等财政支出不得超出当年财政收入的一定比例。

2. 项目准备

县级（含）以上地方人民政府可建立专门协调机制，主要负责项目评审、组织协调和检查督导等工作，实现简化审批流程、提高工作效率的目的。政府或其指定的有关职能部门或事业单位可作为项目实施机构，负责项目准备、采购、监管和移交等工作。项目实施机构应组织编制项目实施方案，依次对以下内容进行介绍：

1）项目概况。它主要包括基本情况、经济技术指标和项目公司股权情况等。基本情况主要明确项目提供的公共产品和服务内容、项目采用政府和社会资本合作模式运作的必要性和可行性，以及项目运作的目标和意义。经济技术指标主要明确项目区位、占地面积、建设内容或资产范围、投资规模或资产价值、主要产出说明和资金来源等。项目公司股权情况主要明确是否要设立项目公司以及公司股权结构。

2）风险分配基本框架。按照风险分配优化、风险收益对等和风险可控等原则，综合考虑政府风险管理能力、项目回报机制和市场风险管理能力等要素，在政府和社会资本间合理分配项目风险。

3）项目运作方式。PPP融资模式中新建项目与存量项目分别适合采用不同的项目运作形式，例如新建项目适合采用BOT、PFI等形式，存量项目适合采用O&M、MC、TOT、ROT、TBOT、ROO、TOO等形式，详见8.2.2节。

4）交易结构。它主要包括项目投融资结构、回报机制和相关配套安排。项目投融资结构主要说明项目资本性支出的资金来源、性质和用途，项目资产的形成和转移等。项目回报机制主要说明社会资本取得投资回报的资金来源，包括使用者付费、可行性缺口补助和政府付费等支付方式。相关配套安排主要说明由项目以外相关机构提供的土地、水、电、气和道路等配套设施和项目所需的上下游服务。

5）合同体系。它主要包括项目合同、股东合同、融资合同、工程承包合同、运营服务合同、原料供应合同、产品采购合同和保险合同等。项目合同是其中最核心的法律文件。项目边界条件是项目合同的核心内容，主要包括权利义务、交易条件、履约保障和调整衔接等边界。权利义务边界主要明确项目资产权属、社会资本承担的公共责任、政府支付方式和风险分配结果等。交易条件边界主要明确项目合同期限、项目回报机制、收费定价调整机制和产出说明等。履约保障边界主要明确强制保险方案以及由投资竞争保函、建设履约保函、运营维护保函和移交维修保函组成的履约保函体系。调整衔接边界主要明确应急处置、临时接管和提前终止、合同变更、合同展期、项目新增改扩建需求等应对措施。

6）监管架构。它主要包括授权关系和监管方式。授权关系主要是政府对项目实施机构的授权，以及政府直接或通过项目实施机构对社会资本的授权；监管方式主要包括履约管理、行政监管和公众监督等。

7）采购方式选择。采购方式包括公开招标、竞争性谈判、邀请招标、竞争性磋商和单一来源采购。项目实施机构应根据项目采购需求特点，依法选择适当采购方式。公开招标主要适用于核心边界条件和技术经济参数明确、完整，符合国家法律法规和政府采购政策，且采购中不做更改的项目。

3. 项目采购

项目实施机构应根据项目需要准备资格预审文件，发布资格预审公告，邀请社会资本和与其合作的金融机构参与资格预审，验证项目能否获得社会资本响应和实现充分竞争，并将资格预审的评审报告提交财政部政府和社会资本合作中心备案。

项目有3家以上社会资本通过资格预审的，项目实施机构可以继续开展采购文件准备工作；项目通过资格预审的社会资本不足3家的，项目实施机构应在实施方案调整后重新组织资格预审；项目经重新资格预审合格社会资本仍不够3家的，可依法调整实施方案选择的采购方式。

资格预审公告应在省级以上人民政府财政部门指定的媒体上发布。资格预审合格的社会资本在签订项目合同前资格发生变化的，应及时通知项目实施机构。资格预审公告应包括项目授权主体、项目实施机构和项目名称、采购需求、对社会资本的资格要求、是否允许联合体参与采购活动、拟确定参与竞争的合格社会资本的家数和确定方法，以及社会资本提交资格预审申请文件的时间和地点。提交资格预审申请文件的时间自公告发布之日起不得少于15个工作日。

项目采购文件应包括采购邀请、竞争者须知（包括密封、签署、盖章要求等）、竞争者应提供的资格、资信及业绩证明文件、采购方式、政府对项目实施机构的授权、实施方案的批复和项目相关审批文件、采购程序、响应文件编制要求、提交响应文件截止时间、开启时间及地点、强制担保的保证金交纳数额和形式、评审方法、评审标准、政府采购政策要求、项目合同草案及其他法律文本等。

项目实施机构应组织社会资本进行现场考察或召开采购前答疑会，但不得单独或分别组织只有一个社会资本参加的现场考察和答疑会。

确认谈判完成后，项目实施机构应与中选社会资本签署确认谈判备忘录，并将采购结果和根据采购文件、响应文件、补遗文件和确认谈判备忘录拟订的合同文本进行公示，公示期不得少于5个工作日。合同文本应将中选社会资本响应文件中的重要承诺和技术文件等作为附件。合同文本中涉及国家秘密、商业秘密的内容可以不公示。公示期满无异议的项目合同，应在政府审核同意后，由项目实施机构与中选社会资本签署。

需要为项目设立专门项目公司的，待项目公司成立后，由项目公司与项目实施机构重新签署项目合同，或签署关于承继项目合同的补充合同。

4. 项目执行

社会资本依法设立项目公司。政府可指定相关机构依法参股项目公司。项目实施机构和财政部政府和社会资本合作中心应监督社会资本按照采购文件和项目合同约定，按时足额出资设立项目公司。

项目融资由社会资本或项目公司负责。社会资本或项目公司应及时开展融资方案设计、机构接洽、合同签订和融资交割等工作。财政部政府和社会资本合作中心和项目实施机构应做好监督管理工作，防止企业债务向政府转移。

社会资本或项目公司未按照项目合同约定完成融资的，政府可提取履约保函直至终止项目合同；遇系统性金融风险或不可抗力的，政府、社会资本或项目公司可根据项目合同约定协商修订合同中的相关融资条款。

政府有支付义务的，项目实施机构应根据项目合同约定的产出说明，按照实际绩效直接或通知财政部门向社会资本或项目公司及时足额支付。设置超额收益分享机制的，社会资本或项目公司应根据项目合同约定向政府及时足额支付应享有的超额收益。

项目实际绩效优于约定标准的，项目实施机构应执行项目合同约定的奖励条款，并可将其作为项目期满合同能否展期的依据；未达到约定标准的，项目实施机构应执行项目合同约定的惩处条款或救济措施。

社会资本或项目公司违反项目合同约定，威胁公共产品和服务持续稳定安全供给，或危及国家安全和重大公共利益的，政府有权临时接管项目，直至启动项目提前终止程序。

政府可指定合格机构实施临时接管。临时接管项目所产生的一切费用，将根据项目合同约定，由违约方单独承担或由各责任方分担。社会资本或项目公司应承担的临时接管费用，可以从其应获终止补偿中扣减。

在项目合同执行和管理过程中，项目实施机构应重点关注合同修订、违约责任和争议解决等工作。

1）合同修订。按照项目合同约定的条件和程序，项目实施机构和社会资本或项目公司可根据社会经济环境、公共产品和服务的需求量及结构等条件的变化，提出修订项目合同申请，待政府审核同意后执行。

2）违约责任。项目实施机构、社会资本或项目公司未履行项目合同约定义务的，应承担相应违约责任，包括停止侵害、消除影响、支付违约金、赔偿损失以及解除项目合同等。

3）争议解决。在项目实施过程中，按照项目合同约定，项目实施机构、社会资本或项目公司可就发生争议且无法协商达成一致的事项，依法申请仲裁或提起民事诉讼。

项目实施机构应每3~5年对项目进行中期评估，重点分析项目运行状况和项目合同的合规性、适应性和合理性；及时评估已发现问题的风险，制定应对措施，并报财政部政府和社会资本合作中心备案。

5. 项目移交

移交（收尾）是指PPP合作期满时，项目公司把项目移交给项目所在地政府。BOT、BOOT、DBFOT、TOT、ROT等形式都涉及移交阶段，而BOO、BTO等形式的此阶段则可称为收尾阶段。

项目移交包括移交准备、性能测试、资产交割、绩效考核支付等，由专门的项目移交工作组负责。到目前为止，已完成PPP项目全过程的项目还较少，因此，此阶段的经验尚待总结。

PPP模式的运作程序如图8-1所示。

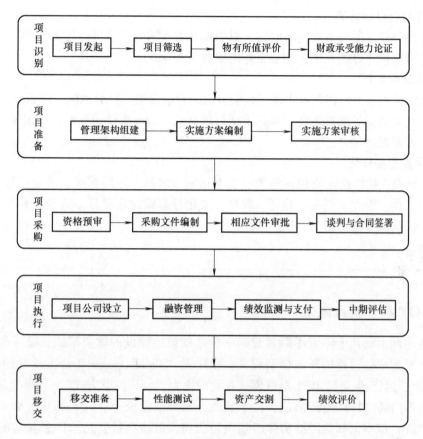

图 8-1　PPP 模式的运作程序

8.2.5　PPP 融资模式的特点

PPP 融资模式是政府公共服务提供与采购模式不断总结经验、改革创新的结果。PPP 模式的特点主要体现在以下方面。

1. 避免费用超支

社会资本方在初始阶段就与公共部门一起参与项目的识别、可行性研究、设施和融资等项目建设过程，从而保证了项目在技术和经济上的可行性，缩短了前期工作周期，并降低了项目费用。在 PPP 融资模式下，社会资本方只有在项目已经完成并得到政府批准使用后才能获利，因此有利于提高效率和降低工程造价，能够消除项目完工风险和资金风险。

2. 促进政府角色转换，减轻财政负担

政府从过去的基础设施公共服务的提供者变成一个监管的角色，保证了项目质量，也可以在财政预算方面减轻政府压力。

3. 投资主体的多元化

利用社会资本方提供的资产和服务促进投融资体制改革，并为政府部门提供更多的资金和技能，同时可以利用企业的先进技术和管理经验。

4. 政府部门和社会资本方优势互补，弥补不足

公私双方形成长期互利目标，用最有效的成本为公众提供高质量的服务。

5. 各方利益目标协调

使项目参与各方整合组成战略联盟，对协调各方不同的利益目标起关键作用，使基础设施建设、经营取得更好的效果，能够更好地服务于大众。

6. 风险分配合理

PPP 融资模式在项目初期就实现了风险分配，政府分担一部分风险，降低承建商与投资商的风险，从而降低了融资难度，提高了项目融资成功的可能性。政府在分担风险的同时也拥有一定的控制权。

7. 应用类型多样化

PPP 融资模式被广泛地应用到能源、交通运输、水利、环境保护、农业、林业、科技、保障性安居工程、医疗、卫生、养老、教育、文化等基础设施项目。这些项目与社会稳定、经济发展和民众需求密切相关。

8.3 BOT 模式

8.3.1 BOT 融资模式概述

BOT 是国际上近几十年来逐渐兴起的一种基础设施建设的融资模式，是一种利用外资和民营资本兴建基础设施的新兴融资模式。BOT 是"Build-Operate-Transfer"的缩写，通常直译为"建设-运营-移交"。BOT 融资模式在我国称为"特许经营方式"，其含义是指国家或者地方政府部门通过特许经营协议，授予签约方的外商投资企业（包括中外合资、中外合作、外商独资）或本国其他经济实体组建项目公司，由该项目公司承担公共基础设施（基础产业）项目的融资、建设、运营和维护。在协议规定的特许期限内，项目公司拥有投资建造设施的所有权，允许向设施使用者收取适当的费用，以此回收项目投资、运营和维护成本并获得合理的回报。特许期满后，项目公司将设施无偿地移交给签约方的政府部门。

20 世纪 80 年代初期到中期，是项目融资发展的一个低潮时期。在这一阶段，虽然有大量的资本密集型项目，特别是发展中国家的基础设施项目在寻找资金，但是，由于世界性的经济衰退和第三世界债务危机所造成的恶劣影响还远没有从人们心目中消除，所以，如何增强项目抵御政治风险、金融风险和债务风险的能力，以及如何提高项目的投资收益和经营管理水平，成为银行及其他金融机构、项目投资者、项目所在国政府在安排融资时必须面对和解决的问题。BOT 融资模式就是在这样背景下发展起来的一种主要用于公共基础设施建设的项目融资模式。这种模式的基本思路是：由一国财团或投资人作为项目的发起人，从一个国家的政府或所属机构获得某些基础设施的经营特许权，然后由其独立或联合其他方组建的项目公司，负责项目的融资、设计、建设和运营。整个特许期内项目公司通过项目的运营来获得利润，并用此利润来偿还债务。在特许期期满之时，整个项目由项目公司无偿或以极低的名义价格转交给东道国政府。BOT 融资模式一出现，就引起了国际金融界的广泛重视，被认为是代表国际项目融资发展趋势的一种新形式。

特别是近 30 年来，世界各国尤其是发展中国家越来越关注 BOT 并加以运用，BOT 已成为国际上流行的为大型项目筹资而采取的一种新型融资方式。目前，具有代表性的 BOT 项目有：世界上第一个 BOT 项目——土耳其的火力发电厂；国际上公认的第一个成功的 BOT

项目——菲律宾的纳沃塔斯（Navotas）电厂；世界上第一个移交成功的 BOT 项目——我国的深圳沙角 B 电厂；世界上最大的 BOT 项目——英法之间的欧洲隧道；我国第一个国家批准的 BOT 项目——广西来宾电厂 B 厂；马来西亚的南北高速公路；泰国的曼谷公路和轻轨；澳大利亚的悉尼隧道；英国的曼彻斯特轻轨等。

8.3.2 BOT 融资模式的运作形式

世界银行在《1994 年世界发展报告》中指出，BOT 至少有三种具体运作形式，即 BOT、BOOT 及 BOO。除此之外，它还有一些变通形式。

1. BOT 形式

标准 BOT，即建设-运营-移交，这是 BOT 最典型的形式。一国政府在授予项目公司建设新项目的特许经营权时，通常采取此种方式，其具体运作程序将在后面章节专门分析。

2. BOOT 形式

建设-拥有-运营-移交（Build-Own-Operate-Transfer，BOOT）形式，是指由社会资本方融资建设基础设施项目，项目建成后在规定的期限内拥有项目的所有权并进行经营，经营期满后，将项目移交给政府部门的一种融资形式。BOOT 与 BOT 的区别主要有两个：①所有权的区别。BOT 形式的项目建成后，私人只拥有所建成项目的经营权，但 BOOT 形式在项目建成后，在规定的期限内既有经营权，又有所有权。②时间上的差别。采取 BOT 形式，从项目建成到移交给政府的时间一般比采取 BOOT 形式要短。

3. BOO 形式

建设-拥有-运营（Build-Own-Operate，BOO）形式，是指社会资本方根据政府所赋予的特许权，建设并运营某项基础设施。但是，并不在一定时期后将该项目移交给政府部门。

4. BTO 形式

建设-移交-运营（Build-Transfer-Operate，BTO）形式，是指由于某些项目（如发电厂、机场、铁路等）的公共性很强，不宜让社会资本方在运营期间享有所有权，因而在项目完工后移交所有权，其后再由项目公司进行运营维护。

5. BLT 形式

建设-租赁-移交（Build-Lease-Transfer，BLT）形式，是指工程完工后在一定期限内出租给第三方，以租赁分期付款方式收回工程投资和运营收益，在特定期限之后，再将所有权移交给政府机构。

6. BT 形式

建设-移交（Build-Transfer，BT）形式，即项目建成后就移交给政府，政府按协议向项目发起人支付项目总投资加合理的回报率。BT 与 BOT 的区别在于：在 BT 形式下，政府只授予投资者项目建设权，而项目的经营权则属于政府。此形式适合任何基础设施或开发项目，特别适合出于安全和战略的需要而必须由政府直接运营的关键设施。

7. TOT 形式

移交-运营-移交（Transfer-Operate-Transfer，TOT）形式，是指东道国与社会资本方签订特许经营协议后，把已经投产运营的基础设施项目移交给社会资本方经营，凭借该设施项目在未来若干年的收益，一次性地从社会资本方手中融得一笔资金，用于建设新的基础设施项目，特许期满后，社会资本方再把该设施无偿移交给东道国政府。

8. IOT 形式

投资-运营-移交（Investment-Operate-Transfer，IOT）形式，是指由社会资本收购现有的基础设施，然后根据特许经营协议运营，最后移交给公共机构。

9. DBFO 形式

设计-建设-融资-运营（Design-Build-Finance-Operate，DBFO）形式，是指从项目的设计开始就特许由某一社会资本方进行，直到项目经营期收回投资，取得投资效益，但项目公司只有经营权，没有所有权。

10. FBOOT 形式

融资-建设-所有-运营-移交（Finance-Build-Own-Operate-Transfer，FBOOT）形式，类似于 BOOT 形式，只是多了一个融资环节。也就是说，只有先融通到资金，政府才予以考虑是否授予特许经营权。

11. DBOM 形式

设计-建设-运营-维护（Design-Build-Operate-Maintain，DBOM）形式，强调项目公司对项目按规定进行维护。

12. DBOT 形式

设计-建设-运营-移交（Design-Build-Operate-Transfer，DBOT）形式，是指特许终了时，项目要完好地移交给政府。

除此之外，还有建设-拥有-运营-补贴-移交（Build-Own-Operate-Subsidize-Transfer，BOOST）、建设-拥有-运营-出售（Build-Own-Operate-Sale，BOOS）、建设-运营-转让（Build-Operate-Deliver，BOD）、修复-运营-拥有（Rehabilitate-Operate-Own，ROO）、建设-出租-移交（Build-Rent-Transfer，BRT）等形式。在所有的形式中，虽然提法不同，具体操作上也存在一些差异，但它们在运作中与典型的 BOT 在基本原则和思路上并无实质差异，所以，习惯上将上述所有形式都看作 BOT 的具体形式。

8.3.3 BOT 融资模式的参与人

BOT 融资模式的参与人主要包括政府、项目发起人、项目公司、贷款银行、保险公司、承包商、运营商、产品购买商或服务接受者等。各参与人之间的权利义务关系依各种合同、协议而确立。

1. 政府

在 BOT 融资模式中，东道国政府或政府机构是项目的最终所有者。政府在 BOT 项目运作中的作用至关重要。政府既是项目特许权的授予方，又是项目的最终所有者。从 BOT 项目运作的全过程来看，政府是 BOT 项目的控制主体，决定是否设立项目，是否采用 BOT 融资模式进行建设。从项目所在国政府的角度考虑，采用 BOT 融资模式的主要吸引力在于：

1) 可以减少项目建设的初始投入。大型基础设施项目，如发电站、高速公路、铁路等公共设施的建设，资金用量大，投资回收期长，而资金紧缺和投资不足是发展中国家政府所面临的一个普遍性问题。利用 BOT 融资模式，政府部门可以将有限的资金投入更多的领域。

2) 可以吸引外资，引进先进技术，改善和提高项目的管理水平。

2. 项目发起人

项目发起人是项目的股本投资者，即项目的实际投资者。项目发起人通过项目的投资活动和经营活动，获取投资收益，实现投资的最终目标。由于 BOT 项目一般都是大型或特大型项目，具有投资多、收益高、风险大的特点，所以，项目发起人一般都是具有较高资信的机构，如跨国公司、知名企业以及项目所在国政府指定的机构，有时也可以是由许多与项目有关的公司组成的投资集团，或者是政府指定的机构与社会资本方的混合体。

在 BOT 融资模式中，项目发起人与其他几种项目融资模式中投资者的作用有一定程度的区别。在 BOT 融资期间，项目发起人在法律上既不拥有项目，也不经营项目，而是通过给予项目某些特许经营权和一定数额的从属性贷款或贷款担保作为项目建设开发和融资安排的支持；在融资期满结束后，项目发起人通常无偿地获得项目的所有权和经营权。由于特许经营协议在 BOT 融资模式中处于核心地位，所以有时 BOT 融资模式也被称为特许权融资。

3. 项目公司

项目公司是项目的直接承办者，是项目发起人为建设、经营项目联络有关方面而组建的自主经营、自负盈亏的公司。在法律上，项目公司是一个独立的法律实体，具有独立的法人资格。项目公司是 BOT 项目的执行主体，直接参与项目的投资和管理，承担项目的债务责任和风险，并以业主身份直接与设计部门、承建商、制造商等产生业务联系。

从程序上讲，项目公司由项目发起人负责组建。

4. 贷款银行

BOT 融资模式中的贷款银行组成较为复杂，除了商业银行组成的贷款银团之外，政府的出口信贷机构和世界银行或地区性开发银行的政策性贷款在 BOT 融资模式中通常也扮演很重要的角色。

在实践中，项目的贷款银行可以是一家或几家银行，也可以是由几十家银行组成的银团。银行参与项目贷款的数目由贷款规模和风险两个因素确定。对于中小型 BOT 项目，一般单个银行就可以为其提供所需的全部资金；而大型 BOT 项目因其所需资金数额巨大，通常由多家银行组成的银团才能满足其资金的需要。但是对于一些被认为是高风险的国家，即使贷款金额比较少，往往也需要由多家银行组成的银团来提供，其目的是分散风险。而 BOT 项目贷款的条件取决于项目本身的经济强度、项目经营者的经营管理能力和资金状况，但是在很大程度上主要依赖于项目发起人和所在国政府为项目提供的支持和特许经营协议的具体内容。

BOT 融资模式参与人的关系如图 8-2 所示。

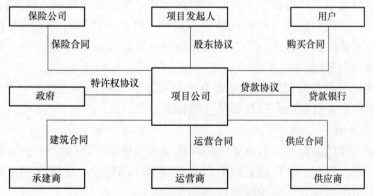

图 8-2　BOT 融资模式参与人的关系

8.3.4 BOT 融资模式的运作程序

不同国家和地区的 BOT 融资模式在具体运作过程中会有所不同，但总体来讲，BOT 项目的运作程序可分为项目确定，项目招标与审定，合同谈判与签订，成立项目公司，以及项目融资、建设、运营和移交等。

1. 项目确定

一个项目是否采用 BOT 融资模式，是由政府委托咨询公司进行可行性研究，确定项目的技术参数并进行实施方案的比较。对是否采用 BOT 融资模式的决策依据是项目的经济效益，尤其是产品或服务的价格。

经政府确定采用 BOT 融资模式后，政府需要成立项目委员会或全权委托一家机构代表政府运作项目。该机构的具体工作任务就是做好项目的准备工作：①按有关程序制订建设计划；②选择项目发起人，通常采用招标方式来选择项目发起人。

2. 项目招标与审定

项目招标与审定是项目提出并经政府同意后，政府有关部门（通常是招标委员会和招标办公室）对拟参与此项目的投标者进行深入对比，从中选择最合适招标者的过程。这一过程一般可分为以下四个步骤：

（1）投标意向登记

政府有关部门对拟采用 BOT 融资模式建设的项目，通过新闻媒体将项目的概要、建设资金和建设计划的安排设想，对意向登记者自身素质的要求，政府对意向登记者所提方案的评估程序及评估标准等向社会公布，邀请对项目感兴趣的投资者、经营者参与投标。投标意向登记的主要目的是考察和确定正式参加投标的候选者。

（2）资格审查

政府有关部门依据意向登记者的资信、所提交的初步方案进行资格审核和评价。确定邀请参加正式投标的候选者，列入候选名单。为筛选出最优秀的合格者，列入候选名单的被邀请者可以多一些，但为了尽可能减少招标评标的工作量，通过资格预审的投标人一般不宜超过 5 家，个别情况也可以多一些。例如，我国广西来宾电厂 B 厂在招标时，有 31 家公司参加投标资格预审，从中选出 12 家公司正式参加投标。

（3）邀请投标

投标资格预审后，政府有关部门邀请通过资格预审的投标者投标。投标标书中必须包括以下内容：①项目类型和所提供产品及服务的性能和水平；②项目竣工日期；③项目产品的价格或服务费用；④履约标准（产品的数量和质量、资产寿命等）；⑤所建议的融资结构和投资回报预测；⑥价格调整公式；⑦不可抗力事件；⑧外汇安排（如有外资参与）；⑨维修计划；⑩风险分析与分配。

BOT 项目的标书准备时间较长，通常在半年以上。为使招标工作按计划顺利进行，投标人必须在规定的截止日期前向招标人呈交投标书。

（4）评标与决标

在邀请投标工作结束后，政府有关部门将按照标书规定的评估标准进行评标，以选择和确定最后的中标者。例如，在广西来宾电厂 B 厂项目的招标中，在资格预审合格的 12 家公司中最终确定法国电力联合体为中标单位。

3. 合同谈判与签订

政府有关部门在决标后应邀请被选定的中标者与政府有关机构进行合同谈判。在一系列合同谈判中，特许权协议是 BOT 项目的核心，它规定政府和项目公司的权利和义务，决定双方的风险和回报，具有法律效力并在特许期内有效。所以，特许权协议谈判是 BOT 项目谈判中的关键。为使谈判卓有成效，政府的谈判人员必须拥有足够的地位和权力代表政府或政府有关机构对特许权协议等有关条款及时做出承诺。参与谈判的人员应经过严格培训，熟悉 BOT 项目运作的全过程，并具有丰富的谈判经验。

BOT 项目的合同谈判时间较长，而且比较复杂，因为项目涉及一系列合同及相关条件。谈判的理想结果是使中标者能为项目筹集资金，并使政府能把项目交给最合适的投资者。在有关协议签订之前，政府和中标者都必须花费大量的时间和精力起草合同和进行谈判。如果不能与第一中标者签订协议，政府可转向第二中标者与之谈判，以此类推。

4. 成立项目公司

签订特许权协议并得到政府批准后，中标人将组建项目公司。如前所述，成立项目公司的主要目的是有一个责任主体具体承担该项目的建设与经营。原来的投标企业或称发起单位通常是由多个社会资本方组成的松散联合体，它不是一个独立的法人实体，不能独立承担相应的民事法律责任。因此，由项目发起人共同出资成立项目公司是十分必要的。项目公司成立后，BOT 项目的融资、建设和运营则完全由该公司负责。例如，广西来宾电厂 B 厂的中标单位是法国电力联合体，它根据我国的法律成立了项目公司——广西来宾法资发电有限公司。

5. 项目融资

融资是 BOT 项目实施的关键环节。BOT 项目融资的主要资金来源是商业银行、国际金融机构等提供的贷款。对发展中国家而言，外国政府机构的出口信贷也是 BOT 项目贷款的重要来源，一些出口信贷机构会直接为本国的成套设备出口安排融资。贷款人为减少贷款风险，有时会要求项目所在国政府提供一定的从属性贷款或贷款担保作为融资的附加条件。对项目公司，贷款人会要求将其特许权协议转让给贷款人作抵押，并且控制项目的现金流量，有时甚至贷款人还会要求公司股本所有者以其全部股票作为贷款人的依据。

6. 项目建设

在项目建设阶段，项目公司根据特许权或合同规定的技术和时间要求，组织项目的设计、施工和采购等工作。具体的工作是：项目公司聘请设计单位进行工程设计；委托建筑公司对项目建设总承包；建筑公司对项目进行施工等。BOT 项目的建设一般采用"交钥匙"模式，即固定价格总承包方式，工期提前可获得奖金，工期延误要缴纳罚款。

7. 项目运营

项目运营阶段极为重要，因为投资能否按期回收并归还贷款、回收成本、分得红利和上缴税款，都取决于项目运营状况的好坏。

项目运营由项目公司全权负责，项目公司的运营管理水平越高，运营费用就会越低，项目的最终收益就越好，为此，项目公司会千方百计地抓好运营管理。对项目的运营，既可以是项目公司本身，也可以是项目公司的股东。但在项目公司及其股东缺乏运营管理经验时，运营工作可以分包给独立的运营维护商。为确保运营维护工作的质量，运营维护商必须具有丰富的经验和良好的业绩，有较强的商业和合同管理能力，还要有较强的专业技术力量。项目公司要与运营维护商签订运营维护合同。

应当指出，项目的维护保养对政府具有重要的意义。因为BOT项目的最终所有权要移交给政府，若平时维修保养不善，移交时可能是一个即将废弃的项目。为防止上述情况发生，在项目公司与运营维护商签订运营维护合同及合同执行过程中，政府都要参与发表意见并加以监督。

8. 项目移交

BOT项目的特许经营期满后，项目公司必须按特许权协议中规定的项目质量标准和资产完好程度等，将项目的资产、运营期预留的维护基金和经营管理权全部移交给政府。这正是采用BOT融资模式与其他融资模式的最显著区别。

BOT项目移交可以是无偿的，也可以是有偿的（我国BOT项目移交是无偿的）。究竟采用哪一种方式移交，需依据原特许权协议书的有关规定，或在项目的运营期通过谈判获得双方认可来决定。

项目移交的日期早在签订特许权协议时就已明确规定，但如果项目公司提前实现了其全部的股本收益，移交的日期也可提前。如果由于非股本投资者和非项目公司所能控制的因素作用，其预期的收益到期尚未达到，那么特许期也可适当延长，但这必须取得政府有关部门的批准。

项目移交政府后，项目公司还可继续经营，但这时的经营是受政府委托代为经营，项目公司本身已不再享有原特许权协议中被授予的各项权利。

项目移交给政府就意味着BOT项目运作过程的结束。

8.3.5　BOT融资模式的特点

BOT融资模式实质上是一种债权与股权相混合的产权组合形式，整个项目公司对项目的设计、咨询、供货和施工实行一揽子总承包。与传统的承包模式相比，BOT融资模式的特点主要体现在以下方面。

1. 特许期内可销售给国有单位或直接向最终使用者收费

通常采用BOT融资模式的项目主要是基础设施建设项目，包括公路、桥梁、轻轨、隧道、铁路、地铁、水利、发电厂和水厂等。特许期内项目生产的产品或提供的服务可能销售给国有单位（如自来水厂、电厂等），或直接向最终使用者收取费用（如缴纳通行费、服务费等）。

2. 能减轻政府的直接财政负担和借款负债义务

所有的项目融资负债责任都被转移给项目发起人，政府无须保证或承诺支付项目的借款，从而也不会影响东道国和发起人为其他项目融资的信用，避免政府的债务风险，政府可将原来这些方面的资金转用于其他项目的投资与开发。

3. 有利于转移和降低风险

国有部门可以把项目风险转移给项目发起人，BOT融资模式通过将发起人的投资收益与其履行合同的情况相联系，从而降低项目的建设风险和运营风险。

4. 有利于提高项目的运作效率

BOT融资模式多被视为提高基础设施运营效率的一种方式。一方面，因为BOT项目一般有巨额资本投入、项目周期长等因素带来的风险，同时由于社会资本方的参与，贷款机构

第 8 章　工程项目融资模式

对项目的要求会比政府更加严格;另一方面,为了减少风险,获得较多的收益,客观上促使社会资本方加强管理,控制造价。因此,尽管项目前期工作量较大,但是进入实施阶段,项目的设计、建设和运营效率会比较高,用户也可以得到较高质量的服务。

5. BOT 融资模式可以提前满足社会和公众的需求

采用此模式可使一些本来急需建设而政府目前又无力投资建设的基础设施项目得以实施。由于其他资金的介入,可以在政府有能力建设前建成基础设施项目并发挥作用,从而加速社会生产力的提高,促进经济的发展。

6. 可能带来国外先进技术和管理经验

BOT 项目如果有外国的专业公司参与融资和运营,会给项目所在国带来先进的技术和管理经验,既给本国的承包商带来较多的发展机会,也促进了国际经济的融合。

8.3.6　BOT、PFI 和 PPP 的联系与区别

1. 概念产生的时间

从概念产生的先后顺序来说,BOT 的概念提出得最早,于 1984 年由土耳其总理厄扎尔提出,起源于发展中国家基础设施建设的实践。目前在中国、印度、泰国等发展中国家使用多就是 BOT 的概念,主要用于交通、能源、水处理等基础设施。

PFI（Private Finance Initiative）在 1992 年由英国政府首先提出,其中文含义是"私人主动融资",具体是指政府部门根据社会对基础设施的需求,提出需要建设的项目,由通过招标投标获得特许权的社会资本方负责筹措项目资金,进行公共基础设施项目的建设与运营,从政府部门或接受服务方收取费用以回收成本,并在特许期结束时将所经营的项目完好、无债务地归还政府的项目模式。截至 2013 年,英国已经有 725 个 PFI/PF2 项目,总投资额达 54.2 万亿英镑。在英国,PFI 涉及的公共服务领域非常广泛,包括公共交通、水处理、教育、卫生、信息产业、监狱、国防、政府办公大楼和科研设施等方面。在 20 世纪 90 年代后期,日本模仿英国,对基础设施项目融资也开始使用 PFI 模式,例如在城市固废品处理项目中就大量采用 PFI。目前,日本 10% 的 PFI 项目都集中在该领域。

然而,经过历史的发展,PFI 并没有达到预期的效果。英国成立了私人融资研究小组（Private Finance Panel）来鼓励公私部门共同参与到项目融资中,所以现在英国也开始倾向于 PPP。

PPP 是从 BOT 和 PFI 的模式发展而来的,可以应用的范围更为广泛,并且特别适合大型基础设施项目。目前 PPP 模式在发达国家获得了非常广泛的应用,可以增加基础设施项目建设的效率,并减少项目利益相关者的风险。在澳大利亚、加拿大、美国、意大利以及德国等发达国家使用的都是 PPP 的概念。欧盟、联合国、经济合作与发展组织以及世界银行等国际组织也将 PPP 的理念和经验在全球范围内大力推广。

目前,一些发展中国家或地区开始从 BOT 转向使用 PPP 概念和模式,例如,我国香港和内地从 2004 年在基础设施项目融资领域就开始使用 PPP 的概念。香港迪士尼主题公园和北京地铁 4 号线就采用了 PPP 模式。

2. 概念内涵的区别

PFI 是一种将政府采购公共服务与外包相结合的形式。通过这种形式,私人部门按照公共部门详细规定的内容,设计、建设、融资和运营公共设施项目,公共部门在一定期限内按

照协议向私人部门购买公共服务;一旦协议到期,根据预先的约定,私人部门可以拥有该项目资产,或者将项目资产移交给公共部门。

PFI 强调项目的物有所值(Value for Money)和私人部门要真正承担风险。因为 PFI 复杂的项目谈判会带来较高的交易成本,同时与政府投资的项目相比而言,其融资的成本要高。那么,私人部门只有充分发挥自身技术专长,通过创新和竞争,并且承担风险,才能抵消上述的两个不利因素。

不同的组织和国家对 PPP 的定义也有所不同,目前尚未形成一个统一的定义(见表 8-1)。PPP 同样强调物有所值的实现及政府与私人部门(社会资本)之间的长期合作关系,政府可以选择入股项目公司来共同提供公共产品和服务。它通过鼓励私人部门(社会资本)完成项目的设计和建设,使得承包商和设计者在项目早期就可以通力协作,从项目的长远利益出发,选择提供公共产品和服务的最佳方式。在 BOT 中,政府一般不入股项目公司,也不特意要求合作伙伴关系。与传统的特许经营模式通常注重降低建设成本相比,PPP 可以将项目的生命周期成本降到最低,并且减少项目建设阶段的设计变更。

PPP 项目中,政府也参与投资。例如,英国"国家空中交通服务"(the National Air Traffic Services)项目中,政府就持股 49%,但并不进行项目的日常管理。

3. 概念范围的关系

有的学者认为,PPP 仅仅是一个总括性的概念,包括 BOT 和 PFI 等各种融资模式,并不是具体的项目融资模式。但有的学者则认为,PPP 是一种新型的融资模式,具有与传统 BOT 模式不相同的特点。例如,PPP 强调公私之间的长期合作,主要采用 DBFO 的形式,政府是公共产品和服务的主要购买者。实际上,BOT 项目的成功也要求公私合作,但只从 BOT 名称字面上理解,让人看不到政府和私人合作的要求,所以有人喜欢用 PPP 的概念。PFI 在英国主要有三种形式,分别是 DBFO、合资和独立融资(Financially Freestanding),它的概念范围要小于 PPP。

4. 操作程序的区别

与 BOT 不同,PPP 和 PFI 强调实现项目的物有所值,都在项目的前期操作中加入了项目物有所值评价;而我国在此基础上,还依照国情增加了政府财政承受能力论证和 PPP 项目实施方案论证。

8.4 ABS 模式

8.4.1 ABS 融资模式的概念

ABS(Asset Backed Securitization)是以项目所属的资产为支撑的证券化融资方式。具体来说,它是以项目所拥有的资产为基础,以该项目资产可以带来的预期收益为保证,经过信用增级,在资本市场上发行债券筹集资金的一种项目融资方式。ABS 融资起源于美国,随后得到不断发展,现在已经传播到世界其他国家,为工程项目融资提供了新的模式,更大限度地促进了工程项目融资的发展。

在 ABS 产生的初始阶段,资产证券化是指通过在资本市场和货币市场上发行证券,即以直接融资的方式来举债。这种形式的资产证券化被称为"一级证券化"或"融资证券化"。运用这种方法，一个借款人可以向市场上的投资者直接借款，而不再需要向银行申请贷款或透支。这种类型的资产证券化动摇了银行作为资金提供者的传统地位，并最终导致"非中介化"或"脱媒"现象的出现。在以后的发展中，资产证券化出现了一些新的变化，即把已经存在的信贷资产集中起来，根据利率、期限、信用质量等标准加以组合并进行包装后转售给投资者，从而使此项资产在原持有者的资产负债表中消失。这种形式的资产证券化被称为"二级证券化"，也就是现在通常所说的资产证券化。

从本质来说，资产证券化属于一种以项目的收益为基础融资的工程项目融资方式。其内涵就是将原始权益人（卖方）不流通的存量资产或可预见的未来收入，构造和转变成为资本市场可销售和流通的金融产品的过程。具体来说，就是将缺乏流动性但能够产生可预见的稳定现金流的资产，通过一定的结构安排，对资产中风险与收益要素进行分离与重组，进而转换为在金融市场上可以出售和流通的证券的过程。采用 ABS 方式的目的在于，通过其特有的提高信用等级的方式，使原本信用等级较低的项目也可以进入高信用等级证券市场，从而利用该市场信用等级高、债券安全性和流动性高、债券利率低的特点，大幅度降低发行债券筹集资金的成本。

按照规范化的证券市场的运作方式，在证券市场发行债券，必须对发债主体进行信用评级，以揭示债券的投资风险及信用水平。债券的筹资成本与信用等级密切相关。信用等级越高，表明债券的安全性越高，债券的利率越低，从而使通过发行债券筹集资金的成本越低。例如，根据标准普尔公司的信用等级划分方法，信用等级 AAA、AA、A、BBB 为投资级，即债券的信用等级只有达到 BBB 以上级别时，才具有投资价值，才能在证券市场上发行债券募集资金。在投资级债券中，AAA 级和 AA 级属于高档投资债券，信用风险小、融资成本低。因此，利用证券市场筹集资金，一般都希望进入高档投资级证券市场。但是，对于不能获得权威资信评估机构较高级别信用等级的企业或其他机构，则无法进入高档投资级证券市场。ABS 融资的独到之处就在于通过信用增级计划，使没有获得信用等级或信用等级较低的机构，同样可以进入高档投资级证券市场，通过资产的证券化来筹集资金。因此，即使加入了一些前期分析、业务构造和信用增级等成本，它仍然为融资业务提供了新的、成本更低的资本来源。而且，当公司或项目依靠其他形式的信用进行融资的机会很有限时，证券化就成为该公司的一个至关重要融资来源。资产支持的证券评级仅取决于作为证券支持的资产的信用质量，而与发行这些证券的公司的财务状况或金融信用无关。

8.4.2 ABS 融资模式的基本要素

资产支持证券化融资的基本要素主要有以下几方面。

1. 标准化的合约

制定标准化合约必须审慎，因为该合约使所有的参与方确信：为满足契约规定的义务，该担保品的存在形式应能够提供界定明确而且在法律上可行的行为。

2. 资产价值的正确评估

在信贷资产证券化业务中，通过银行家的尽职调查，向感兴趣的各方提供关于该项目风险性质的描述和恰当的价值评估。

3. 具有历史统计资料的数据库

对于拟证券化的资产在过去不同情况下的表现，必须提供一份具有历史统计资料的数据,以使各参与方据此确定这些资产支持证券的风险程度。

4. 适用法律的标准化

证券化融资需要以标准的法律为前提。美国第一银行曾发行过 AAA 级抵押支持传递证券,最后以失败告终,其原因就是它未能满足美国所有各州要求的法定投资标准。这一点也是决定 ABS 项目能否成功的重要一环。

5. 确定中介机构

确定中介机构对于证券化融资也是非常关键的。不应因金融中介机构的破产或服务权的转让而造成投资者的损失。

6. 可靠的信用增级措施

证券化融资的重要特点是可以通过信用增级措施发行高档债券,以降低项目融资的成本。因此,如果没有可靠的、资信较高的信用增级措施,资产支持证券化融资是很难操作的。

7. 计算机模型的应用

用以跟踪现金流量和交易数据的计算机模型,也是促进证券化交易增长的重要基础。

8.4.3 ABS 融资模式的参与人

1. 发起人或原始权益人

发起人或原始权益人是被证券化的项目相关资产的原始所有者,也是资金的最终使用者。对于项目收益资产证券化来说,发起人是指项目公司,它负责项目收益资产的出售、项目的开发建设和管理。而对于项目贷款资产证券化来说,发起人一般包括:

1) 商业银行。其主要功能是吸收存款、管理贷款。
2) 抵押银行。其主要功能是发放抵押贷款并在二级市场销售。
3) 政府机构。尽管政府机构提供的贷款少,但发挥的作用很大。

一般情况下,发起人的主要作用是:

1) 收取贷款申请。
2) 评审借款人申请抵押贷款的资格。
3) 组织贷款。
4) 从借款人手中收取还款。
5) 将借款还款转交给抵押支持证券的投资者等。

发起人的收入来源主要是:

1) 发起费。以贷款金额的一定比例表示。
2) 申请费和处理费。
3) 二级销售利润,即发起人售出抵押贷款时其售价和成本之间的差额。

发起人也可以是证券的出售人和承销商,因为对发起人来说,保留证券的承销业务可获得一定的费用收入。

发起人一般通过真实出售或所有权转让的形式把其资产转移到资产组合中。尽管发起人破产并不直接影响资产支持证券的信用,但发起人的信誉仍然是需要考虑的一个重要因素。因为如果发起人的信誉恶化,那么就会影响包括发起人资产在内的担保品的服务质量。

2. 服务人

服务人通常由发起人自身或指定的银行来承担。服务人的主要作用体现在两个方面：一是负责归结权益资产到期的现金流，并催讨过期应收款；二是代替发行人向投资者或投资者的代表——受托人支付证券的本息。服务的内容包括收集原借款人的还款，以及其他一些为担保履行还款义务和保护投资者的权利所必需的步骤。因此，资产支持证券的大多数交易与服务人的信用风险存在着直接的关系，因为服务人持有要向投资者分配的资金。信用风险的高低是由服务人把从资产组合中得到的权益转交给投资者时的支付频率决定的。

3. 特设机构

资产证券化的特设机构即发行人，通常也称为特殊目的公司（Special Purpose Vehicle，SPV）。资产组合并不是由原始权益人直接转让给投资者，而是首先转让给一家独立中介机构，或者一个被称为"破产隔离"的金融子公司。这些特殊目的公司是专门为发行 ABS 而组建的，具有独立法律地位。SPV 必须具备以下两个特点：

1）为保持中立性，SPV 必须是独立的法人实体。
2）为了不至于因自身债务问题而扭曲证券化资产的风险隔离效果，SPV 应该成为"不破产实体"。

因此，SPV 要满足以下条件：
1）目标与权力应受到限制。
2）债务应受到限制。
3）设有独立董事，维护投资者利益。
4）分立性。
5）不得进行重组兼并。

SPV 是发起人与投资者之间的桥梁，是资产证券化结构设计中的关键。

4. 发行人

作为发行人来说，它可以是中介公司，也可以是发起人的附属公司、参股公司或者投资银行。有时，受托管理人也承担这一责任，即在证券化资产没有卖给上述公司或投资银行时，它常常被直接卖给受托管理人。该受托管理人是一个信托实体，其创立的唯一目的就是购买拟证券化的资产和发行资产支持证券。该信托实体控制着作为担保品的资产，并负责管理现金流的收集和支付。信托实体通常就是发起人的一家子公司，或承销本次证券发行的投资银行的一家子公司。在某些情况下，由于单个发起人的资产不足以创造一个合格的资产组合，这时就要将几个发起人的资产共同组成一个资产组合。

当发行人从原始权益人手中购得权益资产，在未来收取一定现金流的权利后，就要对其进行包装，然后以发行证券的方式在二级市场上将之出售给投资者。ABS 的主要类型之一就是住房抵押贷款。而在资产证券化最早出现的美国，充当住房抵押贷款支持证券发行人的主要机构有两类：一类是政府性质的机构。例如，联邦国民抵押协会（FNMA），通过购买无政府保险的住房抵押贷款并使之证券化；政府国民抵押协会（GNMA），使有担保的住房抵押贷款证券化；联邦住房抵押公司（FHIMC），通过购买未经政府保险但经私人保险的常规抵押贷款，并以之为担保在资本市场上发售债券。另一类是非政府性质的机构。例如，住房融资公司（Residential Funding Corporation），它们购买不符合联邦国民抵押协会等政府性质机构有关条件的住房抵押贷款，并使之证券化。

5. 证券商

ABS 由证券商承销。证券商或者向公众出售其包销的证券，或者私募债券。作为包销人，证券商从发行人处购买证券，再出售给公众。如果是私募债券，证券商并不购买证券，而只是作为发行人的代理人，为其成功发行提供服务。发行人和证券商必须共同合作，确保发行结构符合法律、财会、税务等方面的要求。

6. 信用强化机构

在资产证券化过程中，一个尤为关键的环节就是信用增级，而信用增级主要由信用增级机构完成。从某种意义上说，资产支持证券投资者的投资利益能否得到有效保护和实现，主要取决于证券化产生的信用保证。所谓信用增级，即信用等级的提高。经信用保证而得以提高等级的证券，将不再按照原发行人的等级或原贷款抵押资产等级进行交易，而是按照担保机构的信用等级进行交易。

信用增级一般采取内部信用增级和外部信用增级两种方式：由发行人提供的信用增级，即内部信用增级（Internal Enhancement）；由第三方提供的信用增级，即外部信用增级（External Enhancement）。

（1）内部信用增级

由发行人提供的内部信用增级有两种基本形式，即直接追索权和超额担保。两种形式均具有同样的目的，即减少投资者承担的与资产组合有关的信用风险。具体又可分为三种操作方式，即以高级次级证券结构、超额抵押和储备基金等形式来提高信用等级。SPV 可以单独使用其中某一种方式，也可以同时使用这三种方式或者其中的两种方式。

（2）外部信用增级

由第三方提供的外部信用增级可分为部分信用增级和完全信用增级两种形式。部分信用增级的目的是减少投资者承担的与资产组合有关的信用风险；完全信用增级的目的则不仅仅要减少这种风险，而且还要完全消除这种风险。与内部信用增级不同的是，外部信用增级一般不带有相关风险的特征，这是因为第三方的信用质量总的来讲与被提高的信用资产质量没有关系。

外部信用增级方式通常是通过提供银行信用证由一家单线保险公司提供保险以及第三者设立的储备账户基金形成的。这些信用增级依赖于担保人，而不是资产本身的信用等级。

7. 信用评级机构

信用评级机构是依据各种条件评定 ABS 等级的专门机构。ABS 的投资者依赖信用评级机构为其评估资产支持证券的信用风险和再融资风险。信用评级机构必须持续监督资产支持证券的信用评级，根据情况变化对其等级进行相应调整。证券的发行人要为评级机构支付服务费用，因为如果没有评级机构的参与，这些结构复杂的资产支持证券可能就卖不出去。当有评级机构参与时，投资者就可以把投资决策的重点转移到对市场风险和证券持续期的考虑上。所以，信用评级机构是证券化融资的重要参与者之一。一般来说，信用评级机构都是在全球范围内享有较高声誉的机构，如美国的标准普尔（Standard & Pool's）、穆迪（Moody's）、惠誉（Fitch）和道衡（Duff & Phelps）等。这些评级机构的历史记录和表现一直很好，特别是在资产支持证券领域口碑更佳。

发行人需要评级机构的评级是因为，他们希望所发行证券的流通性更强，其支付的利息成本更低。当投资者通过评级系统的评级而信任证券的信用质量时，他们对投资收益的要求通常就会降低。许多受到管制的投资者未被允许购买那些级别较低的证券，更不能购买那些未经评级的证券。证券评级机构的存在拓宽了投资者的投资范围，创造了对证券的额外需求，对发行人来说，节省的成本将非常可观。

8. 受托管理人

在资产证券化的操作中，受托管理人充当着服务人与投资者的中介，也充当着信用强化机构和投资者的中介。受托管理人的职责主要体现在三个方面：①作为发行人的代理人向投资者发行证券，并由此形成自己收益的主要来源；②将借款者归还的本息或权益资产的应收款转给投资者，并且在款项没有立即转给投资者时，有责任对款项进行再投资；③对服务人提供的报告进行确认并转给投资者。当服务人不能履行其职责时，受托管理人应该并且能够起到取代服务人角色的作用。

8.4.4 ABS 融资模式的运作程序

ABS 融资模式在实际操作中涉及很多的技术性问题，但其证券化过程的基础是比较简单的。发起人将要证券化的资产进行组合后，以之为担保或出售给一个特定的交易机构，由其向投资者进行证券融资。ABS 融资方式的具体运作程序主要包括以下几个方面。

1. 确定证券化资产，组建资产池

原始权益人首先要在分析自身融资需求的基础上确定资产证券化目标；然后对自己拥有的资产进行清理、估算和考核，根据证券化目标确定一个具体的资产目标；最后将筛选出来的资产汇集成一个资产池。需要注意的是，原始权益人对资产池中的每项资产都必须拥有完整的所有权。

2. 组建 SPV

SPV 的设立是证券化过程中的一个关键环节，其目的是最大限度地降低原始权益人的破产风险对证券化的影响。也就是说，原始权益人的破产不会影响到证券化基础资产。为了达到破产隔离的目的，在组建 SPV 时，应遵循以下原则：①债务限制；②设立独立董事；③保持分立性。该机构可以是一个信托投资公司、信用担保公司、投资保险公司或其他独立法人。该机构应能够获得国际权威资信评估机构较高级别的信用等级（AAA 级或 AA 级）。由于 SPV 是进行 ABS 融资的载体，成功组建 SPV 是 ABS 能够成功运作的基本条件和关键因素。

3. SPV 与项目结合

SPV 寻找可以进行资产证券化融资的对象。一般来说，投资项目所依附的资产只要在未来一定时期内能带来现金收入，都可以进行 ABS 融资。它们可以是信用卡应收款、房地产的未来租金收入、飞机和汽车等未来运营的收入、项目产品出口贸易收入、港口及铁路的未来运费收入、收费公路及其他公用设施收费收入、税收及其他财政收入等。拥有这种未来现金流量所有权的企业（项目公司）成为原始权益人。总结多年来资产证券化融资的经验可以发现，具有下列特征的资产比较容易实现证券化：

1）资产可以产生稳定的、可预测的现金流收入。
2）原始权益人持有该资产已有一段时间，且信用表现记录良好。
3）资产应具有标准化的合约文件，即资产具有很高的同质性。
4）资产抵押物易于变现，且变现价值较高。

5）债务人的地域和人口统计分布广泛。
6）资产的历史记录良好，即违约率和损失率较低。
7）资产的相关数据容易获得。

这些未来现金流量所代表的资产，是 ABS 融资方式的物质基础。在进行 ABS 融资时，一般应选择未来现金流量稳定、可靠，风险较小的项目资产。一般情况下，这些代表未来现金收入的资产，本身具有很高的投资价值，但由于各种投资条件的限制，它们自己无法获得权威资信评估机构授予的较高级别的资信等级，因此无法通过证券化的途径在资本市场筹集建设资金。而 SPV 与这些项目的结合，就是以合同、协议等方式将原始权益人所拥有的项目资产的未来现金收入的权利转让给 SPV，转让的目的在于将原始权益人本身的风险隔离。这样 SPV 进行 ABS 方式融资时，其融资风险仅与项目资产的未来现金收入有关，而与建设项目原始权益人本身的风险无关。在实际操作中，为了确保与这种风险完全隔离，SPV 一般要求原始权益人或有关机构提供充分的担保。

4. 进行信用增级

为了利用信用增级手段使该资产获得预期的信用等级，需要调整项目资产现有的财务结构，使项目融资债券达到投资级水平，达到 SPV 关于承保 ABS 债券的条件要求。SPV 通过提供专业化的信用担保进行信用升级。信用增级的渠道有：利用信用证、开设现金担保账户、直接进行金融担保。之后，委托资信评估机构，对即将发行的经过担保的 ABS 债券在还本付息能力、项目资产的财务结构、担保条件等方面进行信用评级，确定 ABS 债券的资信等级。

5. 进行信用评级

在资产证券化交易中，信用评级通常分两次进行，即初评和发行评级。初评的目的是确定为了达到所需要的信用级别必须进行的信用增级水平。在按评级机构的要求进行信用增级之后，评级机构才进行正式的发行评级，并向投资者公布最终评级结果。证券的信用等级越高，表明证券的风险越小。

6. SPV 发行债券

信用评级完成并公布结果，同时获得证券监管机构的批准后，SPV 直接在资本市场上发行债券募集资金，或者 SPV 通过信用担保，由其他机构组织债券发行，并将通过发行债券筹集的资金用于项目建设。由于 SPV 一般均获得国际权威性资信评估机构的 AAA 级或 AA 级信用等级，按照信用评级理论和惯例，由它发行的债券或通过它提供信用担保的债券，也自动具有相应的信用等级。这样 SPV 就可以借助这一优势，在国际高档投资级证券市场以较低的资金成本发行债券，募集项目建设所需资金。

7. 获取证券发行收入，向发起人支付资产购买价款

SPV 将证券发行所取得的现金收入，在支付该资产证券化交易过程中发生的相关中介咨询、服务费用之后，按与发行人签订的售卖合同所事先约定的价格和支付方式，向发行人支付购买基础资产的价款，实现资产转移。

8. 资产管理服务与回收资产收益

资产证券化完成以后，SPV 就要涉足资产管理服务与回收资产收益的工作。SPV 一般会聘请专门的服务商来对资产池进行管理。服务商的主要任务是对基础资产的日常运行进行管理、收取和记录资产产生的现金收入，并将这些款项存入受托管理人的收款专用账户中。与此同时，受托管理人按约定建立积累基金，以便对投资者按期支付本息。服务商还会在债务人违约的情况下，采取垫付款项等补救措施。

9. SPV 偿债债券

由于项目原始收益人已将项目资产的未来现金收入权利让渡给 SPV，因此 SPV 就能利用项目资产的现金收入量，清偿它在国际高档投资级证券市场上所发行债券的本息。SPV 一般委托某受托银行担任资金管理和本息偿付职能。受托人根据证券应用协议条款，从服务商、担保人和其他第三方处收集资金，并在规定的本息偿付日，对投资者进行足额偿付。按照证券发行说明书的约定，当证券全部被偿付完毕后，若资产池产生的现金流还有剩余，那么这些剩余的现金流将在原始权益人和 SPV 之间按规定进行分配。至此，资产证券化交易的全部过程也随之结束。

ABS 融资模式的具体运作程序如图 8-3 所示。

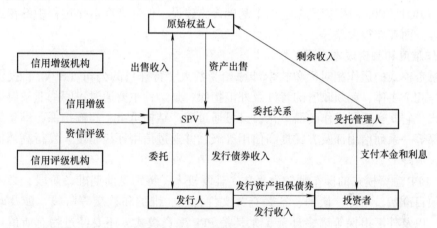

图 8-3　ABS 融资模式的运作程序

8.4.5　ABS 融资模式的特点

（1）筹资规模大、成本低、资金来源广

ABS 融资模式的最大优势是通过在国际高档证券市场上发行证券筹集资金，证券利率一般较低，从而降低了筹资成本。而且，国际高档证券市场容量大，资金来源渠道多样化，因此，ABS 融资模式特别适合大规模筹集资金。

（2）代表未来项目融资的发展方向

通过证券市场发行证券筹集资金是 ABS 融资模式不同于其他项目融资模式的一个显著特点。

（3）项目风险隔离、投资风险分散

ABS 融资模式隔离了项目原始权益人自身的风险，使其清偿债券本息的资金仅与项目资产的未来现金收入有关；加之在国际高档证券市场上发行的债券是由众多投资者购买的，从而分散了投资风险。

（4）金融工具的创新

ABS 融资模式是通过 SPV 发行高档证券募集资金，这种负债不反映在原始权益人自身的资产负债表上，从而避免了原始权益人资产质量的限制。同时，SPV 利用成熟的项目融资改组技巧,将项目资产的未来现金流量包装成高质量的证券投资对象,充分显示了金融创新的优势。

(5) 发行环节少、简便易行,而且中间费用低

作为证券化项目融资模式的 ABS 由于采取了利用 SPV 增加信用等级的措施,从而能够进入国际高档证券市场,发行那些易于销售、转让以及贴现能力强的高档债券。

(6) 有助于培养人才,规范市场

由于 ABS 融资模式是在国际高档证券市场筹资,其接触的多为国际一流证券机构,按国际上规范的操作规程行事,这将有助于培养东道国在国际项目融资方面的专业人才,规范国内证券市场。

8.4.6 ABS 与 BOT、PPP 融资模式的比较

ABS 与 BOT、PPP 融资模式都适用于基础设施建设,但三者在运作过程中的特点及对经济的影响等方面存在很大差异。

1. 运作难度和融资成本方面

ABS 融资模式的运作相对简单,牵涉原始受益人、特殊目的公司(SPV)、投资者、证券承销商等几个主体,无须政府的特许及外汇担保,是一种主要通过民间的非政府途径运作的融资模式。它既实现了操作的简单化,又可通过资产结构重组、超额担保、准备金账户和第三方担保等一系列信用证及方式提高信用等级,并通过信用评级制度、发行高档债券,使融资成本大大降低。

BOT、PPP 融资模式的操作则较为复杂,难度较大,特别是前期准备阶段,必须经过项目确定、项目准备、招标、谈判、签署有关文件合同、维护和移交等阶段,涉及政府的许可、审批,以及外汇担保等诸多环节。尤其是 PPP 融资模式,还要经过物有所值评价、财政承受能力论证及实施方案的制定,牵涉范围广,不易实施,而其前期融资成本也因中间环节的增加而增加。

2. 投资风险方面

ABS 项目投资者一般为国际资本市场上的债券购买者,其数量众多,这就极大地分散了投资的风险,使每一个投资者承担的风险相对较小;而且,这种债券还可以在二级市场上转让,具有较高的资信等级,这使得其在资本市场上风险较小,对投资者具有较大的吸引力。

BOT、PPP 项目投资者一般都为企业或金融机构,其投资是不能随便放弃和转让的,每一个投资者承担的风险相对较大;同时,由于其投资大、周期长,在其建设运营过程中易受政府政策、市场环境等非金融因素的影响,有较大风险。

3. 项目所有权和运营权方面

在 ABS 融资模式中,项目资产的所有权根据双方签订的买卖合同,由原始权益人即项目公司转至特殊目的公司(SPV)。在债券发行期内,项目资产的所有权属于 SPV,而项目的运营、决策权属于原始权益人,原始权益人有义务把项目的现金收入支付给 SPV;待债券到期,由资产产生的收入还本付息,支付各项服务费之后,资产的所有权又复归原始权益人。

BOT 的所有权、运营权可以在特许期内属于项目公司;特许期届满,所有权移交给政府。因此,通过外资 BOT 进行基础设计项目融资可以带来国外先进的技术和管理,但会使

外商掌握项目控制权。

4. 项目融资对象方面

在 ABS 融资模式中，项目资产虽然和 BOT 一样，也必须具有稳定的、长期的未来收益，但这些项目资产还可以是许多已建成的良性资产的组合。政府部门可以运用 ABS 融资模式，以这些良性资产的未来收益作为担保，为其他基础设施项目融资。因此，用 ABS 模式融资不仅可以筹集大量资金，还有助于盘活许多具有良好收益的固定资产。

BOT 项目融资对象主要是一些具有未来收益能力的单个新建项目，如公路、桥梁等，而且该项目在融资时尚未建成，政府部门主要是通过 BOT 融资模式为该项目的建设筹集资金。

采用 PPP 融资模式的新建项目，投资者可以采用 ABS 融资模式建立 PPP 投资基金，将投资基金投入项目，同时，在 PPP 项目执行阶段，项目公司也可以采用 ABS 模式进行再融资或者股权变更。

5. 适用范围方面

ABS 融资模式在债券发行期内，项目的资产所有权虽然归 SPV 所有，但项目资产的运营和决策权依然归原始权益人所有。SPV 拥有项目资产的所有权，只是为了实现"资产隔离"，实质上 ABS 项目资产只是以出售为名，而行担保之实。因此，在运用 ABS 融资模式时，不必担心项目是关系国计民生的基础设施而被外商控制，凡可预见的、有稳定的未来收益的基础设施资产，经过一定的结构重组都可以证券化。相比较而言，在基础设施领域，ABS 融资模式的适用范围要比 BOT 融资模式广泛。

BOT、PPP 融资模式一般适用于那些竞争性不强的行业，在基础设施领域内，只有那些通过对用户收费获得收益的设施或服务项目才适合 BOT 融资模式，其实质是特许期内的民营化；其他的则一般采用政府付费或者可行性缺口补助的 PPP 融资模式。因此，对那些关系国计民生的重要部门不宜采用 BOT、PPP 融资模式。

8.4.7　ABS 融资模式的核心问题

1. SPV 的设立

从世界上其他国家的实践来看，SPV 的设立方式有三种：

1）政府组建。政府组建的 SPV 由于有坚实的政府背景，故在很多情况下享有与私人公司不同的待遇。

2）由发起人组建。在这种组建方式下，发起人与 SPV 之间是母子公司关系，发起人可能对 SPV 享有特权，从而损害投资者的利益，不利于证券化过程中的资产转移性质被界定为真实出售。

3）由独立的第三方组建和拥有。

现实中，不管是由哪一方组建，都要求 SPV 的设立手续简便、成本较低，以便于资产担保证券的发行，同时还要考虑法律对证券化税收的规定——避免双重纳税，以及实现破产隔离等。目前，比较常见的 SPV 组织形式有公司、信托、合伙、基金等。至于具体采用何种组织形式，主要取决于各国的法律、税收和会计制度等因素。

2. 破产风险隔离

在 ABS 交易中，使参与各方远离破产风险，是保障投资者收益的关键。

(1) SPV 自身的破产风险防范

SPV 使自身实现破产隔离，国际上比较通行的做法是在法律上对 SPV 的经营范围、债务等方面进行严格的限制。

1）经营范围的限制。作为一个新成立的经济实体，SPV 只能从事与证券化交易有关的业务活动。除交易规定的可进行活动以外，SPV 不得进行任何其他经营和投融资活动。

2）债务的限制。SPV 除了履行证券化交易中确立的债务和担保义务外，不应再发生其他债务，也不应为其他机构或个人提供担保。

3）独立性要求。为了避免发起人破产波及资产证券化交易，SPV 必须保持其独立性，必须从形式上和实质上保持与发起人之间的距离。

4）不得进行并购重组。除特殊情况外，SPV 不得与他方合并或转让原始权益；在未事先通知原有关事人的情况下，不得修改资产条件、证券化协议及其章程。

5）合同权益的保护。除特殊情况外，SPV 不得豁免或减轻任何当事人的合同义务。

6）银行账户。除证券化协议规定设立的账户外，SPV 不得开设其他任何银行账户。

7）附属机构。除证券化协议规定外，SPV 不得设立任何附属机构。

(2) 发起人的破产风险隔离

ABS 交易结构应能保证发起人的破产不会对 SPV 的正常运营产生影响，也不会影响对证券持有人的按时支付。要实现这一点，必须做到 SPV 不会被发起人合并，同时还要做到资产转移被定性为真实出售，而不是担保融资。如果资产转移为真实出售，SPV 就拥有基础资产的所有权，那么在发起人破产时，基础资产就不能作为其破产财产列入清算范围，从而保障了 SPV 持有人的利益。因此，真实出售使证券化资产与发起人的破产风险隔离。

(3) 服务商的破产风险隔离

如果基础资产产生的收入保留在服务商的自有账户中，或与服务商的自有资金混合，可能导致基础资产产生的收入不能用于对资产担保证券的按时偿付。在极端情况下，如服务商破产，将危及对资产担保证券的偿付。为了避免上述情况的发生，SPV 与服务商签订的服务协议中通常规定，服务商在收集基础资产收入后的一段时期内，可以保留和混存收入，但在这一时期结束后，基础资产的收入就必须存入专门的存款账户中。有些服务协议则规定债务人直接对锁定账户进行支付，除非服务商具有证券化交易要求的信用等级，否则不能获取锁定账户的款项。

(4) 原始债务人的破产风险隔离

在构建资产担保证券化交易时，通常要考虑这样一个问题：如果个别原始债务人无力偿还债务，那么应如何保证对资产担保证券持有人的按时支付？常用的解决措施是：SPV 购买若干基础资产组合成资产池，并根据基础资产的历史违约数据，通过构建模型来推算资产池中资产的违约率，然后再根据违约率来推测基础资产产生的现金流，据此确定资产担保证券的收益率。因此，ABS 交易结构的设计将个别债务人的破产情况考虑在内，并采取措施熨平了现金流的波动，从而使投资者获得的偿付几乎不受个别原始债务人破产风险的影响。

3. 资产转移方式

从法律上说，资产证券化过程中的资产转移方式有三种：更新、转让、参与。

(1) 更新

更新是发起人与债务人首先解除债务合约，再由 SPV 与债务人之间按原合约条款签订一份新合约来替换原来的债务合约,从而把发起人与债务人之间的债权、债务关系转换为资产负债人之间的债权、债务关系。更新这种方式由于要缴纳印花税等,因此交易成本较高。

(2) 转让

转让是指发起人无须更改、终止原有合同,只需通过一定的法律手续,直接把基础资产转让给 SPV,即交易不涉及原债务人。转让又分为两种情况:①把通知债务人或把债务人的承诺作为转让的必要条件,即若没有资产转让的书面通知,资产债务人就享有终止债务支付的法定权利;②不通知债务人,即默认方式。在美国和日本,不管有无通知,转让方式都被视为证券化的一种形态。而在我国,根据《中华人民共和国合同法》的规定,一般债权转让采取转让通知原则。相比较而言,转让是一种手续简单、成本节约的资产转移方式。

(3) 参与

在该种方式下,SPV 与债务人之间无合同关系,发起人和原始债务人之间的基础合同继续有效,资产不必从发起人转移到 SPV。SPV 先向投资者发行资产担保证券,然后将筹集到的资金转贷给发起人,其转贷金额等于资产组合价值。投资者给予 SPV 的贷款和 SPV 给予发起人的贷款都附有追索权。

4. 信用增级方式

ABS 融资模式中常用的信用增级方式有两种:内部信用增级和外部信用增级。

(1) 内部信用增级

内部信用增级是指利用证券化资产的一部分现金流来为资产担保证券提供信用支持,使其能够获得所需要的等级。内部信用增级常见的方式有设立优先或次级证券结构、建立超额抵押和设立储备基金账户。

(2) 外部信用增级

外部信用增级是指第三方担保机构对一定数量的损失提供第一损失保护。外部信用增级的方式主要有资产组合保险、开出信用证和金融机构担保等。

8.4.8 ABS 融资模式在我国的应用

1. 我国资产证券化的实践历程

我国的资产证券化道路源于 1992 年海南省三亚地产的投资证券。三亚市开发建设总公司以三亚丹洲小区 800 亩土地为发行标的物,公开发行了 2 亿元的 3 年期投资证券,为我国资产证券化尝试走出了第一步。1996 年 8 月,珠海为了支持珠海公路的建设,以本地车辆登记费和向非本地登记车辆收取的过路费所带来的稳定现金流为支持,在国外发行了 2 亿美元债券。这是国内第一个完全按照国际化标准运作的离岸资产证券化案例。1997 年 7 月,中国人民银行颁布《特种金融债券托管回购办法》,规定由部分非银行金融机构发行的特种金融债券,均需办理咨产抵押手续,并委托中央国债登记结算公司负责相关事项。这在某种程度上使不良资产支持债券的发行成为可能。此后出现了由资产管理公司主导的几笔大额不良资产证券化。2000 年,中国人民银行批准中国建设银行、中国工商银行为住房贷款证券化试点单位,标志着资产证券化被政府认可。

2003 年,中集集团以其海外的应收账款为支持发行了资产支持证券,规定在 3 年的有效期内,凡是中集集团发生的应收账款都可以出售给由荷兰银行管理的资产购买公司,由该公司在国际商业票据市场上多次公开发行资产支持商业票据(Asset Backed Commercial

Paper，ABCP)，协议总额为 8000 万美元。2003 年 6 月，华融资产管理公司（简称华融）推出了国内首个资产处置信托项目。华融将涉及全国 22 个省市 256 户企业的 132.5 亿元债权资产组成资产包，以中信信托为受托人设立财产信托，期限为 3 年。该模式已经接近真正的资产证券化项目，并且首次在国内采用了内部现金流分层的方式，实现了内部信用增级。

到 2004 年，开始出现政府推动资产证券化发展的迹象。2004 年 2 月，《国务院关于推进资本市场改革开放和稳定发展的若干意见》中第四条"健全资本市场体系，丰富证券投资品种"提出，加大风险较低的固定收益类证券产品的开发力度，为投资者提供储蓄替代型证券投资品种，积极探索并开发资产证券化品种。2004 年 4—7 月，中国工商银行通过财产信托对其宁波分行的 26 亿元不良资产进行了证券化。2004 年 12 月 15 日，中国人民银行公布实施《全国银行间债券市场债券交易流通审核规则》，为资产证券化产品流通扫清障碍。

2005 年以来，我国在资产证券化的道路上有了新的发展。2005 年 3 月 21 日，由中国人民银行牵头，会同证监会、财政部等 9 个部委参加的信贷资产证券化试点工作协调小组正式决定以国家开发银行和中国建设银行作为试点单位，分别进行信贷资产证券化和住房抵押贷款证券化的试点。随后，为促进资产证券化试点工作的顺利开展，各相关部委相继出台了一系列的配套制度：2005 年 4 月 21 日，中国人民银行和银监会共同发布了《信贷资产证券化试点管理办法》；2005 年 5 月 16 日，建设部颁布了《建设部关于个人住房抵押贷款证券化涉及的抵押权变更登记有关问题的试行通知》；2005 年 6 月 2 日，财政部正式发布了《信贷资产证券化试点会计处理规定》，对资产证券化相关机构的会计处理进行了全面规范；2005 年 6 月 16 日，中国人民银行发布第 14、15 号公告，对资产支持证券在银行间债券市场的登记、托管、交易、结算以及信息披露等行为进行了详细规范。2005 年 12 月 15 日，国家开发银行和中国建设银行分别在银行间市场成功发行了第一只 ABS 债券 41.78 亿元。

总体来看，我国以前的资产证券化实践大多属于自发性的个体行为，证券化产品也不是真正意义上的资产证券化产品，操作模式不成熟、不规范。虽然从 2005 年开始，我国拉开了资产证券化试点工作的序幕，并相继出台了一系列的配套制度，但到目前为止，资产证券化还远没有成为金融机构自觉性的群体行为，证券化实践尚未出现实质性突破，资产证券化之路任重而道远。

2. 我国利用 ABS 融资模式要解决的问题

ABS 作为一种新型项目融资方式，虽然开展的时间不长，但已被实践证明是有效的，它在美国、日本和西欧等都获得了比较好的发展。从我国目前的实际看，开展 ABS 融资模式还存在一些限制因素。为了促进 ABS 融资活动的开展，应对以下问题加以重视并解决：

（1）SPV 的组建问题

成功组建 SPV 是 ABS 能够成功运作的基本条件和关键因素。但组建的 SPV 只有在国家主权信用级别较高的国家，如在美国、日本和西欧等国注册，并具有雄厚的经济实力和良好的资产质量，才能获得国际权威资信评估机构授予的较高资信等级。因此，我国应该选择一些有实力的金融机构、投资咨询机构，通过合资、合作等方式进入国外专门为开展 ABS 融资而设立的信用担保机构、投资保险公司、信托投资公司，成为 SPV 的股东或发起人，为我国在国际市场上大规模开展 ABS 融资奠定良好的基础。

（2）法律、政策限制的问题

虽然我国形成了 ABS 融资的基本法律框架，但由于 ABS 属于高档投资级的证券融资，原始权益人、投资者和项目其他参与者的权益和责任是通过法律合同详细规定的，因此，我国现有法律法规远不能适应 ABS 融资的要求。为此，要根据我国国情和国际惯例，加快相关立法，制定一套适合 ABS 融资的法律法规。同时，我国目前对资本项目还实行管制，国家对 ABS 债券融资模式不可能一下子放开，只能逐步试点，取得经验，再推广普及，为我国经济发展提供较低成本的资金。

（3）税收问题

ABS 融资模式是以项目资产的未来收益偿还发行债券的本息，而我国的增值税、营业税、印花税、所得税等税目、税率都与国际惯例有区别，从而影响到 ABS 融资在我国的发展。为此，还要参照国际惯例进行税制改革。

（4）人民币汇兑问题

把采用 ABS 融资模式所筹集的资金用于项目建设，但项目本身的产品却可能很少出口创汇，其所得收益主要表现为本国货币，而 SPV 为清偿债券的本息，必然要把本币兑换为外币汇出境外。但目前我国还没有实现人民币在资本项目下的自由兑换，这在一定程度上制约了 ABS 融资方式的开展。因此，要利用当前我国外汇储备充足的有利时机，保证 ABS 项目的外汇兑换，以增强外商对我国进行 ABS 项目投资的信心。

（5）人才培养问题

目前我国缺少负责 ABS 研究、管理的专门人员，也缺少这方面的法律人才。因此，必须加快有关 ABS 方面相关人才的培养，深入研究 ABS 融资模式的方法和经验，以便更好地利用这一模式促进我国经济更快发展。

8.5 其他工程项目融资模式

8.5.1 直接融资模式

直接融资模式是指由项目投资者直接安排项目的融资，并直接承担起融资安排中相应的责任和义务的一种模式。从理论上讲，它是结构最简单的一种项目融资模式。当投资者本身的公司财务结构良好并且合理时，这种模式比较适合。并且对于资信状况良好的投资者，采用直接融资方式可以获得成本相对较低的贷款，因为资信良好的公司名称对贷款银行来说就是一种担保。但投资者在使用直接融资模式的过程中，需要注意的是如何限制贷款银行对投资者的追索权利问题。由投资者申请贷款并直接承担其中的债务责任，在法律结构上会使实现有限追索变得相对复杂，并使项目贷款很难安排成为非公司负债型融资。投资者直接安排项目融资的模式，在投资者直接拥有项目资产并直接控制项目现金流量的非公司型合资结构中比较常用。并且，这种融资模式有时也是为一个项目筹集追加资本金时所能够使用的唯一方法。因为大多数的非公司型合资结构不允许以合资结构或管理公司的名义举债。直接融资模式的优点主要体现在：

1）采用直接融资模式，投资者可根据其投资战略的需要，灵活地安排融资结构。如选择合理的融资结构及融资方式、确定合适的债务比例、灵活运用投资者信誉等，这就给了投资者更为充分的余地。

2）运用直接融资模式能在一定程度上降低融资成本。由于采用直接融资模式时，投资者可以直接拥有资产并控制项目现金流量,这就使其在直接安排项目融资时,可以比较充分地利用项目的税收减免等条件而降低融资成本。

1. 直接融资模式结构安排的操作思路

(1) 由投资者面对同一贷款银行和市场直接安排融资

在这种融资模式下,由项目投资者直接安排融资,但各个投资者在融资过程中面对的是共同的贷款银行和相同的市场安排。该融资模式的具体操作过程如下:

1) 由项目投资者根据合资协议组成非公司合资结构,并按照投资比例合资组建一个项目管理公司负责项目的建设和生产经营,该项目管理公司同时也作为项目发起人的代理人负责项目的产品销售。项目管理公司的这两部分职能分别通过项目的管理协议和销售代理协议加以规定和实现。

2) 根据合资协议规定,发起人分别在项目中投入相应比例的自有资金,并统一筹集项目的建设资金和流动资金,但由每个发起人单独与贷款银行签署协议。

3) 在建设期间,项目管理公司代表发起人与工程公司签订工程建设合同,监督项目的建设,支付项目的建设费用;在生产经营期间,项目管理公司负责项目的生产管理,并作为发起人的代理人销售项目产品。

4) 项目的销售收入将首先进入一个贷款银行监控的账户,用于支付项目的生产费用和资本再投入,偿还贷款银行的到期债务,最终按照融资协议的规定,将盈余资金返还给项目发起人。

(2) 由投资者独立安排融资和承担市场销售责任

在这种融资模式下,两个投资者组成非公司型合资结构,投资于某一项目,并由投资者而不是项目管理公司组织产品销售和债务偿还。这种融资模式在安排融资时更具有灵活性,其操作过程如下:

1) 项目发起人根据合资协议投资合资项目,任命项目管理公司负责项目的建设生产管理。

2) 发起人按照投资比例,直接支付项目的建设费用和生产费用,根据自己的财务状况自行安排融资。

3) 项目管理公司代表发起人安排项目建设,安排项目生产,组织原料供应,并根据投资比例将项目产品分配给项目发起人。

4) 发起人以"或付或取"合同的规定价格购买项目产品,其销售收入根据与贷款银行之间的现金流量管理协议进入贷款银行监控账户,并按照资金使用优先序列的原则进行分配。

2. 直接融资模式的优点

1) 选择融资结构及融资方式比较灵活。这种灵活性表现在三个方面:

① 选择融资结构及融资方式上比较灵活。投资者可以根据不同需要,在多种融资模式、多种资金来源方案之间充分加以选择和合并。

② 债务比例安排比较灵活。投资者可以根据项目的经济强度和自身资金状况,较灵活地安排债务比例。

③ 可以灵活运用发起人在商业社会中的信誉。同样是有限追索的项目融资,信誉越好的发起人就可以得到越优惠的贷款条件。

2）由于采用投资者可以直接拥有项目资产并控制项目现金流量的投资结构，投资者直接安排项目融资可以比较充分地利用项目的税务亏损（或优惠）条件组织债务，降低融资成本。

3）融资安排在有限追索的基础上，追索的程度和范围可以在项目不同阶段之间发生变化。

3. 直接融资模式的不足

1）如果组成合资结构的投资者在信誉、财务状况、市场销售和生产管理能力等方面不一致，就会增加项目资产及现金流量作为融资担保抵押的难度，从而在融资追索的程度和范围上会显得比较复杂。

2）在安排融资时，需要注意划清投资者在项目中所承担的融资责任与投资者其他业务之间的界限，这一点在操作上更为复杂。所以，在大多数项目融资中，由项目投资者成立一个专门公司来进行融资的做法比较受欢迎。

3）通过投资者直接融资很难将融资安排成为非公司负债型的融资形式，也就是说，在安排成有限追索的融资时难度很大。

8.5.2 杠杆租赁融资模式

由于融资项目多属于基础设施项目或资源开发类项目，在这类项目的投资总额中，大型设备购置费所占比例较大。项目所需设备除可以通过贷款筹集资金购置以外，也可以采取租赁的形式获得。根据出租人对购置一项设备的出资比例，可将金融租赁划分为直接租赁和杠杆租赁两种类型。在一项租赁交易中，凡设备购置成本100%由出租人独自承担的，即为直接租赁。而在项目融资中得到普遍应用的是杠杆租赁。

杠杆租赁融资模式是指在项目投资者的要求和安排下，由杠杆租赁结构中的资产出租人融资购买项目的资产，然后租赁给承租人的一种融资形式。资产出租人和融资贷款银行的收入以及信用保证主要来自该租赁项目的税务优惠、租赁费用、项目的资产以及对项目现金流量的控制。杠杆租赁中，设备等出租标的购置成本的小部分由出租人承担，大部分由银行提供贷款补足。出租人只需要投资购置出租标的所需款项的20%~40%，即可拥有设备所有权，享受如同对设备100%投资的同等待遇。购置成本的借贷部分被称为杠杆，可以凭借杠杆效果利用他人的资本来提高自身的资本利润，同一般租赁相比，可以使交易各方，特别是出租人、承租人和贷款人获得更多的经济效益。

1. 杠杆租赁融资的优势分析

从一些国家的情况来看，租赁在资产抵押中使用得非常普遍，特别是在购买轮船和飞机的融资活动中。在英国和美国，很多大型工业项目都采用金融租赁，因为金融租赁，尤其是其中杠杆租赁的设备，技术水平先进、资金占用量大，所以它能享受到诸如投资减免、加速折旧、低息贷款等多种优惠待遇，使出租人和承租人双方都得到好处，从而获得一般租赁所不能获得的更多的经济效益。

对项目发起人及项目公司来说，采用租赁融资方式解决项目所需资金，具有以下优势：

（1）项目公司仍拥有对项目的控制权

根据金融租赁协议，作为承租人的项目公司拥有租赁资产的使用、运营、维护和维修权等。在多数情况下，金融租赁项下的资产甚至被看成由项目发起人完全所有、由银行融资的资产。

(2) 可实现100%的融资要求

一般来说，在项目融资中，项目发起人总是要提供一定比例的股本资金，以增强贷款人提供有限追索贷款的信心。但在杠杆租赁融资模式中，由金融租赁公司的部分股本资金加上银行贷款，就可以全部解决项目所需资金或设备，项目发起人不需要再进行任何股本投资。

(3) 较低的融资成本

在多数情况下，项目公司通过杠杆租赁融资的成本低于银行贷款的融资成本，尤其是在项目公司自身不能充分利用税务优惠的情况下。因为在许多国家中，金融租赁可以享受到政府的融资优惠和信用保险。一般来说，如果租赁的设备为新技术型设备，政府将对租赁公司提供低息贷款；如果租赁公司的业务符合政府产业政策的要求，政府可以提供40%～50%的融资等；同时，当承租人无法交付租金时，由政府开办的保险公司向租赁公司赔偿50%的租金，以分担风险和损失。这样，金融租赁公司就可以将这些优惠以较低的租金分配一些给项目承租人，即项目公司。

(4) 可享受税前偿租的好处

在金融租赁结构中，项目公司支付的租金可以被当作费用支出，这样就可以直接计入项目成本，无须缴纳税款。这对项目公司而言，就起到了减少应纳税额的作用。

2. 杠杆租赁融资模式的复杂性

与上述几种融资模式相比，杠杆租赁融资模式在结构上较为复杂，主要体现在以下几个方面：

1) 结构设计的复杂性。上述几种融资模式的设计主要侧重于资金的安排、流向、有限追索的形式及其程度，以及风险分担等方面，并将项目的税务结构和会计处理问题放在项目的投资结构中加以考虑和解决。而杠杆租赁融资模式则不同，在结构设计时不仅需要以项目自身的经济强度，特别是现金流量状况作为主要的参考依据，而且还需要将项目的税务结构作为一个重要的组成部分加以考虑。因此，杠杆租赁融资模式也被称为结构性融资模式。

2) 杠杆租赁融资模式中的参与者比上述融资模式要多。它至少需要有资产出租者、提供资金的银行和其他金融机构、资产承租者（投资者）、投资银行（融资顾问）等参与。

3) 杠杆租赁融资模式对项目融资结构的管理比其他项目融资模式复杂。一般项目融资结构的运作包括两个阶段：项目建设阶段和经营阶段。但是，杠杆租赁项目融资结构的运作需要五个阶段：项目投资组建（合同）阶段、租赁阶段、建设阶段、经营阶段和中止租赁协议阶段。杠杆租赁融资结构与其他项目融资结构在运作上的区别主要体现在两个方面：一是在投资者确定组建一个项目的投资之后，就需要将项目资产及其投资者在投资结构中的全部权益转让给由股本参加者组织起来的杠杆租赁融资机构，然后再从资产出租人手中将项目资产转租回来；二是在融资期限届满或由于其他原因中止租赁协议时，项目投资者的一个相关公司需要以事先商定的价格将项目的资产购买回去。

3. 杠杆租赁融资模式的运作过程

1) 项目发起人设立项目公司，项目公司签订资产购置和建造合同，购买开发建设所需的厂房和设备，并在合同中说明这些资产的拥有权将转移给金融租赁公司，然后再从其手中将这些资产转租回来。当然，这些合同的签署必须以金融租赁公司同意为前提。

2) 成立一个特殊合伙制的金融租赁公司，其合伙人由愿意参与到该项目融资中的两个或两个以上的专业租赁公司、银行以及其他金融机构等构成。因为对于一些大的工程项目来说，任何一个租赁机构都很难具有足够大的资产负债表来吸引和获得所有的税务好处。因此，项目资产往往由许多租赁公司分别购置和出租，大多数情况下是由这些租赁公司组成一个新的合伙制金融租赁公司来共同完成租赁业务。这个合伙制金融租赁公司就是租赁融资模式中的"股本参与者"，它的职责是：①提供项目建设费或项目收购价格的20%~40%作为股本资金投入；②安排债务资金用以购买项目及资产；③将项目及资产出租给项目公司。在这项租赁业务中，只有合伙制结构能够真正享受到融资租赁中的税务好处。它在支付银行债务、税收和其他管理费后，就能取得相应的股本投资收益。

3）由合伙制金融租赁公司筹集购买租赁资产所需的债务资金，也即寻找项目的"债务参与者"为金融公司提供贷款。一般来讲，金融租赁公司必须将其与项目公司签订的租赁协议和转让过来的资产抵押给贷款银行。这样，贷款银行在杠杆租赁中就享有优先取得租赁费的权利。

4）合伙制金融租赁公司根据项目公司转让过来的资产购置合同购买相应的厂房和设备，然后把它们出租给项目公司。

5）在项目开发建设阶段，根据租赁协议，项目公司从合伙制金融公司手中取得项目资产的使用权，并代表租赁公司监督项目的开发建设。在这一阶段，项目公司开始向租赁公司支付租金，租金在数额上应该等于租赁公司购置项目资产的贷款部分所需支付的利息。同时，在多数情况下，项目公司也需要为杠杆租赁提供项目完工担保、长期的市场销售保证及其他形式的信用担保等。

6）项目进入生产经营阶段时，项目公司生产出产品，并根据产品承购协议将产品出售给项目投资方或用户。这时，项目公司要向租赁公司补缴在建设期间内没有付清的租金。租赁公司以其收到的租金通过信托支付银行贷款的本息。

7）为了监督项目公司履行租赁合同，通常由租赁公司的经理人或经理公司监督或直接管理项目公司的现金流量，以保证项目现金流量在以下项目中按顺序进行分配和使用，这些项目包括生产费用、项目的资本性开支、租赁公司经理人的管理费、相当于贷款银行利息的租金支付、相当于租赁公司股本投入的投资收益的租金支付以及作为项目投资者投资收益的盈余资金。

4. 杠杆租赁融资模式的特点

（1）融资模式比较复杂

由于杠杆租赁融资模式的参与者较多，资产抵押以及其他形式的信用保证在股本参与者与债务参与者之间的分配和优先顺序问题比一般项目融资模式复杂，再加上税务、资产管理与转让等方面的问题，造成组织这种融资模式所花费的时间要相对长一些，法律结构及文件的确定也相对复杂一些。但它特别适合大型项目的融资安排。

（2）债务偿还较为灵活

杠杆租赁充分利用了项目的税务好处，如税前偿租等作为股本参与者的投资收益，在一定程度上降低了融资成本，同时也增加了融资结构中债务偿还的灵活性。据统计，杠杆租赁融资中利用税务扣减一般可偿还项目全部融资总额的30%~50%。

（3）融资应用范围比较广泛

杠杆租赁融资既可以为大型项目进行融资安排，也可以为项目的一部分建设工程进行融资安排。这种灵活性进一步增强了其应用范围的广泛性。

(4) 税务结构及税务减免

融资项目的税务结构以及税务减免的数量和有效性是杠杆租赁融资模式的关键。杠杆租赁模式的税务减免主要包括对设备折旧提取、贷款利息偿还和其他一些费用项目开支上的减免。这些减免与投资者可以从一个项目投资中获得的标准减免没有任何区别。但一些国家对杠杆租赁的使用范围和税务减免有很多具体的规定和限制,使其较之其他标准减免数量要多、幅度要大。这就要求在设计融资结构时必须了解和掌握当地法律和具体的税务规定。杠杆租赁融资模式一经确定,重新安排融资的灵活性以及可供选择的重新融资余地就变得很小,这也会给投资者带来一定的局限。投资者在选择采用杠杆租赁融资模式时,必须注意这一特点。

8.5.3 项目公司融资模式

项目公司融资模式是指投资者通过建立一个单一目的项目公司来安排融资的一种模式。具体有单一项目子公司和合资项目公司两种基本形式。

1. 单一项目子公司形式

为了减少投资者在项目中的直接风险,在非公司型合资结构、合伙制结构甚至公司型合资结构中,项目的投资者经常通过建立一个单一目的项目子公司的形式作为投资载体,以该项目子公司的名义与其他投资者组成合资结构安排融资,即所谓单一项目子公司的融资形式。这种融资形式的特点是项目子公司将代表投资者承担项目中全部的或主要的经济责任,但是,由于该公司是投资者为一个具体项目专门组建的,缺乏必要的信用和经营经历,有时也缺乏资金,所以有时需要投资者提供一定的信用支持和保证,如由投资者为项目子公司提供完工担保和产品购买担保等。

采用单一项目子公司形式安排融资,对于其他投资者和合资项目本身而言,与投资者直接安排融资没有多大区别,但对投资者却有不同的影响。这主要体现在:

1) 该融资模式容易划清项目的债务责任。贷款银行的追索权也只能涉及项目子公司的资产和现金流量,其母公司除提供必要的担保以外,不承担任何直接的责任,融资结构较投资者直接安排融资要相对简单清晰一些。

2) 如果有条件,该项目融资也有可能被安排成为非公司负债型融资,有利于减少投资者的债务危机。

3) 在税务结构安排上的灵活性相对较差。但这并不一定就构成这种融资模式的缺陷,这取决于各国税法对公司之间税务合并的规定。

2. 共同组建项目公司形式

通过项目公司安排融资的另一种形式,也是最主要的形式,就是由投资者共同投资组建项目公司,再以该公司的名义拥有、经营项目和安排项目融资。采用这种模式时,项目融资由项目公司直接安排,涉及债务主要的信用保证来自项目公司的现金流量、项目资产以及项目投资者所提供的与融资有关的担保和商业协议。对于具有较好经济强度的项目,这种融资模式甚至可以安排成为对投资者无追索的形式。

这种融资模式的基本思路是:

1) 由项目投资者根据股东协议组建一个单一目的的项目公司,并注入一定的股本资金。

2）以项目公司作为独立的法人实体，签署一切与项目建设、生产和市场有关的合同，安排项目融资，建设经营并拥有项目。

3）将项目融资安排在对投资者有限追索的基础上。

需要说明的是，由于该项目公司除了正在安排融资的项目外，无其他任何资产，且该项目公司也无任何经营经历，原则上要求投资者必须提供一定的信用担保，承担一定的项目责任。这也是项目公司安排融资过程中极为关键的一个环节。如在项目建设期间，投资者可为贷款银行提供完工担保。在项目生产期间，如果项目的生产经营达到预期标准，现金流量可以满足债务覆盖比率的要求，项目融资就可以安排成为对投资者的无追索贷款。

3. 项目融资模式的特点

1）项目公司统一负责项目的建设、生产及市场安排，并整体使用项目资产和现金流量为项目融资抵押和提供信用保证，在融资结构上容易被贷款银行接受，在法律结构上也比较简便。

2）项目公司融资模式使项目投资者不直接安排融资，只是通过间接的信用保证形式来支持项目公司的融资，如提供完工担保、"无论提货与否均需付款"或"提货与付款"协议等，使投资者的债务责任较直接融资更为清晰明确，也比较容易实现有限追索的项目融资和非公司负债型融资的要求。

3）该模式通过项目公司安排融资，可以更充分地利用投资者中的大股东在管理、技术、市场和资信等方面的优势，为项目获得优惠的贷款条件。在获得融资和经营便利的同时，共同融资也避免了投资者之间为安排融资而可能出现的无序竞争。

4）这种模式的主要缺点是缺乏灵活性，很难满足不同投资者对融资的各种要求。缺乏灵活性主要体现在两个方面：一是在税务结构上缺乏灵活性，项目的税收优惠或亏损只能保留在项目公司中应用；二是在债务形式的选择上缺乏灵活性。虽然投资者对项目的资金投入形式可以选择以普通股、优先股、从属性贷款、零息债券、可转换债券等多种形式进入，但是，由于投资者缺乏对项目现金流量的控制，在资金安排上有特殊要求的投资者会面临一定的困难。

8.5.4 设施使用协议融资模式

在工程项目融资过程中，以服务性设施的使用协议为主体安排的融资形式称为设施使用协议融资模式。这种设施使用协议专指在某种工业设施或服务性设施的提供者与这种设施的使用者之间达成的一种具有"无论提货与否均需付款"性质的协议。这种协议构成了融资安排中的主要担保来源。

设施使用协议融资模式主要应用于如石油、天然气管道、发电设施、某种专门产品的运输系统以及港口、铁路设施等。从国际市场上看，20世纪80年代以来，由于国际原材料市场的长期不景气，原材料的价格与市场一直维持在较低的水平上，导致与原材料有关项目的投资风险增大，以原料生产为代表的一些工业项目也开始尝试引入设施使用协议这一融资模式，并取得了良好的效果。

利用设施使用协议安排项目融资，成败的关键在于项目设施的使用者能否提供一个强有力的具有"无论提货与否均需付款"性质的承诺，其内容是项目设施的使用者在融资期间定期向设施的提供者支付一定数量的项目设备使用费。并且，这种承诺是无条件的，不管项目设施的使用者是否真正利用了项目设施所提供的服务，该项费用是必须支付的。

在项目融资过程中，这种无条件承诺的合约权益将转让给提供贷款的银行，并与项目投资者的完工担保共同构成项目信用保证结构的主要组成部分。一般来讲，事先确定的项目设施的使用费在融资期间应足以支付项目的生产经营成本和项目债务还本付息。

设施使用协议融资模式具有以下特点：

1）具有"无论提货与否均需付款"性质的设施使用协议，是设施使用协议融资模式中不可缺少的一个重要组成部分。这种模式在使用费的确定上至少需要考虑到项目投资在以下三个方面的回收：

① 生产运行成本和资本再投入费用。
② 融资成本，包括项目融资的本金和利息偿还。
③ 投资者的收益。

2）在投资结构的选择上比较灵活，既可以采用公司型合资结构，也可以采用非公司型合资结构、合伙制结构或者信托基金结构。

按照项目性质、项目投资者和设施使用者的类型及融资、税务方面的要求，设计相应的投资结构。

3）适用于基础设施项目。使用该融资模式时，项目的投资者可以利用与项目利益有关的第三方，即项目设施使用者的信用来安排融资，分散风险，节约初始资金的投入，因而特别适用于资本密集、收益相对较低但相对稳定的基础设施项目。

4）采用该种模式进行的项目融资活动，在税务结构处理上比较谨慎。这突出表现在虽然国际上有些项目将拥有设施使用协议的公司利润水平安排在损益平衡点上，以达到转移利润的目的，但有些国家的税务制度在这一方面有一定的规制要求。

8.6 工程项目融资模式的共同特点

不同的项目融资模式在项目参与者、操作程序、风险分担等方面具有不同的特点，但常用的工程项目融资模式仍具有以下相同的特点。

1. 贷款形式上的特点

总体上来说，工程项目融资的贷款形式主要有两种情况：一种是贷款方提供有限追索权或无追索权的贷款；另一种是贷款方预先支付一定的资金购买项目的产品，或原材料和设备供应商为项目公司垫付资金。

2. 信用保证形式上的特点

项目融资的信用保证体系一般具有如下特点：

1）贷款银行要求对项目的资产拥有第一抵押权，对项目现金流量具有有效控制权。
2）要求项目投资者将其与项目有关的一切契约性权益转让给贷款银行。
3）要求项目投资者成立一个单一业务的实体，把项目的经营活动尽量与投资者的其他业务分开。
4）在项目的开发建设阶段，要求项目发起人提供项目的完工担保，以保证项目按商业标准完工。

5）除非贷款银行对项目产品的市场状况充满信心，在项目经营阶段，要求项目公司提供类似"无论提货与否均需付款"性质的市场销售安排。

3. 时间结构上的特点

各种项目融资模式从时间结构上来看，都具有两个非常重要的阶段，即项目的建造（开发）阶段和运营阶段。

（1）建造（或开发）阶段

在此阶段，仅发放贷款，还款被推迟。利息一般采用两种方式支付：一种是在产生现金流之前，将利息转成本金；另一种是在项目运营之前，用新发放的贷款来支付利息。建造阶段对于贷款人来说是高风险时期，因而此阶段的融资利率比较高；同时，贷款人通过法律约束使项目发起人对贷款人负完全法律责任，即贷款人具有完全追索权。

（2）运营阶段

根据合同规定，本项目竣工验收以后，达到预定标准，贷款人对借款人的追索权应当撤销或变成有限追索，利率也会调至正常水平。项目完工标志着运营阶段的开始，现金流量产生以及债务还本付息和建设期利息摊提的开始。贷款本金、利息的偿还速度是与项目预期的产量、销售收入和应收账款相联系的，通常按项目净现金流量的一定比例偿还债务。在特殊情况下，净现金流量的偿还比例还可以提高。当产品的需求明显低于预期销售量，或贷款人对项目的前景以及项目所在国的经济、政治环境失去信心时，贷款条款常常允许贷款人将偿还比率提高至100%。

思 考 题

1. 简述工程项目融资模式设计的基本原则。
2. PPP 融资模式的主要参与者有哪些？
3. ABS 融资模式的运作程序包括哪些重要环节？
4. 试比较直接融资模式两种结构安排方式的异同，并分析其使用范围。
5. 为什么说杠杆租赁融资较一般融资模式复杂？

第9章 工程项目融资风险

由于融资项目具有风险种类较多、风险规模较大和风险分配复杂的特点，在安排融资过程中，对项目风险的分析与判断是建立在各种假设条件基础上进行的；而在工程项目建设阶段，如何减少各种风险要素对项目的影响、最大限度地保证项目经营成功，是项目投资人和贷款人需要共同面对的实际问题。在项目的投资结构、融资模式、资本结构设计中，关于风险识别、处理和分配方式等融资风险管理问题不仅直接关系到项目的投资可行性和可融资性，而且会影响项目投融资设计的细节。近年来，由于工程项目的投资规模越来越大，融资结构越来越复杂，以及国际经济环境变幻莫测，人们对项目风险管理越来越重视，风险管理已成为工程项目融资的一个重要组成部分。

9.1 工程项目融资风险概述

9.1.1 风险与风险管理

1. 风险的概念

对于风险，不同学者有着不同的理解。美国学者威雷特（Willett）认为，"风险是关于不愿发生事件发生的不确定性之客观体现"。奈特（F. H. Knight）认为，"风险是可测定的不确定性"。日本学者武井勋认为，"风险是在特定环境中和特定期间内自然存在的导致经济损失的变化"。

目前关于风险的定义尚没有较为统一的认识，国内有学者给风险做了如下定义：风险是指对某一事件全过程的预期目标可能产生的不利因素发生的概率及后果。

2. 风险的特征

风险是金融体系和金融活动的基本属性之一，具有以下基本特征：

1) 风险是对事物发展未来状态的看法。时间是形成风险的基本因素之一。
2) 风险产生的根源在于事物发展的未来状态所具有的不确定性。不确定性也是形成风险的基本因素之一。
3) 风险和不确定性在很大程度上都取决于经济主体对相关信息的掌握。信息是影响风险的重要因素之一。

4）风险使得事物发展的未来状态必然包含不利的成分，如损失或低于期望值的回报。损失也是形成风险的基本因素之一。

3. 风险的分类

对风险的认识，可从不同角度、根据不同标准对其进行分类。

(1) 按风险后果划分

1）纯粹风险。这类风险只会造成损失，而不会带来机会或收益。

2）投机风险。这类风险可能带来机会，获得利益；但也可能隐含威胁，造成损失。

(2) 按风险来源划分

1）自然风险。由于自然力的作用造成财产损毁或人员伤亡的风险属于自然风险。

2）人为风险。由于人的活动带来的风险属于人为风险。人为风险又可以分为行为风险、经济风险、技术风险、政治风险和组织风险等。

(3) 按事件主体的承受能力划分

1）可接受风险。这一般是指法人或自然人在分析自身承受能力和财产状况的基础上，确认使人能够接受的最大限度的损失，低于这一限度的风险称为可接受风险。

2）不可接受风险。这一般是指法人或自然人在分析自身承受能力和财务状况的基础上，确认已超过所能承担的最大损失额，这种风险就称为不可接受风险。

(4) 按风险的对象划分

1）财产风险：财产风险是指财产遭受损害、破坏或贬值的风险。例如，设备、正在建设中的工程因自然灾害而遭到的损失。

2）人身风险：人身风险是指由于于疾病、伤残、死亡所引起的风险。

3）责任风险：责任风险是指由于法人或自然人的行为违背了法律、合同或道德上的规定，给他人造成财产损失或人身伤害。

(5) 按风险对工程项目目标的影响划分

1）工期风险。这类风险造成工程的局部（工程活动、分项工程）或整个工程的工期延长，不能按计划正常移交后续工程施工或按时交付使用。

2）费用风险。这类风险包括财务风险、成本超支、投资追加、报价风险、投资回收期延长或无法回收等。

3）质量风险。这类风险包括材料、工艺、工程不能通过验收，工程试生产不合格，工程质量经过评价未达到要求等。

4. 风险管理的概念

项目风险管理是指项目管理组织通过风险识别、风险估计和风险评价等活动，运用各种风险管理技术，对可能发生的项目风险实施有效控制并妥善处理风险所致损失的后果，期望以最小的项目成本实现最大的项目目标的一种管理活动。项目风险管理是项目管理活动的重要内容，对项目目标的完成起到保证作用。项目风险管理活动往往贯穿项目的全过程。

从项目融资风险管理的角度考虑，可将风险管理定义为：通过对项目融资的风险识别、风险分析，采用合理的经济和技术手段对项目活动全过程所涉及的风险加以处理，采取主动行动以创造条件，最大限度地避免或减少风险事件造成的项目实际效益与预期效益偏离，从而顺利实现项目预期收益的一种管理活动。

5. 风险管理程序

对一个项目的风险管理可以分为四个阶段：风险识别、风险评估、制定应对措施和风险管理措施实施。这四个部分是一个整体，相辅相成、不可分割，缺少任何一部分，风险管理都是不完整的。

（1）风险识别

风险识别是指通过对大量来源可靠的信息资料进行系统了解和分析，认清项目存在的各种风险因素，进而确定项目所面临的风险及其性质，并把握其发展趋势的行为。风险识别是项目融资风险管理的基础，此后的风险评估和制定的应对措施是否有效，取决于风险识别的准确程度。

风险识别主要解决两个问题：一是项目面临哪些风险，这些风险是由哪些因素引起的；二是这些风险对项目的影响程度有多大。

（2）风险评估

风险评估是在风险识别的基础上，通过对风险识别所获得资料和数据的处理，得到关于损失发生概率及其程度的信息，为选择风险处理方法、进行正确风险管理决策提供依据。

对项目融资的风险评估不仅需要定性分析，还需要定量分析。项目融资风险评估定性分析常用的方法有专家打分法和层次分析法。项目融资风险评估定量分析常用的方法主要有敏感性分析法、概率分析法和蒙特卡罗分析法等。

（3）制定应对措施

识别和评估风险后，就应考虑针对各种风险及其可能的影响程度，寻找和拟定应对措施。风险管理的基本目的如下：一是阻止损失的发生；二是因势利导、创造条件，促使事情向有利的方向转化。

常用的应对措施主要分为两种：

1）控制法。控制法是指运用各种控制措施，在风险发生前，力求消除风险因素，降低风险发生概率与幅度；在风险发生时，将损失降到最低。可采取的主要手段有风险回避、风险分散、风险消缩等。

2）财务法。财务法是指通过风险事故发生前所做的财务安排，减少风险事故发生后所造成的损失或减轻风险损失对企业造成的危害。由于受各种因素的影响，风险事故的损失往往难以避免，为了减少损失，可以采取财务处置的方法。财务法包括风险转移和风险自留两种方式。

（4）风险管理措施实施

风险管理措施实施是风险管理的最后阶段。在系统地比较各种应对措施并做出选择后，项目决策者应就所选择的应对措施，制订具体的风险管理计划并付诸实施。在项目融资中，风险管理措施的实施体现在项目的投资结构、资金结构、资信结构和融资结构中，如与项目的有关参与方谈判，设计出项目各参与方可以接受的建设、融资、运营、原材料供应、产品销售等协议，从而实现风险在项目各参与方之间的合理分担。

项目融资具有复杂性特点，每个项目的具体实施条件各不相同，常常无先例可循。所以，在实际工作中，以上四个方面的工作有时并不能一次完成，需要反复多次从事其中一两项，甚至全部工作。随着项目的实施，已分担的风险也可能发生意料之外的变化或出现新的风险，风险管理工作人员应对实施情况加以监督，及时反馈，并在必要时调整风险管理措施，在发生变化时提出相应的处理办法。

9.1.2 工程项目风险因素

风险因素就是指可能发生风险的各类原因。工程项目风险因素极为广泛，可从不同角度对其进行分类：从工程实施不同阶段划分，可分为投标阶段的风险、合同谈判阶段的风险、合同实施阶段的风险三大类；从技术角度划分，可分为技术风险与非技术风险；按风险的来源性质划分，可分为政治风险、经济风险、技术风险、公共关系风险和管理风险五大类。风险因素的分析是进行风险管理的第一步。

1. 政治风险

政治风险是指工程项目所处的政治背景可能带来的风险。政治风险大致有以下几个方面：

（1）战争和内乱

工程项目所在国发生战争或内乱，造成国内动乱、政权更迭，国内政治经济形势恶化，建设项目可能被终止或毁约；建设现场遭到战争的破坏；由于战争或骚乱使工程现场不得不中止施工，工期拖延，成本增大。这些情况常使业主和承包商都遭到极大的损失。

（2）国有化、没收与征用

业主国家根据本国政治和经济需要颁布国有化政策，强行将承包工程收归国有，导致承包商损失巨大。

（3）拒付债务

某些国家在财力枯竭的情况下，对政府项目简单地废弃合同、拒付债务，令承包商难以采取有效措施来挽回损失。

（4）制裁与禁运

由于某些国际组织或国家对工程所在国家实行制裁与禁运，可能对工程造成很大的影响。

（5）对外关系

业主国家与邻国关系好坏，其边境安全稳定与否，是否潜藏战争风险等，都将影响工程项目的进行。

（6）业主国家社会管理、社会风气等

业主国家政府办事效率高低，政府官员廉洁与否，当地劳动力素质如何，是否常用罢工手段向雇主提出各种要求等，都将直接或间接地影响工程能否正常进行。

2. 经济风险

经济风险主要是指建筑承包市场所处的经济形势和项目采购国的经济实力及解决经济问题的能力。经济风险主要有以下几个方面：

（1）通货膨胀

通货膨胀是一个全球性的问题，在某些发展中国家中较为严重。通货膨胀可能使工程所在国的工资和物价大幅度上涨，往往超出承包商预见。如果合同中没有完备的调值条款，必然会给承包商带来较大风险。避免通货膨胀带来的损失，不仅要考虑工程所在地的物价水平，而且要全面考虑国际市场上材料、设备、价格的上涨情况以及当地货币的贬值幅度，掌握国际市场物价浮动趋势。

(2) 外汇风险

工程承包中常遇到的外汇问题有：工程所在国外汇管制严格，限制承包商外汇汇出；外汇浮动，当地货币贬值；有的业主采取外币延期付款方式且利率很低，但向银行贷款利率较高，因而倒贴利率差；签订合同时所选外汇贬值等。如果忽视外汇浮动因素，可能会给承包商带来难以弥补的损失。

(3) 保护主义

可能影响工程承包的保护主义主要包括以下几个方面：①规定合资公司中对外资股份的限制，以保证本国利益；②对本国和外国公司的招标条件不一视同仁；③对本国公司和外国公司实行差别税率，以保护本国利益；④对外国公司强制实行保险。

(4) 税收歧视

承包商经常面对工程所在国对外国承包商所实行的各种歧视政策，如被索要税法规定以外的费用或摊派，或受到该国公务人员在执法过程中排外情绪的影响，这些构成了承包商潜在的风险因素。

3. 技术风险

(1) 地基地质条件

对于大型工程和地下工程，地基地质条件非常重要。通常业主提供一定数量的地基地质条件资料，但不负责解释和分析，因而这方面的风险很大。例如，在施工过程中发现现场地质条件与施工图设计出入很大，施工中遇到大量塌方引起的超挖工作量和工期延误等。

(2) 水文气候条件

水文气候条件包括两方面：一是指对工程所在地的自然气候条件估计不足所产生的问题，如多雨、严寒、酷暑等对施工的影响；二是当地出现的异常气候，如特大暴雨、洪水、泥石流、坍塌等。虽然按照一般合同条件，后一类异常气候造成的工期拖延可以得到补偿，但财产损失很难全部得到补偿。

(3) 材料、设备供应

如果材料质量不合格或没有质量检验证明，导致工程师不验收，进而会引起返工或工期拖延；如果材料供应不及时，会引起停工、窝工等。

设备供应同样有质量不合格或供应不及时问题，也可能有设备不配套问题，或是未能按照安装顺序按期供货或机械设备运行状况不良等。

(4) 技术规范

技术规范要求不合理或过于苛刻，工程量表中项目说明不明确而投标时未发现等，也能引起工程项目风险。

(5) 工程变更

工程变更包括设计变更和工程量变更两方面。变更常会影响承包商原有的施工计划和安排，带来一系列新的问题。如果处理得好，在执行变更命令过程中，可以向业主提出索赔，把风险转化为利润。

(6) 运输问题

对于陆上运输，需选择优质运输公司并订立完备的运输合同，防止因材料或设备未按时运抵工地而影响施工进度；对于海上运输，港口压船、卸货、海关验关等很容易引起时间耽误，影响工期。

4. 公共关系风险

（1）与业主的关系

如业主以各种理由为借口，或其工作效率低下，延误办理支付、签发各种证书等。

（2）与工程师的关系

因工程师效率低，拖延签发支付；或工程师过于苛刻，以各种理由扣减应支付的工程款；特别是对"包干"项目，在项目未完成前拒绝支付或支付的比例很低等。

（3）联营体内部各方的关系

联营体内部的各家公司是临时性伙伴，很容易产生公司之间或人员之间的矛盾，影响配合和施工。如果联营体协议中职责、权利、义务等不明确，也会影响合作。

（4）与工程所在国地方部门的关系

这里主要是指工程所在地区的有关职能部门，如劳动局、税务局、统计局等，如果关系处理不好也会带来问题。

5. 管理风险

（1）投标报价失策

投标报价失策是指标价太低，或接受的合同条件过于苛刻，造成工程承包条件"先天不足"。

（2）合同条款风险

由于工程施工合同通常是由业主或业主委托的咨询公司编制的，业主与承包商在合同中的风险分担往往不公平，工程承包合同中一般都包含着一些明显的或隐含的对承包商不利的条款，它们会造成承包商的损失。例如，标书或合同条款不合理，把属于业主的责任转嫁给承包商；合同工期过于严格，并且附有较重的误期违约罚款；项目建设周期较长，但合同中缺乏调值条款；技术规范要求不合理等。

（3）缺乏管理常识和经验

承包商缺乏管理经验或管理水平低下，可能导致合同缺陷、责权划分不明确，致使施工现场出现管理混乱或质量事故等。

9.1.3 工程项目风险与工程项目融资风险

工程项目风险是指工程项目本身存在的收益的不确定性或损失的可能性，而不管其是否运用工程项目融资这一方式获取资金。工程项目融资风险是指项目融资这一过程给项目融资参与各方带来损失的可能性或不确定性。这两个概念既有区别又有联系。

1. 工程项目本身的风险是工程项目融资风险的主要组成部分

对工程项目融资的风险进行分析和评估离不开对工程项目本身风险的分析和评估。因此，对工程项目融资风险的分析，不能脱离项目可行性研究这一基础，必须对其投资的可行性和风险进行全面科学的分析。而对工程项目本身风险的全面分析和评估以及全程监控管理，就成为工程项目融资风险管理的一个有机组成部分。

2. 工程项目本身的风险不是工程项目融资风险的全部

不能以对工程项目本身风险的分析和评估来代替对工程项目融资风险的分析和评估。除工程项目本身的风险外，工程项目融资中的风险还有一部分是融资行为引发的风险暴露（如利率、汇率等与资本成本密切相关的风险因素）。因此，在工程项目融资过程中，对其风险的考量必须在关注项目风险的同时，也强调对项目以外风险因素的关注。

3. 有些风险因素是工程项目本身和工程项目融资共同面对的

虽然工程项目本身和工程项目融资需要面对一些同样的风险，但二者的作用过程却不一样。例如，虽然二者都可能面临法律风险，但具体涉及的来源却不一致。因此，对一些风险因素而言，必须清楚它们是项目本身可能导致的风险，还是融资过程可能导致的风险。

9.1.4 项目融资风险管理

1. 项目融资风险管理的定义

项目融资活动实际上可以分解为两个相互联系的方面：项目经营和融资安排。因此，项目融资的风险管理实际上就包含了项目风险管理和金融风险管理相互联系的两个方面。

可以将项目融资风险管理界定为：通过对项目融资的风险识别及风险评估，采用合理的经济与技术手段，对项目经营活动和融资活动所涉及的风险加以控制和处理，以便最大限度地避免和减少风险事件导致的项目实际效益与预期效益的偏差，从而保证项目投资者的预期收益及项目贷款人的追索权得以顺利实现的一种管理活动。

近年来，国内外不少失败的项目融资案例都是由于风险管理处理失当导致的。随着项目融资应用范围的推广、融资规模的扩大，项目融资风险管理已成为一个不容忽视的问题。

2. 项目融资风险管理的特点

项目融资的风险管理作为一种风险管理活动，既具有一般风险管理的共性，同时具有独特性，主要表现在以下几个方面：

（1）以项目可行性研究作为风险分析的前提

项目的风险分析是在可行性研究基础上进行的。项目的可行性研究需要建立在分析和评价许多与项目有关的风险因素的基础上，并针对项目的原材料供应、技术设备及人力资源的获取、项目产品或服务的需求状况、项目的环境效应等一系列因素进行分析，进而对项目做出综合性的技术评价和经济效益评价。一份完整、权威的可行性研究报告，将有助于项目融资的组织以及对项目风险的识别和判断。因此，项目可行性研究成为风险分析的前提。

（2）以风险的识别作为设计融资结构的依据

项目融资是根据投资者的融资战略和项目的实际情况量身定做的一种结构性融资，其核心部分是融资结构。一个成功的融资结构应当以风险识别为前提，在其各参与方之间实现有效合理的项目风险分配，从而使风险管理目标更加明确，以便找出控制项目风险的方法和途径，设计出风险分担的融资结构，以实现投资者在融资方面的目标要求。

（3）以项目当事人作为风险分担的主体

项目融资风险处理的核心环节就是在项目风险与项目当事人之间以合同形式建立对应关系，形成风险约束体系，从而保证融资结构的稳健性。为实现项目融资的有限追索，对与项目有关的各种风险要素，需要以某种形式在项目投资者及与项目有利益关系的其他参与者和贷款人之间进行分担。一个成功的项目融资结构应该是在项目中没有任何一方单独承担全部项目债务的风险责任，一旦融资结构建立后，任何一方都要准备承担未能预料的风险。

（4）以合同作为风险处理的主要手段

项目融资的主要特征就体现在项目风险分担上，而合同正是实现这种风险分担的关键。在项目融资中，将各类风险具体化，需要以合同的方式明确规定当事人承担多大程度的风险，用何种方式承担，并以项目合同、融资合同、担保、支持文件作为风险处理实现形式贯穿项目周期，彼此衔接，使风险得以规避。

9.2 工程项目融资风险识别

9.2.1 工程项目融资风险识别技术与方法

对于每个工程项目，可能产生风险的因素很多，各因素之间的关系错综复杂，所造成的结果也各不相同。如果忽略这些风险因素，会影响项目的经济效益，甚至导致项目失败。工程项目融资风险识别是工程项目融资风险管理的前提和基础，是正确进行风险管理决策的基本依据。

1. 工程项目融资风险识别的技术工具

风险识别不仅要鉴别所有可能的风险，关键是要认定具体工程项目融资中的具体风险。上面提到的工程项目融资风险因素并不一定在融资过程中都存在；而且在不同的工程项目中，相同风险因素的影响程度也不尽相同。因此，必须对每一具体的工程项目融资的风险因素进行识别，并确认哪些是主要风险因素，哪些是次要风险因素，以便合理地分配风险管理的成本。在实践中，可以利用一些具体的工具和技术。常见的有以下几种：

（1）核对表

风险识别是关于将来风险事件的设想与预测。把以往类似工程项目融资经历过的风险事件及其来源罗列出来，编制成一张核对表，可以启发项目融资设计者开拓思路，以便对本工程项目融资的潜在风险有清晰的认识。

近年来，项目融资作为基础设施项目筹集资金的方式，越来越受到人们的重视；同时，项目融资是一种风险很大的融资活动，因此，项目融资风险管理也显得越来越重要。国际上一些有项目融资经历的专家和金融机构从以往这类业务活动中总结出一些经验和教训，并把这些经验和教训列入核对表，无疑会对工程项目融资的风险认定起到关键作用。

（2）项目融资分解结构

为减少工程项目融资结构的不确定性，需要了解项目融资的各个组成部分及其性质、相互关系等。项目融资分解结构是完成这项任务的有力工具。

（3）常识、经验和判断

以往的工程项目融资活动所积累的资料、数据、经验和教训，以及融资顾问人员和其他相关参与人员的尝试、经验和判断，在进行风险识别时非常有用。另外，把工程项目融资的有关各方聚集起来，与他们就风险识别进行面对面的讨论，也有可能触及一般规划活动中未曾发现或不易发现的工程项目融资风险。

（4）实验或试验结果

利用实验或试验结果识别项目融资风险，主要是针对工程项目本身风险而言。实验或试验结果也可以用数学模型、计算机模拟、市场调查或文献调查等方法代替。

2. 工程项目融资风险的认定方法

在工程项目融资实践中，利用上述技术工具对融资风险进行最后的认定，可以运用以下几种方法：

(1) 故障树法

故障树法是风险识别的工具之一，它通过图解的形式将大的风险分解成各种小的风险，或对各种引起风险的原因进行分解。该方法是利用树状图将工程项目风险由粗到细、由大到小、分层排列。故障树法便于找出所有的风险因素并明确它们之间关系。与故障树法相似的还有概率树法、决策树法等。

(2) 敏感性分析

敏感性分析就是分析并测定各个因素的变化对指标的影响程度，判断指标（相对于某一工程项目）对外部条件发生不利变化时的承受能力。一般情况下，在项目融资中需要测度的敏感性变量要素主要有价格、利率、汇率、投资、工程延期、项目寿命期等。

敏感性分析的基本步骤如下：

1）确定分析指标。在项目融资风险分析中，通常采用净现值（NPV）指标。
2）选择需要分析测度的变量要素。
3）计算各变量要素的变动对指标的影响程度。
4）确定敏感性因素，对项目的风险情况做出判断。

除此之外，工程项目投资风险识别中，头脑风暴法、德尔菲法和情景分析法均可应用于对工程项目融资风险的认定，详见4.1.2节。

3. 工程项目融资风险识别的结果描述

工程项目融资风险识别后，通常需要把结果整理出来，并形成书面文件，为风险分析的其余步骤和风险管理做准备。风险识别的结果一般包含下列内容：

(1) 风险来源

结果中应列出所有的风险，尽可能全面，不管风险事件发生的频率和可能性、收益、损害有多大，都要一一列出。风险识别的结果一般包括风险事件的可能后果、对预期发生时间的估计、对该来源产生的风险事件预期发生次数的估计等。

(2) 分组或分类

识别风险之后，应对风险进行分组或分类。分类结果应便于进行风险分析的其余步骤和风险管理。例如，可将风险按工程项目进度分组，也可以按风险性质分为业务风险、金融风险和外围风险等。

(3) 风险表现

在对工程项目融资风险识别结果的描述中，还有必要对各种识别出的风险事件的外在表现（如各种可能的苗头和前兆等）做出说明，以便为项目融资各参与方采取行动和措施提供参考。

(4) 对项目管理其他方面的要求

在风险识别的过程中，可能会发现工程项目融资其他方面的问题，这需要在项目融资的各种结构设计中加以完善，也应加以描述或向相关参与方提出改进建议。

9.2.2 工程项目融资风险的分类

一般来说，工程项目融资风险与项目融资风险涉及技术经济、生产、市场等诸多方面，虽然侧重点有所不同，但二者并无实质区别。对工程项目融资风险进行分类，可从项目风险阶段性、可控性、表现形式、项目投入要素和项目类别等不同的角度进行。

1. 按照工程项目风险的阶段性划分

根据工程项目发展的时间顺序，其风险可以划分为三个阶段，即项目建设开发阶段的风险、项目试生产阶段的风险和项目生产经营阶段的风险。每个阶段的风险都有不同的特点。

（1）项目建设开发阶段的风险

项目在正式建设之前通常会有一个较长的预开发阶段，内容包括项目规划、可行性研究、工程设计。在这一时期，项目存在许多不确定性因素，这一时期的投资也带有风险投资的性质。

项目建设开发阶段的风险是从项目正式动工建设开始的。项目动工建设之后，大量资金投入购买工程用地与工程设备、支付工程施工费用当中，贷款的利息也由于项目还未产生任何收入而计入资本成本。从贷款银行的角度看，在这一阶段，随着贷款资金的不断投入，项目的风险也随之增加；在项目建设完工时，项目的风险达到或接近最高点。这时，如果因为任何不可控制或不可预见的因素造成项目建设成本超支，不能按预订时间完工，甚至项目无法完成，贷款银行所承受的损失是最大的。因此，项目融资在这一阶段要求投资者提供强有力的信用支持，以保证项目的顺利完成。只有在对项目建设有充分把握的前提下，贷款银行才会取消对投资者提供附加信用支持的要求。

利用不同形式的工程建设合同，可以影响项目建设期的风险变化，有可能将部分项目建设期的风险转移给工程承包公司。这类合同的一个极端是固定价格、固定工期的"交钥匙"合同，另一个极端是"实报实销"合同，在二者之间又有多种中间类型的合同形式。在"交钥匙"合同中，项目建设的控制权和建设期风险全部由工程公司承担；而在"实报实销"合同中，项目建设期风险全部由项目投资者承担。

（2）项目试生产阶段的风险

项目融资在试生产阶段的风险仍然较大，即使这时项目建成投产，若不能按照原定的成本计划生产出符合"商业完工"条件的产品和服务，就无法实现项目预期的现金流目标，必然危及贷款的偿还，给项目投资者带来相应的风险。

项目融资中的"商业完工"（Commercial Completion）是指在融资文件中具体规定项目产品的产量和质量、原材料、能源消耗定额以及其他一些技术经济指标作为完工指标，并且将项目达到这些指标的时间下限也作为一项指标。只有项目在规定的时间范围内满足这些指标时，才被贷款银行接受为正式完工。

（3）项目生产经营阶段的风险

一旦项目试生产满足了"商业完工"的具体指标，项目的生产经营阶段也就是最后一个阶段就开始了。在这一阶段，项目进入正常运转，如果项目可行性研究报告中的假设条件符合实际情况，项目应该具有足够的现金流量支付生产经营费用，偿还债务，并为投资者提供理想的收益。项目的生产经营阶段是项目融资风险阶段的一个分水岭。从这一阶段起，贷款银行的项目风险随着债务的偿还逐步降低，融资结构基本上依赖于项目自身的现金流量和资产，成为一种"无追索"的结构。这一阶段的项目风险主要表现在生产、市场、金融以及其他一些不可预见的因素方面。

按照项目风险的阶段性划分的项目风险清单如表9-1所示。

表 9-1 按照项目风险的阶段性划分的项目风险清单

阶段	风险来源
项目建设开发阶段	施工现场条件、施工现场准备工作、土地使用权权属、招标规定中的错误、承包商设计错误、费用超支、完工延期、施工技术不当、不可抗力、环境污染、法律变更等
项目试生产阶段	未达到性能标准、质量不良、建筑缺陷、调试或试验不合格等
项目生产经营阶段	原材料供应、价格、管理水平、市场需求、销售价格、销售量、竞争、环境污染等

2. 按照工程项目风险的可控制性划分

从项目投资者能否直接控制的角度,可以将工程项目划分为两类:不可控风险和可控风险。前者是指与市场客观环境有关、超出了项目自身的风险;后者是指可由项目实体自行控制和管理的风险。然而,这两种风险的划分并不绝对。有时候,不可控风险也可以通过一定的手段予以削减,而另外一些时候,可控风险却无法避免。

(1) 不可控风险

不可控风险是指项目的生产经营受到超出企业控制范围的经济环境变化而遭受到损失的风险。这类风险企业无法控制,并在很大程度上也无法准确预测,因而项目的不可控风险也被称为项目的系统风险。项目的不可控风险主要包括:

1) 项目的金融风险(利率风险和汇率风险)。
2) 项目的部分市场风险。
3) 项目的政治风险。
4) 项目的法律风险。

(2) 可控风险

可控风险是指与项目建设和生产经营管理直接有关的风险,包括完工风险、生产风险、技术风险和部分市场风险。这类风险是项目投资者在建设或生产经营过程中无法避免且必须承担的风险,同时也是投资者应该知道如何去管理和控制的风险。因此,项目的可控风险又称为非系统风险。

在项目融资中将项目的风险按照可控制性加以分类,是希望能够按照不同的风险性质对其加以控制与管理。作为项目融资的贷款银行,对不同性质风险的处理方式是不一样的。对项目的非系统风险,贷款银行总是尽可能地以各种合同契约形式,将其转移给项目的投资者或其他项目参与者;但是,对项目的系统风险,在一定程度上,贷款银行可以接受并且愿意与项目的投资者一起管理和控制的。

这两类风险所包含的具体内容如图 9-1 所示。

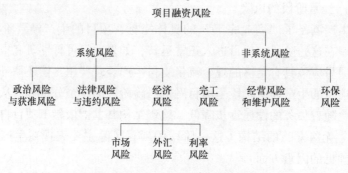

图 9-1 系统/非系统风险的内容

3. 按照工程项目风险的表现形式划分

按照项目风险在各个阶段的表现形式，风险可以划分为 10 种基本类型：信用风险、完工风险、生产风险、市场风险、金融风险、政治风险、法律风险、环境保护风险和不可抗力风险。

（1）信用风险

有限追索的项目融资是依靠有效的信用保证结构支撑起来的。组成信用保证结构的各项目参与者是否有能力履行其职责，是否愿意并按照法律文件的规定，在需要时履行其所承担的对项目融资的信用保证责任，构成项目融资所面临的信用风险。

信用风险贯穿于项目的各个阶段。提供项目信用保证的项目参与者（包括项目投资者、工程公司、产品购买者、原材料供应者等）的资信状况、技术和资金能力、以往的表现和管理水平等，都是评价项目信用风险程度的重要指标。

（2）完工风险

项目完工风险的主要表现形式为：项目建设延期；项目建设成本超支；项目迟迟达不到设计规定的技术经济指标；在极端情况下，技术和其他方面的问题导致项目完全停工放弃。

完工风险是项目融资的核心风险之一，因为如果项目不能按照预定计划建设投产，项目融资所赖以依存的基础就受到了根本性破坏。完工风险对项目造成综合性的负面影响，使项目建设成本增加，项目贷款利息负担增加，项目现金流量不能按计划获得。项目建设期出现完工风险的概率较大，根据已有统计资料，无论是在发展中国家还是在发达国家，均有大量的项目不能按照规定的时间或者预算建成投产，导致项目融资成本大幅度上升乃至项目失败。

项目的"商业完工"标准是贷款银行检验项目是否达到完工条件的依据。商业完工标准包括一系列经专家确定的技术经济指标。根据贷款银行对具体项目完工风险的评价，项目融资中实际采用的"商业完工"标准可以有很大的差别。总的原则是，对完工风险越大的项目，贷款银行会要求项目投资者承担越大的"商业完工"责任。一些典型的"商业完工"标准包括：

1）完工和运行标准。项目需要在规定的时间内达到商业完工的标准，并且在一定时期内（通常为 3~6 个月）保持在这个水平上运行。

2）技术完工标准。这一标准比完工和运行标准的约束性要差一些，因为在条件中没有规定对项目运行时间的检验。采用这一标准，贷款银行实际上承担了一部分项目生产的技术风险。

3）现金流量完工标准。这是另一种类型的完工标准，贷款银行不考虑项目的技术完工和实际运行情况，只要求项目在一定时期内（通常为 3~6 个月）达到预期的最低现金流量水平，即认为项目通过了完工检验。

4）其他形式的完工标准。有些项目由于时间关系，在项目融资还没有完全安排好时就需要进行提款。在这种情况下，贷款银行为了减少项目风险，往往会要求确定一些特殊的完工标准。例如，如果产品销售合同在提款前还未能最终确定，贷款银行就有可能规定以某种价格条件销售最低数量的产品，作为项目完工标准的一部分。又如，如果在提款前矿山的最终储量还不能最终确定，则最小储量会被包括在项目的完工标准中。

为了限制及转移项目的完工风险，贷款银行通常要求投资者或工程公司等其他项目参与者提供相应的完工担保作为保证。

(3) 生产风险

项目的生产风险,是对项目在试生产阶段和生产运行阶段存在的技术、资源储量、能源和原材料供应、经营管理等风险因素的总称,是项目融资的另一个主要核心风险。项目的生产风险直接关系着项目能否按照预订的计划正常运转,是否具有足够的现金流量支付生产费用和偿还债务。

1) 技术风险。作为贷款银行,项目融资不是风险投资,因而银行的原则是只采用经市场证实的成熟生产技术的项目安排有限追索性质的项目融资,对于任何采用新技术的项目,如果不能获得投资者强有力的技术保证和资金支持,是不可能得到项目融资的。贷款银行对项目技术风险的估计与银行是否曾经参加过类似项目的融资有很大关系。然而,尽管银行曾经参与过该类型项目的融资,但是若新的融资项目在设备规模上或在技术上有较大的改进,银行仍然认为项目的技术风险是很高的。

2) 资源风险。对于依赖某种自然资源(如石油、天然气、煤矿、金属矿等)的生产型项目,在项目生产阶段的资源保证是一个很大的风险因素。因此,对于这类项目的融资,一个先决条件是要求项目可供开采的已证实资源总储量与项目融资期间内所计划采掘或消耗的资源量之比,要保持在风险警戒线之下。评价资源风险的指标称为资源覆盖比率,计算公式如下:

资源覆盖比率(RCR) = 可供开采资源总储量/项目融资期间计划开采资源量

式中　可供开采资源总储量——根据现有技术及现有生产计划可供开采的全部资源储量。

最低资源覆盖比率是根据具体项目的技术条件和贷款银行在这一工业部门的经验确定的。一般要求,资源覆盖比率应在 2 以上;如果资源覆盖比率小于 1.5,则贷款银行就可能认为项目的资源风险过高,要求投资者提供相应的最低资源储量担保,或者要求在安排融资前做进一步的勘探工作,落实资源情况。

为了避免项目的资源风险,有时贷款银行可能向投资者推荐混合融资方案:A 方案为较短期的有限追索项目融资,以项目已有的资源储量作为基础;B 方案为接在 A 方案之后的公司融资方案,在资源不足的情况下,以投资者(借款人)的其他资产作为贷款的附加信用保证。A、B 方案的划分点就设计在贷款银行可以获得满意的资源覆盖比率上。对于银行来说,获得合适的资源覆盖比率,不仅可以防止出现资源不足的风险,而且也可以有效地降低由于其他一些风险因素导致项目失败的概率。例如,生产成本的增加、产品价格的下跌(在周期性波动的世界能源和原材料市场上,这是经常发生的)等因素都会大大减少项目的现金流量。推迟债务偿还计划的执行,只有获得足够的资源储量保证,才有可能在项目寿命期内偿还全部贷款。

3) 能源和原材料供应风险。能源和原材料供应风险由两个因素构成:能源和原材料的价格及供应的可靠性。一些重工业部门(如电解铝厂和铜冶炼厂)和能源工业部门(如火力发电站)对能源和原材料的稳定供应依赖性很强,能源和原材料成本在整个生产成本中占很大的比重,价格波动和供应可靠性成为影响项目经济强度的一个主要因素。对于这类项目,没有能源和原材料供应的恰当安排,项目融资基本上是不可能的。

长期的能源和原材料供应协议,是降低项目能源和原材料供应风险的一种有效方法。这种安排可以保证项目按照一定的价格,稳定地得到重要能源和原材料供应。在一些特殊情况下（如原材料市场不景气），甚至有可能进一步将供应协议设计成"供货或付款"类型的合同，这样，项目的经济强度就能够得到更强有力的支持。近十几年来，面对变化莫测的国际原材料和能源市场，投资者把如何降低能源和原材料风险作为一个重要的课题加以研究，其中一种值得重视的发展趋势是能源和原材料价格指数化，即将能源和原材料的供应价格与项目产品的国际市场价格直接挂钩，并随着项目产品价格的变化浮动。这种做法特别适用于项目产品，是具有国际统一定价标准的大宗资源性商品的项目。

能源和原材料供应价格指数化，对各方都有一定的好处。作为项目投资者，可以降低项目风险，在国际市场不景气时降低项目的能源和原材料成本，在产出品国际市场上升时仍可获得较大的利润；作为能源和原材料供应商，既保证了稳定的市场，又可以享受到最终产品价格上涨的好处；作为贷款银行，由于这种做法增强了项目的经济强度，保证了项目的偿债能力，因此，特别受到项目融资安排者的欢迎。

4）经营管理风险。经营管理风险主要用来评价项目投资者对所开发项目的经营管理能力，而这种能力是决定项目的质量控制、成本控制和生产效率的一个重要因素。

项目投资者在同一领域是否具有成功的经验，是贷款银行衡量项目经营管理风险的一项重要指标。经验证明，在一个由多个投资者组成的合资项目中，如果项目经理（负责项目日常生产管理的公司）是由一个在这一领域具有良好资信的投资者承担，那么无论是整个项目进行融资，还是其中个别投资者单独进行融资，这一因素都会成为项目很好的信用支持。

评价项目的经营管理风险主要从三个方面考虑：①项目经理（无论是否为项目投资者）在同一领域的工作经验和资信；②项目经理是否为项目投资者之一，如果是投资者，则要看其在项目中占有多大比例，一般既是项目经理同时又是项目最大投资者（40%以上）之一的，对项目融资很有帮助；③除项目经理的直接投资外，项目经理是否具有利润分成或成本控制奖励等鼓励机制。如果这些措施使用恰当，则可以有效地降低项目风险。

（4）市场风险

市场风险主要有价格风险、竞争风险和需求风险。

1）价格风险。价格风险主要体现在两个阶段：一是生产建设阶段，生产投入要素价格变化引起的项目成本的不确定性，其造成的影响将直接关系到项目的成本控制；二是运营阶段，项目提供的产品或服务价格的不确定性，是影响产品或服务市场竞争力和盈利能力的重要决定因素。

2）竞争风险。竞争风险主要包括以下几个方面：①现有竞争者风险，同业竞争越多，企业获得利润就越困难，进而加剧竞争；②潜在竞争者风险，如果有新企业进入，就意味着该行业的供应量会增加，一般情况下新企业提供产品的价格会更低、更具竞争力；③替代品竞争风险，替代品会使企业产品的竞争力减弱甚至消失，因此替代品增多会加剧竞争并加大市场风险。

3）需求风险。项目的市场需求受各种不确定性因素的影响，如：产品、服务本身的价格、消费者收入水平及收入分配平等程度、人口数量与结构的变动、政府的消费政策、消费者的预期等，这些不确定性因素难以进行准确预测和把握。

不难看出，降低项目市场风险的方法需要从上述三个方面入手。项目融资要求项目必须具有长期的产品销售协议作为融资的支持，这种协议的合同买方可以是项目投资者本身，也可以是对项目产品有兴趣的具有一定资信的任何第三方。通过这种协议安排，合同买方对项目融资承担了一种间接的财务保证义务（图9-2）。前面涉及的"无论提货与否均需付款"和"提货与付款"合同，是这种协议的典型形式。

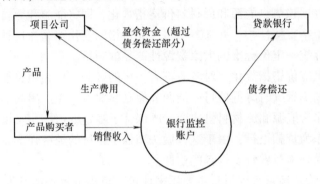

图9-2　长期销售协议关系

长期销售协议的期限要求与融资期限相一致。销售数量通常是这一时期项目所生产的全部产品或者至少大部分产品，在销售价格上则根据产品的性质分为浮动定价和固定定价两种方式。

1）浮动定价方式（公式定价）。浮动定价方式主要用于在国际市场上具有公认定价标准、价格透明度比较高的大宗商品。公式定价以国际市场的某种公认价格（如伦敦有色金属交易所价格）作为基础，按照项目的具体情况加以调整，如加一定的贴现或加一定的折扣。价格公式一经确定，在合同期内固定不变。采用这种定价公式的产品包括大部分有色金属、贵金属、石油、铁矿砂、煤炭等。由于产品价格的透明度较高、可比性强、有历史资料可供参考，贷款银行对项目市场风险的估价相对比较清楚，因而愿意接受债务偿还主要依赖项目产品未来市场状况的项目融资安排。作为投资者，这样的安排会将一部分项目的风险转移到贷款银行。对有些项目，贷款银行可能认为如果单纯按照定价公式执行合同，银行承担的市场风险过大，这时就会要求在定价公式中设定一个最低价格，当市场价格低于最低价格时，会要求合同买方用最低价格购买产品。

2）固定定价方式。固定定价方式是指在谈判长期销售协议时确定下来一个固定价格，并在整个协议期间按照某一预先规定的价格指数（或几个价格指数），加以调整的定价方式。这种定价方式主要用于以国内市场为依托的项目，如发电站、以发电站为市场的煤矿、港口码头、石油天然气运输管道、公路、桥梁等。如何规定价格指数是固定定价方式的关键，习惯上价格指数的参照系包括国家或项目所在地区的通货膨胀指数、工业部门价格指数、劳动工资指数等。如果项目融资中采用了较大比重的美元贷款，美国的通货膨胀指数也有可能被要求包括在参照系中。

在有关降低项目市场风险的谈判过程中，如何建立一个合理的价格体系，对于投资者和贷款银行双方无疑都是一个重要的问题。双方均需要对市场的结构和运作方式有清楚的认识，对各方承受项目市场风险的能力有正确的判断。过去有的融资安排曾出现过投资者因对市场结构不是十分了解而接受过高定价的情况，实际上是由投资者为项目提供了附加的财务保证。

（5）金融风险

项目的金融风险表现在利率风险、外汇风险和通货膨胀风险三个主要方面。

1）利率风险。利率风险是指在经营过程中，由于利率变动直接或间接地造成项目价值降低或收益受到损失。实际利率是项目借贷款人的机会成本的参照系数。如果投资方利用浮动利率融资，一旦利率上升，项目的融资成本就上升；如果采用固定利率融资，一旦市场利率下降，便会造成机会成本的提高；而对于借款者而言，则反之。

2）外汇风险。外汇风险涉及东道国通货的自由兑换、经营收益的自由汇出以及汇率波动所造成的货币贬值问题。境外的项目发起人一般希望将项目产生的利润以本国货币或者硬通货汇往本国，以避免因为东道国的通货膨胀而蒙受损失。而资金投入与利润汇出两个时点上汇率的波动，可能对项目发起人的投资收益产生较大的影响。

3）通货膨胀风险。通货膨胀风险是指由于国家宏观经济的变化，引起货币贬值，从而使投资者在协议确定的项目收费标准下，无法按期收回投资所带来的风险。

（6）政治风险

凡是投资者与所投资项目不在同一个国家，或者贷款银行与所贷款项目不在同一个国家的，都有可能面临由于项目所在国的政治条件发生变化，而导致项目失败、项目信用结构改变、项目债务偿还能力改变等方面的风险，统称为项目的政治风险。项目的政治风险可分为两大类：一类表现为国家风险，即项目所在国政府由于某种政治原因或外交政策上的原因，对项目实行征用、没收，或者对项目产品实行禁运、联合抵制，中止债务偿还的潜在可能性；另一类表现为国家政治稳定性风险，即项目所在国在外汇管理、税收制度、劳资关系、环境保护、资源主权等与项目有关的敏感性问题方面的立法是否健全，管理是否完善，是否经常变动。项目的政治风险可以涉及项目的各个方面和各个阶段，从项目的选址、建设一直到生产经营、市场销售、现金流量及利润回收等项目的全过程。

项目政治风险的影响包括以下几个方面：

1）项目可能需要政府许可证、特许经营权或其他形式的批准。例如，电站、交通基础设施和国家自然资源的开发项目，一般都需要政府的经营特许，任何有关政策上的负面变化都有可能造成项目的损失。

2）项目本身可能对国家的基础设施或安全有重要影响。例如，能源、机场、海港、公路、铁路、桥梁、隧道等方面的项目，这类项目出现政治风险的概率会比一般项目高。

3）有些项目对所在国政府的社会政策或国际形象有重大影响。例如，医院、学校、运动场所、旅馆和其他旅游设施项目，对于这类项目，所在国政府可能对政治上的考虑大于经济上的考虑。

4）项目所在国有可能改变进出口政策，增加关税或限制项目设备、原材料的进口，增加关税或限制项目产品的出口。对国外投资者利用该国优势从事来料加工一类的项目投资，这种变化将会造成较大的影响。

5）由于国内经济原因或国际政治原因，项目所在国政府有可能对项目实行限量或对资源开发实行限制。典型的例子包括石油输出国组织成员国对国内石油生产的限制，以及近几年东南亚和南太平洋岛国对森林采伐和原木出口的限制。

6）改变或增加对项目的税收。典型的例子是英国政府对北海油田项目的收入征收附加税。

7）改变或增加对项目利润汇出或国外债务偿还的税收限制。

8）在项目经济寿命期中引入更严格的环境保护立法，增加项目的生产成本或影响项目的生产计划。

9）有些项目是根据一定的假设条件安排融资的。例如，固定价格或政府控制价格，政府对市场的管理与控制，一定的税收规定或外汇控制，这些条件的变化将对项目的可行性造成较大影响。

如果项目融资在很大程度上依赖于政府的特许经营权，依赖于特定税收政策、价格政策、外汇政策等因素，并以这些政策和特许权作为重要的信用支持来安排有限追索的项目贷款，那么政治风险问题对项目融资将变得更加敏感和突出。

降低项目政治风险的办法之一是政治风险保险，包括纯商业性质的保险和政府机构的保险，后者在几个主要工业国家政府为保护本国公司在海外的投资中较为常用。除此之外，在投资或安排项目融资时，尽力寻求项目所在国政府、中央银行、税收部门或其他有关政府机构的书面保证也是行之有效的办法。这里包括政府对一些特许项目权力或许可证的有效性及可转移性的保证，对外汇管制的承诺，对特殊税收结构的批准认可等一系列措施。另外，在一些外汇短缺或管制严格的国家，如果项目本身的收入是国际流通货币，贷款银行愿意通过项目融资结构在海外控制和保留相当部分的外汇，用以偿还债务，达到减少项目政治风险以及外汇管制风险的目的。

(7) 法律风险

法律风险是指东道国法律的变动给项目带来的风险，主要是指法律的变动可能引起各参与方约束的变动，进而改变各参与方的地位而带来的风险。违约风险是指项目参与方因故无法履行或拒绝履行合同所规定的责任和义务而给项目带来的风险。

(8) 环境保护风险

随着人们生活水平的提高，世界普遍开始关注工业项目对自然环境，对人类健康和生活所造成的负面影响。一个总的发展趋势是关于工业项目的排放标准、废物处理、噪声、能源使用效率、自然植物被破坏等有关环境保护方面的立法，在世界大多数国家变得越来越严格。毫无疑问，从长远看，这些立法将有助于自然环境和人类生活环境的改善，促进工业生产技术和科研水平的提高。然而，在短期内，作为项目投资者却有可能因为严格的环境保护立法而被迫降低项目生产效率，增加项目生产成本，或者增加新的资金投入改善项目的生产环境，更严重的甚至迫使项目无法继续生产下去。对于项目融资的贷款银行，环境保护风险不仅表现在由于增加生产成本或资本投入而造成项目经济强度降低，甚至丧失原有的经济强度，而且表现在一旦项目投资者无法偿还债务，贷款银行取得项目的所有权和经营权之后，也必须承担同样的环境保护的压力和责任。进一步讲，由于存在环境保护方面的问题，项目本身的价值降低了。因此，在项目融资期内有可能出现的任何环境保护方面的风险，应该与上述其他风险一样得到充分重视。

由于环境保护问题所造成的项目成本的增加，最主要的表现形式首先是对所造成的环境污染的罚款以及为改正错误所需要的资本投入；其次，还需要考虑由于为了满足更严格的环境保护要求所增加的环境评价费用、保护费用以及其他一些成本。在项目融资中，环境保护风险通常被要求由项目的投资者或借款人承担，因为投资者被认为对项目的技术条件和生产条件的了解比贷款银行要多得多。并且，环境保护问题也通常被列为贷款银行对项目进行经常性监督的一项重要内容。

(9) 不可抗力风险

不可抗力风险主要是指由于洪水、火灾、台风、雷击、地震、海啸、火山爆发等不可抗拒的意外事故引起的风险。

按照项目风险的可控性和表现形式划分的项目风险清单如表 9-2 所示。

表 9-2 按项目风险的可控性和表现形式划分的项目风险清单

	风 险	风 险 来 源
可控制风险	信用风险	项目各参与方无法履行或拒绝履行合同等
	完工风险	安全事故、建设资金不到位、发生不可抗力、施工工艺落后、施工技术不合理、项目竣工延期、项目建设成本超支、项目达不到设计规定的技术经济指标等
	生产风险	运营安全事故、特许经营合同终止、产品质量低、经营管理者能力差、利率变动、通货膨胀率变化、技术老化、工艺流程不合理、能源和原材料供应不足或拖延以及资源问题等
	市场风险	市场需求不足、价格偏低等
	环境保护风险	环境破坏或污染、成本增加、停止生产等
不可控制风险	金融风险	利率变动、东道国货币的自由兑换、经营收益的自由汇出等
	政治风险	所在国现存政治体制崩溃、对项目实行国有化、联合抵制、终止债务偿还、税收制度变更、外汇管理法规变化、政策改变等
	法律风险	法律不完善、法律变更等
	不可抗力风险	意外事故等

4. 按照工程项目的投入要素划分

项目在开发和经营的过程中需要投入的要素可以划分为五大类：时间、人员、资金、技术和其他要素，因此从项目投入要素的角度，可以对上述项目风险做出另一种形式的划分。

（1）时间方面的风险

时间方面的风险主要表现在：生产计划及执行；决策程序、时间；原材料运输；原材料短缺的可能性；项目土地落实延期、设备延期的可能性，工程建设延期的可能性；达到设计生产水平的时间；单位生产效率。

（2）人员方面的风险

人员方面的风险主要表现在：人员来源的可靠性、技术熟练程度、流动性；生产效率；雇佣关系，劳动保护立法及实施；管理人员素质、技术水平、市场销售能力；质量控制；对市场信息的敏感性及反应灵活程度；公司内部政策、工作关系协调。

（3）资金方面的风险

资金方面的风险主要表现在：产品销售价格及变化；汇率变化；通货膨胀因素；项目产品购买者/项目设备使用者的信用；年度项目资本开支预算；现金流量；保险；原材料及人工成本；融资成本及变化；税收及可利用的税务优惠；管理费用和项目生产运行成本；土地价值；项目破产以及与破产有关的法律规定。

（4）技术方面的风险

技术方面的风险主要表现在：综合项目技术评价（选择成熟技术是减少项目融资风险的一个原则）；设备可靠性及生产效率；产品的设计或生产标准。

（5）其他方面的风险

其他方面风险包括产品需求、产品替代的可能性、市场竞争能力；投资环境（立法、外交政治环境、外汇管制）；环境保护立法；项目的法律结构和融资结构；知识产权；自然环境；其他不可抗拒因素等造成的风险。

毫无疑问，以上几种投入要素中无论哪一种要素出现问题，都会对项目产生影响。

5. 按照工程项目的类别划分

按项目的类别划分，风险可以分为电力项目融资风险、交通项目融资风险、水处理项目融资风险以及其他项目融资风险。

(1) 电力项目

电力项目是电力系统的核心环节，电力系统是由发电、变电、配电及用电等环节组成的电能生产与消费系统，分别对应三类设施，即电厂、输电线和配电网。由于输电线和配电网具有一定的垄断性，目前私人资本参与投资项目较少，项目融资主要用于电力生产，即电厂（火电厂、水电厂、风电厂等）。

电力项目融资时，除了具有上述所有项目共有的风险以外，还应该特别注意以下风险：

1）项目的位置。对于电力项目而言，理想的位置是靠近主要市区和工业中心，因为从调度的角度来看，通常这样地区的电厂更容易获得调度机会。对于火电厂，理想的地点是靠近原料供应地，这样可以节省原料运输费用；对于风电厂，则应在风力比较充裕的地区建厂。电厂位置不适当，如交通不便等，将影响项目的收益。

2）采用的技术。合理的技术不仅可以降低电厂的生产成本，还可以提高电厂的利用率。可能存在的风险因素包括技术未达标而导致的发电量变化、电力传输故障、技术未达标使电网企业拒绝购买所发电力、支付电力购销合同违约金等。

3）原材料、燃料供应。可靠的原材料和燃料供应是保证电厂运行的基本条件。可能存在的风险因素包括设备和原材料进口限制、燃料价格和供应变化等。

4）电力运行。贷款银行通常会要求电厂的运营者具有较为丰富的基本经验。可能存在的风险因素包括竞争压低电价、电费收取困难、非法偷用电、管理混乱导致发电量变化等。

5）电力销售。电厂需要通过输电和配电系统才能把电能送到用户手中，因此电力销售十分重要，通常独立电厂进行项目融资时应有购电协议。可能存在的风险因素包括电力售量不合理、电力销售价格不合理等。

(2) 交通项目

交通项目涵盖的范围非常广，主要包括以下四类：

1）公路项目。公路由路基、路面、桥梁、隧道、涵洞等工程构造物和沿线附属设施组成，具有建设投资规模大、运营维护相对简单、费用较低的特点。可能存在的风险因素包括交通流量不足、出现竞争路线、收费及调整受限制、建设成本超支、工程延误等。

2）铁路项目（含城际轨道交通）。与公路相似，铁路是由路基、路面、桥梁、隧道、涵洞等工程构造物和沿线交通控制设施等组成的。与公路项目相比，铁路项目建设投资规模更大，运营维护更为复杂。可能存在的风险因素包括土地拆迁纠纷导致工程延误、施工现场复杂、设施转移费用高、政府收费限制、其他项目竞争、环保、设备费用高等。

3）隧道、桥梁项目。隧道、桥梁主要用于公路、铁路、城市轨道交通和航运等项目。可能存在的风险因素包括地质条件复杂、环境问题、交通意外和火灾、航空和航运对桥梁运营的限制、轮渡和空运的竞争、恶劣天气等。

4）机场、港口项目。机场、港口项目可能存在的风险因素包括其他项目的竞争（如高铁等）、区域经济发展情况、国际贸易情况、旅游环境、与其他交通设施的连接、机场缺少适当的扩建土地、航运能力受设备状况和恶劣天气影响、收费制度和收费高低的变化等。

(3) 水处理项目

城市给水排水系统由给水系统和排水系统组成。给水系统就是提供城市所需的符合规定水质标准的生活用水的系统包括水源工程、取水工程、输水工程、水处理工程和配水管网工程；排水系统就是处理城市污水的系统，包括污水收集、输送、处理回收、排放等。项目融资的主要对象是水处理厂，水处理项目可分为净水处理项目和污水处理项目。

1) 净水处理项目。净水处理项目的核心是净水处理厂，可能存在的风险因素包括项目的位置、采用的技术、原水的供应、净水的销售、管道泄露、收费价格受控制、环保标准的变化等。

2) 污水处理项目。污水处理目的是处理生活设施排出的生活污水和生产设备排出的工业废水，使之达到一定的排放标准。污水处理项目可能存在的风险因素包括污水管网的建设、进厂污水等级、进厂污水量、污水处理技术、污水收集率、污水处理厂服务范围的开发建设程度、污水排放标准、污水处理费取得困难、政府收费规制、环保标准变化等。

(4) 其他项目

除了上述三类项目，还有很多其他类型的项目也采用项目融资，如资源开采项目、电信项目、管通项目、医院、学校、监狱、体育场馆等。这些项目各有特点，面临的风险也不完全相同，在此不一一列举。

9.3 工程项目融资风险评估

在工程项目融资中，除了对风险进行识别和分类，还必须对其进行定量分析。因为只有对工程项目风险做出正确的分析，才能找出降低风险的方法和途径，设计出风险分担的融资结构。

对工程项目融资风险评估的方法与一般项目类似，主要包括专家打分法、层次分析法、概率分析法和蒙特卡罗法等多种方法。本节介绍项目融资中常用的风险评估的一般方法。

项目融资的风险分析是在项目可行性研究的基础上进行的，可行性研究中经常使用的项目现金流量模型，是项目风险评价的重要定量分析工具。根据项目融资的特点和要求，运用项目现金流量模型，对影响项目经济强度的各种因素的变动风险做出准确的数量化的描述，为项目融资的方案设计，提供重要的数据支持。

项目风险分析的基本思路是：首先，确定选用什么样的标准来测定项目的经济强度；然后，通过与所选定的标准进行比较，判断各种因素对项目的影响程度。

9.3.1 确定项目风险收益率的 CAPM 模型

CAPM (Capital Asset Price Model) 又称资本资产定价模型，是项目融资中被广泛接受和使用的一种确定项目风险收益（贴现）率的方法。在项目融资中，进行项目总体经济强度的分析时，首先遇到的问题就是项目风险贴现率的确定问题，依据选定的贴现率计算项目的投资收益和净现值，评价项目的经济强度。在 CAPM 中，项目风险贴现率的含义是指项目的资本成本在公认的低风险的投资收益率的基础上，根据具体项目的风险因素加以调整的一种合理的项目投资收益率。

1. CAPM

$$R_i = R_f + \beta_i(R_m - R_f) \tag{9-1}$$
$$= R_f + 风险收益率$$

式中 R_i——在给定风险水平 β 条件下项目 i 的合理预期投资收益率（风险校正贴现率），也就是项目 i 带有风险校正系数的贴现率；

R_f——无风险投资收益率；

β_i——项目 i 的风险校正系数，代表项目对资本市场系统风险变化的敏感程度；

R_m——资本市场的平均投资收益率。

将风险校正贴现率代入项目现金流量净现值的计算公式中：

$$\mathrm{NPV} = \sum_{t=0}^{n} (\mathrm{CI} - \mathrm{CO})_t (1+i)^{-t} \tag{9-2}$$

计算出考虑到项目具体风险因素之后的净现值：

$$\mathrm{NPV} = \sum_{t=0}^{n} (\mathrm{CI} - \mathrm{CO})_t [1 + R_f + B_i(R_m + R_f)]^{-t} \tag{9-3}$$

式中 NPV——项目的净现值；

$(\mathrm{CI} - \mathrm{CO})_t$——第 t 年项目的净现金流量；其中，CI 为现金流入量，CO 为现金流出量；

n——计算期数，一般为项目的寿命期；

i——折现率。

根据项目现金流量的净现值的计算，如果 NPV≥0，则表明项目投资者在预期的项目寿命期内，至少可以获得相当于项目贴现率的平均投资收益率，项目收益将大于或等于投资的机会成本，项目是可行的；如果 NPV<0，则说明该项目的投资机会成本过高，项目不可行。

为了简化分析，该模型做出以下假设：风险投资收益率（R_f）、资本市场平均投资收益率（R_m）及风险校正系数在项目的寿命期内保持不变。

2. CAPM 的理论假设

1）资本市场能够实现完全竞争。投资者在资本市场上可以不考虑交易成本和其他制约因素的影响。

2）资本市场中，所有投资者的投资目的是追求最大投资收益。较高的收益预期伴随着较高的投资风险，较低的收益预期伴随着较低的投资风险。

3）资本市场中，所有投资者均有机会运用多样化、分散化的方法来减少投资的非系统性风险。在投资决策中，只需要考虑系统性风险的影响和相应的收益即可。

4）资本市场中，所有的投资者对某一特定资产的投资决策发生在相同时间区域。

根据以上假设，投资者做出决策时，只需考虑项目的系统风险（与市场客观环境有关、超出项目自身范围的风险，如政治风险、经济衰退等），而无须考虑项目的非系统性风险（可由项目实体自行控制管理的风险，如完工风险、经营风险等）。

3. CAPM 参数的确定

CAPM 的参数是在该模型中为计算项目的风险收益率而使用的一些参数，主要包含无风险投资收益率（R_f）、风险校正系数（β）、资本市场平均投资收益率（R_m）。

（1）无风险投资收益率（R_f）

无风险投资收益率是指在资本市场上可以获得的、风险极低的投资机会的收益率，即投资者在几乎不承担任何风险的前提下获得的资本回报。在项目风险分析中,为确定无风险投资收益率这一指标值,通常是在资本市场上选择与项目预计寿命期相近的政府债券的利率作为 R_f 的参考值,R_f 也被用来作为项目风险承受力底线的指标。

(2) 风险校正系数（β）

风险校正系数用来衡量项目公司对系统风险的承受能力。

在项目风险分析中,这一指标值较难确定,计算方法也存在较大争议。在国际项目融资中,一般的方法是根据资本市场上已有的、同一种工业部门内相似公司的系统性风险的 β 值,作为将要分析的投资项目的风险校正系数。β 值越高,表示该工业部门在经济发生波动时风险性越大,也就是说,当市场宏观环境发生变化时,β 值高的公司对这些变化更加敏感;反之,公司的 β 值越低,市场和宏观环境的变化对其影响相对较小。

(3) 资本市场平均投资收益率（R_m）

依据现代西方经济理论,在资本市场上存在一个均衡的投资收益率。然而,这一均衡的投资收益率在实际的风险分析工作中很难计算出来。在一些资本市场相对发达的国家,通常以股票价格指数来替代这一均衡投资收益率,作为资本市场平均投资收益率的参考值。由于股票价格指数的收益率变动频繁、幅度较大,所以,在实际计算资本市场平均投资收益率时,一般计算一个较长时间段的平均股票价格指数收益率。这样做会带来的一个问题是,在实际的风险分析计算时,可能会出现 $R_m - R_f < 0$ 的情况。这是因为 R_m 的估值是过去某一阶段的平均收益率,而 R_f 的估值,如前所述,是反映对未来收益的预期,二者不匹配。解决这一问题可以采用计算一个较长时间段内 $(R_m - R_f)$ 的平均值,来代替 R_m 的单独估值。

4. 加权平均资本成本（WACC）

运用 CAPM 计算出项目的风险收益率、这一项目的风险收益率来源与股本资金。但实际工作中,项目融资主体通过项目融资方式所筹集的资金还有其他来源,既有权益资金,又有债务资金,要计算出项目的投资收益率和净现值,需要使用不同资金来源的加权平均资本成本。

加权平均资本成本（WACC）是将债务资本成本分别乘以两种资本在总资本中所占的比例,再把两个乘积相加所得到的资本成本。其计算公式如下:

$$\begin{aligned}\text{WACC} &= R_e W_e + R_d (1-t) W_d \\ &= R_e E/(E+D) + R_d (1-t) D/(E+D)\end{aligned} \quad (9\text{-}4)$$

式中 WACC——加权平均资本成本;

R_e——权益资本成本;

W_e——权益资本权重$[W_e = E/(E+D)]$;

$R_d(1-t)$——债务资本成本;

W_d——债务资本权重$[W_d = D/(E+D)]$;

R_d——债务利息;

t——税率,通常是公司所得税税率;

E——权益资本;

D——债务资本;

$E+D$——总资本,即权益资本与债务资本之和。

一般来说,运用 CAPM 计算项目投资的资金成本可分四个步骤:

1）确定项目的风险校正系数 β 值。一般是根据所要投资项目的性质和规模及其所属产业市场状况等，在资本市场上寻找相同或相近的公司资料来确定这一数值。

2）根据 CAPM 计算投资者股本资金的机会成本。

3）根据各种可能的债务资金的有效性和成本，估算项目的债务资金成本。

4）根据股本和债务资金在资本总额中各自所占的比例并以此为权数，应用加权平均法来计算项目的投资平均资本成本。

值得注意的是，在资本市场上获得的 β 值是资产 β 值，即 β_a，要转化为股本资金 β 值，即 β_e，反映公司（项目）在不同的股本/债务资金结构中的融资风险，债务越大，融资风险也就越高，因而 β_e 也越高。β_a 与 β_e 之间的关系为：

$$\beta_e = \beta_a \left[1 + \frac{D}{E}(1-t) \right] \tag{9-5}$$

当项目投资者进行投资时，如果其资本额不高于用这种方法所计算出的加权平均资本成本，则说明投资者至少可以获得资本市场上相同投资的平均投资收益率，即项目投资满足了最低风险收益的要求。

9.3.2 项目的净现值敏感性分析

如前所述，项目的风险分析是建立在可行性研究基础上的，运用可行性研究中所使用的现金流量模型进行风险分析。当确定了风险收益率后，就可以计算项目的净现值，判断项目的投资能否满足最低风险收益的要求。如果项目的投资能满足最低风险收益的要求，对于项目投资者来说，从风险分析的角度看项目可行，但这并不意味着项目一定能满足融资要求。为了设计合理的融资结构，满足投资方和债务方对相应风险的共同要求，就需要在现金流量模型的基础上建立项目的融资结构模型。合理的项目融资结构模型需要考虑项目的债务承受能力和投资者可以获得的投资收益率。通常，在一系列债务资金的假设条件下，通过调整现金流量模型中各种变量之间的比例关系，来验证预期的融资结构是否可行。采用的方法是在建立了现金流量模型的基础方案之后，进行模型变量的敏感性分析，考查项目在各种可能条件下的现金流量状况及债务承受能力。

1. 项目现金流量模型在项目融资中应用的基本思路

项目现金流量的数学模型需要准确反映项目各有关变量之间的相互关系以及这些变量的变化对系统输出值（项目净现金流量）的影响。这些变量包括：项目的投资费用；项目的建设时间表；项目产品的种类、数量、价格、销售收入以及其他市场因素；项目的直接生产成本，包括人工、原材料、能源、运输费用等；项目的非现金成本，包括折旧、摊销等；其他项目成本，如管理费用、技术专利费用、市场摊销费用等；流动资金需求量与周转时间；公司所得税和其他税收，如资源税、营业税、进出口税等；通货膨胀因素；融资成本，包括汇率、利率、金融租赁成本等；不可预见因素及费用；项目经济寿命期等。

图 9-3 为项目的现金流量模型结构示意图。

建立了项目的现金流量模型后，首先需要进行项目净现值分析。如果项目的净现值小于 0，则说明项目的投资不能满足最低风险收益的要求，除了投资者有其他战略考虑外，可停止下一步工作；如果这一步工作的结果是满意的，则下一步工作就是在现金流量模型的基础上建立项目的融资结构模型，在债务资金的假设条件下，确定项目合理的债务承受能力和

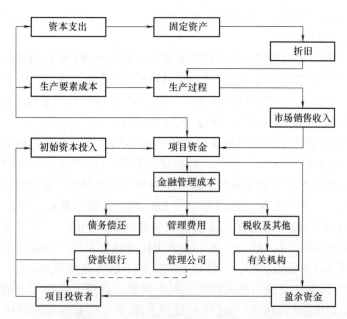

图 9-3 项目的现金流量模型结构示意图

投资者可以得到的投资收益率。为了满足投资者和贷款银行双方对相应风险的要求，现金流量模型中股本资金投入水平实际上成为三个变量的函数：①投资者必须获得的最低投资收益率（大于或等于风险校正贴现率）；②融资的可能性及债务资金的成本；③股本资金的形式及成本。

确定项目现金流量模型的假设条件必须遵循现实、合理和相对保守的原则，必须考虑到所有项目风险因素对现金流量的影响。在建立了现金流量模型的基础方案后，需要建立相应的最差方案和最佳方案与之进行比较，并进行模型变量的敏感性分析，获取在各种可能条件下项目现金流量状况及债务承受能力的一系列数据。

2. 现金流量模型的敏感性分析

（1）敏感性分析的含义

敏感性分析是经济分析中常用的一种风险分析方法，也是项目融资风险评估中经常使用的一种定量分析方法。它是通过分析、预测项目主要影响因素发生变化时对项目经济评价指标（如净现值）的影响，从中找出敏感性因素，并确定其影响程度。

一般情况下，在项目融资中需要测度敏感性的变量要素主要有价格、利率、汇率、投资、生产量、工程延期、税收政策及项目寿命期。

（2）敏感性分析的分类

敏感性分析可分为单因素敏感性分析和多因素敏感性分析两种。在单因素敏感性分析中，设定每次只有一个因素变化，而其他因素保持不变，这样就可以分析出这个因素的变化对指标的影响大小。如果一个因素在较大的范围内变化时，引起指标的变化幅度并不大，则称其为非敏感性因素；如果某因素在很小的范围内变化时，引起指标很大的变化，则称为敏感性因素。对于敏感性因素，需要进一步研究这个变量取值的准确性，或者收集众多相关数据以减小预测中的误差。多因素敏感性分析是考查多个因素同时变化对项目的影响程度，从而对项目风险的大小进行估计，为投资决策提供依据。

(3) 敏感性分析的步骤

1) 确定分析指标。如前所述，在项目融资风险分析中，通常采用净现值（NPV）指标。

2) 选择需要分析测度的变量要素。影响项目经济效果的不确定性因素很多，而且所有与之有关的因素都具有不同程度的不确定性，但没有必要对所有因素都进行敏感性分析，只需选择那些预计对净现值和经济效益目标影响较大的因素。

3) 计算各变量要素的变动对指标（净现值）的影响程度。在项目融资风险分析中，一般情况下，产量变化幅度在10%~15%；价格是以略低于目前实际价格的产品价格作为初始价格，然后按照预期的通货膨胀率逐年递增作为现金流量模型的基础价格方案，在基础方案之上对项目前几年（至少5年）的价格水平加以调整，或在基础方案上以高出生产成本的5%~10%考虑；投资成本的超支一般在10%~30%范围取值；生产成本的取值可以采用比基础方案生产成本高出5%~10%的数字或采用比基础方案通货膨胀率高的生产成本增长速度；利率的敏感性取值比较简单，可以以金融市场上的可测利率为依据。

4) 确定敏感性因素，对项目的风险情况做出判断。此外，需要注意的是，有时在进行现金流量模型变量的敏感性分析时，需要对最差方案下（所有变量的最坏可能性结合在一起作为现金流量模型的方案）的现金流量和最佳方案下的现金流量进行比较，以此来了解在各种假设条件下的项目现金流量状况及债务承受能力。

9.3.3 项目融资中的风险评价指标

完成了项目现金流量模型的敏感性分析，获得了有关项目经济强度的数据之后，接下来的工作是计算项目的风险评价指标，然后运用指标来评价项目的债务承受能力。项目融资中最经常使用的风险评价指标主要有项目债务覆盖率、资源收益覆盖率、项目债务承受比率。

1. 项目债务覆盖率

项目债务覆盖率是指项目可用于偿还债务的有效净现金流量与债务偿还责任的比值，它是贷款银行对项目风险的基本评价指标。该指标可以通过现金流量模型计算出项目债务覆盖率。项目债务覆盖率可以分为单一年度债务覆盖率和累计债务覆盖率两个指标。

单一年度债务覆盖率的计算公式为：

$$DCR_t = \frac{(CI-CO)_t + RP_t + IE_t + LE_t}{RP_t + IE_t + LE_t} \tag{9-6}$$

式中　DCR_t——第 t 年债务覆盖率；

　　$(CI-CO)_t$——第 t 年项目净现金流量；

　　　　RP_t——第 t 年到期债务本金；

　　　　IE_t——第 t 年应付债务利息；

　　　　LE_t——第 t 年应付的项目租赁费用（存在租赁融资的情况下）。

一般情况下，在项目融资中，贷款银行要求 $DCR_t \geq 1$；如果项目被认为有较高风险，贷款银行会要求 DCR_t 的数值相应增加，公认的项目债务覆盖率取值范围在1.0~1.5。

贷款银行在评价一个项目融资建议时，首先要确定可接受的最低 DCR_t 值，该值反映了银行对项目风险的估价，也反映了银行对来自项目之外的各种信用支持结构有效性的评价。

累计债务覆盖率的计算公式为：

$$\sum_{t=1}^{n} \text{DCR}_t = \sum_{t=1}^{n} \frac{(\text{CI} - \text{CO})_t + \text{RP}_t + \text{IE}_t + \text{LE}_t}{\text{RP}_t + \text{IE}_t + \text{LE}_t} \tag{9-7}$$

式中 $\sum_{t=1}^{n}(\text{CI} - \text{CO})_t$ ——自第 1 年开始至第 n 年项目未分配的净现金流量。

累计债务覆盖率的作用是保证项目能够持续、经常地满足债务覆盖率的要求。在项目融资中,只要 $\text{DCR}_t \geq 1$ 且 $\sum \text{DCR}_t \geq 1.5$,就说明项目具有较强的债务承受能力,项目的融资结构是合理的、可以接受的。项目在某些特定阶段可能出现较低的 DCR 值,一种情况是在项目生产的前期;另一种情况发生在项目经营若干年后,生产设备需要更新的情况下。为避免出现 DCR 值过低的情况,一般在项目融资中采取三种相互联系的方法:

1) 规定项目把一定比例的盈余资金保留在项目公司中,只有满足累计覆盖率以上的资金部分,才被允许作为利润返还给投资者。这样就可以使项目在不同年份之间都有能力偿还债务。通常累计债务覆盖率的取值范围在 1.5~2.0。

2) 根据项目生产前期的现金流量状况,给予项目贷款一定的宽限期。

3) 贷款银行要求项目投资者提供一定的偿债保证基金。

2. 项目债务承受比率

项目债务承受比率是项目现金流量的现值与预期贷款金额的比值。与项目债务覆盖率一样,项目债务承受比率也是项目融资中经常使用的指标。在项目融资中,项目债务承受比率的取值范围一般要求在 1.3~1.5。

项目债务承受比率的计算公式为:

$$\text{CR} = \frac{\text{PV}}{D} \tag{9-8}$$

式中 CR——项目债务承受比率;

PV——项目在融资期间内采用风险校正贴现率为折现率计算的现金流量的现值;

D——计划贷款的金额。

3. 资源收益覆盖率

对于依赖某种自然资源(如煤矿、石油、天然气等)的生产型项目,在项目的生产阶段有无足够的资源保证是一个很大的风险因素。因此,对于这类项目的融资,一般要求已经证实的可供项目开采的资源总储量,是项目融资期间计划开采资源量的 2 倍以上,而且要求任何年份的资源收益覆盖率都要大于 2。

资源收益覆盖率的计算公式为:

$$\text{RCR}_t = \frac{\text{PVNP}_t}{\text{OD}_t} \tag{9-9}$$

式中 RCR_t——第 t 年资源收益覆盖率;

OD_t——第 t 年未偿还的项目债务总额;

PVNP_t——第 t 年项目未开采的已证实资源储量的现值。

PVNP_t 的计算公式为:

$$\text{PVNP}_t = \sum_{i=t}^{n} \frac{\text{NP}_i}{(1+R)^i} \tag{9-10}$$

式中 n——项目的经济寿命期;

R——贴现率，一般采用同等期限的银行贷款利率作为计算标准；

NP_i——项目第 i 年的毛利润，即销售收入减生产成本。

9.4 工程项目融资风险防范

本章前几节中已经对工程项目融资风险的分类、识别、评估进行了论述，对如何围绕工程项目的风险因素来安排融资结构提出了解决问题的根本思路。然而，项目投资者在完成项目融资谈判过程，取得融资成功后，还要在项目的建设阶段，结合项目的经营管理实际，分析如何降低和减少各种风险对项目的影响，最大限度地保证项目的成功。这不仅仅是项目投资者关心的问题，同时也是贷款银行需要面对和解决的问题，也就是工程项目融资中的风险防范问题。

下面针对项目融资中两类性质不同的风险，探讨其风险防范的方法。

9.4.1 系统风险的防范

1. 政治风险的防范

在我国，政府机构要参与批准和管理基础设施项目，因而政治风险不容忽视。然而，政治风险非个人和公司所能控制，只能依靠国际社会和国家的力量来防范。

（1）特许权

项目公司应尽量尝试向我国政府机构寻求书面保证，包括政府对一些特许项目权利或许可证的有效性及可转移性的保证、对外汇管制的承诺、对特殊税收结构的批准等一系列措施。广西来宾电厂 B 厂项目在政治风险控制方面就得到了政府强有力的支持，原国家计委、国家外汇管理局、原电力工业部分别为项目出具了支持函，广西壮族自治区政府成立了专门小组来负责来宾电厂 B 厂项目，当法律变更使得项目公司的损失超出一定数额时，广西政府将通过修改特许期协议条款与项目公司共同承担损失，从而很好地预防了政治风险。

（2）投保

除特许权协议外，还可以通过为政治风险投保来减少这种风险可能带来的损失，包括纯商业性质的保险和政府机构的保险。但是，提供政治风险担保的保险公司数量很少，因为市场狭小而且保险费十分高昂，同时对项目所在国的要求特别苛刻。因此，以保险的方式来规避政治风险是很困难的。在我国，为政治风险投保的一个实例是山东日照电厂，德国的 Hermes 和荷兰的 Cesce 两家信誉机构为该项目的政治风险进行了担保，从而使该项目进展得比较顺利。

（3）多边合作

在许多大型工程项目融资中，政府、出口信贷机构和多边金融机构不仅能为项目提供资金，同时还能为其他项目参与方提供一些政治上的保护，这种科学合理的产权布局可以降低政治风险；也可以寻求政府机构的担保以保证不实行强制收购，或当收购不可避免时，政府机构会以市场价格给予补偿。

2. 法律风险的防范

对于项目贷款人来说，管理法律风险的最好办法是在早期通过律师对东道国的法律风险进行系统、彻底的研究。如果可能，最好得到东道国政府法律机构的确认。在一些情况下，可能需要修改东道国的某些法律条款，把针对本项目的新法案作为融资的先决条件。另外，项目公司与东道国政府签订相互担保协议，真正做到互惠互利，在一定程度上也为项目的发起人和贷款人提供了法律保护。这类协议有进口限制协议、劳务协议、诉讼豁免协议、公平仲裁协议和开发协议。在项目融资中，根据项目的特点，不同的项目签署不同的相互担保协议。例如，有的项目在建设或生产经营中需要从国外进口设备或原材料，项目公司就应尽可能地与东道国政府签订进口限制协议，以达到放宽进口限制及减免关税的目的；有的项目需要外籍人员为其提供服务，项目公司就应力争与项目所在国政府签署劳务协议，要求对外籍人员的聘用不加以限制。需要说明的是，一般来说，项目公司应与所在国政府签署开发协议，以保证项目公司在协议执行期间得到有效的服务，以合理的价格销售项目产品。项目公司要求所在国政府授予项目公司一些特许权限，从而在很大程度上转移项目的法律风险，这一点在 BOT 融资模式中显得尤为重要。

3. 市场风险的防范

市场风险的降低取决于项目初期能否做好充分的可行性研究。在项目的建设和运营过程中，签订在固定价格或可预测价格基础上的长期原材料及燃料供应协议和"无论提货与否均需付款"产品销售协议，也可以在很大程度上降低项目的市场风险。

对市场风险的管理控制方法有：

（1）做好国内外市场调研分析

主要应研究分析以下问题：

1）项目的需求量有多大？
2）还有多少家公司提供这种产品或服务？
3）项目自身的市场占有率和市场渗透力如何？
4）项目产品或服务有无其他替代？
5）顾客或用户的消费习惯是否会有新变化？
6）未来的通货膨胀率大致是多少？

（2）签订特定合同锁定价格

通过签订或取或付的产品购买合同、或供或付的长期供货合同锁定产品的价格，确保项目收益。其中，产品购买合同是项目融资能力的基础，合同中规定的产品购买价格要涵盖产品的固定成本，而且合同必须在整个项目贷款期内都有效。

（3）政府或其公共部门保证

主要是要求政府或其公共部门，在协议中明确承诺项目运营的头几年内保证最低需求量，以确保项目的成功。在 BOT 高速公路、隧道、桥梁、发电项目中经常采用这种方式来分散风险，例如对于发电项目，消费者常常是唯一的一个国家或地区的电网。在这种情况下，通常由相关使用机构来提供最低需求量和价格的保证。

（4）建立独立账户

针对现金流量时高时低的情况，通过设立独立账户，优先支付项目债务利息。政府在项目建设期，提供附属贷款，保证偿还债务利息。

4. 金融风险的防范

金融风险相对较为复杂。金融风险中汇兑风险相对简单，而且一般来讲，汇兑风险可能与政治风险、法律风险相关。汇率风险的消除要利用一些金融衍生工具，如汇率期权、掉期交易来对冲风险。利率风险的消除也可以通过金融衍生工具来对冲其风险,其条件是资产、负债及收益使用的是可交易的硬通货。常用的消除利率风险的金融衍生工具包括利率期货、期权、掉期、远期利率协议等。

(1) 利率风险

对利率变化风险可采取以下防范措施:

1) 以某种浮动利率(如伦敦银行同业拆借利率(LIBOR))作为基数,加上一个利差作为项目的贷款利率。

例如,在上海大场水处理厂项目中,里昂信贷银行和住友银行对汤姆森(上海)公司的融资贷款利率为 LIBOR 加 2%。

2) 固定利率的贷款担保。

3) 理想的多种货币组合方式。

4) 银团及其他金融机构密切合作。

5) 运用封顶、利率区间、保底等套期保值技术以减小利率变化的影响。

6) 寻求政府的利息率保证。

由东道国政府为项目发起人提供利率保证,在项目期内利率增长超过规定的百分比时,发起人可以得到补偿。例如,在马来西亚南北高速公路项目中,项目公司 PLUS 就得到了政府提供的利息率保证,如利率增加超过 20%,项目公司在偿还费用中将得到差额补偿。

(2) 汇率风险

对汇率风险,可采取以下防范措施:

1) 运用掉期等衍生工具,这种方法主要适用于硬通货之间。

2) 同东道国政府或结算银行签订远期兑换合同,事先把利率锁定在一个双方都可以接受的价位上。这种方法主要适用于软硬通货之间。

3) 外汇风险均担法。首先,双方洽谈商定一个基本利率,然后确定一个中性地带,在中性地带内,双方各自承担外汇风险和利益。但是,一旦外汇汇率变化过大,超过了中性地带,则双方按一定百分比来分担风险。

(3) 通货膨胀风险

对通货膨胀风险,可采取以下防范措施:

1) 在协议中规定相应条款,将项目产品和服务的价格与东道国的通货膨胀率和当地货币与贷款货币的利率挂钩,采用包含通货膨胀率与利率因素在内的价格调整公式,作为以后对价格进行核查的依据,在通货膨胀率与利率波动超出一定范围时调整价格,或相应增加收费,或延长特许期限,以保证项目产生的现金流足以偿付债务,保证投资收益。

2) 在产品购买协议中规定逐步提高价格条款。

5. 不可抗力的防范

对不可抗力风险的管理控制方法有:

(1) 投保

主要针对直接损失而言,即通过支付保险费把风险转移给有承担能力的保险公司或出口信贷机构。保险种类依各国的法律规定有建筑工程综合保险、第三方责任保险、工伤事故赔偿保险、设备物资运输保险等。伦敦保险市场还专门为项目融资设立了保险项目,美国进出口银行和美国海外私人投资公司也可以提供一定限度的商业担保。当然,担保机构本身通常需要得到政府的某种保证。

（2）有政府参与的项目可以寻求政府资助和保证

这是针对间接损失而言的，是对不能保险或不能以合理成本保险的不可抗力风险的管理方法。有些不可抗力风险无法确定成本，不能保险或不能按照合理的保险费投保，这往往给项目融资谈判造成障碍，发起人只愿承担不包括债权人方面的不可抗力风险，而债权人希望不承担风险。这样，发起人和债权人往往要求东道国政府提供某种形式的政府资助和担保，方式之一就是允许发起人在遭遇不可抗力风险时，可以延长合同期限以补偿投融资中尚未回报、偿还的部分。延长期限相当于实际遭受这种不可抗力的影响期，前提是此种影响只能适用于特定的一段时间。当然，这种资助不是正式的政府保证，在性质上只是对项目表示支持的一种承诺，这种保证不具有金融担保性质。

（3）当事人各方协商分担损失

如果尚在贷款偿还期间，有政府参与的项目中，应当由政府、项目发起人、债权人三方按照事先约定的比例分担损失；如果在贷款已经偿还结束的运营期间，则由政府和项目发起人按照事先约定的比例分担损失。

9.4.2 非系统风险的防范

1. 完工风险的防范

贷款银行及其他金融机构是项目完工风险的主要受害者之一，为了限制和转移项目的完工风险，贷款银行及其他金融机构通常要求工程承建公司提供相应的完工担保作为保证，同时也可以聘请项目管理代表，代表贷款方监督项目的建设进展、完工情况。项目公司也可以通过投保来寻求完工保证。几种常用的完工保证形式有：

（1）无条件完工保证

投资者提供无条件资金支持，以确保项目可以达到项目融资所规定的"商业完工"条件。

（2）债务收购保证

在项目不能达到完工标准的情况下，由项目投资者将项目债务收购或转化为负债。

（3）其他

如单纯技术完工保证，提供完工保证基金和最佳努力承诺等。

除提供完工担保外，项目公司与工程承包商签订固定价格的"交钥匙"总承包合同，也可起到防范完工风险的作用。工程建设费用一次性包干，不管发生什么意外情况，项目公司都不会增加对工程的拨款，由此控制成本超支导致的完工风险。

2. 信用风险的防范

政府参与的项目中，政府对信用风险的防范方法有：

（1）政府确保发起人完成项目的最有效办法，是对保证的条件给予实质性的落实。例如，土地划拨或出让、原材料供应、价格保证、在或取或付合同条款下的产品最低购买量以及保证外币兑换等。

（2）政府委派法律专家或财务顾问与债权人和发起人接触并协助其工作，要求其将有关财务信息、担保手续公开化，以便确信项目有足够的资金到位。

债权人管理和控制信用风险的方法有：

1）项目公司提供担保合同或其他现金差额补偿协议，一旦出现资金不足，能筹措到应急资金以渡过难关。

2）建筑承包商提供保证，赔偿因其未能履约造成损失的担保银行的保函。

3）项目发起人提供股权资本或其他形式的支持。

4）产品购买者提供或取或付或其他形式的长期销售合同。

5）项目供应商提供或供或付合同或其他形式的长期供货合同，以保证原材料的来源。

6）项目运营方提供具备先进管理技术和管理方法的证明。

7）评估保险公司、再保险公司按保单支付的能力和保险经纪人的责任。

3. 生产风险的防范

生产风险主要是通过一系列的融资文件和信用担保协议来防范。针对生产风险种类不同，可以设计不同的合同文件。一般通过以下一些方式来实现：项目公司应与信用好且可靠的伙伴，就供应、燃料和运输问题签订有约束力的、长期的、固定价格的合同；项目公司拥有自己的供给来源和基本设施（如建设项目专用运输网络或发电厂）；在项目文件中订立严格的条款，涉及承包商和供应商的包括延期惩罚、固定成本以及项目效益和效率的标准等。另外，提高项目经营者的经营管理水平，也是降低生产风险的有效途径。

项目融资风险管理的主要原则是让利益相关者承担风险，通过各种合同文件和实现项目风险在项目参与各方之间的合理、有效分担，将风险带来的冲击降至最低。对于项目参与各方而言，他们各自所愿意承担的风险种类及程度不一，风险分担不是将风险平均地分给参与各方，而是采用"将某类风险分配给最适合承担它的一方"的基本原则。

为降低项目融资中的种种风险因素，国际上参与项目融资的主要银行及其他金融机构在实践中逐渐积累了一系列的方法和经验，其核心就是通过各种类型的法律契约和合同将项目有关各方的利益结合起来共同承担风险。总之，为了防范和降低项目融资的风险，项目投资者在项目运作过程中必须准确识别项目的主要风险，评价项目每个风险的水平以及可接受的程度，并将项目风险分配到有关各方，将项目风险与融资结构相结合，再恰当地使用一些金融工具化解风险，最大限度地避免项目融资风险带来的损失。

4. 环境风险的防范

对环境风险的防范方法有：

1）投保。这是项目发起人和债权人通常的做法，当然保险不可能面面俱到，它很难包括事故以外的连锁效应的风险损失，何况重大环境损害的潜在责任是无限的。

2）把项目的法律可行性研究（特别是环保方面），作为项目总的可行性研究的一个重点来对待。

3）作为债权人一方，可要求其将令人满意的环境保护计划作为融资的一个特殊前提条件。该计划应留有一定余地，以确保将来能适用加强的环保管制。

4）制定好项目文件。该项目文件应包括项目公司的陈述、保证和约定，确保项目公司自身重视环保，遵守东道国的有关法律、法规等。

5）运营商不断提高生产效率，努力研发符合环保标准的新技术和新产品。

9.5 工程项目融资风险分担

通过上一节中介绍的工程项目融资中各类风险的防范措施，能有效地避免、转移和控制部分风险，但残留的风险仍对工程项目的成败产生关键影响。项目投资方在项目运作过程中必须确定项目的关键残留风险，评价项目每个风险的可接受程度，并将项目风险分配到有关各方，即风险分担。

在传统的公司融资方式中，项目风险全部由项目投资公司及有关担保方承担。项目投资公司承担项目负债的完全追索责任，银行向项目发放的贷款仅从项目借款人和贷款担保人处得到还贷的担保保证。若项目失败，项目投资公司自己承担项目全部损失并负责偿还银行贷款直至公司破产；银行面临的风险主要为项目借款人的资信状况以及担保人的担保能力。而在项目融资方式中，项目风险承担的主体与传统公司融资不同，风险并不集中在某一方。项目融资的风险管理是将风险分摊到项目的有关各方，避免集中在项目投资者或贷款人一方，这就是风险分担的出发点。

工程项目融资风险分担的实质是项目参与方对避免、转移和控制风险后残留风险进行分担，但同时也不是将残留风险对每个参与者平均分配，而是将某类风险都分配给最适合承担、最愿意承担该风险的那一方，即项目的任何一种风险都完全由对该风险偏好系数最大的项目参与方承担，使项目参与方的整体满意度最高。

思 考 题

1. 什么是工程项目融资风险？工程项目融资风险的种类有哪些？
2. 什么是项目融资风险管理？项目融资风险管理具有什么特点？
3. 工程项目融资中最常使用的风险评价指标有哪些？
4. 工程项目融资风险中，对金融风险的防范措施有哪些？
5. 工程项目融资风险分担的原则是什么？
6. 传统公司融资与工程项目融资在风险分担方面有什么区别？

第 10 章 工程项目融资担保

担保是工程项目风险分配和管理的主要手段,是在风险管理的基础上将风险分析结果落实到书面上的行为。

因为项目融资具有"无追索权或有限追索权"的特点,所以工程项目贷款方重点关注项目成功与否,而较少关注工程项目资产的现有价值。因此,项目贷款方要求担保能够保证项目按期、按质完工,并正常经营以获得足够的现金流。

担保在工程项目融资中还具有特殊作用,它可以把某些风险转嫁给一些不想直接参与经营或为项目提供资金的有关方面。在这种情况下,第三方担保人可以不参与出资或贷款,而是以提供担保的方式参与工程项目。

10.1 工程项目融资担保概述

10.1.1 担保的概念及种类

在民法中,担保的定义为:以确保债务或其他经济合同项下的履行或清偿为目的的保证行为。担保是债务人对债权人提供履行债务的特殊保证,是保证债权实现的一种法律手段。

工程项目融资担保实质是工程项目的借款方或第三方以自己的资产或信用向贷款方或租赁机构做出的偿还保证,是分配和转移工程项目融资风险的重要手段。

按照各国法律,担保可以分为两大类:一类是物权担保,即借款人或担保人以自己的有形财产或权益财产,为履行债务设定的物权担保,如抵押权、质押权、留置权等;另一类是人的信用担保,即担保人以自己的资信向债权人保证对债务人履行债务承担责任,有担保(保证书)、安慰信等形式。

在项目融资结构中,物权担保是以项目特定物产的价值或者某种权利的价值作为担保,如债务人不履行其义务,债权人可以行使其对担保物的权利来满足自己的债权。物权担保主要表现在对项目资产的抵押和控制上,包括对项目的不动产和有形动产的抵押、对无形资产设置担保物权等几个方面。

在项目融资结构中,信用担保的基本表现形式是项目担保。项目担保是一种以法律协议形式做出的承诺，依据这种承诺，担保人向债权人承担了一定的义务。项目担保义务可以是第二位的法律承诺，即在被担保人（主债务人）不履行其对债权人（担保受益人）所承担义务的情况下（即违约时），必须承担起被担保人的合约义务，这种担保义务是附属和依存在债务人和债权人之上的。项目担保也可以是第一位的法律承诺，也就是即期担保。即期担保承诺在担保受益人的要求之下（通常是根据融资文件或者担保文件中的有关条款），立即支付给担保受益人（或担保受益人指定的其他任何人）规定数量的资金，而不管债务人是否真正违约。因而，即期担保相对独立于债权人与债务人之间的合约。项目的完工担保多数属于这一种类型。

鉴于项目融资"无追索权或有限追索权"的特点，项目融资中的担保与一般商业贷款的担保有着明显不同。项目融资贷款方关注的重点是项目成功与否，而不是项目的现有资产价值，因此，他们要求担保能够确保项目按期、按质完工，正常经营，获取足够的现金流来收回贷款。而一般商业贷款人要求担保人有足够的资产弥补借款人不能按期还款时可能带来的损失。担保在项目融资中有特殊的作用，它能把项目融资的某些风险转嫁给本来不想直接参与经营或直接为项目提供资金的有关方面。第三方担保人如果愿意出力，帮助建成项目，可以不贷款或不出资，而以提供担保的方式承担项目商业风险。

10.1.2 担保的文件及条款

1. 担保的文件

项目融资使用的文件多而复杂，可分为三类：基本文件、融资文件和专家报告。从广义上讲，几乎每一个具体文件都是对贷款方的担保；从狭义上看，与担保关系较为直接的项目融资文件有基本文件和融资文件。

（1）基本文件
1）政府的项目特许经营协议和其他许可证。
2）承建商和分包商的担保及预付款保函。
3）项目投保合同。
4）原材料供应协议。
5）能源供应协议。
6）产品购买协议。
7）项目经营协议。
（2）融资文件
1）贷款协议。包括消极保证、担保的执行。
2）担保文件和抵押文件。主要包括：
① 对土地、房屋等不动产抵押的享有权。
② 对动产、债务以及在建生产线抵押的享有权。
③ 对项目基本文件给予的权利的享有权。
④ 对项目保险的享有权。
⑤ 对销售合同、照付不议合同、产量或分次支付协议以及营业收入的享有权。
⑥ 用代管账户来控制现金流量（必要时提留项目的现金流量）。
⑦ 长期供货合同的转让，包括或供或付合同和能源、原材料的供应合同。

⑧ 项目管理、技术支持和咨询合同的转让。
⑨ 项目公司股票的质押，包括对股息设押。
⑩ 各种为抵押产生的有关担保的通知、同意、承认、背书、存档及登记。
3）支持性文件。主要包括：
① 项目发起方的直接支持：偿还担保、完工担保、营运资金担保协议、超支协议和安慰信。
② 项目发起方的间接支持：无货亦付款合同、产量合同、无条件的运输合同、供应保证协议。
③ 政府的支持：经营许可、项目批准、特许权利、不收归国有的保证和外汇许可等。
④ 项目保险：商业保险、出口信贷担保以及多边机构的担保。

2. 担保的条款

(1) 对价条款

担保中的对价是贷款人给予借款人贷款，即担保人通过为借款人提供担保所得到的回报是贷款人向借款人提供贷款。在担保书中对价一般以这样的条款来表达："贷款人向借款人提供贷款的前提是担保人出具担保书。"

在不同的国家，对对价条款的重视程度有所不同。在英国，对价是适用于一切合同的基本原则，是否有对价是合同生效的前提；在我国企业的对外融资中也是如此，即必须具备对价条款。按照英国法律，对价的条件是：

1）对价必须是书面的。因为担保合同、贷款合同是书面的，所以对价条款也应是书面的。

2）在实践中，一般要准确写明对价的具体金额。

3）如果贷款人已经放款或已经承诺放款，则这种已经做出的对价属于过去的对价，担保也就成为无效的保证。

4）对价的内容可多样。在担保中，贷款人同意放弃对借款人违约的追究、同意展期还款等都可成为担保的对价。

(2) 担保责任

在项目融资中，由于金额一般较大，担保人往往可能是两个以上，为此，必须在担保合同中明确各担保人的责任：

1）个别担保责任。这是指每个担保人只对借款人一定比例的债务承担担保责任，如果借款人违约，贷款人只能向每个担保人提出其担保比例上限范围内的清偿要求。

2）共同担保责任。这是指每个担保人对全部贷款债务承担保证责任，如果借款人违约，贷款人可以向担保中的任何一个或所有担保人提出清偿要求。

3）个别和共同担保责任。在此种条件下，如果借款人违约，贷款人可向所有担保人提出清偿要求，也可以向担保人中的任何一个提出清偿要求，在向一个担保人提出清偿要求而未能被满足时，还可以向其他担保人提出清偿要求。这种形式的担保由于综合了前面两种担保责任的优点而被广泛地采用。

(3) 担保条件

在担保合同中，一般会有"本担保书是无条件的、不可撤销的"或"本担保人无条件地、不可撤销地保证"等条款。这些都属于担保条件，其中"无条件"是指如果借款人违约,贷款人在没有用尽一切补救措施向借款人要求清偿规定的情况下,就可要求担保人履行担保义务;"不可撤销"是指未经贷款人(担保受益人)的同意,担保人不得解除担保合同。担保条件确立了担保合同的独立性,因而使担保人承担的义务不因贷款合同的变化受影响。担保条件还明确了贷款人对担保人的立即追索权,即借款人如果出现违约行为,贷款人可直接向担保人要求清偿。

(4) 陈述和保证

陈述和保证条款是明确担保人的担保资格和担保能力所做出的保证。其内容一般有:担保人必须是法人;担保人不存在对本合同的执行有实质性影响的负债;担保合同项下的担保责任与其他合同项下的担保责任具有同等地位;除非国家法律另有规定,在每个财务报告期结束的一定日期内,担保人向代理行提供经审计的财务报告。

(5) 延续担保

延续担保可使贷款人避免因担保合同期满而无法向担保人索付,从而保障了贷款人的合法权益。在担保合同中通常是这样规定的:"本担保合同是延续不断的担保,直到借款人清偿所有贷款合同项下的贷款及其利息、费用为止。"

(6) 见索即付

见索即付是指一旦贷款人向担保人提出付款指示,担保人就必须立即付款。见索即付在担保合同中通常表示为:"本担保人在收到代理行发出的书面索付通知书的数目内,向代理行支付本协议项下的担保金及利息、费用。"这一条款的作用是:在担保人采取任何诉讼或其他手段对借款人或任何其他人采取行动之前,担保人的义务已履行,一经代理行提出要求,担保人就必须立即通过代理行向贷款人进行赔偿。

(7) 延期、修改及和解

在担保合同中,贷款人和借款人就延长借款清偿期限达成协议或对贷款协议做出实质性修改,以及贷款人与借款人达成的某种和解,均需经过担保人同意,否则担保人的担保义务将自动免除。

(8) 适用法律及司法管辖

这是指担保合同选择什么法律作为适用法。一般选择与适用法相关联的法院作为管辖法院,再就是确定诉讼代理人。

(9) 税收费用

一般地,担保人在合同中均承诺,担保人将通过代理行补偿代理人因执行担保合同而发生的费用,贷款人可获得无任何抵扣的、足额的收益。

10.1.3 担保的步骤

安排项目担保的步骤可以大致划分为四个阶段,如图10-1所示。

1) 贷款银行向项目投资者或第三方担保人做出项目担保的要求。

2) 项目投资者或第三方担保人可以考虑提供公司担保(对担保人来讲,公司担保成本最低);如果公司担保不被接受,则需要考虑提供银行担保。后者将在银行和申请担保人之间构成一种合约关系,银行提供项目担保,而申请担保人则承诺在必要时补偿银行的一切费用。

3) 在银行提供担保的情况下,项目担保成为担保银行与担保受益人之间的一种合约关

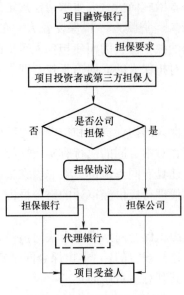

图 10-1 项目担保的步骤

系。这是真正的担保人（项目投资者或者第三方担保人）并不是项目担保中的直接一方。

4）如果项目所在国与提供担保的银行不在同一国家，有时担保受益人会要求担保银行安排一个当地银行作为代理人承担担保义务，而担保银行则承诺偿付其代理人的全部费用。

10.1.4 担保的法律特征

担保是不依附于基础合同而成立的独立合同。它具有以下法律特征：

（1）担保合同具有从属性和补充性

从属性是指担保合同是贷款合同的从属合同，承担着与贷款合同标准和范围一样的责任，保证人的保证责任随借款人的主债务的消灭而消灭。补充性是指在保证合同的法律关系上，保证人是第二债务人，只有当债务人不履行其债务时，保证人才有责任承担付款责任，只有在对借款人的财产强制执行后仍不足以抵债时，才能要求担保人承担清偿的责任。

（2）担保独立存在

担保是一项独立的承诺，担保合同一经签署，担保人就向债权人做出了一种赔偿保证，只要债权人能满足担保书的履行条件，担保人就必须履行偿付责任。这种偿付责任不依赖基础合同而独立存在。

（3）担保人承担无条件担保责任

在这种独立的担保中，担保人往往要承担无条件的担保责任和第一性的付款责任，排除了传统担保中担保人所享有的抗辩权。

这就是说，在主债务人未能履行其债务时，只要债权人能提供担保合同规定的书面索赔文件，除非担保人有充足的证据证明债权人的要求有明显的欺诈性，否则担保人无权拒付。

10.1.5 担保在工程项目融资中的作用

由于工程项目融资的根本特征体现在项目风险的分担，而项目担保正是实现这种风险分担的一个关键所在。但是，许多项目风险是项目本身所无法控制的。出于对超出项目自身承受能力的风险因素的考虑，贷款银行必须要求项目投资者或与项目有关的第三方提供附加的债权担保。因此，项目担保是项目融资结构中的一个关键环节，是保障项目融资成功的首要条件。具体来说，项目担保在项目融资中起到以下重要作用。

1. 降低项目投资者的风险

采用担保形式，项目投资者可以避免承担全部的和直接的项目债务责任，项目投资者的责任被限制在有限的项目发展阶段之内或者有限的金额之内。正因为如此，项目投资者才有可能安排有限追索的融资结构。

采用项目担保形式，项目投资者可以将一定的项目风险转移给第三方。通过组织一些对项目发展有利，但又不愿意直接参与项目投资或参与项目经营（由于商业原因或政治原因）的机构为项目融资提供一定的担保，或者利用商业担保人提供的担保，一定条件下可以将项目的风险因素分散和转移。

2. 降低贷款人的风险

在项目融资中，项目担保有利于贷款人转移风险，因为贷款的风险使得贷款人在进行贷款活动中，采取各种措施来防范风险，以避免和减少损失。项目担保可使贷款人将可能发生的风险转移给担保人，一旦贷款发生风险，贷款人就可从项目担保中得到补偿。

项目担保还有利于加强对借款人的监督。担保人为借款人的借款行为担保后，就为此承担了责任，这样可以防止借款人将贷款用于非规定项目，监督借款人履行义务。

10.2 工程项目融资担保人

工程项目融资担保人可以分为三种：项目投资者、与工程项目有关的第三方参与者和商业担保人。

10.2.1 工程项目投资者

工程项目的直接投资者和项目主办人作为担保人是项目融资结构中最主要和最常见的一种形式，如图10-2所示。

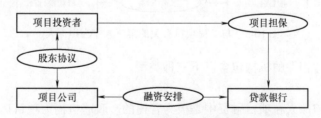

图 10-2 项目投资者作为担保人

在多数工程项目融资结构中，项目投资者通过建立一个专门的项目公司来经营项目和安排融资。但是，在这样的安排下，由于项目公司在资金、经营历史等各方面不足以支持融资，很多情况下贷款银行会要求借款人提供来自项目公司之外的担保作为附加的债权保证。因而，除非项目投资者可以提供其他的能够被贷款银行接受的担保人，项目投资者在大多数情况下必须自己提供一定的项目担保，如"项目完工担保""无论提货与否均需付款协议"

和"提货与付款协议"等。

项目投资者提供的担保可以有两种形式：

(1) 直接担保

如果项目投资者对项目公司提供的担保是直接担保，即直接担保项目公司的一部分债务，则根据国际通行的会计准则，这种担保必须作为一种债务形式表现在资产负债表中，至少需要作为一种债务形式在资产负债表的注释中加以披露。这种对公司资产负债表结构影响的考虑，是在工业国家以及一切市场经济国家开展企业经营活动的一个很重要的特点，因为如果某一项目的债务并入总公司的资产负债表之后，造成该公司的资产负债结构恶化，就可能导致一系列的问题，包括影响公司的信用、公司的筹资能力、公司股票在证券市场上的价格，以及削弱该公司承受任何财务风险和金融风险的能力等。

(2) 非直接担保

如果项目投资者所提供的担保以非直接的形式，或者以预防不可预见风险因素的形式出现，其担保就可以在项目投资者为项目公司所承担的财务责任上披上一件"正常商业交易"的外衣，对项目投资者本身资产负债表的影响就较小。应用项目投资者提供以预防不可预见因素为主体的非直接项目担保，加上来自其他方面的担保，同样可以安排成为贷款银行所能接受的信用保证结构。这是项目融资的主要优点之一。

10.2.2 与工程项目有关的第三方参与者

在工程项目融资结构中，所谓利用第三方作为担保人，是指在项目的直接投资者之外寻找其他与项目开发有直接或间接利益关系的机构，为项目的建设或者项目的生产经营提供担保。由于这些机构的参与在不同程度上分担了项目的一部分风险，为项目融资设计一个强有力的信用保证结构创造了有利的条件，对项目的投资者具有很大的吸引力，如图 10-3 所示。

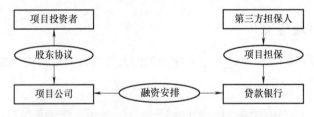

图 10-3 与工程项目有关的第三方作为担保人

能够提供第三方担保的机构包含以下三种类型。

1. 政府机构

政府机构作为担保人在项目融资中是极为普遍的。政府机构为项目提供担保多从发展本国或本地经济，促进就业，增加出口，改善基础设施建设，改善经济环境等目的出发。这种担保对于大型工程项目的建设十分重要，尤其是对于发展中国家的大型项目来说，政府的介入可以减少政治风险和经济政策风险，增强投资者的信心，而这类担保是从其他途径得不到的。

以特许经营 BOT 模式为例，政府的特许经营协议是特许经营 BOT 模式中不可或缺的重要一环。如果没有政府以特许经营协议形式做出的担保，投资银行及其他融资机构如果想利用 BOT 模式组织起项目融资是根本不可能的。

政府作为项目融资担保人的另一个目的是避免政府的直接股份参与，这在工业国家是较为普遍的现象。由于立法上的限制或出于政治、财政上的考虑，有时这些国家的政府很难直接参与项目投资，因此为了促进项目的开发，政府多以提供一些贷款担保或者项目产品长期购买协议等形式的担保，作为间接对项目的参与。

政府担保的优势显而易见，能增强投资者的投资信心，保证项目顺利实施，缓解国内经济建设所需巨额资金的压力，用较少的建设资金和信贷就可以达到促进经济发展的目的。

但其带来的弊端也不容忽视：

1）政府在某个项目中提供了相关法律或管制的担保，但在某些情况下政府又必须对其加以改变，则就会限制自己在此领域颁布新法规、实施新管制的自由性，造成与国家根本利益相悖的局面。

2）政府过多的担保会削减引入私人资本所产生的益处。项目融资中积极引入私人资本的作用，就在于私人资本可以更好地管理风险和控制成本，对市场需求的刺激有更灵敏的反应速度，能够提高项目效率。若政府过多地为项目提供担保，如提供有关项目投资回报率的担保，则项目公司就会丧失降低项目成本和高效运营项目的动力，从而使项目成本远高于正常水平，这显然与引入私人资本的目的不符。

3）政府过多的担保会加大政府守信的成本，并且侵蚀国家财政的健康。

《中华人民共和国担保法》第八条明确规定："国家机关不得为担保人，但除经国务院批准，为使用外国政府或者国际经济组织贷款进行转贷的除外"；最高人民法院《关于贯彻执行＜中华人民共和国民法通则＞若干问题的意见（试行）》第一百零六条第二款也规定"国家机关不能担任保证人"，故认为我国政府在项目融资中不能提供担保。相关法律规范关于政府机关不得充当保证人笼统、绝对的规定，已经成为我国项目融资实践的障碍。

2. 与项目开发有直接利益关系的商业机构

与项目开发有直接利益关系的商业机构作为担保人，其目的是通过为项目融资提供担保而换取自己的长期商业利益。这些利益包括：①获得项目的建设合同；②获得项目设备的供应、安装合同；③保证担保人对项目设施的长期使用权（如被担保项目是码头、铁路等公用设施项目，虽然项目是由其他机构所拥有，但是项目的建成投入使用对担保人至关重要）；④保证担保人自身产品的长期稳定市场（如果被担保项目是担保人自身产品的主要消费者）。

能够提供这种第三方项目担保的商业机构可以归纳为以下三类：

(1) 工程公司

工程公司为了在激烈的竞争中获得大型工程项目的承包合同，很多情况下愿意提供项目的完工担保（如"交钥匙"工程），有时甚至愿意为项目投资者提供一定的财务安排，如在PPP模式中工程公司的作用。

(2) 项目设备或主要原材料的供应商

卖方信贷以及项目设备质量（运营）担保，是项目设备供应商通常提供的担保形式。原材料供应商则主要以长期、稳定、价格优惠的供应协议作为对项目的支持。这种协议往往带有"无论提货与否均需付款"类型合同的性质，一般以"供货或付款"（或供或付）的形式出现。

(3) 工程项目的用户

与上一类相反，项目用户从保障项目市场的角度为项目融资提供一定的担保或财务支持。这种类型的例子很多，一般以长期合同或预付款的形式出现，多集中在能源和基础设施项目中。

3. 世界银行、地区开发银行等国际性金融机构

这类机构虽然与项目的开发并没有直接的利益关系，但是为了促进发展中国家的经济建设，有时一些重要的项目可以寻求到这类机构的贷款担保。这类机构在项目中的参与同样可以起到政府机构的作用，减少项目的政治、商业风险，增强商业银行对项目融资的信心。

10.2.3 商业担保人

商业担保人与以上两种担保人在性质上是不同的。商业担保人以提供担保作为一种盈利的手段，承担项目的风险并收取担保服务费用。商业担保人通过分散化经营降低自己的风险。银行、保险公司和其他的一些专营商业担保的金融机构是主要的商业担保人。

商业担保人提供的担保服务有两种基本类型。

1. 担保项目投资者在项目中或项目融资中必须承担的义务

这类担保人一般为商业银行、投资公司和一些专业化的金融机构，所提供的担保一般为银行信用证或银行担保。这种类型担保的第一个作用是担保一个资金不足或者资产不足的项目公司对其贷款所承担的义务。一个典型的例子是在国际房地产项目融资中较为普遍的"卖出期权"安排。近几年来，在国外安排房地产项目融资时，如果贷款银行认为房地产价值以及贷款期内的现金流量不足以支持一个有限追索的融资结构，则借款人可以从专业化的金融机构手中以远低于房地产市场价值的契约价格购入一个卖出期权作为项目融资的附加担保。在贷款期间，一旦借款人违约，如果贷款银行认为需要的话，就可以通过执行该期权，将房地产以契约价格出售给期权合约的另一方，行使贷款银行的权利。

例如，某一公司为了购买一座办公大楼需要安排4000万美元的项目融资，但是贷款银行认为根据项目的经济强度（办公楼价值加上租金收入），只能安排3000万美元的有限追索贷款。最后借款人通过买入一个契约价格为1500万美元（实际房产价值在4000万美元）的卖出期权作为附加担保完成融资安排。在期权有效期内，借款人每年需要支付契约价格的1%给期权合约的另一方作为商业担保费。在这个例子中，担保费与契约价格成正比关系，契约价格越高，越接近房产的市场价值，担保费也就越高，因为出售这个期权的一方所承担的房产价值波动的风险也就越大。

这种类型担保的第二个作用是担保项目公司在项目中对其他投资者所承担的义务。这种担保在有两个以上的投资者参加的非公司型合资结构中较为常见。举一个实际例子，某公司在非公司型合资结构矿山项目中投资30%，并且相应成立了一个项目子公司负责资金的安排和项目的管理。该公司为项目投资安排了有限追索的项目融资，除有限的资金支持外，项目公司的经营和财务与母公司分离。虽然这个融资安排为贷款银行所接受，但是其他项目投资者却提出不同意见，要求该公司提供由国际银行开出的备用信用证作为对项目所承担义务的担保。原因很简单，项目公司本身资金有限，而有限追索的融资结构又限制了对母公司追索的能力，对于其他项目投资者来说，这种安排面临着一个潜在的风险，一旦国际市场该种矿产品价格长期下跌，这家项目公司就有可能出现经营困难、资金周转不灵等一系列问题。项目合资协议一般都包括"交叉担保"条款，为了保证项目的正常运行，在一方表示无力支付项目生产费用或资本开支时，其余各方需要承担该违约方应支付的费用，直至违约事件被改正或违约方资产被出售为止。但是，这是项目各方都不希望看到的情况，因为在一方由于市场等问题出现困难时，其他各方也面临同样的问题，只是程度不同而已。基于这样的考虑，在非公司型合资项目结构中，资本不足的公司往往会被要求有国际性银行提供备用信用证（信用证额度一般为 3~9 个月的项目生产费用）作为项目担保。

这种类型担保的第三个作用是在担保人和担保受益人之间起到一个中介作用。这种作用类似于国际贸易中银行信用证的作用。假设一个国家的公司到另一个国家投资或组织项目融资，如果这家公司不为项目所在国的公司和银行所熟悉，该公司的直接担保就很难被接受，从而需要选择一家或几家既为项目投资者所熟悉，又为项目所在国的公司和银行所接受的国际性商业银行提供商业担保，承担项目投资者在项目中所需要承担的责任。

2. 为防止项目意外事件的发生而做出的担保

这类担保人一般为各种类型的保险公司。项目保险是项目融资文件中不可缺少的一项内容。保险公司提供的项目保险包括广泛的内容，除项目资产保险外，项目的政治风险保险在有些国家中也是不可缺少的。项目保险在性质上等同于其他类型的担保。

10.3 工程项目融资担保的范围和条件

10.3.1 工程项目融资担保的范围

一个项目可能面临各种各样的风险因素，其中主要有信用风险、完工风险、生产风险（包括技术风险、资源风险、能源和原材料供应风险、经营管理风险）、市场风险、金融风险、政治风险、项目环境保护风险。这些风险因素可以归纳为商业风险、政治风险、金融风险和或有风险等基本类型。

1. 商业风险

商业风险是项目融资面临的最主要的风险之一，是项目担保的重要内容。大多数商业风险属于项目的核心风险，即可控制风险。作为项目融资的贷款银行，对于这类可控制的商业风险，一般都会要求项目投资者或者与项目有直接利益关系的第三方提供不同程度的担保，特别是在项目完工和建设成本控制两个方面。

（1）项目完工

一个项目能够在规定的预算内和规定的时间内建成投产，达到"商业完工"的标准，是组织项目融资的基础。尤其是在工程项目的运作中，许多不成功的例证主要是由于项目不能建成完工和形成生产能力而无法收回投资。对此，项目的贷款人可能要求项目投资者保证项目能按期完工，达到按规定的效率和标准生产的运营阶段。因此，要求项目的一个或几个投资者以连带责任或个别责任的形式，保证项目按照融资协议中确定的完工标准，并保证在不能按时、按质量完工时偿还贷款。

这一阶段的风险传统上被要求由项目投资者全面承担。由项目投资者提供担保承诺在工程延期、建设成本超过预算等问题出现时为项目提供资金，有时甚至担保人被要求承诺如果项目在无法达到"商业完工"标准时偿还全部的项目贷款。但近些年来，新的发展趋势为在市场竞争和项目投资者的压力下，贷款银行被要求承担一部分完工风险。在一些投资环境较好、技术比较成熟的项目融资下，贷款银行转向从工程公司、技术设备供应公司等其他方面寻求完工担保,包括采用固定价格的交钥匙合同和由工程公司或技术设备公司提供项目履约担保等形式,以减少对项目投资者在完工担保方面的要求。

在设计和完成项目融资结构过程中,如何分担项目的完工风险是贷款银行和项目投资者谈判的一个焦点。贷款银行除了要求项目投资者或者工程公司提供完工担保外,有时也会要求在产品市场安排上增加相应的项目延期条款,用来调整合同收入,支付因为工程延期而造成的融资成本超支。

(2) 建设成本控制

在进入工程项目建设阶段之后,一个项目的经济强度在很大程度上取决于对建设成本的控制。项目是否在同行业同类型企业中占据有利地位和具有竞争性,除了项目所具备的自然条件和技术条件之外,能否按照一个具有竞争性的价格取得某些重要原材料、能源或外部服务的供应是非常关键的因素。

一个项目能够部分甚至全部实现自我融资,其中一个很重要的基础就是建立在建设成本可控制或者可预测的假设前提条件之下。因此,对于项目融资而言,由独立于项目公司本身的其他人(包括第三方担保人和项目投资者)以某种形式承担一部分这方面的风险是很重要的,并且这种担保具有替代作用,一个较强的生产成本控制方面的担保可以避免或者减少贷款银行对其他担保形式的要求。

对建设成本的控制,一种有效的方法是通过由项目公司和提供工程建设所需要的主要原材料、能源的供应厂商签订长期供应协议来实现。其供应数量、期限和价格必须在协议中规定下来;价格可以采用固定价格,也可以采用浮动价格。无论采用哪种方法,目的都是在安排融资时,项目投资者和贷款银行双方都可以对项目的成本有一个基本估计,减少这方面的风险。

2. 政治风险

政治风险是贷款银行在项目融资中关注的另一类型的风险。在政治环境不稳定的国家开展投资活动,具有很高的政治风险。没有政治风险担保,就很难组织起有限追索的项目融资结构。一般来说,项目投资者自己很难解决项目的政治风险问题,需要安排第三方参与,为贷款银行提供政治风险担保。

对于政治风险而言,一般项目所在国的政府或者中央银行应该是最理想的政治风险担保人。这些机构与项目发展有直接利益关系,对项目的投资环境有直接的决定权。如果争取到这些机构对项目融资的担保,或者争取到一些与项目经营有关的特许权协议(例如对外汇控制的特殊政策或进出口特许政策等),就可以有效地减少国外投资者和国外贷款银行对政治风险的顾虑。

但是,对于一些被认为存在高政治风险的发展中国家,仅仅有项目所在国政府的保证是不够的。这时,世界银行、地区开发银行、一些工业国家的出口信贷海外投资保险机构所提供的担保,将有利于组成项目融资。

3. 金融风险

项目的金融风险和政治风险一样,都属于不可控的外围风险,主要是指由于项目发起人不能控制的金融市场变化对项目可能产生的负面影响,主要包括汇率的波动、利率的变化、国际市场商品和劳务价格的涨跌等。

在项目融资中,金融风险的防范和分担是一个非常敏感的问题,对于汇率和利率风险,可以通过使用金融衍生工具来分散。但是，在东道国金融市场不完善的情况下，使用金融衍生工具存在一定的局限性。在这种情况下，境外项目发起人和贷款银行一般要求东道国政府或国家银行签订远期外汇兑换合同，把汇率锁定在一个双方可以接受的价位上，但东道国政府或银行一般不愿意承担这个风险，此时，项目公司应同东道国政府或银行签订专门合同，规定在一定范围内由各方分摊相应的汇率风险。

4. 或有风险

工程项目除了存在商业风险和政治风险外，还会因为地震、火灾以及其他一些不可预见的因素而导致失败。这类风险被称为不可预见风险，或者称为或有风险。避免这类风险主要也是采用商业保险的方法。

10.3.2 工程项目融资担保的条件

为了有效地涵盖工程项目所面临的商业风险、政治风险和或有风险，基本的项目担保条件至少包括以下内容：担保受益人、项目定义、担保的用途、最大担保金额、担保有效期、启用担保的条件、担保协议以及执行担保的具体步骤。

不管工程项目担保的性质和形式如何，贷款银行在融资中通常总是坚持作为担保的第一受益人。对于贷款期限较长的项目，贷款银行在项目担保的基本格式上还会增加一些特殊的规定，以保护不因外部环境的变化而损害贷款银行的利益。

10.4 工程项目融资担保的形式

10.4.1 信用担保

工程项目融资中的信用担保又称为人的担保，是当事人之间的一种合同关系。在项目融资中，担保人通常是法人，包括借款人以外的其他公司、商业银行、政府、官方信贷机构等。

信用担保的主要作用是：由担保人为某一项目参与方向贷款人提供担保，当该项目参与方无法履行合同义务时，由担保人负责代其履行义务或承担赔偿责任。在信用担保中，担保人的信用是至关重要的，往往是贷款人决定是否给予贷款所要考虑的关键因素。

1. 完工担保

完工担保主要是针对项目完工风险设立的，担保人在一定时间内（通常是项目建设期和试运行期）承担项目成本超支、工期延误的责任，甚至是项目失败的责任，是一种有限责任的直接担保形式。

由于在项目的建设期和试运行期，贷款银行所承担的风险最大，项目能否按期建成并按照其设计指标进行生产经营是以项目现金流量为融资基础的项目融资的核心，因此，项目完工担保就成为项目融资结构中一个最主要的担保条件。

大多数的项目完工担保属于仅仅在时间上有所限制的担保形式，即在一定的时间范围内（通常在项目的建设期和试生产或试运行期间），项目完工担保人对贷款银行承担着全面追索的经济责任。在这一期间，项目完工担保人需要采用一切方法促使项目达到"商业完工"的标准，并支付所有的成本超支费用。

由于完工担保的直接财务责任在项目达到"商业完工"标准后就立即终止，项目融资结构也从"全面追索"转变成为"有限追索"性质，贷款银行此后只能单纯（或绝大部分）地依赖于项目的经营，或者依赖于项目的经营加上"无货亦付款"等类型的有限信用保证支持来满足债务偿还的要求，所以对项目"商业完工"的标准及检验是相当具体和严格的。这其中包括对生产成本的要求、对原材料消耗水平的要求、对生产效率的要求以及对产品质量和产品产出量的要求。无论哪项指标不符合在融资文件中所规定的指标要求，都会被认为是没有达到项目完工担保的条件，项目完工担保的责任也就不能解除，除非贷款银行同意重新制定或放弃部分"商业完工"标准。

项目完工担保的提供者主要由两类公司组成：一类是项目的投资者；另一类是承建项目的工程公司或有关保险公司。

（1）由项目的投资者作为完工担保人

由直接投资者作为项目完工担保人是最常用，也是最容易被贷款银行接受的方式。因为项目的投资者不仅是项目的最终受益人，而且由于股本资金的投入使其对项目的建设和运行成功与否有着最直接的经济利益关系，所以如果项目的投资者作为担保人，就会想方设法使项目按照预订的计划完成，同时，由项目投资者作为完工担保人也可以增加贷款银行对项目前途的信心。

在项目融资结构中，完工担保可以是一个独立协议，也可以是贷款协议的一个组成部分。无论以哪种形式出现，完工担保都应包括以下三个方面的基本内容：

1）完工担保的责任。完工担保的中心责任是项目投资者向贷款银行做出保证，除计划内的资金安排外，必须能够提供使项目按照预定工期完工的或按照预定"商业完工"标准完工的、超过原定计划资金安排之外的任何所需资金。如果项目投资者不履行其提供资金的担保义务而导致该项目不能完工，则需要偿还贷款银行的贷款。

由于这种严格的规定，在项目完工担保协议中对"商业完工"的概念有着十分明确的定义，包括：对项目具体生产技术指标的规定（包括对单位生产量的能源、原材料甚至劳动力消耗指标的规定）；对项目产品（或服务）质量的规定；对项目产品的单位产出量（或服务量）的规定；对在一定时间内项目稳定生产（或运行）的指标规定。

2）完工担保的义务。一旦项目出现工期延误和成本超支，项目投资者就应采取相应的行动履行其担保义务，支付项目所必要的资金。通常采用的方式主要有两种：一种是要求项目投资者追加对项目公司的股本资金投入；另一种是由项目投资者自己或通过其他金融机构向项目公司提供初级无担保贷款（即准股本资金或次级债务），只有高级债务被偿还后无担保贷款方才有权要求清偿。

3）保证项目投资者履行担保义务的措施。国际上大型项目融资经常会出现贷款银团与项目投资者分散在不同国家的情况，这种状况使得一旦项目担保人不履行其完工担保义务时，就会给贷款银团采取法律行动造成许多不便；即使贷款银团与项目担保人同属于一个法律管辖区域，为了能够在需要时顺利及时地启动项目完工担保，贷款银团也需要在完工担保协议中规定出具体的确保担保人履行担保义务的措施。比较通行的做法是，要求项目投资者（担保人）在指定银行的账户上存入一笔预订的担保存款，或者从指定的金融机构中开出一张以贷款银行为受益人的、相当于上述金额的备用信用证，或者由项目投资者开出一张以贷款银行为受益人的本票，以此作为贷款银行支付第一期贷款的先决条件。一旦出现需要动用项目完工担保资金的情况，贷款银行将直接从上述担保存款或备用信用证中提取资金。在这种情况下，根据完工担保协议，如果项目投资者（担保人）在建设期承担的是完全追索责任，则会被要求随时将其担保存款或备用信用证补足到原来的金额。

（2）由工程承包公司及金融保险机构相结合作为完工担保人

由工程承包公司以及其背后的金融机构提供的项目完工担保，是包括在工程承包合同中的一种附加条件，通过这种担保条件的引入可以减少项目投资者所需承担的完工担保责任，是项目投资者将部分或全部完工风险转移给了工程承包公司，因此从某种程度上减轻了项目投资者在完工担保方面所承担的压力。

在实践中，这种完工风险转移的方式有两种：一是与工程承包公司签订固定价格的承包合同；二是要求工程承包公司提供工程担保。常见的工程担保包括投标押金、履约担保，留置资金担保，预付款担保，项目运行担保。

上述各种担保形式一般是由工程公司背后的金融机构作为担保人提供的，其目的是保证工程公司有足够的实力按期完成项目的建设工程，并确保一旦工程公司无法继续执行其合同，根据担保受益人（项目投资者或项目融资中的贷款银行）的要求，由担保人无条件地按照合同规定向受益人支付一定的资金补偿。这种完工担保的具体表现形式为金融机构开出的银行保函或备用信用证。

第一类和第二类完工担保的区别是：投资者的完工担保要求尽全力执行融资协议，以实现项目完工；而工程公司的完工担保只是在工程合同违约时，支付工程合同款项的一部分（通常是5%～30%。在美国，由保险公司提供的工程履约担保有时可以达到100%的合同金额）给予担保受益人。因此，这种担保只能作为项目投资者完工担保的一种补充，并且与投资者提供的担保一样，其担保信用在很大程度上依赖于提供担保人的资信状况。

2. "无论提货与否均需付款"协议和"提货与付款"协议

"无论提货与否均需付款"协议和"提货与付款"协议是两类既有共性又有区别，并且是国际项目融资所特有的项目担保形式。"无论提货与否均需付款"协议和"提货与付款"协议，是项目融资结构中的项目或服务的长期市场销售合约的统称。这类合约形式几乎在所有类型的项目融资中都得到广泛应用，在公用设施和基础设施项目，如海运码头、石油运输管道、铁路集散中心、火力发电厂等领域的应用更为广泛。因而在某种意义上，它已经成为项目融资结构中不可缺少的一个组成部分。同时，这类合约形式在一些项目融资结构中也被用于处理项目公司与其主要原材料、能源供应商之间的关系。"无论提货与否均需付款"协议和"提货与付款"协议在法律上体现的是项目买方与卖方之间的商业合同关系，尽管实质上是由项目买方对项目融资提供的一种担保，但是这类协议仍被视作商业合约，因而是一种间接担保形式。

从项目公司角度来说，根据项目的性质以及双方在项目中的地位，这类合约具体又可分为以下四种形式：

（1）"无论提货与否均需付款"协议

该协议表现的是项目公司与项目产品购买者之间的长期销售合同关系。对于工业项目，即类似矿山、油田、冶炼厂、发电厂等有实体产品被生产出来的项目，这种长期销售合同就是购买项目产品的一种特殊协议；对于服务性项目，类似输油管道、码头、高速公路等没有实体产品被生产出来的项目，这种合同则是购买项目设施所提供服务的协议。因此，可以将

"无论提货与否均需付款"协议定义为一种由项目公司与项目的有形产品或无形产品的购买者之间,签订的长期的无条件的供销协议。所谓长期协议,是指项目产品购买者承担的责任应不短于项目融资的贷款期限(有时可长达十几年),因而这种协议比一般商业合同的期限要长得多;所谓无条件协议,是指项目产品购买者承担的无条件付款责任是根据规定的日期、按照确定的价格向项目公司支付事先确定数量产品的货款,而无论项目公司是否能够交货。产品的定价以市场价格为基础,可以是固定价格或浮动价格,但往往规定最低限价;产品的数量以达到设计生产指标时的产量为基础,但有时也根据实际项目的预期债务覆盖比率加以调整。总之,确定"无论提货与否均需付款"协议的基本原则是项目产品购买者所承诺支付的最低金额应不低于该项目生产经营费用和债务偿还费用的总和。

"无论提货与否均需付款"协议与传统的贸易合同或服务合同的本质区别是项目产品购买者对购买产品的绝对性和无条件性。传统的贸易合同是以买卖双方的对等交换作为基础的,即所谓的"一手交钱,一手交货"。如果卖方交不出产品或提供不了服务,则买方可以提出履行的抗辩,解除其付款义务。但是,在"无论提货与否均需付款"协议中,项目产品购买者承担的是绝对的、无条件的根据合同付款的义务,即使是出现由于项目毁灭、爆发战争、项目财产被没收或征用等与协议双方完全无关的绝对事件,而导致项目公司不能交货,只要在协议中没有做出相应规定,项目产品购买者仍须按合同规定付款。因此,这种协议实质上是由项目产品购买者为项目公司提供的一种财务担保,项目公司可以利用其担保的绝对性和无条件性进行融资。

"无论提货与否均需付款"协议中的产品购买者可以是项目投资者,也可以是其他与项目利益有关的第三方担保人;但是,在多数情况下,项目产品购买者中往往至少有一个是项目投资者。从贷款银行的角度来看,由于项目投资者同时具有产品购买者和项目公司所有人的双重身份,所以在项目融资结构中通常设有受托管理人或融资经理,由其代表银行独立监督项目公司的资金使用,以确保项目融资结构的平稳运行。

(2)"提货与付款"协议

由于"无论提货与否均需付款"协议的绝对性和无条件性,许多项目投资者和项目产品购买者不愿在项目融资结构中接受这样的财务担保责任,而更倾向于采用"提货与付款"协议的形式。

"提货与付款"协议与"无论提货与否均需付款"协议十分相像,其主要区别是在"提货与付款"协议中,项目产品购买者承担的不是无条件的、绝对的付款责任,而只承担在取得产品的条件下才履行协议确定的付款义务。例如,煤矿项目融资的"提货与付款"协议,只有在煤被采掘出来并运到铁路终端时,产品购买者才付款。又如,发电站项目融资的"提货与付款"协议,只有在电力被输送出电站时,产品购买者才付款。由于"提货与付款"协议具有这个特点,其在性质上更接近传统的长期销售合同,因此在形式上更容易被项目产品的购买者,特别是那些对项目产品具有长期需求的购买者所接受,这使其在项目融资中得到越来越广泛的应用,有逐步取代"无论提货与否均需付款"协议的趋势。但是,另一方面,由于"提货与付款"协议在项目融资中所起到的担保作用是有条件的,因此从贷款银行的角度来看,这种协议与"无论提货与否均需付款"协议相比,所提供的项目担保分量要相对轻一些。在有些项目融资中,贷款银行可能会要求项目投资者提供附加的资金缺额担保作为"提货与付款"协议担保的一种补充。

(3) 运输量协议

当被融资项目是生产服务型项目，如输油管道，则提供长期运输服务的"无论提货与否均需付款"协议被称为运输量协议。运输量协议有许多种形式，但基本原则是一致的，即如果使用这种合同作为生产服务设施（输油管道）的项目融资担保，则这种服务的付款义务是无条件的，被贷款银行视为一种有保证的收入来源，而不管这种服务是否能够被使用和实际上是否被使用了。运输量协议也有"提货与付款"类型，其区别是只要生产服务性设施是可以使用的，项目服务的使用者就必须支付预订使用费，而不管其是否真正使用了。不同性质项目的服务使用协议名称不尽相同，在有些项目中，这种协议也被称为委托加工协议或服务成本收费等。

(4)"供货与付款"协议

一些项目需要具有长期稳定的能源、原材料供应，以保证其生产连续运行。根据"供货与付款"协议，项目所需能源、原材料的供应者承担着按照合同向项目定期提供产品的责任；如果不能履行责任，就需要向项目公司支付该公司从其他来源购买所需能源或原材料的价格差额。这类合同比较少见，只有在一家公司十分希望为产品开发长期稳定下游市场的情况下，才会同意签订此类协议。

3. 资金缺额担保

资金缺额担保，也称为现金流量缺额担保，是一种在担保金额上有所限制的直接担保，主要作为一种支持已进入正常生产阶段的项目融资结构的有限担保。对贷款银行来说，资金缺额担保可以保证项目具有正常运行所必需的最低现金流量，即至少具有支付和偿付到期债务的能力；在项目投资者出现违约的情况下，或者在项目重组及出售项目资产时，保护贷款银行的利益，保证债务的回收。

资金缺额担保是一种在担保金额上有所限制的直接担保，担保金额在项目融资中没有统一的标准，一般取该项目年正常运行费用总额的25%~75%，主要取决于贷款银行对项目风险的认识和判断。项目年正常运行费用应至少考虑以下内容：日常生产经营性开支；必要的大修、更新改造等资本性开支；若有项目贷款，还有到期债务利息和本金的偿还。

实践中，资金缺额担保常采用以下三种方式：

(1) 项目投资者提供担保存款或以贷款银行为受益人的备用信用证

这种方式在新建项目安排融资时较为常见。由于新建项目没有经营历史，也没有相应的资金积累，抗意外风险的能力比经营多年的项目要脆弱得多，因而贷款银行多会要求由项目投资者提供一个固定金额的资金缺额担保，或要求项目投资者在指定的银行中存入一笔预先确定的资金作为担保存款，或要求项目投资者由指定银行以贷款银团为受益人开出备用信用证。

(2) 建立留置基金

项目的年度收入在扣除全部的生产费用、资本开支以及到期债务本息和税收之后的净现金流量，不能被项目投资者以分红或其他形式从项目公司中提走，而是全部或大部分被放置在一个被称为"留置基金"的账户中，以备项目出现任何不可预见的问题时使用留置基金账户。通常规定一个最低资金限额，也就是说，如果账户中的实际可支配资金总额低于该最低限额，则该账户中资金不得以任何形式为项目投资者所提走；反之，该账户中资金便可释放，用于项目投资者的分红等。最低留置基金的额度必须满足3~6个月生产费用准备金和偿还 3~9 个月到期债务的要求。

对于新建项目，通常将留置基金与担保存款或备用信用证共同使用来作为项目融资的资金缺额担保。

（3）由投资者提供对项目最小净现金流量的担保

该种方法是保证项目有一个最低的净收益，但关键的是项目投资者和贷款银行对项目总收入和总支出如何进行合理预测。一旦双方对项目最小净现金流量指标达成一致，便将之写入资金缺额担保协议中；若实际项目净现金流量在未来某一时期低于这一最低水平，则项目投资者必须负责将其缺额补上，以保证项目正常运行。

4. 安慰信

安慰信又称支持信，是一种经常使用的意向性担保形式。在项目融资中，安慰信通常是由项目公司的控股公司（或母公司）或者政府方写给贷款银团的，表示该公司对项目公司及项目融资的支持，以此作为对项目融资财务担保的替代。它通常是在担保人不愿接受法律约束的情况下所采用的一种担保形式。它对贷款人表示的支持一般体现在以下三个方面：

（1）经营支持

"担保人"声明在其权利范围内将"尽一切努力保证按照有关政策支持项目公司的正常经营"。

（2）不剥夺资产

政府保证不会没收项目资产或将项目国有化。

（3）提供资金

担保人同意向项目公司提供一切必要手段使其履行经济责任。例如，母公司愿意在其子公司遇到财务困难时提供财务帮助等。

安慰信最显著的特征是其条款一般不具有法律约束力，而只有道义上的约束力。即使明确规定了法律效力，安慰信也会由于条款的弹性过大而不能产生实质性的权利和义务。然而，由于关系到担保人自身的资信，违反安慰信虽然不引起法律责任，但会影响到担保人今后的业务，故资信良好的担保人一般不会违背自己在安慰信中的承诺。因此，贷款方愿意接受担保人出具的这类安慰信。

我国的中央政府部门或地方政府部门，往往为大型项目融资向贷款方出具安慰信，一方面是向贷款方提供信誉担保；另一方面可为项目的进展创造良好的支持环境。这种做法对于我国的这些项目尤其重要。

政府在项目融资中扮演的角色十分重要，在许多情况下，政府颁发的开发、运营的特许权和执照是项目开发的前提。虽然政府一般不以借款人或项目公司股东的身份直接参与项目融资，但可能通过代理机构进行权益投资，在我国尤其如此。公路、机场、地铁等基本建设项目中，所在国政府将参与项目的规划、融资、建设和运营各个阶段。PPP 项目就是一个典型，在项目运营一定时间后，由政府部门接管项目。

10.4.2 物权担保

项目融资的物权担保是指项目公司或第三方以自身资产为履行贷款债务提供担保。

虽然物权担保被广泛地使用于国内信贷活动中，但是在项目融资这种国际融资活动却较少使用，作用也不明显。这是因为贷款方不易控制跨国担保物，而更重要的是项目融资追索权有限。项目公司自身的资产一般不能使贷款方放心，贷款方看重的是项目本身，而非项目公司目前的资产。

虽然物权担保对于借款方没有特别大的压力，但是它仍然能够约束项目有关参与方认真履行合同，保证项目顺利建成和运营。此外，在项目融资中，借款方以项目资产做担保，使贷款方能够控制项目的经营，进而顺利地收回贷款。

项目融资物权担保按担保标的物的性质可分为不动产物权担保和动产物权担保；按担保方式可分为固定和浮动设押。

1. 不动产物权担保

不动产是指土地、建筑物等难以移动的财产。在项目融资中，项目公司一般以项目资产作为不动产担保，但其不动产仅限于项目公司的不动产，而不包括或仅包括很少部分项目发起方的不动产。在一般情况下，如果借款方违约或者项目失败，贷款方往往接管项目公司，或者重新经营，或者拍卖项目资产，弥补其贷款损失。但这种弥补对于大额的贷款来说，往往是微不足道的。因为项目的失败往往导致项目资产，特别是不动产本身价值的下降，难以弥补最初的贷款额。例如管道项目，如果管道流量很少，那么管道设施本身只是一堆废铁。

2. 动产物权担保

动产物权担保是指借款方（一般为项目公司）以自己或第三方的动产作为履约的保证。动产可以分为有形和无形动产两种，前者如船舶、设备、商品等；后者如合同、特许权、股份和其他证券、应收账款、保险单、银行账户等。由于处理动产物权担保在技术上比不动产物权担保方便，故在项目融资中使用较多。

在项目融资中，无形动产担保的意义更大些。一方面有形动产的价值往往因为项目的失败而价值大减；另一方面也因为有形动产涉及多个项目参与方，其权利具有可追溯性，而且这种追溯是有合同等文件作为书面保证的。

可以说，项目融资中的许多信用担保最后都作为无形动产担保而成为对贷款方的一种可靠担保，因此，信用担保与无形动产担保往往具有同样作用。例如，"无货亦付款"合同本身是一种信用担保，但当该合同作为无形资产担保掌握在贷款方手中时，贷款方就享受了该合同中的权利。这时，合同又成为无形动产担保。

3. 浮动设押

以上介绍的不动产和动产物权担保都是固定的物权担保。所谓"固定"，是指借款方作为还款保证的资产是确定的，如特定的土地、厂房或特定的股份、特许权、商品等。当借款方违约或项目失败时，贷款方一般只能通过这些担保物受偿。固定担保一般是在固定资产上设定，即固定担保的财产必须特定化，即设定抵押时就固定在具体的财产上，且必须遵守设定担保的必要手续。固定担保也可以在未收资金及流动资产上设定，但是在未经担保权人同意的情况下，不允许公司出售抵押的资产。

浮动担保又称浮动担保、浮动债务负担，始创于英国，是指债务人（主要是公司）与债权人（通常为银行）达成协议，债务人以其现存及将来获得的全部财产作为债的担保；当债务人不履行债务时，债权人就债务人不履行债务时拥有的全部财产的变卖价款优先受偿的法律制度。后来，该担保方式在其他一些国家也得到普及。因为这种担保方式不以特定的动产或不动产为担保标的，只有在特定事件发生时才能最后确定受偿资产，所以被形象地称为"浮动设押"。

在浮动担保中，借款人（即担保人）对浮动担保物享有占有、使用和处分权。浮动担保无须转移担保物的占有，在借款人违约或破产之前，借款人有权在其正常的业务活动中自由使用和处分担保物。借款人对担保物的处分无须征得贷款人的同意，经借款人处分后的担保物自动退出担保物范围；反之，借款人在设定浮动担保后所取得的一切财产（或某一类财产）也自动进入担保范围。可见，在贷款人实际行使浮动担保权之前，担保物一直处于不确定的浮动状态。所以，一旦项目的经营者在经营中有恶意地处分财产，对贷款人而言，其担保权的实现就有相当大的风险。

固定担保下的标的处分是受很多限制的，而浮动担保的处分则几乎不受任何限制。对项目公司来说，其不愿设立较多的固定担保，因为这样会对其自主经营施加一定的限制，对资产的处理会束手束脚；对贷款人而言，固定担保则对其比较有利，便于其实现抵押权。但是需要注意的是，项目融资中工程投资大，只倚仗固定担保完成对其贷款的保证是不可能的，在项目融资中也不具有可行性或可操作性。因此，为了保证项目公司（或项目经营者）的利益，不宜设立较多的固定担保；为了保证贷款人的利益，又要设定一定的固定担保；或者从另一角度来说，就对两种担保的选择而言，项目公司愿意使用浮动担保，而贷款人则愿意使用固定担保。

10.4.3　其他担保方式

在项目融资贷款和担保协议中，有一些条款运用得相当普遍，规定了有关借款方资信方面的内容。实际上它是借款方以自己的资信向贷款方做出的履约保证。由于这种自身担保在许多情况下涉及第三方，因此深受贷款方的重视。

1. 消极担保条款

所谓消极担保条款，是指借款方向贷款方承诺，将限制在自己的资产上设立有利于其他债权人的物权担保。消极担保条款是融资协议中的一项重要条款，它一般表述为："只要在融资协议下尚有未偿还的贷款，借款人不得在其现在或将来的资产、收入或官方国际储备上为其他外债设定任何财产留置权，除非借款人立即使其融资协议下所有的未偿债务得到平等的、按比例的担保，或这种其他的担保已经得到贷款人的同意。"

消极担保是一种有法律约束力的保证，它不同于担保受益权。消极担保不允许对借款人资产提出所有权、占有权、控制权和销售权的要求，也不允许贷款人在借款人破产或清算时提出任何优先权。借款人如果违反消极担保条款，把其资产作为第三方的担保，则按照绝大多数法律，这种担保是无效的。虽然借款人因违反合同而负有责任，但借款人的资产被作为还款来源，对贷款人来说仍然是不利的。如果第三方知道或应该知道存在消极担保条款，贷款人也许能够指控任何使借款人做违约担保的有效性，但这取决于当时的环境和有关法律系统。

2. 准担保交易

在项目融资中，除了上述各种形式，还有许多类似担保的交易。这些交易一般在法律上被排除在物权担保范围之外，而被视为贸易交易。但因为这些交易的经济效果类似物权担保，而且在很大程度上是为了规避物权担保的限制而进行的，故也应归入广义的"担保"范围内。

（1）租赁

卖方（名义上是出租人）将设备租给买方（名义上的承租人），卖方仍保留对设备的所有权,买方则拥有设备的使用权;或者卖方将设备出售给一家金融公司或租赁公司并立即得到价款,然后该金融公司或租赁公司将设备租给买方。无论以何种形式出租,卖方都足以在租期内收回成本。这实际上是一种商业信用,买方以定期交租金的方式得到融资,而设备本身则起到担保物的作用。

(2) 出售和租回

借款方将资产卖给金融公司,然后按与资产使用寿命相应的租期重新租回。在这里价款起了贷款的作用,租金分期缴纳就是分期还款,而设备则是"担保物"。

(3) 出售和购回

借款方将资产卖给金融公司而获得价款,然后按事先约定的条件和时间购回。购回实际上就是还款,而资产在此也起到了担保作用。

(4) 所有权保留

所有权保留也称有条件出售,即卖方将资产卖给债务人,条件是债务人只有在偿付资产债务后才能获得资产所有权。资产同样也称为"担保物"。

(5) 从属之债

从属之债是指一个债权人同意在另一债权人受偿之前不请求清偿自己的债务。前者称为从债权人,其债权称为从债权,可由一切种类的债权构成;后者称为主债权人,即项目融资的贷款方。从经济效果看,从债权对主债权的清偿提供了一定程度的保证;从属之债也对主债务提供了一定的担保。

思 考 题

1. 什么是融资担保?融资担保分为哪几类?
2. 融资担保在工程项目融资活动中起到什么作用?
3. 简述担保的步骤流程。
4. 列举能够为项目提供担保的项目参与方,并分析他们为项目提供担保的目的。
5. 工程项目融资担保有哪些主要类型?
6. 完工担保有哪几种类型?简述完工担保的作用。

第11章 工程项目融资案例分析

工程项目融资是一门综合多学科知识的交叉学科，也是一门操作性、实用性极强的学科。在工程项目融资领域，国内外有许多案例，不论成功或失败，它们都为工程项目融资提供了宝贵的经验。通过对国内外典型案例的分析研究，可以对工程项目融资的理论和实践有更加清晰的认识，同时也为项目融资在我国工程领域的应用提供借鉴和指导。

11.1 国外工程项目融资案例

11.1.1 马来西亚南北高速公路项目

1. 项目背景

马来西亚南北高速公路项目全长 900km，最初是由马来西亚政府所属的公路管理局负责建设的，但是在公路建成 400km 之后，由于财政方面的困难，政府无法将项目继续建设下去，采取其他融资方式完成项目便成了唯一可取的途径。在众多方案中，马来西亚政府选择了 BOT 融资模式。

经过历时两年左右的谈判，马来西亚联合工程公司（UEM）在 1989 年完成了高速公路项目的资金安排，使该项目能够重新开工建设。BOT 融资模式在马来西亚高速公路项目中的运用，在国际金融界获得了很高的评价，被认为是 BOT 模式的一个成功范例。

2. 融资结构

1987 年年初，经过两年关于项目建设、经营、融资安排的谈判，马来西亚政府与马来西亚联合工程公司签署了一项有关建设经营南北高速公路的特许权合约。马来西亚联合工程公司为此成立了一家项目子公司——南北高速公路项目有限公司。以政府的特许权合约为核心组织起来项目的 BOT 融资结构（图 11-1）由三个部分组成：

（1）政府的特许权合约

马来西亚政府是南北高速公路项目的真正发起人和特许权合约结束后的拥有者。政府通过提供一项为期 30 年的南北高速公路建设经营特许权合约，不仅使得该项目由于财政困难未能动工的 512km 得以按照原定计划建设并投入使用，而且通过项目的建设和运营带动周

第 11 章 工程项目融资案例分析

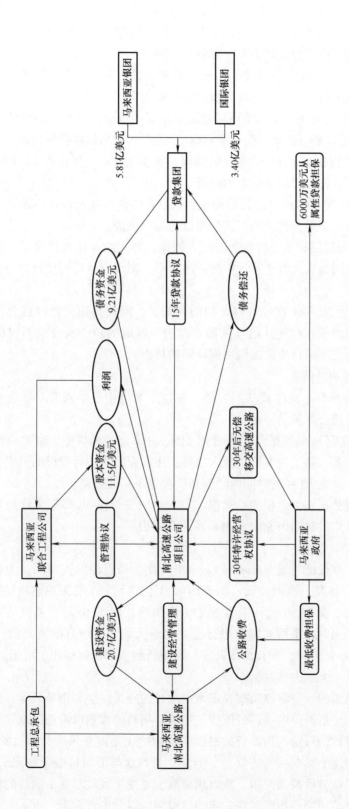

图 11-1 马来西亚南北高速公路融资结构

边经济的发展。

对于项目的投资者和经营者以及项目的贷款银行，政府的特许权合约是整个 BOT 融资的关键。这个合约的主要内容包括以下五个方面：

1）南北高速公路项目公司负责承建 512km 的高速公路，负责经营和维护高速公路，并有权根据一个双方商定的收费方式对公众收取公路的使用费。

2）南北高速公路项目公司负责安排项目建设所需要的资金。但是，政府将为该项目提供一项总金额为 1.65 亿马来西亚元（折合约 6000 万美元）的从属性备用贷款，作为对项目融资的信用支持。该项贷款可在 11 年内分期提取，利率为 8%，并具有 15 年的还款宽限期，最后的还款期是在特许经营协议结束的时候。

3）政府将原已建好的 400km 高速公路的经营权益在特许权期间转让给南北高速公路项目公司。但是，项目公司必须根据合约对其公路设施加以改进。

4）政府向项目公司提供最低公路收费的收入担保，即无论在什么情况下，如果公路交通流量不足，公路的使用费收入低于合约中规定的水平，则政府负责向项目公司支付其差额部分。

5）特许权合约期为 30 年。在特许权合约的到期日，南北高速公路项目公司无偿地将 900km 的南北高速公路的所有权转让给马来西亚政府。政府的特许权合约不仅构成了 BOT 项目融资的核心，也构成了项目贷款的信用保证结构核心。

（2）项目的投资者和经营者

项目的投资者和经营者是 BOT 模式的主体，在这个案例中是马来西亚联合工程公司所拥有的马来西亚南北高速公路项目公司。

在这个总造价为 57 亿马来西亚元（折合约 21 亿美元）的项目中，南北高速公路项目公司作为经营者和投资者，除了股本资金投入之外，还需要负责项目建设的组织，与贷款银行谈判安排项目融资，并在 30 年的时间内经营和管理这条高速公路。

马来西亚联合工程公司作为工程的总承包，负责组织安排由 40 多家工程公司组成的工程承包集团，在为期 7 年的时间内完成 512km 项目的建设。

（3）项目的国际贷款银团

英国投资银行——摩根格兰福（Morgan Grenfell）作为项目的融资顾问，为项目组织了为期 15 年总金额为 25.35 亿马来西亚元（折合约 9.21 亿美元）的有限追索项目贷款，占项目总建设费用的 44.5%，其中 16 亿马来西亚元（折合约 5.81 亿美元）来自马来西亚的银行和其他金融机构，是当时马来西亚国内银行提供的最大的一笔项目融资贷款，9.35 亿马来西亚元（折合约 3.40 亿美元）来自由十几家外国银行组成的国际银团。对于 BOT 融资模式，这个金额同样也是一个很大的数目。

项目贷款是有限追索的，贷款银团被要求承担项目的完工风险和市场风险。然而，由于实际上政府特许权合约中所提供的项目最低收入担保，项目的市场风险相对减轻了，并在某种意义上转化成为一种政治风险，因而贷款银团所承担的主要商业风险为项目的完工风险。项目的延期将在很大程度上影响项目的收益。但是，与其他类型项目融资的完工风险不同，公路项目可以分段建设、分段投入使用，从而相对减少了完工风险对整个项目的影响。项目建设所需要的其他资金将由项目投资者在 7 年的建设期内以股本资金形式投入。

3. 融资结构评析

(1) 采用 BOT 模式利益显著

采用 BOT 模式为马来西亚政府和项目投资者以及经营者均带来了很大的利益。从政府的角度看，由于采用了 BOT 模式，可以使南北高速公路按原定计划建成并投入使用，对促进国民经济的发展具有很大的好处，并且可以节省大量的政府建设资金，还可以在 30 年特许权合约结束以后无条件收回这一公路。从项目投资者和经营者的角度看，BOT 模式的收入是十分可观的。马来西亚联合工程公司可以获得两个方面的利益：①根据预测分析，在 30 年的特许权期间，南北高速公路项目公司可以获得大约 2 亿美元价值的净利润；②作为工程总承包商，在 7 年的建设期内从承包工程中可以获得大约 1.5 亿美元价值的净税前利润。

(2) 对 BOT 融资模式中的风险问题的分析

采用 BOT 融资模式的基础设施项目，在项目的风险方面与工业或矿业项目有所不同，具有一定的特殊性。这些特殊性对 BOT 融资模式的应用具有相当的影响。

1) 基础设施项目的建设期比一般的项目要长得多。如果采用净现值（NPV）的方法计算项目的投资收益，则会由于建设期过长而导致项目净现值大幅度减少。尽管类似高速公路这样的项目可以分段建设，分段投入使用，然而，基础设施项目的固定资产寿命比一般的工业项目要长得多，经营成本和维修成本按照单位使用量计算也比工业项目要低，从而经营期的资金要求量也相对比较低。因此，从项目融资的角度看，项目建设期的风险比较高，而项目经营期的风险比较低。

2) 对于公路项目建设，有关风险因素的表现形式和对项目的影响程度与其他采用 BOT 融资模式的基础设施项目也有所不同。

首先，公路项目的完工风险要低于其他采用 BOT 融资模式的基础设施项目，如桥梁、隧道、发电厂等，这是因为公路项目可以分段建设、分段投入使用、分段取得收益。如果项目的一段工程出现延期，或由于某种原因无法建设，虽然对整个项目的投资收益会造成相当的影响，但是不会像桥梁、隧道等项目那样颗粒无收。正因为如此，在马来西亚南北高速公路的 BOT 项目融资中，贷款银行同意承担项目的完工风险。

其次，公路项目的市场风险表现也有所不同。对于电厂、电力输送系统、污水处理系统等基础设施项目，政府的特许经营协议一般是承担 100% 的市场责任，即负责按照规定的价格购买项目生产的全部产品。这样，项目融资的贷款银行不承担任何市场需求方面的风险，项目产品的价格也是根据一定的公式（与产品的数量、生产、成本、通货膨胀指数等要素挂钩）确定的。然而，公路、桥梁等项目的收益受实际通行量与车辆通行费等影响，所以面临着较大的不确定性因素。车辆通行费的确定，不仅仅是与政府谈判的问题，也必须考虑到公众的承受能力和心理因素。如果处理不好，类似收费加价这样的经济问题就可能演变成为政治问题。因此，在公路建设这样的项目中，政府在特许权合约中关于最低收益担保的条款，成为 BOT 融资模式中非常关键的一个条件。

3) 项目所在国金融机构的参与对促成大型 BOT 融资结构起着很重要的作用。毋庸讳言，在 BOT 融资结构中，由于政府的特许权合约在整个项目融资结构中起着举足轻重的关键作用，从项目贷款银团的角度考虑，项目的国家风险和政治风险就变成了一个十分重要的因素。这方面包括政府违约、外汇管制等一系列问题。项目所在国的银行和金融机构，通常被认为对本国政治风险的分析判断比外国银行要准确得多，因而在大型 BOT 融资结构中，如果能够吸引到若干家本国的主要金融机构参与，就可以起到事半功倍的作用。在马来西亚南北高速公路的项目融资安排中，这一点被国际金融界认为是十分成功的。

11.1.2 英法海峡隧道工程项目

1. 项目概况

1984 年，英、法两国政府正式签订协议，决定在英吉利海峡建设一条连接两国的隧道。隧道建设规模宏大、技术复杂，从英国的佛克斯通（FOLKSTONE）到法国的爱斯佛德（ASGFORD），全长为 50km，其中海底部分为 38km，建成后从英国到法国的时间可缩短到 35min。英、法两国政府决定建设隧道工程后，就对项目建设的特许权进行了招标。当时，有 4 个专门为建设隧道而组织起来的公司参加了投标，它们分别向政府报送了隧道的筹资和建设方案。最后，由欧洲隧道公司（EUROTUNNEL，它由英国的海峡隧道工程集团———一个由英国银行和承包商共同组建的财团，和法国的法兰西·曼彻公司———一个由法国银行和承包商共同组建的财团联合组成）中标，取得了建设的特许权，成为隧道工程项目的业主单位。

该项目特许经营期为 55 年（其中包括计划为 7 年的施工期）。它是目前世界上特许经营期最长的一个 BOT 项目，长达半个世纪以上。特许经营权协议是在 1987 年由英、法两国政府签订的。

该项目的承发包方式确定为固定总价和目标造价合同。欧洲隧道公司承担了海峡隧道的全部建设风险，并为造价超出部分准备了一笔 17 亿美元的备用贷款。这就为其承包商提供了签订建设承包合同的有利条件，而这些承包商同时又是股东发起人。49 亿美元的陆上建筑工程的一半按固定价格（总价）承包，隧道自身则按目标造价承包。欧洲隧道公司把实际费用加固定费（目标值的 12.36%）支付给承包商，此项费用估算为 25 亿美元。如果隧道以低于目标造价完成，承包商将得到全部节约额的一半。如果实际造价超出预定目标值，承包商必须支付规定的违约金。此外，由于不可预见的水底状况、设计及技术规格的变更以及通货膨胀，其合同将受到价格调整的影响。

项目计划总投资 92 亿美元（在施工过程中已增加到 120 亿美元），建设工期从 1987 年开工到 1993 年竣工。建设工期的风险在于，施工工期加长会使经营期相对缩短，并且将会直接影响该项目的收益和债务的偿还。这就有可能将欧洲隧道公司置于风险之中，因为该公司到期若不能偿还银行规定的额度，银行就可以行使自己的权力，对该公司进行清理并出售其资产。

2. 资金结构

英法海峡隧道项目的资金预算初步估计为 86.4 亿美元，考虑到成本超支的可能性，欧洲隧道公司计划筹资 108 亿美元，其中股权资本 18 亿美元，债务资本 90 亿美元。项目的股本资金分三期筹集：第一期由海峡隧道工程集团和法兰西·曼彻公司的股东按照各自的承诺提供 8460 万美元；第二期由金融机构提供 3.71 亿美元；第三期在资本市场上向社会公众发行股票筹集 13.9 亿美元。项目的债务资金由牵头银行组织 40 家银行进行联合贷款 90 亿美元。由于英国国内的资本市场十分发达，因而项目公司通过在资本市场上发行股票等方法就能为 BOT 项目筹集到足够的资金，因而英、法两国政府不对项目提供任何外汇风险担保。

英法海峡隧道项目最终由于造价超过预算，总投资达到了189亿美元，欧洲隧道公司不得不通过配股增加了9.58亿美元的投资，而项目余款则通过寻找新的银团进行贷款，最终涉及的贷款银行超过200家。

3. 融资结构

英国的经济与一些发展中国家相比，具有比较大的国内投资市场，包括较大的股票市场和资本市场。在英国，依靠项目公司在股市发行股票或者筹集社会资本方资金的办法，在国内市场上就可以从投资者手中为BOT项目筹集到足够的资金。正常的做法是提供较高的回报率，以补偿该项目的风险和投资期过长的损失。因此，该项目就地融资，英、法两国政府不做外泄风险担保。

为BOT项目筹款是项目发起人最重要的业务之一。如前所述，筹资总额达92亿美元，使该项目成为到目前为止由私营团体筹款最大的基础设施建设项目。在海峡隧道工程投资过程中，关于融资工作要求，欧洲隧道公司坚持政府提出的三个条件：①政府对贷款工作担保；②该项目将按有限的追偿权，100%由私营团体筹资，交付发起人使用，债务由完成的项目收益来偿还；③该团体必须筹资约20%的股票投资，即17.2亿美元的现金。

除此之外，85亿美元贷款将从209家国际银行（历史上最大的地区性私营银行联合体）筹措。筹款之初，14家初期项目的承包商和银行首先赞助8000万美元；同时，在4个发行地点成功地筹集到大批以英国英镑和法国法郎计算的股票投资。图11-2为该项目的融资结构。

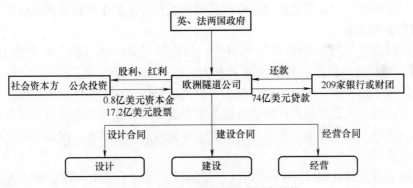

图11-2 英法海峡隧道项目融资结构

4. 政府担保情况

与其他的BOT项目发起人相比，欧洲隧道公司从英、法两国政府得到的担保是最少的。这是由于英国政府要求建设、筹款或经营的一切风险均由社会资本方承担。除特许期较长外，政府没有向该公司提供支持贷款、最低经营收入担保、经营现有设施特许经营权、外汇及汇率担保，仅仅提供了商务自主权和"无二次设施"的担保。

在现有的BOT项目中，为欧洲隧道公司仅提供充分的商务自主权担保，包括自主地确定其税率。因而，欧洲隧道公司的一般收入来自它的铁路协议，即利用隧道的国家铁路将伦敦同目前尚未充分开发的欧洲高速铁路网连接起来。其他收入将来自对过往隧道铁路商业车辆的收费。此外，欧洲隧道公司要求政府许可的一个条件，就是33年内不设横跨海峡的二次连接设施。

5. 项目的收益和风险分析

英法海峡隧道的主要运营收入来自以下几个方面：乘坐列车的车票收入；穿梭列车对来往车辆收取的费用；铁路使用费和列车过路费；其他营业收入，包括餐饮、商店等相关收费。因为隧道将伦敦和欧洲的高速铁路网络相连接，所以项目收入的一半是通过与国家铁路部门签订的协议产生的。

英法海峡隧道工程是历史上由私营公司筹款的最大的基础设施，它面临极大的经济风险和市场风险。为此，投资方进行了周密的经济可行性研究。市场研究的结果认为，跨海峡的营运额会从1985年的4810万客运人次和604万t货运量增加到2003年的8810万客运人次和1221万t货运量。他们的结论是，海峡隧道将占这个市场增长的相当份额。它将比轮渡更快、更方便和更安全，比航空在时间和成本上更有优势。

但是，由于英法海峡隧道工程是历史上最大的隧道工程，因而面临着许多前所未有的技术风险。例如，用普通技术在海底开挖一条这样的隧道是无法实现的。但是项目公司通过咨询专家，最终通过新奥地利隧道施工法成功完成了平洞的建设。此外，隧道承受的地质风险也难以估计。在隧道运营时，如何解决高速列车在隧道中产生的活塞效应，以及如何为运载汽车的列车确定安全保证标准等问题，都缺乏实际经验。如果这些问题无法得到妥善解决，都有可能影响到项目的整体经济收益。

项目还涉及环境保护风险，如何处置隧道挖出来的弃土就是一个备受争议的问题。原计划是将弃土放置在海中带有土工渗透膜堆石坝筑起的围堰后面，但考虑到对海水的污染和对生态的破坏，最终采取了在原地点用造价更高的钢板桩和混凝土坝建造围堰的折中方案。

6. 项目的实际进展

英法海峡隧道原计划于1987年3月开挖，但由于《海峡隧道法案》直到1987年7月23日才通过，项目公司最终于1987年8月开工。

在隧道的施工过程中，项目公司与施工承包公司发生了许多经济索赔纠纷。其中，较大的索赔纠纷有三起：一起是与设计施工合同条款中关于不可预见的地质条件有关的索赔；一起是与英国一边的车站和地面工程固定总价合同有关的索赔；还有一起是与固定总价设备安装合同有关的索赔。

海峡隧道系统最初计划在1993年5月开始运营，但由于成本问题、设备的运输拖后以及测试问题，直到1994年3月6日才开始货物运营，而客运服务到1994年11月4日才开始。粗略估计，在1993年和1994年两年间，项目公司至少损失了21.6亿美元的收入，从而严重影响了整体的经营计划。成本的超支引起了Transmanche Link和欧洲隧道公司的纠纷，前者因此推迟了项目的建设。这使得欧洲隧道公司在1990年不得不通过配股融资9.58亿美元。

在隧道投入使用后，轮渡公司开始大幅降低票价来与隧道竞争，迫使欧洲隧道公司跟着降价，导致公司的预期收入大幅降低。随着完工日期的接近，所需追加的现金额不断上升，达到了32.4亿美元。与此同时，不断推迟的客运服务意味着它将不能实现其在1994年发行股票时所做的盈利预测。利润的缺口也使欧洲隧道公司违反了它在银行贷款协议中的一些条款，使其不能继续使用剩余的信用额度，从而更加加剧了项目公司的现金危机。

1995年，经营伦敦至巴黎航线的航空公司也开始了一轮广告攻势以提高其竞争力，这对于欧洲隧道公司来说更是雪上加霜。另外，英法海峡隧道在铁路使用合同下的收入也低于预期，使得项目公司在最初几年出现了巨大的资金缺口。项目公司进行了各种尝试，包括进行第四期的股票增发、单方面推迟超过 144 亿美元银行贷款的利息偿还以及进行债务重组等。

1997 年，欧洲隧道公司债务重组计划的审核得以通过，同时，英法海峡隧道的客运和货运流量也开始逐步上升，市场开始向着有利于项目公司的方向发展。此后，项目公司又通过增加 4.85 亿美元的股份资金，以及在二级市场上以较高贴现率回购一揽子债务等一系列资本运作，获得了较高的额外利润，也降低了隧道的运营成本。欧洲隧道公司于 2000 年稳固了其在跨海峡运输市场中的主导地位，实现了收入的稳定增长。

但是，由于欧洲隧道公司背负的巨额贷款的利息成本过高，其降低利息成本的努力一直难以实现。最终，由于经营不善、债务繁重，欧洲隧道公司不得不于 2006 年实施破产保护计划。2007 年，欧洲隧道公司宣布通过公开换股的方式进行债务重组，随后，重新组建了欧洲隧道集团。2007 年 7 月 2 日，欧洲隧道集团股票在伦敦和巴黎同步上市。新的公司将代替欧洲隧道公司经营英法海峡隧道。

7. 融资结构评析

1) 对于大型的交通设施项目而言，采取项目融资方式筹措资金，能将各投资者以合同的形式捆绑在一起，从而降低项目风险，但投资者仍要强化对项目的管理和监督。

在英法海峡隧道的案例中，就是由于对工程复杂性和一些技术风险估计不足，导致项目成本超过预算以及项目延期完工。如何合理地预算成本和估计项目风险，对项目的成败至关重要。

2) 项目投资者应该客观评估政府对项目的支持，以确定项目是否在市场需求量及需求持久力方面存在竞争优势。

一般来说，项目融资所涉及的项目应具有垄断经营、收入稳定的市场优势。在英法海峡隧道项目中，尽管英、法两国政府提供了在 2020 年前不建造"第二连接设施"的担保，使项目公司在 55 年中垄断经营连接英法大陆的隧道工程，但项目公司仍然受到了来自其他运输方式公司的激烈竞争。欧洲隧道公司对项目的前景过于乐观，而且低估了市场的竞争风险，结果实际的现金收入比预期的现金收入要低得多，导致了难以按期偿还债务的困境。这说明项目的市场前景评估至关重要，通过充分的可行性评估可以大大减少项目的盲目性，控制项目的风险。

3) 对于大型项目来说，尽管高杠杆融资可以有效满足项目的融资需求，但也会带来巨大的财务风险。特别是当工程延期、预期的现金流入无法实现时，巨额的债务利息会成为十分沉重的负担。但是，对于英法海峡隧道这种大工程来说，由于项目本身具有巨大的社会影响力和政治意义，而且项目本身具有巨大的经济潜力，所以尽管难以偿还贷款，投资者也并未失去信心，通过债务重组，使得项目仍能继续经营下去。这也说明了政府即使不直接参与项目的融资过程，既无资金投入又无担保，但仍能发挥重要的作用。

11.1.3 欧洲迪士尼乐园项目

1. 项目背景

欧洲迪士尼乐园位于法国首都巴黎郊区，该项目最初筹划于 20 世纪 80 年代后期。从项目融资的角度来看，欧洲迪士尼乐园项目在当时具有很强的创造性和典型意义。

首先，欧洲迪士尼乐园与传统的融资项目完全不同，不属于资源型和能源型工业项目、大型基础设施项目等，其项目边界以及项目经济强度的确定要比工业和基础设施项目复杂得多，因而其融资结构不同于传统的工程项目融资模式也就成为必然的发展结果。其次，美国迪士尼公司作为项目的发起人，对欧洲迪士尼乐园的项目融资模式选择非常成功，这不仅体现在美国迪士尼公司完成了这项复杂工程的投资和融资只动用了很少的自有资金（以项目第一期工程为例，总投资为 149 亿法郎，按当时汇率折合为 23.84 亿美元，而美国迪士尼公司仅出资 21.04 亿法郎，只占总投资的 14.12%），而且体现在该公司对项目的完全控制权上。这在一般的项目融资结构中是较难做到的，因为贷款银行总是要求对项目具有一定程度的控制。

2. 投资结构

1987 年 3 月，美国迪士尼公司与法国政府签署了一项原则协议，开始在法国巴黎的郊区兴建欧洲迪士尼乐园。

当时的法国东方汇理银行被任命为项目融资的财务顾问，负责项目的投资结构和融资结构的设计及组织工作。美国迪士尼公司对结构设计提出了三个具体要求：①融资结构必须能够保证筹集到项目所需的资金；②项目融资的资金成本要低于市场的平均成本；③项目发起人对该项目的经营自主权程度必须高于市场平均水平。

相比美国迪士尼公司的第一个目标要求，法国东方汇理银行认为第二个目标要求和第三个目标要求是对项目融资结构设计的一次重大挑战。第一，从整体来看，欧洲迪士尼乐园项目是一项极其复杂的工程，其开发总时间长达 20 年，而且在总面积 2000hm^2（公顷，1hm^2 = 10000m^2）左右的土地上，不单要建设迪士尼乐园的娱乐园区，还要开发饭店、办公楼、小区式公寓住宅、高尔夫球场、度假村等一系列配套设施。与传统的项目融资结构不同，欧洲迪士尼乐园没有一个清楚的项目边界的界定（如项目产品、生产和原材料供应），并且与项目开发有关的各种参数也是相对广义而非具体的。在这种条件下，要实现项目融资的成本低于市场平均水平，难度是相当巨大的。其次，由于美国迪士尼公司在与法国政府签署的原则协议中规定，欧洲迪士尼项目的多数股权必须掌握在欧洲共同体公众手中，这样就限制了美国迪士尼公司在项目中股本资金投入的比例，因而也增加了实现其要求获得高于市场平均水平的经营自主权目标的难度。

法国东方汇理银行针对该项目的具体情况，通过建立项目现金流量模型，对欧洲迪士尼乐园项目开发进行了详细的现金流量分析和风险分析。最终，在大量方案筛选、比较的基础上，确定出一套供美国迪士尼公司使用的项目投资结构。

欧洲迪士尼项目的投资结构由欧洲迪士尼财务公司（Euro Disneyland SNC）和欧洲迪士尼经营公司（Euro Disneyland SCA）两个部分组成（图 11-3）。欧洲迪士尼财务公司功能是为了有效地利用项目的税务优势。欧洲迪士尼项目与所有利用项目融资方式安排资金的大型工程项目一样，在项目初期的巨额投资会带来高额的利息成本，而且由于资产折旧投资优惠等所形成的税务亏损无法在短期内通过项目经营有效地消化掉，因此项目很难在早期产生账面利润，从而也就无法形成对外部投资者的吸引力。

为有效地利用这些税务亏损，降低项目的总体资金成本，欧洲迪士尼乐园项目在投资结构中部分使用了类似杠杆租赁融资结构的税务租赁模式。欧洲迪士尼财务公司所使用的 SNC 结构，是一种类似于普通合伙制的结构。SNC 结构中的投资者（合伙人）能够直接分享其

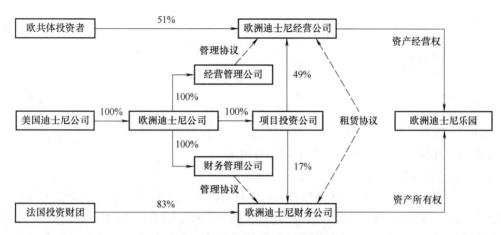

图 11-3 欧洲迪士尼项目投资结构

投资比例的项目税务亏损（或利润），与其他来源的收入合并纳税。在项目融资结构中欧洲迪士尼财务公司将拥有迪士尼乐园的资产，并以一个 20 年期的杠杆租赁协议，将其资产租赁给欧洲迪士尼经营公司。在项目的头 10 年内，由于利息成本和资产折旧等原因产生的高额税务亏损将由 SNC 投资结构中的合伙人分担。在 20 年财务租赁协议中止时，欧洲迪士尼经营公司将从欧洲迪士尼财务公司手中，按照其完全折旧后的账面价值把项目购买回来，而欧洲迪士尼财务公司则会自动解散。

欧洲迪士尼经营公司的组建目的是解决美国迪士尼公司对项目的绝对控制权问题。但美国迪士尼公司受到限制，只能在项目中占有少数股权，同时，项目融资结构又对项目的投资者和经营者有种种限制和制约。在这种情况下，项目融资顾问建议美国迪士尼公司选择 SCA 投资结构。

欧洲迪士尼经营公司采用的 SCA 结构是一种与有限合伙制近似的投资结构。其投资者被分为两种类型：一类投资者是具有有限合伙制结构中普通合伙人性质的投资者，这类投资者直接参与项目的管理，负责任命项目管理人员，同时在项目中承担无限连带责任；另一类投资者是具有有限合伙人性质的投资者，这类投资者在项目中只承担与其投资金额相等的有限责任，但不直接参与项目管理。因为美国迪士尼公司是 SCA 结构中唯一的普通合伙人，所以尽管在欧洲迪士尼公司中只占有少数股权，但能够完全控制项目的管理权。

3. 融资结构

欧洲迪士尼乐园项目的第一期工程（迪士尼乐园主体工程）总耗资 149 亿法郎，其融资结构和资金构成如表 11-1 所示。

表 11-1 欧洲迪士尼乐园项目一期工程资金结构　　　　（单位：百万法郎）

资金构成	所占比例（%）	SNC 结构资金	SCA 结构资金	合　计
股本资金	38			
SNC 结构股本资金		2000		2000
SCA 结构股本资金			3600	3600
SCA 对 SNC 的贷款		1000	−1000	0
法国公众部门储蓄银行	19	1800	1080	2880

(续)

资金构成	所占比例（%）	SNC结构资金	SCA结构资金	合计
辛迪加银团	43	4219	281	4500
法国公众部门储蓄银行		1200	720	1920
合计	100	10219	4681	14900
所占比例（%）		69	31	100

从表11-1中可以看出，项目资金由四部分组成：

(1) SNC结构股本资金

以SNC结构组织的20亿法郎税务股本资金具有以下三个特点：①其资金投入是一种不可撤销的承诺，并且是一种从属于任何其他形式的具有极强股本性质的从属性债务；②由于杠杆租赁结构可以有效地吸收项目前期的巨额税务亏损，所以这部分资金能够从整体上降低项目的综合资金成本，也从总体上增强了项目的经济强度；③这部分资金的使用比较灵活，在税务亏损产生之前即可提取这部分资金，而在通常以税务为基础的杠杆租赁结构中，股本参加者的资金一般是在项目商业完工时才投入项目的。然而，由于SNC结构中的投资者同样具有普通合伙制结构中合伙人的特性，即在SNC结构中承担着无限责任，因而即使他们没有参与任何的管理活动，SNC结构中的投资者也同样面临着一定潜在风险。这些风险来自银行债务风险和项目责任风险两个方面。因此，为了吸引以税务利益为主要目的的投资者参加SNC结构，美国迪士尼公司在融资结构设计上做了以下两方面安排：①通过SNC结构与贷款银团之间的无追索贷款协议，以银行放弃对普通合伙人法律责任的追索权利的方式解决对于银行的债务风险；②由美国迪士尼公司出具一个担保上限为5亿法郎的、针对原则协议中主要项目责任的有限担保来解决项目的责任风险。

(2) SCA结构股本资金

在SCA结构下，股本资金中的51%是通过证券市场上公开发行股票筹集的，其余49%的股本资金则是由美国迪士尼公司进行投资的。尽管欧洲迪士尼项目的结构复杂，但股票发行却获得超额认购，说明该项目在当时的资本市场上很受追捧。

(3) 从属性债务

项目第一期工程中的28亿法郎从属性债务是由法国公众部门储蓄银行提供的，属于项目开发原则协议的组成部分，该部分资金的成本相对较低。

(4) 项目贷款

项目贷款总额占项目第一期工程总资金需求量的43%。该款项是一种无追索的高级债务，由一个项目贷款银团和法国公众部门储蓄银行两个部分组成。

欧洲迪士尼项目通过采用上述融资模式，实现了两个重要的目标。首先，提高了项目的经济强度。从贷款银行的角度，在项目第一期工程所需的149亿法郎资金中，有将近60%的比例是股本资金和准股本资金，从而很大限度地降低了项目的债务负担。其次，由于项目经济强度的增强，促进了项目资金成本的降低。SNC结构税务股本资金以及法国公众部门储蓄银行贷款的低成本，增强了项目的债务承受能力，从而使项目有可能获得条件优惠的低成本银团贷款，而总体的低债务资金成本又可以帮助项目在市场上筹集大量的股本资金，股本资金的增加又进一步降低了项目的债务资金比例。

4. 融资结构简析

1）欧洲迪士尼项目的融资安排是一个完整的有限追索项目融资结构，作为项目发起人，美国迪士尼公司所投入的股本资金在项目第一期工程全部资金中只占 14.16% 的比例。

欧洲迪士尼项目融资开创了一个先例，即在非传统项目融资领域如何利用公众资金以及项目的部分内存价值（如税务亏损）来安排结构复杂的项目融资，而这样的融资结构单独依赖项目发起人的公司资信或资产负债表往往是无法组织起来的。

2）项目的投资结构设计在实现项目投资者目标要求的过程中，以及在项目整体融资结构设计的过程中可以起到关键作用，这些作用有时很难通过其他方式达到。

3）欧洲迪士尼项目的融资获得成功后，西方发达国家开始在一些大型工程项目和基础设施项目中借鉴该项目的经验。

欧洲迪士尼乐园采用的融资结构和融资模式不仅增强了项目的经济强度，降低了项目的资金成本，同时项目发起人只需投入有限的资金。这种项目融资结构的使用，对于项目生命周期长、前期资本量大、前期税务亏损额高的非生产型项目（如基础设施项目、公益设施项目）的开发有着很好的启示意义。

11.2 国内工程项目融资案例

11.2.1 深圳沙角 B 电厂项目

1. 项目背景

深圳沙角 B 电厂于 1984 年签署合资协议，1986 年完成融资安排并动工兴建，1988 年建成投入使用。深圳沙角 B 电厂的总装机容量为 70 万 kW，由两台 35 万 kW 发电机组组成。项目总投资为 42 亿港元（折合约 5.4 亿美元，按 1986 年汇率计算），被认为是我国最早的一个有限追索的项目融资案例，事实上也是我国第一次使用 BOT 融资概念兴建的基础设施项目。深圳沙角 B 电厂的融资安排，是我国企业在国际市场举借外债开始走向成熟的一个标志。尽管亚洲有许多发展中国家不断提出采用 BOT 融资模式兴建基础设施，其中包括土耳其总理厄扎尔在 1984 年首次提出这一构想在内，但是在实际应用中却都因为这样或那样的问题无法解决而搁浅。直到 1991 年，真正成功采用 BOT 模式兴建的电厂只有两家——中国的深圳沙角 B 电厂和菲律宾的马尼拉纳沃塔斯（Navotas）电厂。

2. 投资结构

深圳沙角 B 电厂采用中外合作经营方式兴建。合作经营是我国改革开放前期比较常用的一种中外合资形式。合资中方为深圳特区电力开发公司（A 方），合资外方是一家在中国香港注册专门为该项目成立的公司——合和电力（中国）有限公司（B 方）。项目合作期为 10 年。在合作期间，B 方负责安排提供项目全部的外汇资金，组织项目建设，并且负责经营电厂 10 年（合作期）。作为回报，B 方获得在扣除项目经营成本、煤炭成本和支付给 A 方的管理费之后的全部项目收益。合作期满时，B 方将深圳沙角 B 电厂的资产所有权和控制权无偿地转让给 A 方，退出该项目。在合作期间，A 方主要承担的义务包括：①提供项目使用的土地、工厂的操作人员以及为项目安排优惠的税收政策；②为项目提供一个具有"供货或付款"（Supply or Pay）性质的煤炭供应协议；③为项目提供一个具有"提货或付款"(Take or Pay)性质的电力购买协议;④为 B 方提供一个具有"资金缺额担保"性质的贷款协议,同意在一定的条件下,如果项目支出大于项目收入,则为 B 方提供一定数额的贷款。

3. 融资结构

深圳沙角 B 电厂项目融资结构如图 11-4 所示。

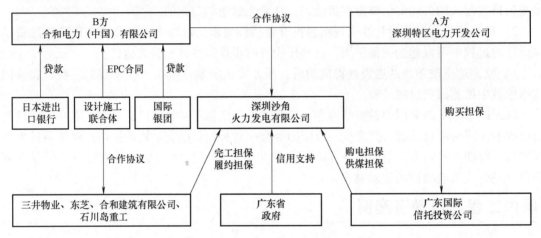

图 11-4 深圳沙角 B 电厂项目融资结构

深圳沙角 B 电厂的资金结构包括股本资金、从属性项目贷款和债务资金三种形式,其具体的资金结构如表 11-2 所示(以 1986 年汇率换算为美元)。

表 11-2 深圳沙角 B 电厂的资金结构

资 金 结 构	金额(万美元)
股本资金:	
股本资金/股东从属性贷款(3.0 亿港元)	3850
人民币延期付款(5334 万元人民币)	1670
从属性项目贷款:	
A 方的人民币贷款	9240
债务资金:	
固定利率日元出口信贷(4.96 兆亿日元)	26140
欧洲日元贷款(105.61 亿日元)	5560
港币贷款(5.86 亿港元)	7500
资金总计	53960

根据合作协议安排,在深圳沙角 B 电厂项目中,除人民币资金之外的全部外汇资金安排由 B 方负责,项目合资 B 方——合和电力(中国)有限公司,利用项目合资 A 方提供的信用保证,为项目安排了一个有限追索的项目融资结构股本资金。

在融资结构中,首先,B 方与以日本三井公司等几个主要日本公司组成的电厂设备供应和工程承包财团谈判,获得了一个固定价格的"交钥匙"合同。这个财团在一个固定日期(1988 年 4 月 1 日)和一个"交钥匙"合同的基础上,负责项目的设计、建设和试运行,并且同意为项目在试运行和初期生产阶段提供技术操作人员。通过这种方式,项目的一个主要风险，即完工风险，被成功地从项目投资者身上转移出去。其次，融资结构使用了日本政府进出口银行的出口信贷作为债务资金的主要来源，用以支持日本公司在该项目中的设备出口。但是，日本进出口银行并不承担项目的风险，一个由大约50家银行组成的国际贷款银团为日本进出口银行提供了一个项目风险担保，并且为项目提供欧洲日元贷款和港元贷款。再次，A方对项目的主要承诺（对B方的承诺）是电力购买协议和煤炭供应协议，以及广东省国际信托投资公司对A方承诺的担保。B方在安排项目融资时将两个协议的权益以及有关担保转让给项目融资的贷款银团，作为项目融资结构的主要信用保证。最后，在A方与B方之间，对于项目现金流量中的外汇总量也做了适当的安排。在合作期间，项目的电力销售收入的50%支付人民币，50%支付外汇。人民币收入部分用以支付项目煤炭的购买成本，以及以人民币形式发生的项目经营费用，外汇收入部分支付以外汇形式发生的项目经营费用，包括项目贷款债务偿还和支付B方的利润。A方承担项目经营费用以及外汇贷款债务偿还部分的全部汇率风险，但是，对于B方利润收入部分的汇率风险则由双方共同分担，30%由A方承担，70%由B方承担。

4. 信用保证结构

从图11-4中可以看出，项目的信用保证结构由以下六个部分组成：

（1）A方的电力购买协议

这是一个具有"提货与付款"性质的协议，规定A方在项目生产期间按照事先规定的价格从项目中购买一个确定的最低数量的发电量，从而排除了项目的主要市场风险。

（2）A方的煤炭供应协议

这是一个具有"供货或付款"性质的合同，规定A方负责按照一个固定的价格提供项目发电所需的全部煤炭，这个安排实际上排除了项目的能源价格及供应风险以及大部分的生产成本超支风险。

（3）广东国际信托投资公司提供相关担保

广东国际信托投资公司为A方的电力购买协议和煤炭供应协议所提供的担保。

（4）广东省政府出具支持信

广东省政府为上述三项安排所出具支持信。虽然支持信并不具备法律约束力，但是，正如前面所指出的，一个有信誉的机构出具的支持信，作为一种意向性担保，在项目融资安排中具有相当的分量。

（5）项目完工担保

设备供应及工程承包财团所提供的"交钥匙"工程建设合约，以及为其提供担保的银行安排的履约担保，构成了项目的完工担保，排除了项目融资贷款银团对项目完工风险的顾虑。

（6）中国人民保险公司安排的项目保险

项目保险是电站项目融资中不可缺少的一个组成部分，这种保险通常包括对出现资产损害、机械设备故障以及相应发生的损失的保险，在有些情况下也包括对项目不能按期投产情况的保险。

以上六点可以清楚地勾画出深圳沙角B电厂项目的各种风险因素是如何在与项目建设有关的各个方面之间进行分配的。这种项目风险的分担是一个成功的项目融资结构所不可缺少的条件。

5. 融资结构评析

1) 作为BOT模式中的建设、经营一方（在我国现阶段有较大一部分为国外投资者），必须是一个有电力工业背景、具有一定资金实力，并且能够被金融界接受的公司。

2) 项目必须有一个具有法律保障的电力购买合约作为支持，这个协议需要具有"提货与付款"或者"无论提货与否均需付款"的性质，按照严格事先规定的价格从项目购买一个最低发电量，以保证项目可以创造出足够的现金流量来满足项目贷款银行的要求。

3) 项目必须有一个长期的燃料供应协议。从项目贷款银行的角度，如果燃料是进口的，通常会要求有关当局对外汇支付做出相应安排；如果燃料是由项目所在地政府部门或商业机构负责供应或安排的，则通常会要求政府对燃料供应做出具有"供货或付款"性质的承诺。

4) 根据提供电力购买协议和燃料供应协议机构的财务状况和背景，有时项目贷款银行会要求更高一级机构的某种形式的财务担保或者意向性担保。

5) 与项目有关的基础设施的安排，包括土地、与土地相连接的公路、燃料传输及储存系统、水资源供应、电网系统的连接等，一系列与项目开发密切相关的问题及其责任，必须在项目文件中做出明确的规定。

6) 与项目有关的政府批准，包括有关外汇资金、外汇利润汇出、汇率风险等方面，必须在动工前得到落实并做出相应的安排，否则很难吸引银行加入项目融资的贷款银团行列。有时，在BOT融资期间，贷款银团还可能要求对项目现金流量和户外资金直接控制。

11.2.2 北京地铁4号线项目

1. 项目概况

北京地铁4号线是北京市轨道交通路网中的主干线之一，南起大兴区天宫院，途经西城区，北至海淀区安河桥北，线路全长为50km，车站总数为35座。4号线工程概算总投资153.8亿元，于2004年8月正式开工，2009年9月28日通车试运营。截至2018年9月28日，北京地铁4号线累计运送乘客达35.5亿人次，最高日客运量达160.9万人次。

北京地铁4号线是我国城市轨道交通领域的首个PPP项目，该项目由北京市基础设施投资有限公司（简称京投公司）具体实施。北京地铁4号线项目顺应国家投资体制改革方向，在我国城市轨道交通领域首次探索和实施市场化PPP融资模式，有效缓解了当时北京市政府的投资压力，实现了北京市轨道交通行业投资和运营主体多元化突破，形成同业激励的格局，促进了技术进步和管理水平、服务水平提升。从实际情况分析，北京地铁4号线应用PPP模式进行投资建设已取得阶段性成功，项目实施效果良好。

2. 融资结构

1) 北京地铁四号线项目建设期为2005—2009年，特许经营期为运营日起30年，项目总投资约153亿元。根据协议，由北京市政府和特许经营公司按照7:3的比例进行投资。项目全部建设内容划分为A、B两部分：A部分主要是征地拆迁和车站、洞体及轨道铺设等土建工程，投资额约为107亿元，占项目总投资的70%，由北京地铁4号线投资有限责任公司代表北京市政府筹资建设并拥有产权，并且通过隶属于北京市政府的京投公司作为政府资金的出资方在市场上发行了20亿元的地铁建设债券募集资金，弥补了政府投资的不足。B部分主要是车辆、自动售检票系统、通信、电梯、控制设备、供电设施等机电设备的购置和安装，投资额约为 46 亿元，占项目总投资的 30%，由特许经营公司来负责完成。特许经营公司由三方组成：①香港地铁有限公司，是香港特区政府控股的上市公司；②北京首都创业集团有限公司，是直属北京市的大型国有企业；③北京基础设施投资有限公司，是北京市国资委出资设立的国有独资有限责任公司。特许经营公司自身投入即注册资本 15 亿元人民币，其中，香港地铁有限公司和北京首创集团有限公司各出资 7.35 亿元，各占注册资本的 49%；北京市基础设施投资有限公司出资 0.3 亿元，占注册资本的 2%。其余 31 亿元将采用无追索权银行贷款，占 B 部分投资的 2/3。

2）北京地铁 4 号线建成后，特许经营公司将通过与北京地铁 4 号线公司签订《资产租赁协议》取得 A 部分资产的使用权。特许经营公司负责地铁 4 号线的运营管理、全部设施（包括 A 和 B 两部分）的维护和除洞体外的资产更新，以及站内的商业经营，通过地铁票款收入及站内商业经营收入回收投资。特许经营期满后，特许公司将 B 部分项目设施无偿地移交给北京市政府，将 A 部分项目设施归还给北京地铁 4 号线公司。

北京地铁 4 号线项目融资结构如图 11-5 所示。

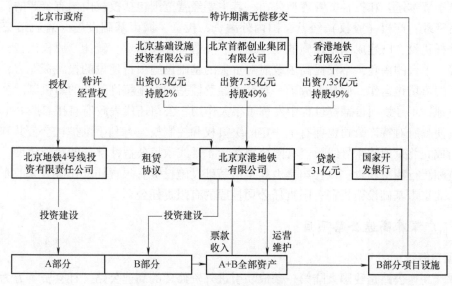

图 11-5　北京地铁 4 号线项目融资结构

3. 融资结构评析

1）北京地铁 4 号线开我国轨道交通建设 PPP 融资模式的先河，缓解了资金压力。

如何筹集建设资金是制约轨道交通发展的首要障碍，而对于地铁这类很少盈利的项目来说，减少政府投入就是成功的关键。根据测算，京港地铁负责地铁 4 号线约 30% 的投资，引进了建设资金近 50 亿元，这就意味着政府的投入大大节省。同时，在运营期内，京港地铁还要负责线路、设备设施的所有维修维护和更新改造工作，预计需投入的资金接近 100 亿元。北京地铁 4 号线 PPP 融资项目的运作，确定了项目研究内容、项目结构和核心问题，完成了股权结构、客流风险分担、结算票价体系、建设和运营服务标准等具体操作层面的创新设计，成为 PPP 融资模式的一个样本。

2）把一个地铁项目分成公益性和经营性两部分，分别采取不同的投融资方式。

根据地铁项目准公共产品的经济属性，把北京地铁 4 号线项目全部投资建设任务划分为公益性与经营性两部分，分别采取不同的投融资方式。公益性部分完全由政府负责投资建设，具体操作上是由北京地铁4号线投资有限公司代表政府出资并拥有该部分的资产所有权；建成后该部分资产以使用权出资和租赁两种方式提供给PPP特许经营公司使用。而经营性部分则由PPP特许公司投资建设并经营管理，通过科学合理的风险分配、收益调节机制的设计，建立适度市场竞争机制。项目特许期满后，PPP特许公司无偿地将此部分项目资产移交政府。这样，通过公益性资产租赁的形式，实现了公益性资产与经营性资产在一个项目上的管理整体性。同时，政府部门通过采取针对性、契约化的监管方式，确保地铁项目的持续性、安全性、公益性。最终，通过地铁项目投资、建设、运营效率的提高，实现政府部门为市民提供的公共产品服务水平提高、企业获得合理收益的双赢。

3) 组建专门机构，代表政府进行投融资。

为解决在现有法律法规体系下政府融资手段不足、重大建设项目资本金缺乏的问题，由北京市国资委出资依照我国《公司法》成立了北京市基础设施投资有限责任公司，作为北京市城市基础设施建设和发展的投资融资平台，代表政府投资。该公司是国有独资有限责任公司，属于资本运营和投融资管理型公司。其主要经营范围包括授权内国有资产的资本运营和投融资管理，产权（股权）经营，国内外融资、投资，城市基础设施（含轨道交通）的规划与委托建设、已建成基础设施的委托运营、经营管理、租赁、转让、股权出售，地下空间开发等。平台的搭建，不仅提高了政府对重大的基础设施项目建设的投融资能力，推动了政府投资的市场化运作，而且形成了一整套可经营性基础设施特许经营的新机制。公司的成立在北京地铁4号线项目融资过程中发挥了很大作用，公司还代表政府直接参股PPP特许经营公司，使政府对特许公司也拥有了一定的决策权和控制权，有利于维护社会公共利益。另外，专门成立北京地铁4号线投资有限公司负责4号线项目公益性部分的投资建设，并代表政府出资和履行业主职责；该公司是由北京市基础设施投资有限责任公司等五家股东依法组建，并由北京市基础设施投资有限责任公司控股的有限责任公司。

11.2.3 广深珠高速公路项目

1. 项目概况

广深珠高速公路是我国大陆第一条成功引进外资修建的高速公路。社会资本方为澳门珠海集团，与广东省珠海市政府设立项目公司（SPV）——广深珠高速公路有限公司，负责项目的建设、运营，项目经营期为15年，期满时整个项目无偿收归国有。在项目的建设过程中，建设资金全部由外方股东解决，政府未投入资金。但是政府在公司中派出了产权代表，并通过协商占有公司50%的权益。国内经济发展要求加快交通基础设施建设，但财政资金相对紧张；同时，20世纪80年代中期，国内资本市场尚处于起步阶段，金融市场上资金紧缺，很难满足项目需求的巨额资金，并且资金成本也相当高。因此，项目大胆引进外资，通过ABS融资方式即在美国证券市场发行公司债的方式来获得建设资金。

2. 融资结构

（1）项目投融资结构

广深高速公路项目总投资为13.4亿美元和7.04亿元人民币（包括皇岗口岸工程、深圳经济特区检查站工程和建设期利息），其中由香港合和中国发展（高速公路）有限公司提供注册资金0.9亿美元并提供股东贷款4.5亿美元，国际融资银团提供项目抵押贷款8亿美元。该项贷款以香港合和中国发展（高速公路）有限公司为第一借款人，以同等条件转贷给广深珠高速公路有限公司，国内银行提供用于支付征地拆迁费贷款（含建设期挂账利息）7.04亿元人民币。

(2) ABS模式运作流程

1) 确定证券化资产并组建资产池。原则上，投资项目所附的资产只要在未来一定时期内能带来稳定可靠的现金收入，都可以进行ABS融资。一般情况下，这些代表未来现金收入的资产，本身具有很高的投资价值，但由于各种客观条件的限制，它们无法获得权威性资信评估机构授予的较高级别的资信等级，因此无法通过证券化的途径在资本市场上筹集项目建设资金。本项目中的高速公路便是这样，未来收益稳定且价值高，但受各种条件限制，无法直接融资。原始权益人将这些未来现金流的资产进行估算和信用考核、并根据资产证券化的目标确定要把多少资产用于证券化，最后把这些资产汇集组合形成一个资产池。

2) 设立特殊目的机构（SPV）。成功组建SPV是ABS融资的基本条件和关键因素。为此，SPV一般是由国际上获得了权威资信评估机构给予较高资信评定等级（AAA级或AA级）的投资银行、信托投资公司、信用担保公司等与证券投资相关的金融机构组成。有时，SPV由原始权益人设立，但它是以资产证券化为唯一目的的、独立的信托实体。其经营有严格的法律限制，例如，不能发生证券化业务以外的任何资产和负债，在对投资者付讫本息之前不能分配任何红利，不得破产等。其收入全部来自资产支持证券的发行。为降低资产证券化的成本，SPV一般设在免税国家或地区，如开曼群岛等处，设立时往往只投入最低限度的资本。本项目中，SPV由珠海高速公路公司担任，是珠海澳门集团为此项目融资专门设立。

3) 资产的真实出售。SPV成立之后，与原始权益人签订买卖合同，原始权益人将资产池的资产过户给SPV。这一交易必须以真实出售方式进行，买卖合同中应明确规定，一旦原始权益人发生破产清算，资产池不列入清算范围，从而达到"破产隔离"的目的。破产隔离使资产池的质量与原始权益人自身的信用水平分割开来，投资者对资产支持证券的投资就不会再受到原始权益人的信用风险影响。资产的出售均要由有关法庭判定其是否为"真实出售"，以防范资产证券化下涉及的发起人违约破产风险。此项目中，资产的真实出售是以珠海市政府与珠海高速公路公司签订的15年的特许经营权体现的，即珠海高速公路公司以2亿美元买下了高速公路15年的经营权。

4) 信用增级。SPV及相关各方签订各种协议来完善资产证券化的交易结构，之后请信用评级机构对这个交易结构以及设计好的资产支持证券进行内部评级。一般而言，这时的评级结果并不理想，较难吸引投资者。因此，为吸引更多的投资者，改善发行条件，SPV必须提高资产支持证券的信用等级，即必须进行信用增级。信用增级可通过外部增级和内部增级来实现。

本项目中的信用增级采用的是内部增级的方式：

① 设计了优先、次级债券的结构。风险与收益成正比，次级债券利率高，相应承担的风险较大，缓冲了高级债券的风险压力。

② 建立储备金账户。珠海澳门集团储备了5000万美元的备用信用证，用以弥补资金的不足。

5) 信用评级。信用增级后，SPV应再次委托信用评级机构对即将发行的经过担保的

ABS 债券进行正式的发行评级，评级机构根据经济金融形势、发起人、证券发行人等有关信息，以及 SPV 和原始权益人资产债务的履行情况、信用增级情况等因素，将评级结果向投资者公布。然后，由证券承销商负责向投资者销售资产支持证券。由于这时资产支持证券已具备了较好的信用等级，能以较好的发行条件售出。对本项目，美国穆迪和标准普尔公司分别对优先级和次级债券进行了评级，因要发行的是收益债券，故评级要求不是很高。所以，优先级债券和次级债券均获得了较高的信用评级，满足发行要求。

6）向发起人支付资产购买价款。SPV 从证券包销商那里取得证券的销售收入后，即按资产买卖合同签订的购买价格向原始权益人支付购买资产池的价款，而原始权益人则达到了筹集目的，可以用这笔收入进行项目投资和建设。此项目中，摩根士丹利公司作为承销商，出售收益债券；而债券购买人将债券的购买价格存入 SPV 指定银行账户，再通过服务人（此项目中还是摩根士丹利公司）转交给 SPV，SPV 用以支付购买价格。事实上，珠海市政府用筹集到的 2 亿美元，不仅修建了广深珠高速公路，还建造了其他一些公共设施。

7）管理资产池。原始权益人或由 SPV 与原始权益人指定的服务公司（摩根士丹利公司）对资产池进行管理，负责收取、记录由资产池产生的全部收入，将把这些收款全部存入托管行的收款专户。托管行按约定建立积累金，准备用于 SPV 对投资者还本付息。

8）清偿证券。按期还本付息，对聘用机构付费。到了规定的期限，托管银行将积累金拨入付款账户，对投资者付息还本。待资产支持证券到期后，还要向聘用的各类机构支付专业服务费。由资产池产生的收入在还本付息、支付各项服务费之后若还有剩余，全部退还给原始权益人。整个资产证券化过程至此结束。

（3）资产证券化概况

1996 年 8 月，珠海市人民政府在开曼群岛注册了珠海高速公路有限公司，成功地根据美国证券法律发行了资产担保债券。该债券的承销商为摩根士丹利公司。珠海高速公路有限公司以当地机动车管理费及外地过往机动车所缴纳的过路费作为担保，发行了总额为 2 亿美元的债券。所发行的债券通过内部信用升级的办法，将其分为两部分：一部分是年利率为 9.125% 的 10 年期优先级债券，发行量 8500 万美元；另一部分为年利率为 11.5% 的 12 年期次级债券，发行量为 11500 万美元。该债券的发行收益被用于广州到珠海的高速公路建设，资金的筹集成本低于当时的银行贷款利率。本项目资产证券化概况如表 11-3 所示，ABS 融资结构如图 11-6 所示。

表 11-3　广深珠高速公路项目资产证券化概况

发 行 人	澳门珠海集团	
额度	2 亿美元（用于广州—珠海高速公路建设）	
发行时间	1996 年 8 月（承销商：摩根士丹利公司）	
份额	高级债券	次级债券
金额	8500 万美元	11500 万美元
息票率	9.125%	11.5%
与美国国债利差	+250 基点	+475 基点
评级（穆迪、标准普尔）	Baa3/BBB	Ba1/BB
期限	10 年期	12 年期

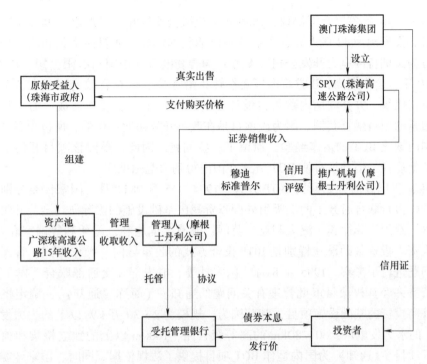

图 11-6　广深珠高速公路项目 ABS 融资结构

3. 融资结构评析

交通项目的投资巨大、回收期限较长，BOT 投资者可通过对其持有的交通项目收益权进行证券化，来达到分散风险、提高收益的目的。政府在新建交通项目的时候，可以考虑将 BOT 与 ABS 两者互为结合，以降低 BOT 的门槛，吸引更多的投资者。广深珠高速公路的建设即采取这种形式，拥有特许经营权的投资公司通过 ABS 的方式筹集资金，用于公路工程的建设。项目发起人与项目购买者均不用提供股本资金，融资成本低，风险小，并且几乎实现了 100% 的融资要求。该项目不仅采用证券化融资模式，而且还是在全球最大的资本市场——美国证券市场进行融资，即为离岸资产证券化。综合分析，有以下优势：

1）基础设施收费的证券化符合资产证券化项目融资产品的要求，项目未来的现金流比较稳定可靠、容易计算，满足以未来可预见到的现金流为支撑发行证券的要求以及"资产重组"原理。

2）在交易机构中，原始权益人将项目的收益权转让给境外的 SPV，实现了证券化的关键一步——破产隔离。

3）以债券分层的方式实现内部信用增级，通过担保的方式实现外部信用增级。信用增级技术降低了国际资本市场的融资成本。

11.3　工程项目融资在我国的发展实践

11.3.1　工程项目融资在我国的发展历程

20 世纪 80 年代中期，项目融资被引入我国。第一个采用 BOT 模式的项目是深圳沙角 B

电厂，项目于1984年签署合资协议，1986年完成融资安排并动工兴建，1988年建成投入使用。该项目总投资额为42亿港元，资金结构包括股本资金、从属性贷款和项目贷款三种形式。投资方为深圳特区电力开发公司（A方）与合和电力（中国）有限公司（B方），项目合作期为10年，合作期满，B方将电厂无偿转让给A方，广东省政府同意在整个特许权期间以固定价格供煤，并在同期内购买占设计容量60%的电力。该项目被认为是我国最早的一个有限追索的项目融资案例。因为该项目是在改革开放初期运作的，所以项目结构比较简单，加上国内缺乏BOT的运作经验，遗留了一些问题。因此，虽然该项目开创了我国基础设施融资的新途径，但并没有使BOT方式在国内得到大范围推广。

1994年，我国政府开始研究BOT方式。1994年5月和11月，国家计委分别与世界银行、亚洲开发银行联合召开了两次吸引外国投资我国基础设施的国际研讨会，并组织了有关人员对印度、泰国、菲律宾、澳大利亚、英国、挪威、奥地利、匈牙利等国家和香港地区，就吸引私人资本投资基础设施特别是BOT投资方式的政策导向、操作方式、管理办法、经验教训等问题进行了考察。1995年8月，国家计委、电力部和交通部联合下发了《关于试办外商投资特许经营权项目审批管理有关问题的通知》（简称《通知》），确定将采用BOT方式试办外商投资的基础设施项目，其范围为：规模为2×30万kW以上的火力发电厂，25万kW以上的水力发电厂，30~80km的高等级公路，1000m以上的独立桥梁和独立隧道及城市供水厂项目。《通知》为国内运作BOT项目提供了法规依据。同时，国家计委选择了广西来宾电厂B厂、成都第六水厂、长沙电厂和广东淀白高速公路等项目作为BOT试点项目，标志着我国采用BOT项目进入了规范运作的发展阶段。1996年10月，我国第一个采用投资者通过项目公司安排项目融资模式的项目——山东日照电厂建设项目开工。

1996年，在福建泉州市，我国国内第一家以民营企业投资兴建的BOT项目——刺桐大桥工程项目开始建设。该项目由福建泉州市民营企业名流实业股份有限公司和市政府授权投资机构按照60%：40%的比例出资，依法设立泉州刺桐大桥投资开发有限公司（简称大桥公司），投资2亿元兴建刺桐大桥，名流公司对该大桥公司控股，大桥公司全权负责大桥项目前期准备、施工建设、经营管理的全过程，经营期限为30年（含建设期），期满后全部设施无偿转交给市政府。这种方式以少量的国家投资，带动了大量的私有资本参与基础设施建设，对引导私有经济投资于基础设施领域起到了积极的作用。该项目也被称为"国产"BOT，开创了利用国内资金进行项目融资的先例。

1997年5月，我国重庆市政府与亚洲证券化和基础设施担保公司及豪升ABS（中国）控股公司签订了我国第一个以城市为基础的ABS计划合作协议，揭开了我国以ABS方式融资的序幕。

2003—2008年的5年间我国开始试点市政基础设施领域特许经营模式，其中包括交通基础设施项目，诸如市政道路、桥梁、隧道和高速公路项目等。2008年，由于受到金融危机影响，PPP模式发展处于反复阶段。从2013年开始，国家有关部委相继出台，如《财政部关于推广运用政府和社会资本合作模式有关问题的通知》和《国家发展改革委关于开展政府和社会资本合作的指导意见》等推广和引导政策，在多个领域放开社会资本准入条件，鼓励社会资本方以PPP融资模式参与基础设施产品和服务的投资和供给，全面推动PPP融资模式的发展。

截至2017年，我国中央政府和各级地方政府在基础设施建设和基础服务设施领域广泛实施了PPP，运用社会资本和政府投资相结合的运作方式，大力推进了我国高速铁路、高速公路、水务工程、新能源设施等领域的快速发展。然而，经过几年的实践，在项目落地难问题逐步被解决的同时，一些不规范的项目给PPP模式的可持续发展埋下隐患。

2017年年末到2018年年初，国家有关部委相继出台如《财政部关于印发政府和社会资本合作（PPP）综合信息平台信息公开管理暂行办法的通知》等监管和规范政策，由此我国PPP模式发展进入"强监管重规范"阶段。

11.3.2 工程项目融资在我国存在的问题

工程项目融资对有效利用外资、促进我国基础设施建设有着显著的现实意义，但它在我国的应用中存在一些局限和制约，主要包含以下六个方面。

1. 法律政策方面

项目融资的本质是一种产权制度的创新，因而需要国家制定相关的法律政策进行规范和指导。但我国目前在项目融资方面的政策尚不完善，从而提高了项目融资的成本，增加了项目融资的风险。

目前我国关于项目融资方面的法律法规属于国务院下属部委制定，法规的效力层次较低，难以对项目融资起到足够的规范作用。另外，大部分法律法规只是对项目公司的设立方式、项目审批程序以及政府的保证等方面进行了原则性的规定，而对于具体操作没有做出充分的说明，这就使得项目融资在实际操作过程中无法可依。

以 BOT 模式为例，尽管我国有许多部门都推出若干 BOT 投资模式的规定，如《关于以BOT方式吸引外商投资有关问题的通知》《关于试办外商投资特许权项目审批管理有关问题的通知》《外商投资特许权项目的暂行规定》等，但这些规定出自不同的部门，繁复冗杂、缺乏系统性。2002年，我国正式出台《指导外商投资方向规定》，用以指导和规范项目融资，但只是涉及比较宏观的层面，缺少对项目融资实施过程中的一些具体问题的规定。除此之外，随着改革开放和社会主义市场经济的不断发展，许多政策和规定已经明显过时，不完善的法律政策将影响投资者的投资积极性。

2. 政府担保方面

在项目融资中，一国的政治风险是国外贷款人投资的一个主要制约因素，为了降低风险，它们一般会要求政府提供担保。目前，我国多采用银行担保的方法，中央政府一般不为企业贷款提供担保，这加大了项目融资的谈判成本和协调成本等，直接体现为项目进展的缓慢甚至延误。若政府能出面为一些重大项目提供担保或做出承诺，对项目融资将是一个很大的支持。

在西方国家（如美国、欧洲以及拉美国家等），地方政府为融资项目提供信用担保或信用支持的情况非常普遍。随着我国地方政府财政独立性的增强，西方国家的这种地方项目的融资方式可以借鉴。地方政府一般使用间接的手段提供信用担保，比如指定某一资产实力雄厚的地方国有企业作为主要合同的担保人等。

此外，项目投标的程序烦琐以及评标的不公开性将造成投标方、参与方以及可能提供支持的银行在前期不得不付出大量劳动，这往往导致项目承担非常高的投标费用，而政府的支持可以减少这方面的费用。

3. 金融体系方面

为了保证项目融资的顺利进行,并取得较好的经济效益,必须有完善的金融市场体系作为保障,金融市场体系的完备程度、金融产品的规模与多样性直接影响项目融资的开展。由于我国目前实行高度集中的金融管理体制。在资金运用的规模和方向上没有或不能完全自主决策从而直接限制了项目融资的效率。

相比国际直接投资,项目融资对于汇率风险更加敏感。汇率风险具体表现在:大部分基础设施建设项目只有人民币收入,如果投资者投入或借入的是美元,且人民币贬值,则其收入就不足以偿还对外债务。因此,贷款方常会要求用合同的形式将此类风险降低。但在实际运作中,我国有些公司没有能力接受这种风险,因为我国金融市场不够发达,目前尚无适合人民币套汇保值的金融产品,企业无法通过购买此类金融衍生产品来处理此类风险。

4. 收入保证方面

为了降低市场风险,银行往往要求签订长期销售协议或保证最低收入的项目购买协议。该最低收入至少可以弥补项目的建设成本和融资成本。如在电站项目中,要求当地电力局保证最小的电力购买量,或者与电力局签订合同,使电力局为电力的可获得性付费,而不是为真正获得的或实际供给的电力付费;修建收费高速公路项目中,往往要求当地政府保证最小的交通量。但是,在实际操作中,可能会出现收入的最低标准难以兑现的问题。

5. 审批体系方面

目前,我国的基本工程项目审批过程冗长,其中每一阶段都需要经过许多相关的机构审批,妨碍项目融资的推广和应用。

6. 专业力量方面

项目融资是一个很复杂的系统工程,由于涉及面广、参与的部门多,因此应有一个专门的机构进行协调管理,以便降低协调成本,缩短前期谈判时间,促进项目尽快实施。

成功的项目融资结构需要对风险进行合理的安排和分担,这些工作需要专业人员完成,而我国项目融资方面的专业人员比较缺乏,一定程度上也限制了我国项目融资的快速发展。

11.3.3 工程项目融资在我国的发展前景

自改革开放以来,我国在工程项目上的投资日益增加,但与经济发达国家相比,我国目前的工程设施建设仍显薄弱,如果不加快发展,它将很可能继续成为制约我国经济发展的"瓶颈"。当前,我国工程项目建设面临全新的发展契机,我国政府提出"一带一路"倡议,其核心是基础设施的互联互通,密切欧亚各国经济联系、带动区域经济社会发展,打造一条政策沟通、道路连通、贸易畅通、货币流通、民心相通的经济带。

放眼全球,各国基础设施工程项目需求强劲。发展中国家在加速工业化和城市化发展中,需要加大基础设施投资建设。世界银行的研究认为,发展中国家目前每年基建投入约1万亿美元,但要想保持目前的经济增速和满足未来的需求,估计到2020年之前,每年至少还需增加1万亿美元。

目前,我国支持和鼓励企业与世界各国和地区开展基础设施领域的互利合作,分享建设技术和经验，并在融资这一关键环节，通过设立专项优惠贷款、成立专项基金、倡议设立金融机构等方式给予支持，创新融资模式，打通资金瓶颈。例如，我国政府主导筹备成立金砖国家开发银行、上海合作组织开发银行和亚洲基础设施投资银行，并出资400亿美元成立丝路基金，为"一带一路"沿线国家基础设施等项目提供投融资支持。

相信我国与世界各国在基础设施投融资与建设领域的合作不断深化，将为国际基础设施的发展做出贡献，最终实现互利共赢。

思 考 题

1. 根据本章列举的工程项目融资国内外案例，试归纳工程项目融资顺利完成的关键成功因素。
2. 结合工程项目案例，简述工程项目融资在我国的发展历程。

参 考 文 献

[1] 冯彬. 建设项目投资决策 [M]. 北京：中国电力出版社，2008.
[2] 李北伟. 投资经济学 [M]. 北京：清华大学出版社，2009.
[3] 綦建红. 国际投资学教程 [M]. 北京：清华大学出版社，2012.
[4] 武容宇. 城市轨道交通发展的政策效应研究 [D]. 北京：北京交通大学，2015.
[5] 毛堃. 发展城市轨道交通政策研究 [D]. 重庆：重庆交通大学，2016.
[6] 刘晓君. 建设项目投资决策理论与方法 [M]. 北京：中国建筑工业出版社，2009.
[7] 冯文权. 经济决策与预测技术 [M]. 武汉：武汉大学出版社，2008.
[8] 赵红，王培武. 浅析建设项目可行性研究的内容与作用 [J]. 中小企业管理与科技（上旬刊），2009（4）：144.
[9] 刘宗铭，荆克尧，贾士超，等. 建设项目的可行性研究与项目评估 [J]. 河南石油，2005（5）：92-94+102.
[10] 邹坦，郭春翔. 工程项目投资决策可行性研究的探讨 [J]. 科技广场，2008（6）：105-106.
[11] 谭大璐，赵世强. 工程经济学 [M]. 武汉：武汉理工大学出版社，2008.
[12] 丁芸，谭善勇. 房地产投资分析与决策 [M]. 北京：中国建筑工业出版社，2004.
[13] 黄英. 房地产投资分析 [M]. 北京：清华大学出版社，2015.
[14] 张青. 项目投资与融资分析 [M]. 北京：清华大学出版社，2015.
[15] 陈琳，谭建辉. 房地产项目投资分析 [M]. 北京：清华大学出版社，2015.
[16] 柯永建. 中国PPP项目风险公平分担 [D]. 北京：清华大学，2010.
[17] 刘国东. 建设项目投资风险管理研究 [D]. 保定：河北农业大学，2005.
[18] 刘进. EPC模式下我国国际建筑工程投资风险管理成效研究 [D]. 泉州：华侨大学，2012.
[19] 孙晓明. 建筑建设项目投资风险管理研究 [D]. 重庆：重庆大学，2007.
[20] 聂正标，宋家宁. 金融资本介入特色小镇运营路径分析 [J]. 中国经贸导刊，2016（35）：3-4.
[21] 吕靖烨，杨华，文启湘. 供给侧改革背景下我国特色小镇商业模式创新路径 [J]. 上海商业，2017（11）：56-59.
[22] 前瞻产业研究院. 2018年全国31省市特色小镇最新政策及建设规划汇总 [EB/OL]. [2018-04-19]. http：//www.qianzhan.com/analyst/detail/220/180419-26946679.html.
[23] 徐小杰，程覃思. 我国核电发展趋势和政策选择 [J]. 中国能源，2015，37（1）：5-9.
[24] 郑砚国. 发挥核电优势助推绿色低碳发展和"一带一路"建设 [J]. 中国电力企业管理，2017（22）：34-36.
[25] 赵民合. 我国城市多机场体系发展模式分析 [N]. 中国经济时报，2013-11-27.
[26] 戴大双. 项目融资 [M]. 2版. 北京：机械工业出版社，2009.
[27] 任淮秀. 项目融资. [M]. 2版. 北京：中国人民大学出版社，2013.
[28] 李春好，曲九龙. 项目融资 [M]. 2版. 北京：科学出版社，2009.
[29] 刘亚臣，常春光. 工程项目融资 [M]. 大连：大连理工大学出版社，2012.
[30] 马秀岩，卢洪升. 项目融资 [M]. 3版. 大连：东北财经大学出版社，2015.
[31] 齐中英，王晓巍. 项目融资 [M]. 北京：机械工业出版社，2009.
[32] 杨开明. 项目融资 [M]. 北京：经济管理出版社，2010.